Collection
« Polemos »

LA SAGESSE GRECQUE
I

DU MÊME AUTEUR

LA NAISSANCE DE LA PHILOSOPHIE (1975), *éditions de l'Aire, Lausanne,* 1981.

APRÈS NIETZSCHE (1979), *éditions de l'éclat,* 1987.

PHILOSOPHIE DE L'EXPRESSION (1969), *éditions de l'éclat,* 1988.

ENCYCLOPÉDIE DES AUTEURS CLASSIQUES (1983), *C. Bourgois,* 1990.

à paraître

LA SAGESSE GRECQUE vol. II (Épiménide. Phérécyde. Thalès. Anaximandre. Anaximène. Onomacrite.), *éditions de l'éclat,* printemps 1991.

LA SAGESSE GRECQUE vol. III (Héraclite), *éditions de l'éclat,* automne 1991.

LA NATURE AIME A SE CACHER (Physis krypthestai philei), *éditions de l'éclat,* automne 1991.

GIORGIO COLLI

LA SAGESSE GRECQUE

I

Dionysos ⋆ *Apollon* ⋆ *Orphée*
Musée ⋆ *Hyperboréens* ⋆ *Enigme*

TRADUIT DE L'ITALIEN PAR MARIE-JOSÉ TRAMUTA

ÉDITIONS DE L'ÉCLAT

Traduit avec le concours
du Centre Régional des Lettres
Languedoc-Roussillon
et publié avec
le concours
du
Centre National des Lettres

TITRE ORIGINAL : LA SAPIENZA GRECA

N° d'impression : 0624F

NOTE A L'ÉDITION FRANÇAISE

Beau, sans réserves, tel est l'amour de la vérité. Cet amour porte loin, et il est difficile d'atteindre le bout du chemin. Mais la route du retour est encore plus difficile, lorsqu'on veut dire la vérité. *Vouloir montrer la vérité nue est une moins belle chose, et qui tourmente comme une passion. Presque tous les chercheurs de vérité ont souffert de cette maladie, depuis des temps immémoriaux.*

GIORGIO COLLI, Avant-propos à *Physis krypthestai philei* (1948).

« La Sapienza greca » a paru en Italie à partir de 1977, plus de soixante dix ans après la grande édition des « Présocratiques » proposée par H. Diels en 1903 et dont la traduction française partielle a été publiée récemment.[1] L'ouvrage devait comporter onze volumes — depuis Dionysos jusqu'à Critias. Le 6 janvier 1979 Giorgio Colli disparaissait brutalement, laissant inachevé ce qui aurait dû constituer son grand œuvre aux côtés de l'édition de Nietzsche avec Mazzino Montinari.[2] Deux volumes avaient paru de son vivant ; un troisième, consacré à Héraclite, parut posthume par les soins de Dario del Corno. Le caractère inachevé de la « Sagesse grecque », tout comme les propositions de traduction des fragments des Sages, donnent à cet ouvrage un caractère particulier, et c'est dans une extrême fidélité à la lecture de Giorgio Colli que nous avons entrepris cette traduction française.

Que le lecteur nous fasse l'*amitié* de penser que cette édition n'est pas entreprise dans un esprit polémique ... Nous avons traduit à partir de l'italien, étant donné la dimension inévitablement interprétative inhérente aux traductions de Colli — dont nous partageons (est-il utile de le préciser ?) toutes les options. La présence du texte grec en vis-à-vis nous autorisait d'autant plus à le faire et permettra à l'helléniste d'apprécier à leur juste mesure les « problèmes »[3] que soulève la traduction de Colli.

1. « *Les Présocratiques* » sous la direction de J. P. Dumont, Bibliothèque de la Pléiade, Paris, 1988.

2. F. Nietzsche, *Werke. Kritische Gesamtausgabe*, hrsg. von G. Colli u. M. Montinari, Berlin-Paris-Milan, 1967 sqq.

3. Au sens du *problema* grec, tel que Colli justement le traduit au fragment **7 [B 1 a III]** : *Proposta enigmatica*, « Proposition énigmatique ».

Le lecteur non helléniste se trouvera donc ici devant une « traduction de traduction » pour ce qui concerne la partie centrale. Toutefois une attention particulière a été portée au texte grec et a permis quelquefois de préciser certaines notions que suggérait seulement le texte italien ; aussi comme les pêcheurs de l'île d'Ios (cf **7 [A 11]**) ce que nous n'avons pu saisir nous le portons avec nous ; ce que nous avons saisi nous l'avons laissé sur place — en d'autres termes si le recours au grec a été quelquefois négligé, le texte en portera la marque flagrante, quand il fut efficient, le texte n'en porte pas trace... mais s'agissant le plus souvent d'infimes détails, nous augurons que personne n'en mourra d'abattement !

Nous n'avons pas modifié les références bibliographiques concernant les fragments, les numéros des pages renvoyant aux éditions citées dans la bibliographie, à l'exception des ouvrages en langue française cités par Colli d'après l'édition italienne. Dans l'introduction et les notes, nous avons donné en complément les références des pages des quelques traductions françaises existantes.

Nous tenons ici à remercier en premier lieu les traducteurs qui ont accepté de tenter cette aventure — Mmes Marie José Tramuta (vol. I), Myriam Gabellone (vol. II), Patricia Farazzi (vol. III), Mr Pascal Gabellone (vol. II) — ainsi que les éditions Adelphi qui nous ont autorisé à reproduire les pages de texte grec. Que soient aussi remerciées toutes les personnes qui ont bien voulu soutenir ce projet d'une manière ou d'une autre.

CRITÈRES DE L'ÉDITION

Notre intention par cette nouvelle édition, est de cerner de façon exhaustive ce que l'on désigne habituellement — par une indication chronologique réductrice — sous le nom de « philosophie présocratique », mais qu'il me semble plus pertinent d'appeler « La sagesse grecque » [La sapienza greca]. *Car ceux dont les paroles sont recueillies ici étaient appelés « sages » par leurs contemporains et Platon les désigne encore par ce nom. A cette époque « sagesse » signifiait également habileté technique, ou encore sagesse* [sagezza] *pratique, prudence politique : mais sage était une épithète qui se référait — non pas à ce qui était tel en certaines choses et en d'autres point — mais à qui était sage absolument, à qui possédait l'excellence du connaître.*
Toute la pensée qui suivit dépend en quelque manière de la pensée de ces sages. Ce serait toutefois une erreur de vouloir récupérer la sagesse grecque à travers ce qu'en a dit la philosophie ultérieure : à l'égard de ces paroles archaïques, nombres d'opinions qui font encore aujourd'hui autorité — mais qui se sont fourvoyées — dérivent des falsifications aristotéliciennes de cette pensée, parfois reprises et élaborées par l'historiographie hégélienne. Afin d'échapper au danger d'adapter cette pensée très lointaine aux schémas et aux problèmes de l'homme moderne et contemporain, on aura recours ici à la tentative inverse : plutôt que de chercher des appuis dans des interprétations de la sagesse grecque par le truchement de philosophes postérieurs, on tentera de remonter en amont de la sagesse, de découvrir ce qu'il y eut avant *la sagesse, quel fut son arrière-plan. Dans cette perspective, bien des choses sont à retrancher et à ajouter, dans ce qui a été recueilli et présenté sur ce sujet par les éditeurs précédents. En bref, il faut retrancher tout le matériel étayé de façon trop incertaine, quant à sa provenance à partir de cette époque archaïque ; en revanche, on ajoutera tout ce qui émerge — en particulier, à partir de la sphère religieuse — de ce glissement en amont de la recherche. De cette façon le résultat même de l'édition — grâce aux connexions internes qui en découlent, par le biais de termes anciens riches de sens anciens — pourra permettre de dire, en jouant sur l'éloignement plutôt que sur la complaisance à l'égard de l'ingénuité archaïque, si éventuellement nous avons quelque chose à apprendre, si quelque chose de nouveau peut nous venir des Grecs.*

Étant donné que la tradition littéraire n'a pas conservé jusqu'à nous les œuvres des sages sous leur forme originale, l'édition Diels-Kranz (Die Fragmente der Vorsokratiker, *8e édition 1956), jusqu'à ce jour le seul recueil de textes établi de façon critique, offre avant tout des témoignages indirects — à partir de sources contemporaines ou postérieures à l'auteur en question — sur la vie et les doctrines, et ensuite rapporte, quand ils existent, les fragments directs de l'auteur, en distinguant typographiquement la citation littérale de la paraphrase.*

*Je proposerai, pour ma part, une présentation différente des textes, renonçant à distinguer les témoignages des fragments, et je traiterai seulement de fragments pris dans un sens plus large. Une première section (***A***) présentera les textes les plus anciens, jusqu'à l'époque d'Aristote ; une seconde section (***B***) proposera les textes tirés de sources postérieures. Cependant, ce critère chronologique ne sera pas appliqué de façon trop rigide. L'attribution d'un fragment soit à la section* **A** *soit à la section* **B** *dépendra aussi de la plus ou moins grande crédibilité d'une information ou d'une doctrine, autrement dit de la présomption plus ou moins forte d'ancienneté sapientiale. De sorte que pourront être retenues en* **A** *des sources postérieures à Aristote, mais présentant des indices indubitables d'une tradition très ancienne, de même que pourront figurer en* **B** *des sources antérieures à Aristote, mais souffrant de quelque incertitude ou imprécision de la tradition. Il est clair toutefois que nous retiendrons en* **A** *— ce qui constituera la partie initiale — tous les fragments littéraux, à savoir tous les passages, même transmis par des sources tardives, qui sont sensés rapporter les paroles d'origine du sage. Dans ces cas-là, je renonce à distinguer typographiquement la citation textuelle de la paraphrase qui souvent l'accompagne, en recourant à des caractères espacés (comme chez Diels-Kranz) : d'après l'indication de la source, où les propos d'introduction sont isolés de la citation — et parfois par des guillemets — la citation textuelle sera mise en évidence. Toutefois, les fragments de la section* **B** *entendent présenter des témoignages dignes de foi, à savoir des informations et des doctrines dont l'origine est jugée ancienne — mais avec une plus grande prudence ; dans cette section pourront même figurer des fragments directs, pour lesquels la preuve d'authenticité est jugée par ailleurs insuffisante.*

L'indication de la source suit le texte du fragment dans la section **A**, *et le précède dans la section* **B**. *L'apparat de la section* **B** *est divisé en deux parties : dans la première sont reportés les* loci similes *du point de vue de la forme et du contenu, ainsi que les passages dont la comparaison peut se révéler en quelque manière intéressante pour établir une analogie ou démontrer une affinité doctrinale. Enfin sont exposées et indiquées références et citations. Cette partie de l'apparat est essentielle pour une information synoptique des passages qui appuient l'ancienneté et l'authenticité du fragment en question, ou qui le développent doctrinalement : en premier lieu apparaissent les renvois internes à d'autres fragments du présent* *volume. La seconde partie de l'apparat de la section* **A** *signale les variantes les plus significatives du manuscrit et fait état des propositions correctives les plus remarquables des chercheurs (tout en faisant allusion parfois aux soutiens qui s'y rapportent). Dans l'apparat de la section* **B** *ces deux parties ne sont pas distinguées. Au bas des pages de la traduction sont données — sans prétendre à l'exhaustivité — les indications bibliographiques pour chaque fragment, et qui en quelque façon intéressent la critique des textes, la traduction et l'interprétation.*

Chaque fragment est numéroté en caractères gras : au numéro du chapitre succède, entre crochets, l'indication de **A** *ou de* **B**, *suivi du numéro du fragment concerné. Dans le présent volume, seuls les chapitres 4 et 5 font référence à une précédente édition critique (pour le chapitre 6 l'édition de Kinkel est citée dans l'apparat) : pour le chapitre 5, l'édition Diels-Kranz déjà citée ; pour le chapitre 4, les* Orphicorum Fragmenta *d'Otto Kern (2*[e] *édition 1963). Aussi dans les chapitres 4 et 5, donc, pour chaque fragment auquel correspond un fragment ou un témoignage dans les éditions que nous venons de citer, on indiquera au préalable la source. Par exemple, le témoignage 50 de Kern sera indiqué par T50 K ; le fragment 127 de Kern sera indiqué par F127 K ; le témoignage 5 de Diels-Kranz sera indiqué par 2A5 DK ; le fragment 13 de Diels-Kranz sera indiqué par 2B13 DK.*

Au texte original des fragments et à leur traduction succède le commentaire, où est précisé, à propos des différents fragments, la recherche des documents et de leur connexion que retrace l'apparat des loci similes *; et où sont exposés des problèmes particuliers de critique de texte, et dans lequel enfin on tente d'établir, au delà de l'enquête analytique inhérente à chaque passage, certaines lignes d'interprétation générale, tant au regard des traditions sapientiales ou littéraires, qu'à celui des divers contenus doctrinaux.*

NOTE A LA SECONDE ÉDITION

J'ai ajouté le fragment **4 [A 72]**, sur l'indication des prof. G. Pugliese Carratelli et M. Gigante, que je tiens à remercier. J'ai, en outre, retenu le passage de Nonnos **4 [B 40f]** et corrigé certaines erreurs.

Florence, avril 1978. G.C.

INTRODUCTION

1.

Pourquoi commencer le discours sur la sagesse à partir de Dionysos ? En fait, avec Dionysos, la vie apparaît comme sagesse, tout en restant la vie frémissante : là est le secret. En Grèce un dieu naît d'un regard exaltant sur la vie, sur un fragment de vie, que l'on veut arrêter. Et cela est déjà connaissance. Mais Dionysos naît d'un regard qui embrasse toute la vie : comment peut-on embrasser d'un regard toute la vie ? C'est là l'outrecuidance du connaître : si l'on vit on est à l'intérieur d'une certaine vie, mais vouloir être à l'intérieur de toute la vie en même temps, voilà ce qui suscite Dionysos, en tant que dieu d'où surgit la sagesse.
En termes mesurés, Dionysos est le dieu de la contradiction, de toutes les contradictions — comme l'attestent les mythes et les cultes le concernant — ou mieux de tout ce qui, se manifestant par des mots, s'exprime en termes contradictoires. Dionysos est l'impossible, l'absurde qui sous l'effet de sa présence se réalise. Dionysos est vie et mort, joie et souffrance,[1] extase et spasmes, bienveillance et cruauté, chasseur et proie,[2] taureau et agneau, mâle et femelle, désir et détachement, jeu et violence, mais tout cela dans l'immédiateté, dans l'intériorité d'un chasseur impitoyable qui s'élance et d'une proie qui saigne et qui meurt, tout cela est vécu en même temps, sans un avant ni un après, et avec une plénitude bouleversante en chaque extrême. Et cette contradiction est finalement quelque chose d'encore plus divergent, de plus irrémédiable que celle éprouvée par les Grecs en eux-mêmes. Dans la contemplation de Dionysos, l'homme ne parvient plus à se détacher de soi, comme il le fait quand il voit les autres dieux : Dionysos est un dieu qui meurt. En le créant l'homme s'est laissé entraîné à s'exprimer soi-même, entièrement, et quelque chose encore au-delà de soi. Dionysos n'est pas un homme : il est à la fois un animal et un dieu, manifestant ainsi les points terminaux des oppositions que l'homme porte en soi.
C'est précisément là que réside l'origine obscure de la sagesse. L'outrecuidance du connaître qui se manifeste dans cette avidité à goûter toute la vie, et ses conséquences, l'extrémisme et la simultanéité de l'opposition, renvoient à la totalité, à l'expérience indicible

1. Cf. Nietzsche KGW (Colli-Montinari), III 1, 29; 36-37; III 2, 50 etc., qui reprend l'idée de K. O. Müller, I, 418; II, 27, en l'approfondissant, et à son tour la transmet à Burckhardt, I, 518-519.

2. Cf. Fauth *Zagreus* 2280-2282.

de la totalité. Dionysos est, par conséquent, un élan insondable, l'élément liquide illimité,[3] le flux de la vie qui se précipite en cascade de rocher en rocher, dans l'ivresse du vol et le déchirement de la chute ; c'est l'inexorable à travers le fragmentaire ; il vit en chacune des lacérations du corps subtil de l'eau contre les pierres tranchantes des profondeurs.

A l'évidence, il convient d'étayer ces considérations d'ordre général, et ces suggestions, non pas par un compte-rendu des témoignages sur Dionysos, mais avant tout par la recherche des références où l'opposition dionysiaque révèle dans le détail et de façon directe, la matrice sapientiale, et ensuite par l'indication, dans la sphère mystérique, du lien entre Dionysos et la contemplation époptique, et dans la sphère orphique, du rayonnement spéculatif du mythe de Dionysos. Mais, dès à présent, on peut prêter différemment l'oreille, quand on entend Euripide parler de la « sagesse » de Dionysos.[4]

La question de l'origine de Dionysos ne nous intéresse pas ici directement : Hérodote le faisait provenir d'Égypte,[5] et les modernes plutôt de Thrace mais aussi de Lydie et de Phrygie.[6] Tous conjecturent qu'il est entré en Grèce de l'extérieur et qu'il a ensuite pénétré au cœur de la Grèce, à Thèbes et à Athènes. Récemment la thèse, étayée par des arguments solides, selon laquelle l'origine la plus reculée de Dionysos doit être rapportée en Crète[7] tend à s'affirmer de plus en plus. Sur les tablettes du linéaire B du XV-XIIIe siècle av. J.-C, on a trouvé les noms de Dionysos et de la « Maîtresse du Labyrinthe », divinité identifiée à Ariane. Plusieurs siècles plus tard, Homère nous apprend qu'à Dia, Artémis tua Ariane « sur dénonciation de Dionysos ».[8] Ainsi Ariane — comme Dionysos — est-elle une divinité qui meurt. Et Homère qui ne nomme Dionysos qu'à quatre reprises — le situe déjà en Crète et l'associe à Ariane. Homère dit aussi que Thésée avait emmené Ariane hors de Crète ; l'acte de Dionysos semble être le fruit d'une cruelle vengeance qu'il accomplit en recourant à une déesse (de même qu'il tuera Orphée en se servant des femmes de Thrace). On trouve chez Homère le schéma d'un mythe crétois âpre et archaïque, bien différent du mythe pos-

3. Cf. Plut. *De Is. et Osir.* 34 (170, 18-19 Griffiths).
4. Cf. **1 [A 7]**; Eur. *Bacc.* 655-656.
5. Cf. surtout Hérod. 2, 48.
6. Cf. Nilsson I 578 et sq.
7. Cf. récemment Pugliese Carratelli 1974, 140-142.
8. Cf. *Od.* 11, 321-325.

térieur, atténué, dans lequel Dionysos recueille Ariane abandonnée par Thésée. La mention d'Ariane en tant que « Maîtresse du Labyrinthe » suggère le lieu du mythe primitif, et le personnage du Minotaure,[9] associé au Labyrinthe, rappelle de façon étonnante maintes représentations de Dionysos, auquel il a déjà été assimilé.[10] Mais ce mythe âpre reste obscur, insaisissable dans ses lignes primordiales et le labyrinthe est un symbole trop séduisant pour qu'il nous soit permis d'échapper à une interprétation inspirée par l'imagination. Il y a l'atmosphère du mythe, il y a la présence des personnages : Ariane et Dionysos-Minotaure ; Pasiphaé, qui « resplendit sur toutes choses », et le taureau sacré ; Dédale « l'artiste », masque d'Apollon en ce cadre archaïque, qui construit pour Ariane un lieu destiné à la danse,[11] et Thésée, le héros. Mais l'action primitive du mythe a été oubliée, et nous ne possédons pas de textes suffisamment anciens le concernant qui nous permettraient d'en tenter une reconstruction.[12] On entrevoit les grandes lignes, qui suggèrent de la façon la plus crue le thème de la contradiction de Dionysos, et qui sont peut-être les plus pertinentes — ne serait-ce que comme simple trace — pour souligner la signification profonde du dieu. D'ailleurs, à travers la documentation la plus fondée de la résonance dionysiaque à Éleusis — compte-tenu de la médiation arcadienne[13] — et à travers la poésie orphique, les allusions à une dérivation de Crète reviennent fréquemment.[14] La cruauté et la violence dans la jalousie et la vengeance sont des caractères propres à Dionysos et qui tendent à s'atténuer, mais le thème de l'animal-dieu — trait central de sa nature — persiste de façon tenace,[15] tout comme ses accointances avec des divinités féminines placées au premier plan (« Maîtresse du Laby-

9. Ses représentations les plus anciennes dans l'art figuratif remontent au début du VIIe siècle av. J.-C; il apparaît douteux qu'il soit représenté par l'empreinte d'un sceau trouvé à Cnossos, antérieur de plusieurs siècles (cf. Nilsson I, 297, tab. 22,4; voir cependant Nilsson MMR 374-375).

10. Cf. la note à **3 [A 6]**.

11. Cf. *Il.* 18, 590-592.

12. On trouvera toutefois une tentative dans Colli NF 25-32 [tf 23-33].

13. Cf. les notes à **3 [A 6]** et **5 [B 19]**.

14. Cf. les notes à **3 [A 6], 4 [A 15. 68. B 20]**. Outre les éléments doctrinaux abordés dans ces notes, on peut rappeler, comme donnée extérieure, l'information concernant les tauromachies à Éleusis (cf. Artémid. *Onir.* I, 8 et la discussion dans Creuzer SM IV 290-292). Sur les tauromachies en Crète, cf. Nilsson MMR 374.

15. Sur l'union Dionysos-taureau, cf. les témoignages in Creuzer *Dion.* 8-13.

rinthe » et Déméter),[16] ou encore le thème de l'accouplement bestial, clef de voûte de l'*arrêton*.[17]
Mais ce n'est pas seulement dans sa signification occulte, que Dionysos se révèle en tant que chiffre archétype de la sagesse : on peut déceler dans la manifestation de son culte — et cette fois directement — des traits qui ne se justifient que dans la perspective de la connaissance, comme évocation et comme réalisation. Le fait est attesté précisément là où les conditions générales qui nous permettraient de parler de connaissance sembleraient faire défaut, c'est-à-dire dans le culte orgiaque de Dionysos. Si, en effet, l'orgiasme ne faisait que se consumer dans le déchaînement animal des instincts, rien ne paraîtrait plus éloigné de lui que la connaissance. Mais l'orgiasme est aussi danse,[18] musique,[19] jeu, hallucination, état contemplatif, transfiguration artistique, contrôle d'une grande émotion. Nietzsche avait déjà saisi cet aspect de l'orgiasme, quand bien même unilatéralement, et précisément dans la première étape de sa recherche sur Dionysos, quand il disait que l'instinct dionysiaque est un instinct esthétique.[20]
Si toutefois nous recherchons un caractère général apte à réunir, dans l'orgiasme même, tous les aspects d'opposition à l'emportement incontrôlé de l'élan vital, nous nous trouverons face à l'irruption — au comble de l'excitation, c'est-à-dire comme résultat ultime, transfiguré, de son plus intense déchaînement — d'une rupture contemplative, artistique, visionnaire, d'un détachement cognitif. Le fait de « sortir de soi », autrement dit l'« extase » au sens littéral du mot, libère un surplus de connaissance. En d'autres termes, l'extase n'est pas le but de l'orgiasme dionysiaque, mais seulement l'instrument d'une libération cognitive : une fois son individualité brisée celui qui est possédé par Dionysos « voit » ce que les non-initiés ne voient pas.

16. De plus il existe un parallèle entre Ariane et Pasiphaé et Déméter-Coré, à partir duquel on peut déceler une correspondance aussi bien entre Ariane et Déméter (cette dernière est appelée *Potnia* in **3 [A 6]**, autrement dit elle a la même désignation qu'Ariane; voir également la note à **3 [A 6]** à propos de son culte arcadique), qu'entre Pasiphaé et Coré, sur l'affinité desquelles les indices ne manquent pas (cf. [Aristot.] *Mirab.* 843b 27-29, et le développement de la thèse in Creuzer SM IV 86-94).

17. Cf. **3 [A 6. B 8]**, **4 [A 65,8. 69,24. B 14. 34. 35]**. On observera également que le lien Pasiphaé-Coré, signalé dans la note précédente, est renforcé par cet élément qui est commun aux deux déesses : voilé par le caractère secret de l'*arrêton*, Dionysos naît de l'accouplement dans les deux cas.

18. Cf. **1 [A 3. 6]** et les notes correspondantes.

19. Cf. **1 [A 2. 6. 18]** et les notes correspondantes.

20. Cf. Nietzsche KGW (Colli-Montinari), III 1, 26-28; III 2, 45 sq.

Nietzsche — bien qu'avec une tonalité schopenhauerienne[21] — et Rohde ont parlé de la rupture extatique de l'individuation avec une grande force et richesse d'information.[22] Sur ce point les sources les plus anciennes comme les plus récentes sont unanimes : l'orgiasme conduit à une libération des contraintes de l'individu empirique, des conditions de son existence quotidienne, et ce nouvel état est appelé *mania*, délire.[23] Ainsi l'état de celui qui est possédé par Dionysos, à savoir l'image du dieu lui-même dans l'homme, ne consiste pas en une exténuation léthargique, en une perte totale de la conscience, non plus qu'en une gesticulation bestiale, mais est bien un état de délire, c'est-à-dire d'un état de conscience qui s'oppose à l'état « normal », quotidien. Aussi, le résultat de cette *mania* est une vision, de même que l'apogée de l'initiation d'Éleusis est donné par l'*époptéia*. Philon dit en effet : « Ceux qui sont possédés par la frénésie dionysiaque et corybantique parviennent dans l'extase à voir l'objet désiré ».[24] Et en général l'irruption d'un état hallucinatoire est caractéristique de l'orgiasme dionysiaque. Il est dit dans les *Bacchantes* d'Euripide : « Sur la terre coule le lait, coule le vin, coule le nectar des abeilles », et encore : « se saisissant de son thyrse, une bacchante heurte un rocher d'où jaillit une limpide coulée d'eau ; une autre frappe la terre de sa férule, et le dieu pour elle fait surgir une source de vin ; celles qui sont saisies du désir du blanc breuvage grattaient le sol de leurs ongles et en recueillaient du lait en abondance ».[25] Du reste l'aboutissement cognitif ne relève pas seulement du domaine de la fantaisie visionnaire, de la même façon qu'il s'adapte au cadre du mythe. Des sources anciennes attribuent à Dionysos la puissance mantique, et sa divination surgit à partir du stade orgiaque.[26] Mais la vision du futur est l'aspect primordial que revêt la connaissance de la vérité.

Ce détachement cognitif s'exalte en un détachement vital, donnant accès à ce qui est peut-être la contradiction capitale de Dionysos. Voici que l'élan maximum d'appropriation et d'expansion, de volonté de puissance et de volonté de vivre, l'ardeur accompagnée d'une ten-

21. Cf. Nietzsche KGW (Colli-Montinari), III 1, 24.

22. Cf. Rohde II 4 sqq.[tf 266]; 14-22 sqq.[tf 276-281]; 44 sqq. [tf 308 sqq.]; 59 sqq [tf 335 sqq.].

23. Cf. **1 [A 2,4. 3,6. 10,2. 16]**, et bien sûr les passages platoniciens fondamentaux **1 [A 11. 12]** et les notes correspondantes.

24. Cf. **1 [B 1]**.

25. Cf. **1 [A 8]**.

26. Cf. **1 [A 4. 10. 17. B 2. 3]**

sion inouïe vers la plénitude, parvenu au pinacle de l'extase se renverse en un dédain pour la vie, dans le détachement suprême. L'illustration la meilleure se dégage de la sphère sexuelle. Le phallus, comme on sait, se trouve être l'un des symboles majeurs de Dionysos, et il est toujours représenté dans les processions dionysiaques. Il est donc évident que Dionysos devait être considéré aussi comme le dieu du désir, de la tension sexuelle.[27] Mais il n'en reste pas moins que le même Dionysos n'est jamais représenté ithyphalliquement :[28] le phallus est associé à Dionysos, mais Dionysos en est séparé. Apparaît ainsi une allusion en profondeur : d'autres dieux sont représentés ithyphalliquement, et parmi eux un dieu primordial comme Hermès.[29] A présent inversons le problème et considérons non pas le dieu, mais le rituel. Dans les danses sacrées pour Artémis, en tant que déesse de la fécondité, on se référait ouvertement à des actes sexuels :[30] en revanche dans le culte orgiaque de Dionysos toutes données de ce genre font défaut. Les Bacchantes se refusent obstinément à tout rapport sexuel, et se montrent intraitables face aux assauts violents des satyres et des hommes : telle est la donnée constante des témoignages de l'art figuratif, et en particulier des peintures sur vases.[31] Par conséquent non seulement Dionysos ne saurait être considéré comme un dieu de la fécondité, contrairement à ce que pensait Nietzsche,[32] mais de plus le dieu s'oppose à ce que s'accomplisse le désir de qui est possédé par lui. Fort de ces éléments, attribuer la chasteté des Bacchantes au caractère sacré des rituels et

27. Cf. la note à **1 [A 13]**. L'affirmation est facilement démontrable : pour exemple, je rappelerai l'hymne des femmes d'Élide, que Bachofen 232 interpréta jadis comme l'expression d'une possession sexuelle : « Viens au printemps, ô Dionysos, au temple sacré proche de la mer, accompagné des Charites, bondis impétueux sur ton pied de taureau » (Plut. *Quaest. Graec.* 36, 299 a-b). A comparer avec le passage de Diodore (I, 85, 3), où il est question des femmes égyptiennes qui retroussant leurs robes montraient leurs parties génitales au taureau Apis. Voir aussi Plut. *De Is. et Osir.* 35, 364 e-f, ainsi que Griffiths 433 et Nilsson I 571.

28. Cf. Nilsson I 590, 593 (le phallus apparaît comme un dieu autonome à côté de Dionysos).

29. Cf. Hérod. 2, 51; voir également Nilsson I 119, 506, 671.

30. Cf. Nilsson I 161-162.

31. Cf. Nilsson I 572.

32. Cf. par ex. Nietzsche KGW (Colli-Montinari), VI 3, 153; VIII 1, 341.

des mystères ne saurait être satisfaisant.[33] Au reste, le cadre qu'Euripide nous fournit du culte orgiaque dans les *Bacchantes* est la plus limpide indication — si souvent répétée qu'on ne saurait se livrer à des interprétations douteuses — que s'ouvre ici précisément une coupure radicale quant à la nature contradictoire de Dionysos. Ce que Dionysos a séparé, Penthée cherche à le confondre : il accuse les Bacchantes de se livrer à des débauches effrénées, et la colère du dieu l'anéantit, punit son mensonge impie. Les calomnies de Penthée sont une preuve de son irréligiosité : pour les spectateurs de la tragédie cela devait apparaître évident, car ils sentaient la nature de Dionysos : la religiosité de Dionysos a cette tonalité, de même que celle d'Artémis pouvait avoir celle opposée.

Ce détachement de la sexualité qui intervient au comble de son ardeur — dans le moment réel de rupture extatique — ce dédain et ce dégoût agressif, peuvent être interprétés comme une intuition pessimiste, soudaine et déchirante, sur la vie. A partir d'une telle expérience se diffuseront des ondes concentriques : la répercussion qui s'incarnera chez le Dionysos orphique en des mythes angoissants et une pratique ascétique de vie, diverge dans la manifestation, en prenant ses distances à l'égard de celle qui ici, dans le culte orgiaque du dieu, se révèle comme violence, dans la fureur meurtrière des Bacchantes à l'encontre de tout mâle agresseur. Mais dans le moment extatique, l'élément sexuel n'est qu'une composante, et en général les contradictions de Dionysos se libèrent et se fondent en une jouissance simultanée des opposés. Le désir acharné de tuer et de dévorer la proie est aussi une tendresse à bout de force : « Il est doux, lorsqu'il tombe à terre ... assoiffé de sang ... pour se livrer à la joie de dévorer la chair fraîche ».[34] Et la même correspondance réapparaît dans une variante orphique attestée, cette fois encore, par Euripide, et dans laquelle l'omophagie se révèle également comme un dégoût pour tout ce qui

33. Déjà Bachofen 234, avec une remarquable intuition, avait mis en évidence la chasteté du culte dionysiaque primitif. Mais Nilsson (cf. I 90, 478) se limite à rappeler la prescription de chasteté dans les lieux sacrés et dans les mystères (cf. aussi **1 [A 15]**). (Bachofen et Nilsson insistent sur les mystères d'Andania, à propos desquels cf. Paus. 4, 33, 4-5, ainsi que les notes à **3 [A 6]** et **5 [B 19]**. Creuzer SM III 192-193, qui revendique pour les Bacchantes un rôle sacerdotale (s'appuyant sur Hésychius et sur Nonn. *Dionys.* 9,261), et Burckhardt I 605, qui rappelle que les Bacchantes étaient protégées par les populations contre les violences des soldats (cf. Plut. *De mul. virt.* 13), se sont penchés sur ce thème.

34. Cf. **1 [A 6,1-4]**.

est vivant : « pratiquant ... les banquets de chair crue ... revêtu de très blancs vêtements je fuis la naissance des mortels ... Je me garde de manger des aliments où la vie a été présente ».[35]
Dans les *Bacchantes* l'aspect archaïque d'un Dionysos cruel et vindicatif, est renversé et transmis à celles qui sont possédées par lui : il apparaît en revanche « sous des formes féminines », nous dit Euripide, et « les cheveux parfumés épars en boucles blondes » ;[36] ou, selon l'expression d'Eschyle, tel un « jeune homme efféminé ».[37] Et voici une nouvelle contradiction, plus mystérieuse peut-être que les précédentes.[38] Dionysos est mâle et femelle,[39] et la tradition orphique maintiendra ce thème dans l'hermaphrodisme de Phanès.[40] Certes cette contradiction s'intègre à d'autres, car Dionysos est « changeant de formes » [41], et parallèlement au jeune homme efféminé nous trouvons le dieu barbu et solennel des peintures sur vase, ou encore l'enfant des représentations orphico-éleusiennes. Mais en soi, l'antithèse mâle-femelle est peut-être à rapprocher de l'inversion dont il a été question : la violence est transférée aux femmes, tandis que la tendresse et la délicatesse — de même que la docilité — sont le lot du mâle, ce qui dans cette représentation de douceur favorise le dépassement cognitif, libère le paroxysme de la poussée animale. La femme est choisie pour marquer le détachement pessimiste de la plénitude vitale — chez elle cette plénitude trouve par nature son exaltation suprême — par une inversion de la charge d'agressivité destructrice. Du reste c'est précisément cette même nature ludique profondément inhérente à Dionysos qui le veut ainsi : celui qui déchaîne l'impulsion sexuelle se dissimule sous des boucles blondes, parce que sa caractéristique principale ne saurait être celle de la nécessité de l'instinct animal. La tradition orphico-éleusienne porte à l'extrême cette représentation de Dionysos, lequel n'est pas de façon ambiguë

35. Cf. **4 [A 15,9-16]**.

36. Cf. **1 [A 12,12], 1 [A 12,7]**.

37. Cf. Aesch. fr. 72 Mette.

38. La thèse de Bachofen 242 selon laquelle l'hermaphrodisme de Dionysos fait allusion à la victoire de la virilité phallique sur la femme et à l'abaissement consécutif de l'homme qui, ayant soumis la femme, finit par être vaincu sur le même plan, ne paraît pas très convaincante.

39. Cf. Creuzer SM III 186, 413.

40. Cf. **4 [B 45. 46]** et les notes correspondantes.

41. Cf. Orph. *Hymn.* 50,5 (36 Quandt) et Creuzer SM III 413.

le jeune homme efféminé, mais véritablement, par un trait unilatéral, l'enfant innocent, sans défense, la victime de la violence des Titans. Son désir ne tend pas à l'appropriation, il se satisfait dans l'instant, dans le casuel, dans la pure vision, dans le jeu en somme : et les symboles orphiques qui le concernent sont des poupées et des jouets.[42] En revanche, dans le culte orgiaque l'ambiguïté de Dionysos est radicale, elle ne regarde pas seulement le cadre sexuel : Dionysos, tandis qu'il joue, tue ; avec un visage féminin, il rit et détruit : « Viens, ô Bacchos, de ton visage qui rit jette un lacs mortel autour du chasseur des Bacchantes, qui se précipita au milieu du troupeau des Ménades ».[43]

2.

Apollon est le dieu de la sagesse, de manière explicite et manifeste. En effet, dans la sphère archaïque, connaître tout, l'outrecuidance du connaître, échoit seulement à la divination, et cet art est concédé par Apollon. Homère nous en informe à propos de Calchas, « qui connaissait ce qui est, et ce qui sera et ce qui a été avant ».[1] En ce qui concerne Dionysos, nous avons dit que la sagesse était le chiffre de son être, que l'outrecuidance du connaître est un trait de sa nature : la sagesse est l'impossibilité très réelle qui est en lui, ce n'est pas quelque chose qu'il accorde à autrui, qu'il transmet hors de lui. En revanche, Apollon accorde la sagesse aux hommes, ou mieux encore à un homme, mais lui se tient à l'écart, il est le dieu « qui agit à distance ». Et sa sagesse n'est pas de celle qu'il transmet hors de soi, puisqu'il possède « le regard qui connaît toutes choses »,[2] alors que la sagesse qu'il accorde est faite de mots, et c'est en cela qu'elle concerne les hommes.
D'où il ressort clairement qu'entre les deux dieux existe d'une part une profonde affinité — en vertu du rapport étroit qu'ils entretiennent avec la sagesse — et de l'autre une nette antithèse, quant à leur caractère et à la manière dont ils se manifestent. A l'époque moderne,

42. Cf. **4 [B 37]** et voir aussi **1 [A 14]**.

43. Cf. **1 [A 5,9-12]**.

1 Cf. **2 [A 1,2]**.

2. Cf. Pind. *Pyth.* 3,29.

les interprètes qui ont noté le caractère exceptionnel de l'apport symbolique fourni par chacun des deux dieux, insistent sur l'antithèse et cherchent à expliquer les convergences en recourant à l'hypothèse de phases religieuses successives. Le point de départ commun à ces interprétations tient dans le présupposé selon lequel Dionysos est un dieu récent :[3] l'avènement de son culte aurait provoqué un profond bouleversement dans la société grecque, qui aurait été rééquilibrée et reprise en main par le culte apollinien, bien qu'à travers un rapprochement et une absorption d'éléments dionysiaques. Ainsi Creuzer qui, le premier, a attiré l'attention sur le couple Apollon-Dionysos, parlait-il d'une conciliation par le biais de l'orphisme (et son hypothèse resterait la plus défendable) ;[4] par la suite Nietzsche vit dans la naissance de la tragédie le résultat le plus haut de la concorde entre Apollon et Dionysos, après des luttes redoutables ;[5] avec l'entrée de Dionysos à Delphes, c'est-à-dire avec la confirmation supposée de la paix entre Apollon et Dionysos, Rohde fit ensuite coïncider la transformation de la mantique apollinienne, jusque-là paisiblement et sobrement divinatoire, en mantique extatique, autrement dit revêtue d'un aspect dionysiaque ;[6] et enfin nous assistons aujourd'hui avec Nilsson à la reconnaissance de deux mouvements parallèles dans la religion grecque archaïque, l'un dionysiaque et l'autre légaliste — qui cherche à « réfréner les excès du premier » — inspiré par Apollon[7]. Mais toutes ces hypothèses s'écroulent dès lors que Dionysos se révèle être un dieu très ancien et non plus récent. Sur quelles bases en effet nous est-il permis de le situer historiquement, de rechercher un avant et un après, une succession

3. Les sources antiques correspondantes sont, directement, un passage d'Hérodote (2, 145), et indirectement, le fait qu'Homère ne nomme Dionysos que dans *Il.* 6,132 et 135; *Il.* 14,325; *Od.* 11,325; *Od.* 24,74, autrement dit il le traite comme un dieu peu connu.

4. Cf. Creuzer SM III 164-168.

5. Cf. Nietzsche KGW (Colli-Montinari), III 1, 21-22; 37-38.

6. Cf. Rohde II 39 sqq.[tf 305 sqq]; 54 sqq. [tf 319]. Voir aussi les notes à **2 [A 2. 10. B 2]**.

7. Cf. Nilsson I 611 sqq. (voir aussi I 564 sqq.). Notons que Nilsson se réfère au personnage semi-légendaire de Mélampous (à propos duquel cf. Hérod. 2,49; 7,221; 9,34), pour attester la médiation entre Apollon et Dionysos. Rohde aussi s'était réclamé de Mélampous (cf. la note à **2 [A 8]**); tous deux sont toutefois redevables à Creuzer SM III 163. Cependant Mélampous peut attester l'affinité de nature entre Apollon et Dionysos, mais non un rapprochement entre les deux cultes qu'il faut dater autour du VII-VIe siècle av. J.-C.

d'événements ? Plutôt qu'à un bouleversement dionysiaque autour du VIIe siècle av. J.-C, il est maintenant admis de penser, à propos du culte de Dionysos, à un très lent affaiblissement de sa cruauté originelle que conserve encore, dix siècles après la trace indistincte de l'âpre mythe crétois, la violence frénétique des *Bacchantes* d'Euripide. Par conséquent, la convergence entre les deux dieux ne remonte pas à un accident, à un événement historique, à une médiation, mais elle est enracinée dans leur nature. Le thème de la contradiction simultanée, que nous avons ébauché plus haut à propos de Dionysos, semble se présenter de nouveau sous une forme encore plus exaltée, lorsque dans deux fragments du Ve siècle[8] nous entendons énoncer l'identification parfaite d'Apollon et de Dionysos, avec une permutation de leurs noms et de leurs attributs : de la sorte Dionysos qui porte en lui toutes les contradictions forme un tout avec Apollon, lequel est sa contradiction. Mais l'identité de nature entre les deux dieux est surtout mise en évidence par le célèbre passage du *Phèdre* de Platon sur la *mania*.[9] Dionysos « incite les hommes au délire »[10] et il est lui-même « délirant » ;[11] Apollon suscite le délire chez le devin, mais il se tient « au loin » : en contrepartie toutefois, la *mania* au sens noble est la mantique,[12] et, en tout cas chez Platon, Apollon est avant tout le dieu de la *mania*. Mais la *mania* est en relation avec la sagesse, ainsi que nous l'avons souligné ; elle est, pour ainsi dire, un indice de la sagesse, un de ses signes avant-coureurs. Dans son délire, la bacchante reçoit en elle Dionysos, le chiffre de la sagesse. Et le devin reçoit d'Apollon la parole qu'il ne comprend pas et qu'il prononce « de sa bouche délirante »,[13] mais qui sera interprétée comme sagesse. La *mania* c'est la sagesse vue de l'extérieur, dans sa manifestation première, dans sa première apparition en tant que vision, danse, contact, son perçu, et non encore écouté. Cela en ce qui concerne l'identité de nature : quant à l'antithèse entre les deux dieux, il conviendra, après ce que nous avons dit de Dionysos, de souligner à présent les traits dominants de la figure d'Apol-

8. Cf. **2 [A 6. 8]**.

9. Cf. **2 [A 11. 12]**, **3 [A 11]**.

10. Cf. **1 [A 16]**.

11. Cf. *Il.* 6,132.

12. Cf. Colli DN 39-40 [tf 29]; NF 19-21 [tf 20-22].

13. Cf. Héracl. B 92 DK

lon et de son action. Chez Apollon se dessine également un caractère contradictoire, non pas universel comme chez Dionysos, mais au contraire bien caractérisé, et qui apparaît dans ses attributs dominants, l'arc et la lyre.[14] Là réside précisément la duplicité inhérente à Apollon : la face bienveillante et exaltante, à côté de celle redoutable et dévastatrice. D'une part l'art, la musique persuasive, l'apparence bienfaisante et l'image de la beauté du rêve, en somme cette apparence illusoire que Nietzsche semble associer à la signification « apollinienne ». Mais en regard la face hostile, l'essence profonde qui s'oppose à cet aspect illusoire, l'arme meurtrière qui de loin décoche ses traits. Et alors même que nous cherchons une antithèse parallèle en Dionysos, nous nous avisons de la distance qui sépare les deux dieux. Considérons en effet l'action de la musique inspirée par l'un comme par l'autre dieu. La lyre — ou la cithare — envoûte, séduit, subjugue, apprivoise les bêtes féroces, les hommes et les arbres, ainsi qu'il est dit du chantre apollinien Orphée : « et dressés hors des flots turquoises bondissaient les poissons sous l'effet du beau chant ».[15] Mais le son, de la flûte de Dionysos est un « appel menaçant qui suscite le délire ».[16] Et par ailleurs l'action meurtrière d'Apollon s'exerce moyennant la flèche et sa trajectoire, le dieu demeure séparé de sa victime, tandis que Dionysos tue sa proie de façon directe ; il la frappe de son thyrse ou la met en pièces et la dévore, la fait entrer en lui. Par la musique et son arme Apollon manifeste sa puissance qui atteint et que pressent celui qui en est l'objet ; en revanche, Dionysos, quand il agresse et qu'il étreint, se transmet, se confond avec son objet.

Mais on a dit plus haut qu'Apollon accorde aux hommes la sagesse par le biais de la divination. A travers le symbole panhellénique de Delphes, les Grecs ont déclaré cette dernière comme l'action culminante d'Apollon. Toutefois la divination est elle aussi un instrument par lequel Apollon exerce sa puissance. Le don est aussi un trait. La célèbre obscurité de l'oracle pythique[17] le confirme, et l'exercice de cette puissance advient de façon cruelle, indirecte, hostile. Le dieu

14. Cf. Héracl. B 48, 51 DK; ainsi que Colli DN 44-45 [tf 33-34]; NF 41-42 [tf 41-42].

15. Cf. **4 [A 2]**.

16. Cf. **1 [A 2,4]**.

17. Cf. Héracl. B 93 DK.

se sert de la parole, de quelque chose qui n'appartient pas à sa sagesse : il se sert de la parole comme d'un intermédiaire — de même que le trait aussi est un intermédiaire — afin de susciter la sagesse en l'homme. Mais la sagesse du dieu consiste en un regard, celle qui s'exerce à travers la parole est une autre sagesse : la communication est indirecte et requiert l'intervention d'un homme, d'un individu. Avant tout de quelqu'un qui puisse être à même d'être emporté par la *mania* d'Apollon (le délire de Dionysos est collectif), du devin possédé : de ses lèvres jaillit la parole divine, mais il ne la comprend pas. Ce délire individuel ne suffit pas à la communication : encore plus obscure pour qui n'est pas saisi par le délire, elle reste la parole d'un oracle en attente d'un interprète,[18] d'un autre individu qui sobrement l'examine, la compare à d'autres paroles, de sorte qu'il en fasse découler d'autres paroles en un discours lié, cohérent et éclairant. C'est là que se situe la naissance de la raison, qui dans sa manifestation première se présente sous le couvert d'expressions serrées, énigmatiques, proches encore de la matrice divine, mais qui est déjà sagesse individuelle. Or voici qu'à un interprète de la parole d'Apollon vient s'opposer un autre interprète, la sagesse individuelle provoque l'envie. La cruauté d'Apollon se découvre : celui qui naît à la sagesse n'en jouit pas, il est pris au piège d'un agonisme redoutable (la compétition pour la connaissance est, en Grèce, la joute suprême). Avec l'extase divinatoire, on entame un long parcours, semé d'embûches, et la nature de la parole, à travers la lutte des individus, est la plus appropriée pour une action à distance, indirecte, comme il sied à Apollon l'« Oblique ». Par le biais de la parole sapientiale Apollon, selon son épithète, frappe de loin et frappe loin.

3.

Que l'événement mystérique d'Éleusis — un des sommets de la vie grecque, célébré chaque année à la fin de l'été — ait été une fête de la connaissance, voilà ce qui ressort clairement des témoignages antiques, mais les modernes, en dehors de quelques timides manifestations d'opposition, ne veulent pas l'admettre. La raison invoquée est toujours la même : s'il est question de connaissance, alors il s'agira

18. Cf. **2 [A 13]**, **7 [A 25]** et les notes correspondantes.

d'une connaissance mystique — mais la connaissance mystique n'existe pas, et même si elle existait, elle serait quelque chose de trouble, en tous cas d'incompatible avec la clarté et la mesure grecques. Et cependant un vers du VIIe siècle avant J.-C dit : « Heureux celui ... qui a vu ces choses ».[1] Mais les interprètes, convaincus que l'on ne voit que ce que chacun peut voir, objectent que par cette expression on se référait aux objets sacrés, aux images des dieux, aux représentations symboliques qui apparaissaient dans le rituel éleusien. Il s'avère pourtant malaisé de soutenir cela pour peu que l'on prête l'oreille à la précision de Pindare : « Heureux celui qui descend sous terre après avoir vu ces choses : il connaît la fin de la vie, il en connaît aussi le principe donné par Zeus ».[2] En vérité, il semble difficile d'imaginer — mais certes les poètes exagèrent — que la contemplation de l'effigie d'une déesse ait le pouvoir de faire connaître, à un grand nombre d'initiés, le principe et la fin de la vie.

Et toutefois, en élargissant un peu la perspective, il ne devrait pas nous échapper que l'utilisation abstraite du démonstratif pour indiquer l'objet de la connaissance, rentre dans le style du grand mysticisme spéculatif — il n'est que de se tourner vers le langage des Upanishads — dans la mesure où précisément le caractère paradoxal de la grammaire renvoie à la bouleversante immédiateté de ce qui est très éloigné des sens.[3] Et pour rester en Grèce, à l'époque de la sagesse comme à celle de la philosophie, il est aisé de vérifier la fréquence avec laquelle l'acte de la connaissance suprême est appelé un « voir ». D'ailleurs pour nous en tenir à Platon, il est possible d'attester, lorsqu'on s'aventure à décrire l'expérience cognitive des idées, l'utilisation d'une terminologie éleusienne,[4] de sorte qu'il nous est permis d'avancer l'hypothèse selon laquelle la théorie des idées, à son commencement, fut une tentative de divulgation littéraire des mystères éleusiens, et pour lesquels l'accusation d'impiété était écartée dès lors que toute référence aux contenus mythiques de l'initiation était occultée. Et chez Aristote encore, qui n'est certes pas le plus mystique des philosophes, la chose est confirmée en des termes par-

1. Cf. **3 [A 1,5]**.

2. Cf. **3 [A 2]**.

3. Qu'on se reporte à cet égard aux très nombreux passages platoniciens qui pourraient s'y référer, **3 [A 10,10-11]**.

4. Cf. **3 [A 10-15. 17]** et les notes correspondantes.

faitement explicites : nous lisons dans un de ses fragments que la connaissance noétique doit être rapportée à la vision d'Éleusis.[5]
Les choses étant ainsi, il convient de prendre acte, sur la base de documents anciens et non ambigus, que du VIIe au IVe siècle avant J.-C (et nous pourrions dire jusqu'au IIIe siècle ap. J.-C, si nous voulions prendre en compte Plotin), en Grèce la suprême expérience cognitive reste quelque chose d'immuable dans sa nature, exempte de développements. Certes, l'expérience collective d'Éleusis ne fut pas identique à l'expérience individuelle de Parménide et de ceux qui vinrent après lui, mais le type de connaissance, peut-être irrécupérable pour nous, demeura unitaire. Mais abandonnant une perspective aussi universelle qui, dans le cadre de la présente édition, sera étayée par la recherche de la résonance éleusienne tout au long de la période de la sagesse grecque, je souhaite souligner à présent combien l'existence historique d'un sommet contemplatif tel que le fut l'événement éleusien présuppose un arrière-plan religieux qui l'ait rendu possible. Or c'est précisément Dionysos le dieu qui se tient dans l'ombre d'Éleusis, qu'on célèbre à Éleusis, qui à Éleusis manifeste sa puissance. Cette thèse, encore très controversée il n'y a pas si longtemps, reprend aujourd'hui vigueur : elle sera ici confortée par les textes rapportés et les notes.[6] La question est liée à celle de l'intrication entre mystères éleusiens et orphisme, confluence dont les sources nous fournissent des signes manifestes, même si l'on ne peut la saisir dans son développement historique : cette rencontre, déjà en des termes extérieurs, fut favorisée par le fait qu'Éleusis, dès l'âge le plus ancien, tendait à exporter son rituel vers des zones périphériques.[7]
Un problème demeure : à qui s'adressait cette connaissance visionnaire ? Les chercheurs semblent opiner en faveur d'une vaste audience, mais il est des raisons d'en douter. Il est vrai que l'accès aux solennités éleusiennes était ouvert aux hommes et aux femmes, sans distinction de classes ; tout d'abord aux seuls Athéniens, puis graduellement à tous les Grecs (les barbares en restèrent exclus, du moins jusqu'à l'époque d'Alexandre) ; il est non moins vrai que, dès

5. Cf. **3 [A 21b]**; voir aussi **3 [A 19-21a]** et les notes correspondantes.

6. Cf. **1 [A 9]**, **2 [A 12]**, **3 [A 3. 5. 6. 11. B 1. 8]** et les notes correspondantes.

7. Cf. Burckhardt I 624-626; Foucart 249-251. Cette prolifération — à travers des médiations non vérifiables — du phénomène éleusien offre l'explication la plus plausible concernant les cas où l'intrication orphico-éleusienne apparaît comme une fusion parfaite, comme en **4 [A 69]**. A propos de la confluence orphico-dionysiaco-éleusienne cf. **3 [A 3. 5. 6. 11. B 1. 5]**, **4 [A 25. 30. 65. 67-69. B 5. 6]** et les notes correspondantes.

le IVe siècle av. J.-C, les esclaves aussi y étaient admis.[8] Toutefois il ne faut pas perdre de vue qu'il s'agissait précisément d'une « initiation », c'est-à-dire d'un rituel complexe qui visait à introduire, à travers des étapes successives, à une expérience exceptionnelle. La tâche confiée aux familles sacrées des Eumolpides et des Kérykes, qui régissaient la célébration des mystères, consistait donc, dans son aspect culminant, en une sélection. L'initiation au sens large se réalisait en deux temps, distants de six mois, à travers les petits mystères (célébrés au printemps à Agra) et les grands mystères. En outre les sources énumèrent une série de conditions qui devaient être remplies par les initiés : instructions rituelles, abstinence de certains aliments, purifications, jeûnes.[9] Normes extérieures qui sont transmises et qui n'excluent assurément pas des épreuves de capacité spéculative. L'accès au péribole sacré d'Éleusis était interdit aux non-initiés sous peine de très lourds châtiments.[10] Et enfin le stade suprême, visionnaire, des mystères, l'*époptéia*, qu'on ne pouvait atteindre qu'au terme d'une année consécutive à l'initiation aux grands mystères. Les sources ne précisent pas ce qui était demandé à celui qui aspirait à être admis à l'*époptéia*, mais on a tout lieu de penser qu'à la fin d'un processus qui présente tous les aspects d'une sélection, le nombre des élus n'était pas élevé. La vaste affluence des participants à la solennité éleusienne suivait de l'extérieur les visionnaires rescapés. Aussi bien le précepte fondamental qui enveloppe l'événement éleusien confirme la thèse d'une sélection rigoureuse : à savoir le secret absolu, proclamé emphatiquement par l'*Hymne à Déméter*[11] et demeuré inviolé pendant un millénaire, jusqu'aux révélations malveillantes et fragmentaires des auteurs chrétiens. Si l'entière population athénienne avait eu la possibilité d'atteindre à l'*époptéia*, contre qui aurait-on dû maintenir le secret ? Et si une grande foule d'hommes avait été réellement initiée à Éleusis, comment aurait-il été possible d'éviter durant tant de siècles une quelconque divulgation ?

8. Cf. Foucart 252, 272-274.

9. Cf. Foucart 281-296.

10. Cf. Foucart 347.

11. Cf. **3 [A 1,3-4]**.

La suggestion, fournie par de remarquables connaisseurs de la civilisation grecque,[12] qui tend à considérer le rituel des mystères comme une représentation, un drame mystique, qui faisait revivre, sous une forme essentiellement mimique, l'histoire sacrée de Déméter et de Coré apparaît digne d'attention. On peut accepter cette thèse, pour autant qu'elle se limite à la phase préparatoire du rituel, et laisse de côté l'apogée de la vision. S'il est licite de faire présider Déméter et Coré aux grands mystères, et Dionysos en revanche à l'*époptéia*,[13] on peut aussi risquer l'hypothèse selon laquelle dans les premiers on ait représenté le mythe des deux déesses,[14] et dans cette dernière la passion de Dionysos en tant que fils de Perséphone.[15] Du reste la mention de l'accusation dirigée contre Eschyle pour avoir profané les mystères éleusiens conforte indirectement la thèse d'un substrat dramatique à Éleusis.[16]

4.

Jusqu'au XVIIIe siècle la connaissance d'Orphée se fondait sur les 87 *Hymnes* qui nous ont été transmis sous son nom, ainsi que sur les *Argonautiques* et les *Lithica*, poèmes qui lui étaient également attribués. Dans l'édition majeure d'alors, celle de Gesner, ces poèmes étaient encore tenus pour authentiques et très anciens.[1] Mais on se rendait déjà compte que les *Lithica* n'avaient rien de commun avec Orphée pas plus qu'avec les doctrines orphiques. Puis en 1805 apparurent les *Orphica*, l'œuvre la plus illustre de l'illustre Gottfried Hermann, qui marqua un tournant dans les études orphiques, en démon-

12. Cf. K. O. Müller II 26; Rohde I 289 [tf 238].

13. Cf. la note à **3** **[A 3]**.

14. Cf. Foucart 457 sqq.

15. Cf. la note à **3** **[B 8]**. Sur la base de la confluence orphico-éleusienne déjà signalée, on expliquerait de la sorte pourquoi une forme dramatique apparaît dans certains textes orphiques (cf. **4** **[A 62-65. 67. 70]**).

16. Cf. **3** **[A 22]** et la note correspondante; voir aussi Colli NF 33 [tf 34]. Quant à la thèse (Dieterich) qui propose une dérivation de la tragédie à partir des mystères éleusiens, cf. Colli DN 173 [tf 130].

1. Cf. Gesner XLIV-XLIX.

trant de façon définitive la composition tardive des *Argonautiques*.[2] Aujourd'hui les *Hymnes* et les *Argonautiques* sont datés entre le IIe et le Ve siècle ap. J.-C. Après l'édition de Hermann, la recherche sur Orphée se limita — pour ce qui a trait aux origines et à la phase antique du phénomène orphique — à la sphère des fragments.[3] Cette nouvelle tendance de la recherche conduisit à l'*Aglaophamus*, l'œuvre monumentale publiée par Christian August Lobeck en 1829, où était recueilli et interrogé un très vaste ensemble de fragments orphiques, qui, pour la plupart, n'avaient pas encore été pris en considération. Toutefois, à l'érudition prodigieuse de Lobeck s'oppose une inaptitude de jugement à l'égard des contenus de sa recherche, pour lesquels il ne fait montre d'aucune sympathie ni pénétration :[4] c'est à lui, par exemple, que remonte la nette séparation entre les textes éleusiens et les textes orphiques, division qui a considérablement entravée les recherches successives. Après l'édition de Abel en 1885 qui eut surtout le mérite de réordonner l'ensemble, en le rendant plus accessible,[5] parut enfin, en 1922, la grande édition d'Otto Kern,[6] qui aujourd'hui encore fait force de loi — et qui se limite bien entendu aux seuls fragments — où étaient recueillis tous les nouveaux textes qui avaient été découverts dans l'intervalle, et où étaient adjoints aux fragments les témoignages indirects et où l'on tenait compte (bien qu'en absence d'un commentaire) des nombreuses recherches sur ce thème.

Du point de vue interprétatif — en particulier pour ce qui concerne l'ancienneté du phénomène orphique — étaient intervenues entre temps des discussions entre les chercheurs, lesquels oscillaient entre un extrême scepticisme et une confiance plutôt tranchée en faveur de la tradition. Les prises de position sceptiques sont devenues plus rares par la suite : toutefois dans les dernières éditions des *Vorsokra-*

2. Cf. Hermann *Orph.* 675 sqq., 686-687, 763 etc.

3. L'édition de Hermann retient 104 fragments dont 36 inédits.

4. Cf. à cet égard le jugement méprisant de Nietzsche KGW (Colli-Montinari), VI 3, 152.

5. Abel retient 323 fragments orphiques.

6. Dans son édition Kern retient 363 fragments orphiques, ainsi que 262 témoignages indirects. Il s'agit là de la plus vaste collation de matériel orphique, distribué en outre selon la plus vraisemblable succession chronologique. Le nombre total des textes est toutefois inférieur à ceux susmentionnés, car les passages sont souvent répétés en divers endroits.

tiker de Diels-Kranz le matériel orphique reconnu comme ancien se limitait encore à quelques pages. Plus récemment, seul Linforth, qui se place parmi les meilleurs spécialistes, maintient une tenace attitude de contestation à l'égard de l'Orphisme ancien : la tendance qui s'est affirmée — confortée en particulier par les remarquables recherches de Guthrie et de Ziegler — est aujourd'hui encline à reconnaître l'ancienneté de la poésie orphique. Pour le moment on s'est arrêté aux VI-Ve siècles av. J.-C quant à l'acception de cet orphisme primitif, mais de nombreux indices font pencher en faveur d'un âge plus reculé. Quoi qu'il en soit aujourd'hui il n'est pas possible d'affirmer que la question orphique soit close. Même en admettant qu'une poésie orphique existait déjà aux VIII-VIIe siècles av. J.-C, que pouvons-nous en retirer, ou que pouvons-nous reconstruire autour d'une telle poésie, étant donné que dans sa forme primitive, en tout cas, elle a été perdue ? Concrètement, si une source du VIe siècle ap. J.-C nous transmet un vers tenu pour orphique, comment pourrons-nous établir si ce vers est authentique, dans le sens où il reproduirait un vers orphique qui remonterait au VIe ou au VIIIe siècle av. J.-C ? Dans la plupart des cas, il s'agit d'un problème insoluble. Ce que l'on peut faire, avant tout, c'est tenter de reconstruire dans ses grandes lignes le développement de la tradition orphique au cours d'une période de 14 ou 15 siècles, en supposant diverses ramifications, intrications, divergences et convergences : des recherches récentes ont permis d'aboutir à un certain nombre de résultats dans ce domaine, et les notes en fin de ce volume apporteront quelque contribution. Sur ces bases, il convient d'examiner, cas par cas et sans prétendre fournir de normes générales, si le vers ou les vers en question sont susceptibles d'être considérés comme anciens. Le critère même par lequel on doit mener cette recherche pose problème : qu'un vers révèle une affinité formelle avec un vers d'Homère ou d'Hésiode peut être un motif pour contester son ancienneté, de même que le fait qu'on y puisse déceler une affinité avec Parménide ou Empédocle, peut apparaître comme une raison de la soutenir. Quoi qu'il en soit, un tel critère, ou tout autre semblable, doit être appliqué avec une grande prudence, et le cas échéant pourra même être inversé.

En revanche, les sources les plus anciennes ne rapportent pratiquement rien de littéralement orphique. Ceci étant, il est inévitable de renoncer à une présentation des fragments orphiques au sens strict, c'est-à-dire de textes dont on peut présumer — à la lettre — qu'ils soient antérieurs au Ve siècle av. J.-C. C'est d'ailleurs précisément la période qui nous intéresse ici : il sera opportun par conséquent de se tourner avant tout vers les sources anciennes qui nous livrent des informations indirectes sur Orphée, sur sa poésie et sa doctrine. En conduisant cette recherche il convient de ne pas négliger les sources qui nous semblent avoir trait à Orphée, bien que ne le nommant pas explicitement. Faisant suite à ces témoignages, les documents orphiques directs — en particulier les célèbres tablettes d'or — à partir du V-IVᵉ siècle av. J.-C sont à prendre en considération. Et enfin tous les passages de sources postérieures, dans lesquels on peut déceler soit une information soit une citation directe de la poésie orphique la plus ancienne. Étant donné que ces citations sont à évaluer cas par cas, de sorte qu'on ne conservera que celles qui peuvent démontrer quelque signe d'ancienneté, il en résulte finalement que les textes recueillis dans la présente édition se révèlent être moins nombreux que dans l'édition de Kern (lequel ne s'était pas fixé une telle limitation chronologique).[7]

Quelques remarques à présent sur la configuration de la poésie orphique dans les différentes phases de son développement et de sa tradition.[8] Dans la période la plus ancienne — VIII-VIᵉ siècle av. J.-C — tradition orale, et morcellement probable de mythes et de variantes poétiques : des preuves subsistent dans des sources d'époque, [9] et en d'autres cas de vagues indices.[10] Plus tard, à la fin du VIᵉ siècle, on attribue à Onomacrite une œuvre de réorganisation de la tradi-

7. Aussi de nombreux témoignages et citations néoplatoniciens seront omis, ainsi que des informations sans fondements antiques, concernant par exemple la pédérastie d'Orphée (cf. la note à **4 [B 26]**) ou la tête d'Orphée qui, après sa mort, prononçait des oracles à Lesbos (cf. Kern OF 40-41; Guthrie *Orph.* 35 [tf 47]).

8. Cf. les notes à **4 [A 56. B 1. 9. 18. 28. 33-35. 39. 43. 52. 53. 69. 72. 73]**.

9. Cf. **4 [A 1]**, **5 [A 3. 7]** et les notes correspondantes.

10. Parmi ces indices incertains le plus intéressant concernant une poésie orphique ancienne est le fragment 8 d'Archiloque (cf. I 3, 6, 11 Diehl), où l'on parle de *Tyché* et de *Moira* comme de deux principes. Déjà Fränkel DPH 183, 9 a rappelé le parallèle avec Alcman (Page *Partheneion* 12, 33-37), dont un passage suggère une inspiration orphique analogue (cf. la note à **5 [A 3]**), mais dans ce dernier cas l'appui orphique est direct. Le fragment d'Archiloque trouve en revanche comme seul soutien **4 [A 68,3]**, dans un contexte de déchiffrement incertain, et non directement orphique, mais considéré comme orphique. Quoi qu'il en soit l'hypothèse d'une opposition orphique, que l'on pourrait assimiler à celle entre hasard et nécessité apparaît fort intéressante du point de vue spéculatif; le second principe est amplement documenté par les sources orphiques, tandis que le premier réapparaîtrait dans le thème de Dionysos enfant et de ses jouets (cf. **4 [A 69. B 37]**). Les autres indices sont plus sujets à caution et moins significatifs : un *ostracon* de Sapho (fr. 2 PLF Lobel-Page, cf. Turyn

tion (et il est probable qu'il y eut une première relation écrite). Au cours du Ve et du IVe siècle la littérature orphique connut un grand succès, attestée par la multiplication des œuvres écrites et la perte d'une tradition unitaire (ce qui contribue à expliquer l'absence quasi complète de citations directes dans les sources de cette période) : on peut observer simultanément dans le milieu orphique un net affaiblissement spéculatif et moral. Par la suite — entre le IVe siècle av. J.-C et le IIe siècle de notre ère — on observe des tentatives isolées en vue de consolider la tradition orphique : nous en avons connaissance d'après la théogonie selon Eudème, et de celle selon Hiéronyme et Hellanicos, et enfin d'après la fameuse théogonie rhapsodique (leurs discordances doctrinales montrent clairement qu'il s'agit de réunifications partielles).

Il semble désormais évident que ce que les sources cherchent à signaler sous des mentions diverses, « Orphée », « le théologien », les « adeptes d'Orphée », « choses orphiques », etc., n'est rien d'autre — en premier lieu — que poésie. Une configuration sectaire du phénomène orphique, à savoir l'existence de communautés religieuses orphiques, est à exclure, semble-t-il, au moins jusqu'au Ve siècle inclus. Toutefois, déjà chez Hérodote apparaît une référence aux « rites orphiques ».[11] Cette contradiction apparente s'efface pour peu que l'on tienne compte de la confluence orphico-éleusienne déjà mentionnée. Dès une époque très ancienne la poésie orphique était accueillie dans les mystères d'Éleusis — bien évidemment dans le rituel préparatoire de la vision suprême — et elle y figurait comme l'un des éléments essentiels de ces drames mystiques, où étaient représentés les mythes de Dionysos, de Déméter et de Coré.[12] Quand les sources évoquent les rites orphiques, elles entendent se référer aux par-

Pind. 333); un passage d'Alcée (fr. 39 PLF Lobel-Page) retenu par Diels (DK I 2, 20 sq.), dont toutefois la lecture est réfutée par Lobel-Page (et par Nilsson I 681,4); enfin Hés. *Théog.* 27-28, qui, selon Nilsson I 621, 682 (sans fondements précis) semblerait présupposer une poésie orphique. Comme documents anciens — non littéraires — sur Orphée, je rappelerai ici la métope du trésor de Sicyone à Delphes, du VIe siècle av. J.-C. (cf. la note à **4 [A 18]** et Linforth 1-2), et la coupe béotienne du VII-VIe siècle av. J.-C., qui représente un Orphée barbu jouant de la lyre (cf. Kern II 188, 1; Nilsson I 681, 3).

11. cf. **4 [A 12]**.

12. Sur le rapport entre poésie orphique et mystères cf. **4 [A 25. 30. 40. B 5. 6. 19. 21]**, **5 [B 17. 19]**, et les notes correspondantes.

ties des rituels mystériques au cours desquelles on présentait la poésie orphique. Cette circonstance fournit une autre explication à l'absence de citations anciennes relatives à la poésie orphique : on a parlé plus haut d'une explication exotérique (tradition trop galvaudée et d'un caractère trop populaire), mais on peut penser dans le même temps à une explication ésotérique. En effet, la partie la plus sacrée et unitaire de la poésie orphique n'a peut-être pas été transmise en raison justement de son lien — dont à l'évidence la divulgation était impossible — avec la sphère mystérique.

C'est pourquoi la désignation d'« Orphiques » est source d'erreur. Il n'est permis de supposer une involution sectaire, accompagnée d'une décadence doctrinale, qu'à partir de la seconde moitié du Ve siècle. Ainsi Platon parle-t-il des « adeptes d'Orphée »,[13] et plus tard Théophraste, avec une intention clairement ironique, fera mention des « Orphéotélestes ».[14] A l'évidence cette décadence de l'orphisme rend le problème de la tradition encore plus incertain : étant donné qu'au cours de cette période la doctrine et la poésie orphiques subissent une involution, il sera plus difficile de distinguer dans tous les témoignages postérieurs ce qui est conditionné par l'involution même, ce qui viendra s'y greffer ultérieurement, et ce qu'il est possible de considérer comme un apport de l'orphisme primitif. On ne peut obvier à cette difficulté qu'en établissant sur des sources antérieures les éléments essentiels d'une reconstitution de l'orphisme primitif, et en sélectionnant après coup, parmi les témoignages postérieurs, ceux qui s'accordent avec cette reconstitution, ou bien révèlent des traces autonomes d'ancienneté. Quoi qu'il en soit, le lien orphique-dionysiaque-éleusien est précisément un des éléments reconstitués d'après les sources les plus anciennes : il n'y a par conséquent aucune raison de douter que dans ce cadre certaines doctrines et configurations mythiques de l'orphisme soient nées au contraire sur le terrain des fameux mythes dionysiaques qui fleurissent durant l'époque hellénistique. Le fait que la datation de la dernière tablette découverte puisse remonter au Ve siècle av. J.-C suffit à prouver — en plus de divers autres éléments — que le rapport entre orphisme et mystères est plus ancien.[15]

13. Cf. **4 [A 30. 34]**.

14. Cf. **4 [B 8]**. Un passage de Plutarque (cf. Kern OF 58) où il est question d'Orphéotélestes de la première moitié du Ve siècle ne saurait être retenu, en dépit de l'opinion contraire de Rohde (II 110,3 [tf 354,2]).

15. Cf. **4 [A 62]** et la note correspondante.

Venons-en maintenant à quelques remarques sur la doctrine d'Orphée. Parler de doctrine est inadéquat dans la mesure où Orphée raconte des mythes : toutefois la pensée se déploie à partir de la vision mythique, ou mieux c'est à partir de l'intuition que se déroule le fil illimité et enchevêtré de la pensée. Comme nous l'avons montré, Dionysos et Éleusis sont les présupposés d'Orphée : Orphée rapporte l'histoire du dieu, et conduit à la connaissance suprême. Mais Orphée joue de la lyre et chante : par conséquent, à travers lui, c'est Apollon qui se manifeste, dans son aspect bienveillant, sous la figure de celui « qui accorde Dionysos ».[16] En outre, la poésie est aussi parole, et la parole est le domaine d'Apollon. La parole ne peut dire la vision suprême d'Éleusis,[17] elle ne peut que la ménager, la suggérer, peut-être même la susciter, et cela aussi renvoie à Apollon, à sa nature oblique, indirecte, ambiguë, mais appliquée cette fois dans une intention bienveillante, galvanisante. Orphée est le ministre d'Apollon — on dit qu'il est aussi son fils[18] — et il ourdit des récits de dieux qui dissimulent la sagesse. Les dieux primitifs, devons-nous les interpréter comme les principes du monde ? Il semble que non, puisque nous ne savons même pas quels furent les premiers dieux, selon Orphée. Dans la complexe tradition orphique tantôt tel dieu, tantôt tel autre apparaît comme le plus ancien. Et même si nous ne devons pas accorder trop de crédit aux néo-platoniciens, ce n'était sans doute pas sans fondement que Damascius déclarait en évoquant les deux premiers principes de la théogonie orphique : « en même temps que celui antérieur aux deux autres et transmis secrètement ».[19]

Mais si l'usage rituel de la poésie orphique consiste en ceci qu'elle prépare l'extase mystérique par le biais de représentations sacrées, son origine en revanche apparaît dictée par une perspective opposée. En effet c'est l'extase et le délire qui l'accompagne qui fait sourdre la poésie d'Orphée, et c'est là que le lien entre Dionysos et Apollon se montre le plus profond et le plus riche de sens. L'expérience indicible des mystères, en tant qu'elle ne saurait être exprimée directement, trouve dans la poésie d'Orphée une expression substitutive et compensatrice. Encore une fois il s'établit un parallèle avec la nais-

16. Cf. **4 [B 40b]**.

17. Cf. **3 [A 1, 4]**.

18. Cf. **4 [A 4. B 10]** et les notes correspondantes.

19. Cf. **4 [B 72, 13]**; voir aussi **4 [B 9,2-3]**.

sance de la tragédie, et pas seulement en raison d'une commune origine mystérique. Du point de vue formel, la poésie orphique se distingue nettement de la tragédie (même si certains de ses textes apparaissent sous une forme dramatique) : les mythes d'Orphée ont place dans les représentations éleusiennes, mais en tant que narration poétique qui s'accompagne d'une action purement gestuelle. Il existe toutefois un autre lien entre les deux phénomènes : de même que Nietzsche affirme que dans la tragédie l'excitation et l'ivresse extatique de Dionysos se déversent dans un monde apollinien d'images, sous les apparences d'Apollon en lesquelles Dionysos s'objective,[20] de même pouvons-nous déceler dans la poésie orphique un rapport analogue entre contenu dionysiaque et forme apollinienne. En effet, la poésie d'Orphée est en premier lieu le chant d'Apollon, autrement dit expression, apparence, musique et parole, mais son contenu — à travers la passion de Dionysos — exprime le mystère de Dionysos. On peut même affirmer que le rappel à Apollon et à Dionysos, dans le cas de la poésie orphique, est clairement imposé par les sources anciennes, et n'est pas le fait d'une interprétation, alors qu'on n'en peut dire autant à propos de la tragédie (au moins en ce qui concerne Apollon). Orphée lui-même est la figure mythique inventée par les Grecs afin de donner un visage à la grande contradiction, au paradoxe de la polarité et de l'unité entre les deux dieux. Et Eschyle conta comment Orphée, adepte de Dionysos, fut tué par le dieu vindicatif pour lui avoir préféré Apollon.[21]

Nietzsche ne tient compte que de la polarité entre Apollon et Dionysos, il en ignore l'unité : tout au plus parle-t-il du déferlement dionysiaque dans le cadre apollinien, du rapprochement, de la concorde entre Apollon et Dionysos (et Rohde le suit concernant cette question).[22] Du reste, sur ce point, Nietzsche s'est inspiré également de Creuzer, lequel avait déjà fait mention d'une antithèse entre les deux dieux, d'un culte récent et âpre de Dionysos qui se serait ensuite adouci sous l'effet d'un rapprochement avec Apollon : à ceci près que Creuzer — comme nous l'avons montré — avait parlé avec plus de vraisemblance d'une réconciliation par le biais de l'orphisme. Mais

20. Cf. Nietzsche KGW (Colli-Montinari), III 1, 58-60.

21. Cf. **4 [B 2]** et la note correspondante. Voir également Colli NF 32-36 [tf 32-38].

22. Cf. Rohde II 40-45 [tf 299-305].

Orphée n'est pas le réconciliateur d'Apollon et de Dionysos : il exprime leur union et périt déchiré par leur lutte.

Cependant Nietzsche a noté la nature illusoire d'Apollon : et il est un fait que la poésie orphique développe le thème de l'apparence dans nombre de ses mythes. Mais ce qu'Orphée raconte ne saurait être interprété limitativement comme magie de l'art, comme une fantaisie d'images mensongères, non plus que comme consolation face à l'angoisse de la vie. Le caractère apollinien d'Orphée est plus sapiential, de sorte qu'il ne surgit pas seulement d'une antithèse, mais également d'une relation à Dionysos. Les apparences auxquelles Orphée nous convie ne sont pas de pures illusions, non plus que la création d'un monde fictif opposé à un monde réel, mais elles constituent une expression de ce monde réel, à savoir du monde divin. D'ailleurs le monde des dieux relève déjà de l'expression : ce qu'il cherche à exprimer c'est l'indicibilité du divin, l'extase mystérique. Mais il n'y a pas un abîme entre ce qui est exprimé et l'expression, il y a continuité, répercussion qui confère au récit poétique et à ses protagonistes le plus grand élan vital. Parce que cette expression — tout en étant apparence — dit ce qu'était la nature divine primitive, elle la conserve en l'exprimant, par conséquent elle préserve la continuité, par un changement des formes cognitives, à cette nature elle en substitue une autre, apparente. Un tel changement se réalise dans le souvenir : c'est Mnémosyne, l'auguste déesse orphique,[23] qui puise à la source de la vision mystérique et désignant le passé conduit par la médiation de la poésie — elle est la mère des Muses[24] — à la grande initiation, d'où jaillissent les images des dieux, reflet qui supplée — dans la mémoire — à cette expérience, une fois qu'elle s'est accomplie.

Avoir ainsi divinisé le souvenir — en sorte que le temps n'est exaltant qu'une fois révolu — est un trait métaphysique décisif. Et cela non seulement de par sa conséquence pessimiste et anti-historique, mais surtout du fait de la désignation d'un lieu absolu — qui est le principe du temps — et qui est coupé de toutes les autres expériences. Or précisément nous ne serons à même de saisir ce commencement isolé durant notre vie que si nous parvenons à briser l'individuation : et c'est Mnémosyne qui nous en rend capable. Ainsi, si nous suivons l'inspiration dionysiaque, la transcendance d'Orphée

23. Cf. **4 [A 62-64. B 31]** et les notes correspondantes, ainsi que F114. 203 K.

24. Cf. Hés. *Théog.* 53-63.

est-elle aussi immanence, son pessimisme aussi un optimisme. Mais cette complexité, cette turbulence profonde ne transparaissent que par instant dans les mythes orphiques : une figure symbolique, une image allusive alors les révèle. En règle générale, les mythes nous offrent des apparences, des surfaces : leur nature apollinienne se soucie de dissimuler leurs contenus, de construire, comme s'il était parfaitement autonome — un monde d'apparences. Dès lors les noms des dieux — davantage que leur aspect ou leurs histoires — et particulièrement des dieux les plus importants et les plus anciens sont là pour suggérer quelque chose de la profondeur qui se tient sous cette surface. Ainsi la grande divinité Phanès, invention de la poésie orphique, dieu mâle et femelle à la fois (qu'on se souvienne de ce qui est dit de la nature de Dionysos), est celui qui apparaît — comme l'indique son nom — qui manifeste, qui se montre, qui resplendit. Comme le dit le fragment : « Mais, en-dessous se rompirent l'abîme matinal et l'Ether sans vent, tandis que s'étirait Phanès ».[25] Il est par conséquent le dieu de l'apparence, en général, mais d'une apparence ambiguë : d'un côté comme seule réalité possible, qui jouit de sa splendeur et de sa visibilité en tant que forme d'une existence totale ; de l'autre comme figure qui exprime, manifeste quelque chose qui n'est pas apparence, l'émergence sous une autre forme, par une sursaut, d'une réalité abyssale. C'est ainsi qu'il est encore le dieu primordial à partir duquel tous les autres dieux s'originent selon la fameuse théogonie rhapsodique,[26] le Temps. Ici ce n'est pas tant le nom qui nous surprend (d'autres poètes non orphiques connaissent ce dieu), que la position absolument dominante accordée au Temps. Si l'on considère tout ce que les philosophes à chaque époque ont dit et pensé sur le temps, tout le poids qu'on accorde en toutes occasions au temps dans l'image du monde qui nous entoure, on ne peut échapper à un certain embarras face à ce temps qui prend la figure d'un dieu, sous un aspect en somme qui ne correspond guère à la solennelle gravité d'un concept philosophique, et de surcroît dans une compagnie aussi peu édifiante, par la médiation d'un mystique délirant tel qu'Orphée. Mais quoi qu'il en soit, ce dieu orphique présente un aspect bien plus abstrait que ne le sont les principes du monde inventés par les sages qui vécurent après Orphée. Et de nouveau la même ambiguïté se fait jour dans la figure du Temps : le dieu

25. Cf. **4 [B 43,4-5]**.

26. Cf. **4 [B 73,3]**.

est parfaitement apte — de par sa véritable nature, et non pas en vertu d'une allusion symbolique — à montrer le fondement, l'origine du monde qui est autour de nous, ainsi que son principe universel qui nous imprègne, mais il est aussi le signe le plus enveloppant de l'aspect illusoire de ce monde : Mnémosyne nous enseigne que l'origine de tous les souvenirs — là où le temps n'a pas encore commencé — c'est ce que précisément il convient de retrouver. Tel est l'enseignement mystérique, le temps qu'il faut parcourir à rebours en vue de rejoindre l'absence de temps, toutes les générations de dieux et d'hommes, tous les mythes racontés par Orphée, ne sont rien d'autre que jeux d'apparences.

Le soupçon qu'Orphée soit aussi un philosophe nous est ensuite confirmé, quand, à propos des premiers principes d'une autre théogonie orphique, celle selon Hiéronyme et Hellanicos, nous lisons : « ... il s'appelait Temps qui-ne-vieillit-pas ... et Ananké lui était associée, identique par nature à Adrastée, l'incorporelle, et dont les bras s'étendaient sur le monde entier, touchant à ses limites extrêmes ».[27] Temps et nécessité : un couple décisif de catégories. Ici la sagesse la plus ancienne est à même de se renverser en une philosophie des plus modernes : en effet le lien des représentations sensibles — à savoir leur principe — peut véritablement revendiquer l'appellation de temps, de même que le lien des représentations abstraites — à savoir leur principe — peut prétendre à celle de nécessité. Et l'on ne saurait nier que les représentations abstraites sont « conjointes » aux représentations sensibles. Mais pour en revenir à Orphée, si même la nécessité — autrement dit Ananké — est un principe de l'apparence, quelle déesse lui opposera-t-on, par delà l'apparence, dans le lieu mystérique ? Peut-être le hasard, la fortune, c'est-à-dire Tyché ? Des indices existent dans ce sens, mais ils sont trop fragiles pour que l'on prétende soutenir un principe orphique du hasard.[28]

Toutefois, même si l'éventuel discours d'Orphée sur le hasard est recouvert par la nuit de la tradition, en contrepartie le thème voisin du jeu[29] émerge clairement. Cela advient dans le thème fondamental de la poésie orphique — dans le mythe de Dionysos — et principalement dans la représentation de Dionysos enfant. Le culte orgia-

27. Cf. **4 [B 72,7-11]**; voir également **4 [B 51]**.

28. Sur le couple de principes *Tyché* et *Moira*, voir ci-dessus la note 10 du chap. 4. en revanche les passages **4 [B 21, 23]** et F204 K ne sont pas révélateurs sur la question.

29. Le thème des dés (cf. **4 [A 69,29. B 37,10]**) présente une double référence.

que — au moins dans les *Bacchantes* — imagine Dionysos comme un jeune homme efféminé, tandis qu'Orphée le présente comme un enfant, d'autant qu'en grec enfant et jeu sont également proches d'un point de vue linguistique.[30] Dans la poésie orphique les attributs de Dionysos, les symboles de son culte et de son mystère, sont justement des jouets. D'autre part, maintes indications qui nous viennent de Dionysos se présentent comme l'antithèse des formes et des règles du monde qui nous entoure. Qu'il suffise de rappeler le caractère visionnaire de son culte, sa présence centrale à Éleusis, et jusqu'à l'aspect contradictoire de sa nature. Cette contradiction extrême et simultanée est incompatible avec Ananké, avec cette déesse orphique de la nécessité qui domine l'apparence. Par conséquent selon Orphée, Dionysos ne relève pas de l'apparence, et sa forme de vie — le jeu — est d'un autre monde. Le mythe orphique du démembrement de Dionysos par les Titans est une allusion exotérique soulignant la séparation de notre monde de celui de Dionysos, et le lien qui toutefois nous unit au dieu.[31]

En revanche est ésotérique l'allusion au miroir de Dionysos, l'un des attributs du dieu qui apparaissent dans le rituel mystérique, symbole sapiential que le mythe orphique fait intervenir dans l'instant culminant de la passion du dieu : « d'une épée effroyable les Titans firent violence à Dionysos qui regardait fixement l'image altérée dans le miroir déformant ».[32] Le miroir est le symbole de l'illusion, parce que ce que nous voyons dans le miroir n'existe pas dans la réalité, n'en est que le reflet. Mais le miroir est aussi un symbole de la connaissance, puisque en me regardant dans le miroir je me connais. Et il l'est aussi en un sens plus subtil, car tout le connaître consiste à placer le monde dans un miroir, à le réduire à un reflet que je possède. Et dès lors voici la charge fulgurante de l'image orphique : Dionysos se regarde dans le miroir, et il voit le monde ![33] Le thème du leurre et celui de la connaissance sont liés, mais on ne peut les résoudre qu'ainsi. Le dieu est attiré par le miroir, par ce jouet où apparaissent des images inconnues et bigarrées — la vision l'enchaîne ignorant du péril — il ne sait pas qu'il se contemple lui-même. Et pourtant ce qu'il voit c'est le reflet d'un dieu, le mode par lequel

30. Cf. Héracl. B 52 DK.

31. Il semble que Platon fasse déjà référence à ce mythe : cf. **4 [A 49. B 77]** et les notes correspondantes.

32. Cf. Nonn. *Dionys.* 6, 172-173.

33. Cf. **4 [B 40]** et la note correspondante.

un dieu s'exprime dans l'apparence. Se mirer, se manifester, s'exprimer : connaître ce n'est pas autre chose. Mais cette connaissance du dieu est proprement le monde qui nous entoure, c'est nous-mêmes. Notre corporéité, la pulsation de notre sang, c'est cela le reflet du dieu. Il n'y a pas un monde qui se reflète dans un miroir et qui devient la connaissance du monde : ce monde, y compris nous-mêmes qui le connaissons, est déjà en soi une image, un reflet, une connaissance. C'est le connaître soi de Dionysos, il n'a d'autre réalité si ce n'est celle de Dionysos, mais c'est aussi un leurre, juste un reflet, qui ne ressemble même pas au dieu dans la forme.
L'antithèse entre apparence et divinité, entre nécessité et jeu, est ici réduite à une image unique, où tout s'éloigne et se rejoint, où la vision illumine ce que la pensée obscurcit. Seul existe Dionysos : notre monde et nous-mêmes sommes son apparence altérée, celle-là même qu'il contemple en se plaçant devant le miroir. Ainsi Dionysos se tient-il à l'arrière-plan de la sagesse. Le connaître comme essence de la vie et comme sommet de la vie : telle est l'expression d'Orphée. Et dès lors la connaissance devient aussi une norme de conduite : théorie et praxis coïncident. Aussi bien il est un discours orphique ancien qui évoque les « chemins », ceux qu'il convient de suivre et ceux à éviter, ceux des initiés et ceux du commun.[34] La voie, le sentier c'est une image, une allusion qui revient à l'époque des sages, chez Héraclite, chez Parménide, chez Empédocle.[35]

5.

Musée est un autre nom légendaire, qui est associé dans les textes à celui d'Orphée à partir du Ve siècle av. J.-C, sans qu'il soit possible de distinguer et de caractériser nettement les deux figures. Orphée est nommé directement par des sources plus anciennes, et se dégage comme le personnage dominant, ne serait-ce que pour avoir donné son nom à la tradition dans son ensemble. Certes, on est tenté de considérer Musée comme une figure complémentaire, inventée dans

34. Cf. **4 [A 6,15]**, **4 [A 7-9]** (en plus des passages de Plutarque, voir aussi Turyn, *Pind.* 332-334), **4 [A 42. 67,5]** et les notes à **4 [A 40. 42. 44. 62. 67]**.

35. Cf. Héracl. B 45. 59. 60. 71 DK. Parm. B 1,2. 1,5. 1,11. 1,27. 2,3-4. 2,6. 6,3-4. 6,9. 7,2-3. 8,1. 8,18 DK; Emp. B 35,115. 115,8 DK.

un second temps en vue d'étendre le cadre mythique. Si d'autre part on prend en considération le fait que dès lors qu'Orphée et Musée se présentent ensemble, on attribue au premier des caractères dionysiaques et au second des traits apolliniens, le motif de ce dédoublement de personnages serait peut-être à rechercher précisément dans l'intention — liée peut-être à la réorganisation d'Onomacrite — de simplifier la tradition poétique enchevêtrée, dans laquelle la polarité entre Apollon et Dionysos s'imbriquait à leur unité. Cette hypothèse séduisante doit toutefois être rejetée, d'une part parce que des sources plutôt récentes, mais tout à fait dignes de crédit, insistent au contraire sur la relation précise de Musée avec la sphère dionysiaque, et d'autre part — ce qui me semble décisif — parce que deux des plus importants indices en faveur d'une ancienneté significative de la poésie orphique sont justement associé au nom de Musée.[1]

Il existe par ailleurs une brève série de fragments poétiques attribués à Musée par la tradition, mais on ne saurait en déduire une caractérisation poétique ou doctrinale, pas plus que des deux indices d'ancienneté susmentionnés : il s'agit de vers ou de témoignages de teneur vaguement orphique. D'autre part, Musée et Orphée demeurent associés jusque dans les témoignages les plus tardifs : tous deux de souche divine (Musée est désigné comme le fils de Séléné),[2] ils sont unis par des liens de parenté[3] ou de maître à disciple.[4]

Le seul caractère que la tradition antérieure au Ve siècle av. J.-C semble attribuer de façon prééminente à Musée est la nature de devin (Onomacrite aurait par ailleurs établi une rédaction des oracles de Musée).[5] A l'évidence cette qualité est apollinienne, elle signale la première manifestation d'Apollon dans la sphère de la sagesse individuelle (parallèlement à l'aspect en général apollinien de l'expression d'Orphée). Je renvoie à tout ce qui a été dit déjà à ce propos : du reste la situation d'Apollon comme fondement de la sagesse de la parole trouve confirmation dans la configuration archaïque du personnage de Musée.

On peut cependant établir un lien entre Musée et la sphère dionysia-

1. Cf. **5 [A 3. 7]** et les notes correspondantes.

2. Cf. **4 [A 41]**, **5 [A 9. B 6. 29]**.

3. Cf. **5 [B 15. 29]**.

4. Musée est appelé maître d'Orphée in **5 [B 11]**, et son disciple in **5 [B 8. 29. 30]**.

5. Cf. **4 [A 25. 30]**, **5 [A 5. 6. 9. 10]**; Hérod. 7, 6.

que. Il est ici moins direct :[6] il s'agit en fait des mystères avec lesquels Musée est en étroite relation. Le marbre de Paros nous apprend que c'est Eumolpos, le fils de Musée, qui institua les mystères d'Éleusis.[7] Divers témoignages l'attestent,[8] et d'autres parlent d'un rapport entre Musée et les mystères de Phlyées.[9] Nous avons déjà fait mention de la relation entre la poésie orphique et Éleusis, et nous reviendrons de nouveau sur ce thème dans les notes : cet approfondissement renvoie toujours au nom de Dionysos. Il est en tout cas important de noter le fait que la tradition a mis en relief Musée selon une double référence à Apollon et à Dionysos, et qu'elle a suggéré deux aspects précis — divination et mystères — lesquels seront déterminants concernant le cours ultérieur de la sagesse.

6.

Dès le XVIIIe siècle, Gesner attira l'attention sur le peuple fabuleux des Hyperboréens — et sur les mythes qui s'y rattachent.[1] A la fin du siècle dernier, Rohde approfondit le thème de la mantique extatique et mit en évidence les figures d'Abaris et d'Aristéas, associées aux Hyperboréens.[2] Aujourd'hui enfin, on prête une attention toujours plus grande à l'origine hyperboréenne d'Apollon, en relation à des motifs chamaniques, à des pouvoirs divinatoires, magiques et de guérison.[3] Selon cette perspective, l'action d'Apollon en tant que dieu de la sagesse se précise, également par-delà la sphère de la parole et de la musique. Chez Orphée et chez Musée, dans leurs figures mythiques de demi-dieux, on a vu les premières apparitions concrètes de cet élan sapiential, par le truchement du chant prophétique et de la parole oraculaire : avec les personnages apolliniens de nature

6. Cf. toutefois **5 [B 4. 10c]**.

7. Cf. **5 [B 8]** et la note correspondante.

8. Cf. **5 [A 9. B 4-8. 15]** et les notes correspondantes.

9. Cf. **5 [B 17. 19]** et la note à **4 [B 21]**.

1. Cf. Gesner 647-668.

2. Cf. Rohde II 62 sqq., 90 sqq. [tf 337 sqq., 372]

3. Cf. la note à **2 [A 2]**, et Dodds *Irr.* 140 sqq. [tf 145 sqq.].

hyperboréenne on rejoint maintenant les seuils mêmes de la documentation historique, et parallèlement émergent leurs capacités individuelles. Avec eux la sagesse d'Apollon trahit pour la première fois de façon concrète le mode par lequel elle se manifeste en des individus : la figure du sage révèle ses contours. Étant donné que nous touchons au point qui intéresse tout particulièrement mon discours, je me bornerai à rapporter ici les fragments qui ont trait à Abaris et à Aristéas.

Ces derniers ne sont plus des demi-dieux, mais des hommes, et la tradition antique ne retient pas seulement d'eux la parole et l'expression poétique médiatisée, mais également, et surtout, l'action magique et les dons exceptionnels octroyés par le dieu. C'est la possession qui leur confère ce pouvoir : voici donc le délire d'Apollon à l'ouvrage. L'extase apollinienne est un sortir hors de soi :[4] l'âme abandonne le corps et, libérée, elle se transporte au dehors.[5] Cela est attesté par Aristéas, et on dit de son âme qu'elle volait.[6] A Abaris, en revanche on attribue la flèche, symbole transparent d'Apollon,[7] et Platon fait allusion à ses sortilèges.[8] Par le rappel d'un autre passage platonicien : « en vérité Apollon découvrit le tir à l'arc, la médecine, et la divination »,[9] il nous est possible de reconstituer un arrière-plan fabuleux concernant ces personnages, un cadre chamanique.

Toutefois, il est permis de conjecturer qu'ils ont réellement vécu. Le fait qu'ils soient nommés tous les deux par Pindare,[10] le long récit d'Hérodote sur Aristéas,[11] dans lequel des légendes locales sont

4. L'hypothèse qui considérerait une extase apollinienne comme sortie de soi (*ekstasis*) comparée à une possession dionysiaque comme pénétration du dieu en nous (*enthousiasmos*) serait séduisante : elle pourrait trouver divers appuis, mais certains passages la contredisent bien vite (voir aussi Rohde II 60,3 [tf 334,3]).

5. Cf. **2 [A 14]**, **6 [B 4]** et la note à **6 [A 5]**. Voir aussi Colli DN 61-62 [tf 45-46].

6. Cf. **6 [A 5,45. B 4]**, Plin. *Nat. hist.* 7, 174 (l'âme d'Aristéas volait sous l'aspect d'un corbeau). La faculté de voler est un trait chamanique (cf. Nilsson I 617,6).

7. Cf. **6 [A 6. 8]** et les notes correspondantes.

8. Cf. **6 [A 7]**

9. Cf. **2 [A 10]**.

10. Cf. **6 [A 3. 4]** et les notes correspondantes.

11. Cf. **6 [A 5]** et la note correspondante.

passées au crible et renvoient vraisemblablement à un substrat historique, et d'autres documents relativement anciens[12] autorisent cette hypothèse. Alors, pour la première fois, sous un aspect fragile et hésitant, le sage grec fait son apparition.

7.

Mais la manifestation de la flèche de la sagesse s'accompagne toutefois de sanglantes blessures : c'est ainsi qu'opère la cruauté d'Apollon. Restreinte à la sphère de la parole, la sagesse se révèle comme un défi du dieu : ce qu'Apollon suggère n'est point une connaissance lumineuse, mais un ténébreux entrelacs de mots. Là, se niche la sagesse ; mais l'homme qui progresse à tâtons doit démêler les nœuds au péril de sa vie. Apollon exerce de la sorte sa puissance et il prend au piège les hommes les mieux doués pour connaître ; de plus il l'exerce par le moyen de la fomentation à la lutte qui en résulte. Cet entrelacs de paroles devient objet de compétition : le désir de primer dans la connaissance déchaîne chez les hommes une joute dans laquelle le vaincu ne sera pas épargné.
Voici donc l'énigme : sa présence grave et solennelle, sa signification profonde sont attestées à une époque antérieure au Ve siècle av. J.-C. Tout d'abord dans la légende thébaine de la Sphinx, dans laquelle la relation entre oracle et énigme — œuvres d'Apollon — sert d'arrière-plan au mythe tragique le plus bouleversant de la Grèce. Puis — à travers un fragment d'Hésiode — dans le récit du défi mortel pour la sagesse, entre deux devins, Mopsos et Calchas.[1] Et enfin dans une légende sur la mort d'Homère,[2] déjà connue d'Héraclite, où il est dit que le poète « mourut d'abattement » devant son incapacité à résoudre l'énigme qu'un défi fortuit lui avait soumis à l'improviste — dans un moment de repos — à lui « qui fut le plus sage de tous les grecs ».[3]

12. Cf. **6 [A 8. 9]** et les notes correspondantes.

1. Cf. **7 [A 1]** et la note correspondante.

2. Cf. **7 [A 11]** et la note correspondante.

3. Cf. Héracl. B 56 DK.

Dans l'énigme d'Homère l'entrelacs des mots se présente sous un aspect fatal : c'est la raison abstraite qui les dispose sous forme d'antithèses croisées. Deux couples de déterminations contradictoires sont associées de façon inverse à celle que l'on pourrait attendre. Cela révèle toute la portée de l'énigme, en tant que phénomène archétype de la sagesse grecque : derrière cette formulation se dissimule l'origine reculée de la dialectique, destinée à s'épanouir par un lien de continuité — selon sa structure agonistique comme en celle de sa terminologie même — à partir de la sphère énigmatique. Mais j'ai parlé de cela ailleurs trop longuement pour m'attarder encore sur le sujet.[4] Celui qui ne résout pas l'énigme est trompé : le sage est celui qui ne se laisse pas tromper. L'action de l'énigme est de tromper, et de tuer moyennant la tromperie : cela Héraclite nous l'enseigne.[5] Au fond, le sage est un guerrier qui sait se défendre. L'écho de cette vision résonne encore dans un admirable fragment de Gorgias,[6] à la fin de l'âge des sages : la tragédie opère « une tromperie, par laquelle celui qui trompe est plus juste que celui qui ne trompe pas, et celui qui est trompé est plus sage que celui qui n'est pas trompé »[7]. Le paradoxe rhétorique est revêtu d'une forme énigmatique, qui renvoie à l'énigme.[8]

4. Cf. Colli DN 47-49 [tf 35-37], 167-171 [tf 125-127], 174 [tf 130-131]; NF 49-81 [tf 51-88].

5. Cf. Héracl. B 56 DK, et la note à **7 [A 11]**. Voir aussi Colli DN 109-110 [tf 81].

6. Cf. Gorg. B 23 DK.

7. La magie de la tragédie — chez le poète comme chez le spectateur — fait basculer les jugements de la tradition. En elle, le poète, tout en trompant, est toutefois juste (et il l'est d'autant plus qu'il trompe), et le spectateur, tout en étant trompé, est toutefois sage (et il l'est d'autant plus qu'il est trompé).

8. Sur la prédilection répandue des Grecs en faveur d'une expression énigmatique, voir les passages cités in Lobeck I 160-164. Je rappelerai pour mémoire l'obscurité et l'ambiguïté des lois de Solon (cf. Plut. *Sol.* 18) et l'intéressant passage de Pausanias : « Dans les temps reculés les Grecs considérés comme sages développaient leurs discours en recourant aux énigmes, et non pas de façon linéaire » (cf. Paus. 8, 8. 3). Sur ce thème voir en outre les passages cités dans l'apparat et les notes, et qui ne concernent pas l'énigme au sens strict.

LA SAGESSE GRECQUE

Signorum explicatio

α̣	littera incerta
⟨α⟩	littera addenda
[α]	littera in codice removenda
(α)	emendatio unius litterae in papyro vel lamella
{α}	littera in papyro vel lamella removenda
[α]	littera in papyro vel lamella deperdita, coniectura suppleta
†ααα†	loci corrupti
[. . .]	punctis numerus litterarum indicatur, quae perierunt
***	lacuna in codice exstat
|	finis lineae in lapide vel lamella

DIONYSUS

A

1 [A 1] πολλάκι δ' ἐν κορυφαῖς ὀρέων, ὅκα
θιοῖσι ϝάδηι πολύφανος ἑορτά,
χρύσιον ἄγγος ἔχοισα, μέγαν σκύφον,
οἷά τε ποιμένες ἄνδρες ἔχοισιν,
χερσί, λεόντεον ἐν γάλα θεῖσα
τυρὸν ἐτύρησας μέγαν ἄτρυφον
ἀργύφεόν τε ...

Alcman, fr. 17 Page LGS (Athen. 11, 498 f sq.)

1 [A 2] ὁ μὲν ἐν χερσὶν
βόμβυκας ἔχων, τόρνου κάματον,
δακτυλόδεικτον πίμπλησι μέλος,
μανίας ἐπαγωγὸν ὁμοκλάν,
ὁ δὲ χαλκοδέτοις κοτύλαις ὀτοβεῖ
. . . .
... ψαλμὸς δ' ἀλαλάζει·
ταυρόφθογγοι δ' ὑπομυκῶνταί
ποθεν ἐξ ἀφανοῦς φοβεροὶ μῖμοι
τυ[μ]πάνου δ' εἰκὼν ὥσθ' ὑπογαίου
βροντῆς φέρεται βαρυταρβής.

Aeschylus, fr. 71 Mette (Strab. 10, 3, 16)

1 [A 1] – 2 θιοῖσι Garzya: θεοῖσ codd.: σιοῖσι Page **3** χρύσιον Bergk: χρύσειον codd. **4** ἔχοισιν] ἔχουσιν codd. **7** ἀργύφεόν τε Aldus Casaubonus Garzya: ἀργειοφονται codd.: ἀργιφόνταν Diehl: Ἀργειφόνται Page

1 [A 2] – 1 [A 18]

2 βόμβυκας] βομβήκας Bkoxy **3** δακτυλόδεικτον codd. Mette: δακτυλόδικτον Nauck **5** χαλκοδέτοις Ath., Schol. Il.: χαλκοθέοις Strab.: χαλκοθρόοις Schmidt **8** φοβεροὶ E: φομέριοι BCk: φοβέριοι Dhilnox **9** τυ[μ]πάνου Kramer Mette εἰκὼν] εἰχὼν corr. B

A

1 [A 1] Et souvent sur les sommets des monts, lorsque
la fête des torches nombreuses réjouit les dieux,
toi, ménade qui tient dans les mains une grande coupe
comme en portent les bergers, récipient d'or
où tu verses le lait de lionne,
tu as fait un grand fromage, intact,
scintillant ...

ALCMAN, fr. 17

1 [A 2] L'un d'eux tient dans les mains des flûtes
au son profond, façonnées au tour,
et produit une entière mélodie ravie par les doigts,
un appel menaçant qui suscite le délire ;
un autre fait résonner des cymbales recouvertes de bronze
....
... le son de la cithare s'élève vers les hauteurs:
de quelque lieu secret mugissent en réponse
de terrifiants imitateurs de la voix taurine,
et l'apparence sonore d'une timbale, comme un tonnerre
souterrain, se propage terrible et oppressante.

ESCHYLE, fr. 71

1 [A 1] — Rohde II 45 ; Garzya *Alcmane*, Naples 1954, 108-111.

1 [A 2] — Rohde II 9 ; 14,2 ; Jones *Strab.* V 106-107 ; H. J. Mette *D. Fragm. d. Trag. d. Aisch.*, Berlin 1959, 25-26

1 [A 3] ἰὼ πῦρ πνειόντων
χοράγ' ἄστρων, νυχίων
φθεγμάτων ἐπίσκοπε,
παῖ Διὸς γένεθλον, προφάνηθ',
ὦναξ, σαῖς ἅμα περιπόλοις
Θυίαισιν, αἵ σε μαινόμεναι πάννυχοι
χορεύουσι τὸν ταμίαν Ἴακχον.

Sophocles, Ant. 1146-1152 (Pearson)

1 [A 4] ὁ Θρῃξὶ μάντις εἶπε Διόνυσος τάδε.

Euripides, Hec. 1267 (Daitz)

1 [A 5] a ἔτεκεν δ', ἁνίκα Μοῖραι
τέλεσαν, ταυρόκερων θεὸν
στεφάνωσέν τε δρακόντων
στεφάνοις, ἔνθεν ἄγραν θηρότροφον μαινάδες ἀμφι-
βάλλονται πλοκάμοις.

1 [A 3] – 2 χοράγ' ἄστρων cf. Eur. Ion. 1078 sqq. (... ἀνεχόρευσεν αἰθήρ, χορεύει δὲ σελάνα): Bacch. 114 (γᾶ πᾶσα χορεύσει) **7** Ἴακχον cf. Eur. Bacch. 725: Aristoph. Ran. 341-342 (Ἴακχ' ὦ Ἴακχε, νυκτέρου τελετῆς φωσφόρος ἀστήρ)

1 πνειόντων Brunck: πνεόντων codd. Σ[l], Dain **2** νυχίων Hermann Brunck: καὶ νυχίων codd. Σ[l] **4** Διὸς codd.: Δῖον Seyffert Dain: Ζηνὸς Bothe **4-5** προφάνηθ' ὦναξ Bergk: προφάνηθι ναξίαις LA Σ **6** Θυίαισιν Boeckh: θυιάσιν LA

1 [A 4] – 1 [A 10. 17. B 2. 3]: [Eur.] Rhes. 972: Plut. Crass. 8: Plut. Quaest. conviv. 716 b

1 Θρῃξὶ] Θρῄξ ὁ A: Θραξὶ G

1 [A 5] – 2 ταυρόκερων cf. Soph. fr. 874 Nauck: Ion Ch. fr. 8 Diehl: Plut. De Is. et Os. 35 (35,6 Griffiths): Athen 476 a: Orph. Hymn. 45,1 (34 Quandt)

4-5 θηρότροφον scripsi (coll. Eur. Phoen. 820): θηροτρόφον Musgrave Wecklein: θηροτρόφοι PL[1]: θυρσοφόροι l **9** θηραγρευτᾶι Din-

1 [A 3] O toi qui mène le chœur
des astres soufflant le feu, gardien
des paroles nocturnes,
enfant, fils de Zeus, manifeste-toi,
ô seigneur, au milieu de ces Thyiades qui te suivent,
et qui, toute la nuit, dansent autour, frénétiques,
te célébrant, toi, Iacchos le dispensateur.

SOPHOCLE, *Antigone* 1146-1152

1 [A 4] Cela le devin Dionysos le dit aux Thraces.

EURIPIDE, *Hécube* 1267

1 [A 5] a Et Zeus engendra — quand les Moires
en fixèrent le terme — le dieu aux cornes de taureau,
et le coiffa de couronnes de serpents:
c'est pourquoi les ménades portent
mêlée à leurs boucles la proie
qui se nourrit de bêtes.

1 [A 3] — Lobeck I 218-219; Kerényi 269; Dain-Mazon *Ant.* 115; Errandonea *Sof. Trag.* 11, Barcelona 1965, 84; Graf 51

1 [A 4] — Rohde II 21-22

1 [A 5] — Rohde II 15,3; Nilsson I 571; Dodds *Bacch.* XVI, 76, 194; KP II 79-83; Pugliese-Carratelli 1974, 141-142

b φάνηθι ταῦρος ἢ πολύκρανος ἰδεῖν
δράκων ἢ πυριφλέγων ὁρᾶσθαι λέων.
ἴθ' ὦ Βάκχε, θηραγρευτᾶι βακχᾶν
γελῶντι προσώπωι περίβαλε βρόχον
θανάσιμον ὑπ' ἀγέλαν πεσόντι τὰν μαινάδων.

Euripides, Bacch. 99-104, 1017-1023 (Dodds)

1 [A 6] ἡδὺς ἐν ὄρεσιν, ὅταν ἐκ θιάσων δρομαί-
ων πέσηι πεδόσε, νε-
βρίδος ἔχων ἱερὸν ἐνδυτόν, ἀγρεύων
αἷμα τραγοκτόνον, ὠμοφάγον χάριν, ἱέμε-
νος ἐς ὄρεα Φρύγια, Λύδι' ...
. . . .
... ἀίσσει
δρόμωι καὶ χοροῖσιν
πλανάτας ἐρεθίζων
ἰαχαῖς τ' ἀναπάλλων,
τρυφερόν ⟨τε⟩ πλόκαμον εἰς αἰθέρα ῥίπτων.
. . . .
λωτὸς ὅταν εὐκέλαδος
ἱερὸς ἱερὰ παίγματα βρέμηι, σύνοχα
φοιτάσιν εἰς ὄρος εἰς ὄρος · ἡδομέ-
να δ' ἄρα, πῶλος ὅπως ἅμα ματέρι
φορβάδι, κῶλον ἄγει ταχύπουν σκιρτήμασι
βάκχα.

Euripides, Bacch. 135-140, 147-150, 160-169 (Dodds)

dorf: θηραγρότα P: θὴρ θηραγρέται Tyrrell **11** θανάσιμον ὑπ' Bruhn: ἐπὶ θανάσιμον P **11-12** πεσόντι Scaliger: πεσόντα P

1 [A 6] - 1 ἡδὺς] ἡδύ γ' Dobree: ἁδὺ δ' Wecklein **2** πέσηι] πέση L: πεύση P **3** ἀγρεύων] ἀγ*ρεύων L: ἀγορεύων P **10** τε add. Wilamowitz **15** βάκχα Musgrave: βάκχου LP

b Montre-toi sous la forme d'un taureau ou d'un serpent qui arbore
plusieurs têtes ou d'un lion flamboyant au regard.
Viens, ô Bacchos, de ton visage qui rit jette un lacs
mortel autour du chasseur des bacchantes,
qui se précipita au milieu du troupeau
des ménades.

EURIPIDE, *Les Bacchantes* 99-104, 1017-1023

1 [A 6] Il est doux, lorsqu'il tombe à terre au milieu des thiases qui courent tumultueuses,
avec la peau d'un faon pour vêtement sacré, assoiffé
du sang d'un bouc immolé, pour se livrer à la joie de dévorer la chair fraîche
alors qu'on se rue vers les montagnes de Phrygie, de Lydie ...

. . . .

... il s'élance
pour exciter par la course
et la danse les égarées,
les harcelant par des cris de joie
et agitant vers le ciel ses boucles délicates.

. . . .

quand la mélodieuse flûte hiératique
murmure frémissante les jeux sacrés, en accord
avec les égarées délirant de monts en monts:
la voici, heureuse, telle une pouliche avec sa mère
paissant, la bacchante lance ses jambes aux pieds agiles en bondissant.

EURIPIDE, *Les Bacchantes* 135-140, 147-150, 160-169

1 [A 6] — Rohde II 9-10; Dodds *Bacch.* 82-84; Jeanmaire 84 sq.

1 [A 7] ΑΓ. ὁ Βάκχιος κυναγέτας
σοφὸς σοφῶς ἀνέπηλ' ἐπὶ θῆρα
τόνδε μαινάδας.
ΧΟ. ὁ γὰρ ἄναξ ἀγρεύς.

Euripides, Bacch. 1189-1192 (Dodds)

1 [A 8] a ῥεῖ δὲ γάλακτι πέδον, ῥεῖ δ' οἴνωι, ῥεῖ δὲ με-
λισσᾶν
νέκταρι.

b θύρσον δέ τις λαβοῦσ' ἔπαισεν ἐς πέτραν,
ὅθεν δροσώδης ὕδατος ἐκπηδᾶι νοτίς·
ἄλλη δὲ νάρθηκ' ἐς πέδον καθῆκε γῆς,
καὶ τῆιδε κρήνην ἐξανῆκ' οἴνου θεός·
ὅσαις δὲ λευκοῦ πώματος πόθος παρῆν,
ἄκροισι δακτύλοισι διαμῶσαι χθόνα
γάλακτος ἑσμοὺς εἶχον· ἐκ δὲ κισσίνων
θύρσων γλυκεῖαι μέλιτος ἔσταζον ῥοαί.

Euripides, Bacch. 142-143, 704-711 (Dodds)

1 [A 9] μάκαρ, ὅστις εὐδαίμων
τελετὰς θεῶν εἰδὼς
βιοτὰν ἁγιστεύει καὶ
θιασεύεται ψυχὰν
ἐν ὄρεσσι βακχεύων

1 [A 7] – 2 σοφὸς σοφῶς cf. Eur. Bacch. 655-656

1 Βάκχιος Musurus: Βακχεῖος P **2** σοφῶς Brunck: σοφὸς P ἀνέπηλ'] ἀνέπηλεν P **2-3** θῆρα τόνδε Brodeau: θήρα τόνδε P: θήραι τοῦδε Hermann

1 [A 8] – 3 λαβοῦσ'] λαβοῦσα L **8** διαμῶσαι LP: λικμῶσαι suprascr. l **9** ἑσμοὺς] ἐσμοὺς LP

1 [A 9] – 4 θιασεύεται] θιασσεύεται P **5** ὄρεσσι]ὄρεσι LP **6** ὁσίοις

1 [A 7] AGAVE Bacchos, qui conduit la meute des chiens,
sage, sagement sut lancer les ménades
sur la piste du fauve.
LE CHŒUR En effet le maître est un chasseur.

EURIPIDE, *Les Bacchantes* 1189-1192

1 [A 8] **a** Sur la terre coule le lait, coule le vin, coule le nectar des abeilles.

b Se saisissant de son thyrse, une bacchante heurte un rocher,
d'où jaillit une limpide coulée d'eau ;
une autre frappe la terre de sa férule,
et le dieu pour elle fait surgir une source de vin;
enfin celles qui sont saisies du désir du blanc breuvage
grattaient le sol de leurs ongles
et en recueillaient du lait en abondance : mais des thyrses de lierre
s'écoulaient de doux ruisseaux de miel.

EURIPIDE, *Les Bacchantes* 142-143, 704-711

1 [A 9] Heureux celui qui a un bon démon
et qui, instruit des initiations des dieux,
sanctifie sa vie et
se fait l'âme d'un fervent de la troupe dionysiaque,
se déchaînant dans les montagnes

1 [A 7] — Dodds *Bacch.* 211-212

1 [A 8] — Dodds *Bacch.* 83-84, 155-156

1 [A 9] — Lobeck I 623-624; Dodds *Bacch.* 72-73; Pugliese-Carratelli 1974, 141

ὁσίοις καθαρμοῖσιν,

. . . .

κισσῶι τε στεφανωθεὶς
Διόνυσον θεραπεύει.

Euripides, Bacch. 72-77, 81-82 (Dodds)

1 [A 10] μάντις δ' ὁ δαίμων ὅδε· τὸ γὰρ βακχεύσιμον
καὶ τὸ μανιῶδες μαντικὴν πολλὴν ἔχει·
ὅταν γὰρ ὁ θεὸς ἐς τὸ σῶμ' ἔλθηι πολύς,
λέγειν τὸ μέλλον τοὺς μεμηνότας ποιεῖ.
. . . .
ἔτ' αὐτὸν ὄψηι κἀπὶ Δελφίσιν πέτραις
πηδῶντα σὺν πεύκαισι δικόρυφον πλάκα,
πάλλοντα καὶ σείοντα βακχεῖον κλάδον,
μέγαν τ' ἀν' Ἑλλάδα.

Euripides, Bacch. 297-301, 306-309 (Dodds)

1 [A 11] ΠΕ. τὰ δ' ὄργι' ἐστὶ τίν' ἰδέαν ἔχοντά σοι;
ΔΙ. ἄρρητ' ἀβακχεύτοισιν εἰδέναι βροτῶν.

Euripides, Bacch. 471-472 (Dodds)

L: ὁσίοισι L²P 7 κατὰ κισσῶι στεφανωθεὶς Hermann 8 Διόνυσον] διόνυσσον L

1 [A 10] – 1 [A 4. 17. B 1. 2]: Plut. Quaest. conviv. 716 b
2 cf. 2 [A 11]

5 Δελφίσιν] δελφίσι L: δελφοῖσιν P 6 πεύκαισι] πεύκοισι P
7 πάλλοντα Matthiae: βάλλοντα LP

1 [A 11] – 3 [A 1,3. 6. 8. 22]: Eur. Hel. 1307: Carcinus, fr. 5,1 (TGF 799)

par de saintes purifications.
. . . .
Et qui couronné de lierre
honore Dionysos.

EURIPIDE, *Les Bacchantes* 72-77, 81-82

1 [A 10] Mais ce dieu est un devin: en effet ce qui est frénétique,
ce qui apparaît délirant, est fort apte à la divination.
En vérité quand le dieu entre puissamment dans un corps,
il fait vaticiner ceux qui sont pris de délire.
. . . .
Tu le verras encore sur les rochers de Delphes
bondir avec des torches de pin sur le plateau entre les deux pics,
brandir et secouer le rameau bachique,
celui qui est grand dans l'Hellade toute entière.

EURIPIDE, *Les Bacchantes* 297-301, 306-309

1 [A 11] PENTHÉE Mais quelle est pour toi l'image des objets rituels ?
DIONYSOS Les non initiés à Bacchos ne les peuvent connaître.

EURIPIDE, *Les Bacchantes* 471-472

1 [A 10] — Rohde II 21; Dodds *Bacch.* 103-105

1 [A 11] — Dodds *Bacch.* 130

1 [A 12] a ... ἄλλην δ' ἄλλοσ' εἰς ἐρημίαν
πτώσσουσαν εὐναῖς ἀρσένων ὑπηρετεῖν,
πρόφασιν μὲν ὡς δὴ μαινάδας θυοσκόους,
τὴν δ' Ἀφροδίτην πρόσθ' ἄγειν τοῦ Βακχίου.
. . . .
λέγουσι δ' ὥς τις εἰσελήλυθε ξένος,
γόης ἐπῳδὸς Λυδίας ἀπὸ χθονός,
ξανθοῖσι βοστρύχοισιν εὐοσμῶν κόμην,
οἰνῶπας ὄσσοις χάριτας Ἀφροδίτης ἔχων,
ὃς ἡμέρας τε κεὐφρόνας συγγίγνεται
τελετὰς προτείνων εὐίους νεάνισιν.

b οἳ δ' ἀνὰ πόλιν στείχοντες ἐξιχνεύσατε
τὸν θηλύμορφον ξένον, ὃς ἐσφέρει νόσον
καινὴν γυναιξὶ καὶ λέχη λυμαίνεται.

c καὶ μὴν δοκῶ σφᾶς ἐν λόχμαις ὄρνιθας ὣς
λέκτρων ἔχεσθαι φιλτάτοις ἐν ἕρκεσιν.

Euripides, Bacch. 222-225, 233-238, 352-354, 957-958 (Dodds)

1 [A 13] a αἳ δ' ἐν δρυὸς φύλλοισι πρὸς πέδωι κάρα
εἰκῆι βαλοῦσαι σωφρόνως, οὐχ ὡς σὺ φῄς

1 [A 12] - 1 [A 13. 14. 15]
7 cf. Aesch. fr. 72 Mette (ὁ γύννις) **12** θηλύμορφον cf. Aesch. fr. 72 Mette

5 ὥς τις Musurus: ὅστις LP **7** εὐοσμῶν Tyrrell: εὔοσμον LP **8** οἰνῶπας Scaliger: οἰνωπά τ' L: οἰνωπάς τ' P: οἰνωπός Barnes ὄσσοις] ὅσοις P

1 [A 13] - 1 [A 12. 14. 15]
2 ὡς σὺ φῄς cf. **1 [A 12 a]**

1 [A 12] a … elles s'étendent l'une après l'autre dans les lieux
solitaires et subissent le bon plaisir des mâles,
sous le prétexte qu'il s'agit là des rites des ménades,
tandis qu'elles préfèrent Aphrodite à Bacchos.
. . . .
Et l'on dit qu'un étranger est arrivé,
un mage, un enchanteur, de la terre de Lydie,
les cheveux parfumés épars en boucles blondes,
les yeux emplis des charmes sombres — couleur de vin —
d'Aphrodite,
il passe ses jours et ses nuits en compagnie des vierges,
déployant devant elles les initiations de joie.

b Et parcourant la ville débusquez
l'étranger aux formes féminines, qui porte le mal
nouveau parmi les femmes et outrage les foyers.

c Vraiment je crois que désormais, comme des oiseaux,
dans les buissons
elles s'étreignent dans l'amour, prises aux pièges les
plus doux.

EURIPIDE, *Les Bacchantes* 222-225, 233-238, 352-354, 957-958

1 [A 13] a et les autres sur les feuilles des chênes laissaient reposer
leur tête,
au hasard, chastement, sans rechercher la solitude

1 [A 12] — Dodds *Bacch.* 93-94, 185; KP II 78-79

1 [A 13] — Nilsson I 572,6; 590; Dodds *Bacch.* 93, 154, 158

ὠινωμένας κρατῆρι καὶ λωτοῦ ψόφωι
θηρᾶν καθ' ὕλην Κύπριν ἠρημωμένας.

b κἀγὼ 'ξεπήδησ' ὡς συναρπάσαι θέλων,
λόχμην κενώσας ἔνθ' ἐκρυπτόμην δέμας.
ἣ δ' ἀνεβόησεν · ὦ δρομάδες ἐμαὶ κύνες,
θηρώμεθ' ἀνδρῶν τῶνδ' ὕπ' · ἀλλ' ἕπεσθέ μοι,
ἕπεσθε θύρσοις διὰ χερῶν ὡπλισμέναι.
ἡμεῖς μὲν οὖν φεύγοντες ἐξηλύξαμεν
βακχῶν σπαραγμόν ...

Euripides, Bacch. 685-688, 729-735 (Dodds)

1 [A 14] τὴν δὲ ἄλλην ἀνάγουσι ὁρτὴν τῶι Διονύσωι οἱ Αἰγύπτιοι πλὴν χορῶν κατὰ ταὐτὰ σχεδὸν πάντα Ἕλλησι · ἀντὶ δὲ φαλλῶν ἄλλα σφί ἐστι ἐξευρημένα ὅσον τε πηχυαῖα ἀγάλματα νευρόσπαστα, τὰ περιφορέουσι κατὰ κώμας γυναῖκες, νεῦον τὸ αἰδοῖον, οὐ πολλῶι τεωι ἔλασσον ἐὸν τοῦ ἄλλου σώματος · προηγέεται δὲ αὐλός, αἱ δὲ ἕπονται ἀείδουσαι τὸν Διόνυσον.

Herodotus, 2, 48 (Hude)

1 [A 15] καὶ τὸ μὴ μίσγεσθαι γυναιξὶ ἐν ἱροῖσι μηδὲ ἀλούτους ἀπὸ γυναικῶν ἐς ἱρὰ ἐσιέναι οὗτοί εἰσι οἱ πρῶτοι θρησκεύσαντες. οἱ μὲν γὰρ ἄλλοι σχεδὸν

3 ὠινωμένας Elmsley: οἰνωμένας LP ψόφωι corr. p: ψήφωι P **4** ἠρεμωμένας P: ἠρημωμένην Wecklein **6** ἔνθ' L: ἔνδ' P ἐκρυπτόμην Murray Dodds: ἐκρύπτομεν LP

1 [A 14] – 1 [A 12. 13. 15]: Heracl. B 15 DK

1 οἱ om. ABC **2** χορῶν] χοίρων DP: χαίρων RSV **3** σφί] σφισι ABC **4** νευρόσπαστα] νευρόπαστα R

1 [A 15] – 1 [A 12. 13. 14]: Heracl. B 15 DK

dans la forêt, comme tu le prétends, en quête de Cypris,
ivres de vin et de la clameur de la flûte.

b Et d'un bond je m'élançai, voulant la saisir et l'emporter,
et je quittai le buisson où j'avais dissimulé mon corps.
Mais elle hurla: O mes chiennes frénétiques,
ces hommes nous pourchassent; suivez-moi,
suivez-moi armées des thyrses que vous tenez dans vos mains.
Alors, par la fuite, nous pûmes échapper au démembrement
des bacchantes ...

EURIPIDE, *Les Bacchantes* 685-688, 729-735

1 [A 14] Et quant au reste de la fête religieuse pour Dionysos, les Égyptiens la célèbrent tout à fait, ou peu s'en faut, de la même façon que les Grecs, à l'exception des danses; mais au lieu de phallus ils ont trouvé d'autres images sacrées, des marionnettes articulées par de longs fils d'une coudée environ, que les femmes promènent dans les villages, et dont le sexe incliné n'est guère plus petit que le reste du corps. Un joueur de flûte les précèdent; elles, suivent en chantant en l'honneur de Dionysos.

HÉRODOTE, 2, 48

1 [A 15] Et ce sont les premiers à avoir prescrit comme norme religieuse l'interdiction de s'unir sexuellement à des femmes dans les lieux sacrés et de ne pas entrer dans les lieux sacrés en quittant

1 [A 14] — Guthrie I 475,4; Griffiths 297, 299-300, 429

πάντες ἄνθρωποι, πλὴν Αἰγυπτίων καὶ Ἑλλήνων, μίσγονται ἐν ἱροῖσι καὶ ἀπὸ γυναικῶν [ἀνιστάμενοι] ἄλουτοι ἐσέρχονται ἐς ἱρόν, νομίζοντες ἀνθρώπους εἶναι κατά περ τὰ ἄλλα κτήνεα.

Herodotus, 2, 64 (Hude)

1 [A 16] ἐπεθύμησε Διονύσωι Βακχείωι τελεσθῆναι· μέλλοντι δέ οἱ ἐς χεῖρας ἄγεσθαι τὴν τελετὴν ἐγένετο φάσμα μέγιστον ... Σκύθαι δὲ τοῦ βακχεύειν πέρι Ἕλλησι ὀνειδίζουσι· οὐ γάρ φασι οἰκὸς εἶναι θεὸν ἐξευρίσκειν τοῦτον ὅστις μαίνεσθαι ἐνάγει ἀνθρώπους ... ὅτι βακχεύομεν καὶ ἡμέας ὁ θεὸς λαμβάνει· νῦν οὗτος ὁ δαίμων καὶ τὸν ὑμέτερον βασιλέα λελάβηκε, καὶ βακχεύει τε καὶ ὑπὸ τοῦ θεοῦ μαίνεται.

Herodotus, 4, 79 (Hude)

1 [A 17] οὗτοι οἱ τοῦ Διονύσου τὸ μαντήϊόν εἰσι ἐκτημένοι· τὸ δὲ μαντήϊον τοῦτο ἔστι μὲν ἐπὶ τῶν ὀρέων τῶν ὑψηλοτάτων, Βησσοὶ δὲ τῶν Σατρέων εἰσὶ οἱ προφητεύοντες τοῦ ἱροῦ, πρόμαντις δὲ ἡ χρέωσα κατά περ ἐν Δελφοῖσι, καὶ οὐδὲν ποικιλώτερον.

Herodotus. 7, 111 (Hude)

5-6 ἀνιστάμενοι secl. Naber **6** ἄλουτοι] ἄλυτοι AB

1 [A 16] Herod. 4,108

2 τελετὴν] τελευτὴν CR **4** οἰκὸς] εἰκὸς SV **6** ἡμέας] ὑμέας P^c^ **7** καὶ τὸν] τὸν D **8** λελάβηκε] λελάληκε CRSV τε om. DRSVP

1 [A 17] – 1 [A 4. 10. B 2. 3]: [Eur.] Rhes. 972: Herod. 5,7: Plut. Crass. 8: Macrob. Sat. 1, 18, 1

1 οἱ] οἱ P **1-2** ἐκτημένοι] κεκτημένοι ABC **3** Βησσοὶ] Βισσοὶ DRSV

des femmes <avec lesquelles ils ont eu un tel rapport> sans s'être lavés. En effet presque tous les autres hommes, à l'exception des Égyptiens et des Grecs, s'unissent sexuellement dans les lieux saints, et pénètrent dans un lieu saint après avoir quitté des femmes <avec lesquelles ils ont eu un tel rapport> sans s'être lavés, car ils estiment qu'il en est des hommes comme du reste des animaux.

HÉRODOTE, 2, 64.

1 [A 16] ... Il désirait recevoir l'initiation aux mystères de Dionysos le bacchant ; et alors qu'il était sur le point d'entreprendre l'initiation, apparut un très grand prodige ... Et les Scythes blâmaient les Grecs de leur attitude à l'égard de la transe bachique : ils disent qu'il n'est pas raisonnable de rechercher un dieu qui incite les hommes au délire ... vous vous moquez de notre frénésie bachique et de ce que le dieu nous possède ; et voici que ce dieu a pris aussi votre roi, et qu'il fait le bacchant et le fou sous l'emprise du dieu.

HÉRODOTE, 4, 79

1 [A 17] Ce sont eux qui possèdent l'oracle de Dionysos, et cet oracle est situé sur les plus hautes montagnes. Et parmi les Satres, les Besses sont les prophètes du sanctuaire, tandis que l'oracle est rendu par une femme tout à fait comme à Delphes, pas plus compliqué que celui-là.

HÉRODOTE, 7, 111

1 [A 16] — Rohde II 6 ; 46,3 ; Nilsson I 575 ; Linforth 53

1 [A 17] — Rohde II 21,2 ; Nilsson I 566

1 [A 18] φημὶ γὰρ δὴ ὁμοιότατον αὐτὸν εἶναι τοῖς σιληνοῖς τούτοις ... καὶ φημὶ αὖ ἐοικέναι αὐτὸν τῶι σατύρωι τῶι Μαρσύαι ... ὑβριστὴς εἶ· ἢ οὔ; ἐὰν γὰρ μὴ ὁμολογῆις, μάρτυρας παρέξομαι. ἀλλ' οὐκ αὐλητής; πολύ γε θαυμασιώτερος ἐκείνου. ὁ μέν γε δι' ὀργάνων ἐκήλει τοὺς ἀνθρώπους τῆι ἀπὸ τοῦ στόματος δυνάμει, καὶ ἔτι νυνὶ ὃς ἂν τὰ ἐκείνου αὐλῆι — ἃ γὰρ Ὄλυμπος ηὔλει, Μαρσύου λέγω, τούτου διδάξαντος — τὰ οὖν ἐκείνου ἐάντε ἀγαθὸς αὐλητὴς αὐλῆι ἐάντε φαύλη αὐλητρίς, μόνα κατέχεσθαι ποιεῖ καὶ δηλοῖ τοὺς τῶν θεῶν τε καὶ τελετῶν δεομένους διὰ τὸ θεῖα εἶναι.

Plato, Symp. 215 a-c (Burnet)

1 [A 18] - 1 [A 2]

9 οὖν BT: γ' οὖν W

1 [A 18] Car j'affirme qu'il ressemble tout à fait à ces silènes ... Et je déclare en outre qu'il a l'air du satyre Marsyas ... Tu es outrecuidant. N'est-il pas vrai ? Toutefois, si tu n'en conviens pas, je produirai des témoins. Mais tu n'es peut-être pas un flûtiste ? Bien sûr que tu l'es, et bien plus merveilleux que celui-là. En vérité c'est par l'intermédiaire d'un instrument musical qu'il charmait les hommes par le talent qui émanait de sa bouche, et aujourd'hui encore on peut en dire autant de quiconque joue à la flûte ses mélodies: car celles que jouait Olympos, je dis moi qu'elles sont de Marsyas, car il a été son maître. Donc, ses mélodies, qu'elles soient exécutées par un flûtiste excellent, ou par une pauvre joueuse, sont les seules — parce qu'elles sont divines — qui mettent en état de possession, et par lesquelles se révèlent ceux qui éprouvent le besoin des dieux et des initiations.

PLATON, *Le Banquet* 215 a-c

1 [A 18] — Rohde II 16; Rose 111-112, 130

B

1 [B 1] Philo, De vita cont. 12 (VI 49, 5-6 Cohn-Reiter)

... καθάπερ οἱ βακχευόμενοι καὶ κορυβαντιῶντες ἐνθουσιάζουσι μέχρις ἂν τὸ ποθούμενον ἴδωσιν.

1 [B 2] Pausanias, 9, 30, 9 (W. H. S. Jones)

ἀφικέσθαι δὲ τοῖς Λιβηθρίοις παρὰ τοῦ Διονύσου μάντευμα ἐκ Θράικης ...

1 [B 3] Pausanias, 10, 33, 11 (W. H. S. Jones)

θέας δὲ μάλιστα ἄξια Διονύσωι δρῶσιν ὄργια ... λέγεται δὲ ὑπὸ τῶν Ἀμφικλειέων μάντιν τέ σφισι τὸν θεὸν τοῦτον καὶ βοηθὸν νόσων καθεστηκέναι ... πρόμαντις δὲ ὁ ἱερεύς ἐστι, χρᾶι δὲ ἐκ τοῦ θεοῦ κάτοχος.

1 [B 1] – 3 [A 1. 2. 4. 7. 9. 10. 12-15. 19. 21. B 2]

1 [B 2] – 1 [A 4. 10. 17. B 3]: [Eur.] Rhes. 972: Plut. Crass. 8: Macrob. Sat. 1, 18, 1
1 Λιβηθρίοις] λιβηθραίοις L

1 [B 3] – 1 [A 4. 10. 17. B 2]: Plut. Quaest. conviv. 647 a, 716 b: Athen. 1, 22 e; 36 b
1 θέας δὲ μάλιστα ἄξια L[1], Jones: † ἃ μάλιστα ἄξιον Spiro (cett.)

B

1 [B 1] PHILON, *Sur la vie contemplative* 12

... de même ceux qui sont possédés par la fièvre bachique et corybantique parviennent dans l'extase à voir l'objet désiré.

1 [B 2] PAUSANIAS, 9, 30, 9

Et un oracle qui venait de Thrace envoyé par Dionysos parvint aux Libètres.

1 [B 3] PAUSANIAS, 10, 33, 11

Ils célèbrent des rites orgiastiques fort dignes d'être vus, en l'honneur de Dionysos ... Et le peuple d'Amphicléa dit que ce dieu est devenu pour lui un devin et qu'il soulage les maux ... C'est le prêtre le devin et il rend l'oracle lorsqu'il est possédé du dieu.

1 [B 1] — Rohde II 11,2

1 [B 2] — Rohde II 22 ; Kern OF 39 ; Guthrie *Orph.* 63

1 [B 3] — Rohde II 59 ; Nilsson I 569 ; Dodds *Bacch.* 103

APOLLON

A

2 [A 1] Κάλχας Θεστορίδης, οἰωνοπόλων ὄχ' ἄριστος,
ὃς ᾔδη τά τ' ἐόντα τά τ' ἐσσόμενα πρό τ' ἐόντα,
καὶ νήεσσ' ἡγήσατ' Ἀχαιῶν Ἴλιον εἴσω
ἣν διὰ μαντοσύνην, τήν οἱ πόρε Φοῖβος Ἀπόλλων.

Homerus, Il. 1, 69-72 (Allen)

2 [A 2] ... εἰς Δελφοὺς πέμπει ⟨καὶ⟩ Κασταλίας νάματα, ἐκεῖθεν προφητεύ⟨σ⟩οντα δίκην καὶ θέμιν τοῖς Ἕλλησιν. ὁ δὲ ἐπιβὰς ἐπὶ τῶν ἁρμάτων ἐφῆκε τοὺς κύκνους ἐς Ὑπερβορέους πέτεσθαι. Δελφοὶ μὲν οὖν, ὡς ᾔσθοντο, παιᾶνα συνθέντες καὶ μέλος καὶ χοροὺς ἠϊθέων περὶ τὸν τρίποδα στήσαντες, ἐκάλουν τὸν θεὸν ἐξ Ὑπερβορέων ἐλθεῖν. ὁ δὲ ἔτος ὅλον παρὰ τοῖς ἐκεῖ θεμιστεύσας ἀνθρώποις, ἐπειδὴ καιρὸν ἐνόμιζε καὶ τοὺς Δελφικοὺς ἠχῆσαι τρίποδας, αὖθις κελεύει τοῖς κύκνοις ἐξ Ὑπερβορέων ἀφίπτασθαι. ἦν μὲν οὖν θέρος καὶ τοῦ θέρους τὸ μέσον αὐτὸ ὅτε ἐξ Ὑπερβορέων Ἀλκαῖος ἄγει τὸν Ἀπόλλωνα ...

Alcaeus, fr. 142 Page LGS (Himer. Or. 48, 10-11)

2 [A 3] πολλά μοι ὑπ'
ἀγκῶνος ὠκέα βέλη

2 [A 1] – 2 [A 10]: 7 [A 1]: Il. 1,86-87

3 ἡγήσατ'] ηγασατ pap. Ox. 1815

2 [A 2] – 2 [A 4. 5. 7]: 6 [A 5. B 3]: Pind. Ol. 3,16 (δᾶμον Ὑπερβορέων πείσαις Ἀπόλλωνος θεράποντα λόγωι): Herod. 4, 32-35

2 [A 3] – 2 [B 4]: 7 [A 7]: Emp. B 134,5 DK

A

2 [A 1] Calchas, fils de Thestor, de loin le meilleur parmi les scrutateurs d'oiseaux,
qui connaissait ce qui est, ce qui sera et ce qui a été,
et qui avait conduit les nefs des Achéens jusqu'à Ilion
par l'art divinatoire qu'il devait à Phoebos Apollon.

HOMÈRE, *Iliade* I, 69-72

2 [A 2] ... Zeus l'envoie à Delphes là où s'écoule la source Castalie, afin qu'il y prophétise aux Grecs, interprétant ce qui est juste et approprié. Mais Apollon, monté sur son char, incita les cygnes à voler chez les Hyperboréens. Ceux de Delphes, quand ils apprirent cela, après avoir composé un péan et sa musique, et avoir institué des danses de jeunes gens autour du trépied, invoquèrent le dieu afin qu'il revînt de chez les Hyperboréens. Et celui-ci, après qu'il eut rendu l'oracle pendant toute une année parmi les hommes de là-bas, quand il estima que le moment opportun était arrivé pour que résonnent aussi les trépieds de Delphes, ordonna cette fois aux cygnes de s'éloigner des Hyperboréens. C'était alors l'été, précisément le cœur de l'été, quand, selon Alcée, Apollon quitta les Hyperboréens ...

ALCÉE, fr. 142

2 [A 3] ...J'ai sous le coude
des traits rapides en grand nombre

2 [A 1] — Rohde II 56 ; Nilsson I 547

2 [A 2] — Burnet 81 ; DK 73B1-5 ; Kern II 116 ; Rose 135-136, 158-159 ; Guthrie *Orph.* 67 ; Nilsson I 548-549 ; Dodds *Irr.* 161-162 ; Edmonds *Lyra Graeca* (1952) I 316-319 ; Lobel-Page 260 ; KP I 445, II 1274-1275 ; Colli NF 19

ἔνδον ἐντὶ φαρέτρας
φωνάεντα συνετοῖσιν· ἐς δὲ τὸ πὰν ἑρμανέων
χατίζει. σοφὸς ὁ πολλὰ εἰδὼς φυᾷ·
μαθόντες δέ, λάβροι
παγγλωσσίαι κόρακες ὣς ...

Pindarus, Olymp. 2, 83-87 (Snell-Maehler)

2 [A 4] ... ναυσὶ δ' οὔτε πεζὸς ἰὼν ⟨κεν⟩ εὕροις
ἐς Ὑπερβορέων ἀγῶνα θαυμαστὰν ὁδόν.
παρ' οἷς ποτε Περσεὺς ἐδαίσατο λαγέτας,
δώματ' ἐσελθών,
κλειτὰς ὄνων ἑκατόμβας ἐπιτόσσαις θεῷ
ῥέζοντας· ὧν θαλίαις ἔμπεδον
εὐφαμίαις τε μάλιστ' Ἀπόλλων
χαίρει, γελᾷ θ' ὁρῶν ὕβριν ὀρθίαν κνωδάλων.

Pindarus, Pyth. 10, 29-36 (Snell-Maehler)

2 [A 5] ... τότε Δαλογενὴ[ς Ἀπό]λλων
φέρων ἐς Ὑπερβορέο[υς γ]έροντα
σὺν τανισφύροις κατ[έν]ασσε κούραις
δι' εὐσέβειαν, ὅτι μέ[γιστα] θνατῶν
ἐς ἀγαθέαν ⟨ἀν⟩έπεμψε Π[υθ]ώ.

Bacchylides, 3, 58-62 (Snell)

6 λάβροι] λαῦροι AE^{ac}

2 [A 4] – 2 [A 2. 5. 7] : 6 [A 5. B 3]

1 suppl. Hermann **2** θαυμαστὰν] θαυματὰν E. Schmid **4** ἐσελθών] ἐλθὼν DG

2 [A 5] – 2 [A 2. 4. 7] : 6 [A 5. B 3]

5 ⟨ἀν⟩έπεμψε Blass

dans mon carquois,
et qui s'adressent à ceux qui comprennent : mais à l'égard du tout
ils ont besoin d'interprètes. Sage est celui qui connaît maintes choses
par nature, mais ceux qui ont appris,
pareils à des corbeaux turbulents qui coassent ...

PINDARE, *Olympiques* 2, 83-87

2 [A 4] ... Et tu ne sauras trouver ni en empruntant les navires, ni à pied
la voie merveilleuse qui mène là où les Hyperboréens se réunissaient pour leurs jeux.
Jadis Persée, meneur de peuples, s'assit à leur table,
entra dans leurs demeures ;
il les trouva sacrifiant au dieu de magnifiques hécatombes
d'ânes. Mais surtout, de leurs fêtes
et de leurs hommages, ne cesse de se réjouir
Apollon, et il rit de voir la violence effrénée des bêtes.

PINDARE, *Pythiques* 10, 29-36

2 [A 5] ... Alors Apollon né à Délos
mena le vieillard chez les Hyperboréens et là
il établit sa demeure auprès des vierges aux fines chevilles,
en reconnaissance de sa dévotion, car il avait posé
à la noble Pythô les questions les plus grandes des mortels.

BACCHYLIDE, 3, 58-62

2 [A 4] — DK 73B1-5 ; Rose 135-136, 158-159 ; Guthrie *Orph.* 67 ; Nilsson I 548-549 ; Dodds *Irr.* 161-162 ; KP I 445, II 1274-1275 ; Colli NF 19

2 [A 5] — DK 73B1-5 ; Rose 135-136, 158-159 ; Guthrie *Orph.* 67 ; Nilsson I 548-549 ; Dodds *Irr.* 161-162 ; KP I 445, II 1274-1275 ; Colli NF 19

2 [A 6] ὁ κισσεὺς Ἀπόλλων, ὁ βακχεύς, ὁ μάντις.

Aeschylus, fr. 86 Mette (Macrob. Sat. I, 18, 6)

2 [A 7] ὑπέρ τε πόντον πάντ' ἐπ' ἔσχατα χθονὸς
νυκτός τε πηγὰς οὐρανοῦ τ' ἀναπτυχὰς
Φοίβου τε παλαιὸν κῆπον

Sophocles, fr. 956 Pearson (Strab. 7, 3, 1)

2 [A 8] δέσποτα φιλόδαφνε Βάκχε, παιὰν Ἄπολλον εὔλυρε

Euripides, fr. 477 Nauck (Macrob. Sat. I, 18, 6)

2 [A 9] ὡς δὲ ἀνευρεῖν οὐκ οἷοί τε ἐγίνοντο τὴν θήκην τοῦ Ὀρέστεω, ἔπεμπον αὖτις τὴν ἐς θεὸν ἐπειρησομένους τὸν χῶρον ἐν τῶι κέοιτο Ὀρέστης. εἰρωτῶσι δὲ ταῦτα τοῖσι θεοπρόποισι λέγει ἡ Πυθίη τάδε·

ἔστι τις Ἀρκαδίης Τεγέη λευρῶι ἐνὶ χώρωι,
ἔνθ' ἄνεμοι πνείουσι δύω κρατερῆς ὑπ' ἀνάγκης,
καὶ τύπος ἀντίτυπος, καὶ πῆμ' ἐπὶ πήματι κεῖται.

Herodotus, I, 67 (Hude)

2 [A 6] – 2 [A 8. B 3]

1 βακχεὺς ὁ μάντις Nauck: καβαιοσομαντις P: βακσιοσομαντις B: Βακχεῖος Hermann: βακχειόμαντις Wilamowitz: βακχιόμαντις Mette

2 [A 7] – 2 [A 2. 4. 5]: 6 [A 5. B 3]

3 Φοίβου παλαιὸν σηκόν coni. Gomperz   τε secl. Hermann

2 [A 8] – 2 [A 6. B 3]

1 Ἄπολλον] Ἀπόλλων codd.

2 [A 9] – Herod. 3, 57-58; 4, 163-164

2 [A 6] O Apollon couronné de lierre, ô Bacchos, ô devin.

ESCHYLE, fr. 86

2 [A 7] Au delà de la vaste mer, jusques aux confins de la terre,
aux sources de la nuit et aux déploiements des cieux,
et à l'antique jardin de Phoebos.

SOPHOCLE, fr. 956

2 [A 8] O Bacchos dominateur, ami du laurier, ô Péan Apollon,
expert à la lyre.

EURIPIDE, fr. 477

2 [A 9] Et comme ils n'étaient pas capables de retrouver la tombe d'Oreste, ils envoyèrent de nouveau vers le dieu des messagers, chargés de s'enquérir de l'endroit où reposait Oreste. Et aux messagers qui l'interrogeaient, la Pythie fit cette réponse :

Il est une Tégée d'Arcadie, dans un lieu plat,
là, deux vents soufflent sous l'emprise de la puissante
nécessité,
et coup est contrecoup, et le malheur gît sur le
malheur.

HÉRODOTE, 1, 67

2 [A 6] — Lobeck I 79-80 ; Rohde II 60 ; Guthrie *Orph.* 46

2 [A 7] — DK 73B1-5 ; Pearson *Fragm. Soph.* III 118 ; Rose 135-136, 158-159 ; Guthrie *Orph.* 67 ; Nilsson I 548-549 ; Jones *Strab.* III 174-175 ; Dodds *Irr.* 161-162 ; KP I 445, II 1274-1275 ; Colli NF 19

2 [A 8] — Lobeck I 79-80 ; Guthrie *Orph.* 46

2 [A 9] — Nilsson I 628

2 [A 10] τοξικήν γε μὴν καὶ ἰατρικὴν καὶ μαντικὴν Ἀπόλλων ἀνηῦρεν ...

Plato, Symp. 197 a (Burnet)

2 [A 11] νῦν δὲ τὰ μέγιστα τῶν ἀγαθῶν ἡμῖν γίγνεται διὰ μανίας, θείαι μέντοι δόσει διδομένης. ἥ τε γὰρ δὴ ἐν Δελφοῖς προφῆτις αἵ τ' ἐν Δωδώνηι ἱέρειαι μανεῖσαι μὲν πολλὰ δὴ καὶ καλὰ ἰδίαι τε καὶ δημοσίαι τὴν Ἑλλάδα ἠργάσαντο, σωφρονοῦσαι δὲ βραχέα ἢ οὐδέν ... τόδε μὴν ἄξιον ἐπιμαρτύρασθαι, ὅτι καὶ τῶν παλαιῶν οἱ τὰ ὀνόματα τιθέμενοι οὐκ αἰσχρὸν ἡγοῦντο οὐδὲ ὄνειδος μανίαν· οὐ γὰρ ἂν τῆι καλλίστηι τέχνηι, ἧι τὸ μέλλον κρίνεται, αὐτὸ τοῦτο τοὔνομα ἐμπλέκοντες μανικὴν ἐκάλεσαν. ἀλλ' ὡς καλοῦ ὄντος, ὅταν θείαι μοίραι γίγνηται, οὕτω νομίσαντες ἔθεντο, οἱ δὲ νῦν ἀπειροκάλως τὸ ταῦ ἐπεμβάλλοντες μαντικὴν ἐκάλεσαν.

Plato, Phaedr. 244 a-c (Burnet)

2 [A 12] τῆς δὲ θείας τεττάρων θεῶν τέτταρα μέρη διελόμενοι, μαντικὴν μὲν ἐπίπνοιαν Ἀπόλλωνος

2 [A 10] – 2 [A 1. 11]

2 ἀνηῦρεν Schanz Burnet: ἀνεῦρεν codd.

2 [A 11] – 1 [A 10]: 2 [A 10. 12-15. B 1. 2]: Heracl. B 92 DK

2 γὰρ δὴ T (Oxy): γὰρ ** B: γὰρ Aristides **5** ἠργάσαντο Burnet: εἰργάσαντο codd. (Oxy) Aristides **12-13** ἐπεμβάλλοντες codd.: ἐπεμβαλόντες Aristides

2 [A 12] – 2 [A 11]: 3 [A 3. 11]

1 τεττάρων θεῶν codd.: secl. Schanz

2 [A 10] En vérité Apollon découvrit l'art du tir à l'arc, la médecine et la divination.

Platon, *Le Banquet* 197 a

2 [A 11] Mais le fait est que, parmi nos biens, les plus grands sont ceux qui nous viennent par l'intermédiaire du délire dont nous dote un don divin. En effet, c'est dans leur délire que la prophétesse de Delphes et les prêtresses de Dodone ont procuré à la Grèce de grands bienfaits, tant aux individus qu'à la communauté ; tandis que, étant maîtresses d'elles-mêmes, peu de choses ou même rien ... Voici vraiment qui vaut la peine d'être produit en témoignage, à savoir que chez les Anciens la *mania* [délire] n'était pas tenue pour chose honteuse non plus que pour une opprobre, pas même par ceux qui instituaient les noms : sans quoi ils n'auraient pas associé ce nom-là au plus beau des arts, celui par lequel on discerne le futur, et ils ne l'auraient pas appelé *maniké* [art délirant]. Mais c'est parce qu'ils regardaient le délire comme une belle chose, quand il naît d'un décret divin, qu'ils instituèrent cette dénomination. Les hommes d'aujourd'hui, en revanche, par ignorance du beau, ont introduit un *t* et l'ont appelé *mantiké* [art divinatoire].

Platon, *Phèdre* 244 a-c

2 [A 12] Quant au délire divin, nous l'avons divisé en quatre sections qui relèvent de quatre dieux : l'inspiration divinatoire nous

2 [A 10] — Colli DN 41

2 [A 11] — Rohde II 68-69 ; Kern II 113-114 ; Nilsson I 174 ; Hackford *Phaedr.* 56-59 ; Robin *Phèdre* LXXV-LXXVI, 33-34 ; Des Places 313 ; Colli DN 39-40, NF 19-21

2 [A 12] — Kern II 114 ; Hackforth *Phaedr.* 131 ; Robin *Phèdre* 71

θέντες, Διονύσου δὲ τελεστικήν, Μουσῶν δ' αὖ ποιητικήν, τετάρτην δὲ Ἀφροδίτης καὶ Ἔρωτος ...

Plato, Phaedr. 265 b (Burnet)

2 [A 13] ἱκανὸν δὲ σημεῖον ὡς μαντικὴν ἀφροσύνηι θεὸς ἀνθρωπίνηι δέδωκεν· οὐδεὶς γὰρ ἔννους ἐφάπτεται μαντικῆς ἐνθέου καὶ ἀληθοῦς, ἀλλ' ἢ καθ' ὕπνον τὴν τῆς φρονήσεως πεδηθεὶς δύναμιν ἢ διὰ νόσον, ἤ διά τινα ἐνθουσιασμὸν παραλλάξας. ἀλλὰ συννοῆσαι μὲν ἔμφρονος τά τε ῥηθέντα ἀναμνησθέντα ὄναρ ἢ ὕπαρ ὑπὸ τῆς μαντικῆς τε καὶ ἐνθουσιαστικῆς φύσεως, καὶ ὅσα ἂν φάσματα ὀφθῆι, πάντα λογισμῶι διελέσθαι ὅπηι τι σημαίνει καὶ ὅτωι μέλλοντος ἢ παρελθόντος ἢ παρόντος κακοῦ ἢ ἀγαθοῦ· τοῦ δὲ μανέντος ἔτι τε ἐν τούτωι μένοντος οὐκ ἔργον τὰ φανέντα καὶ φωνηθέντα ὑφ' ἑαυτοῦ κρίνειν ...

Plato, Tim. 71 e - 72 a (Burnet)

2 [A 14] Ἀριστοτέλης δὲ ἀπὸ δυεῖν ἀρχῶν ἔννοιαν θεῶν ἔλεγε γεγονέναι ἐν τοῖς ἀνθρώποις ... ἀπὸ μὲν τῶν περὶ τὴν ψυχὴν συμβαινόντων διὰ τοὺς ἐν τοῖς ὕπνοις γινομένους ταύτης ἐνθουσιασμοὺς καὶ τὰς μαντείας. ὅταν γάρ, φησιν, ἐν τῶι ὑπνοῦν καθ' αὑτὴν γένηται ἡ ψυχή, τότε τὴν ἴδιον ἀπολα-

2 [A 13] – 1 [A 10]: 2 [A 11. 12. 14. 15. B 1. 2]: 7 [A 25]: Pind. fr. 150 Snell: Plat. Men. 99 c-d

4 διά om. Y **8** φάσματα FY: φαντάσματα cett. edd. **12** καὶ] ἢ Y

2 [A 14] – 1 [A 10]: 2 [A 11-13. 15. B 1. 2]: Cic. Div. ad Brut. I, 30, 63

l'avons attribuée à Apollon, à Dionysos l'inspiration initiatique, aux Muses l'inspiration poétique, la quatrième enfin à Aphrodite et à Éros ...

PLATON, *Phèdre* 265 b

2 **[A 13]** Une seule preuve suffit à montrer que c'est à l'infirmité de l'esprit humain que le dieu a donné la divination : en effet nul homme dans son bon sens ne parvient à une divination inspirée par le dieu et qui soit véridique. Mais il faut que la force de son intelligence soit entravée par le sommeil ou la maladie, ou qu'il l'ait déviée sous l'emprise du dieu. Au contraire c'est à l'homme dans son bon sens qu'il appartient de se rappeler les paroles proférées en songe ou dans l'état de veille par la nature divinatoire et par l'enthousiasme, de méditer sur elles, de discerner par le raisonnement toutes les visions aperçues alors, de voir d'où ces choses acquièrent un sens et à qui elles peuvent signifier un mal ou un bien, futur, passé ou présent. Quant à celui qui est en état de transe et y demeure, ce n'est pas à lui de juger ses propres visions et les paroles qu'il a lui-même prononcées ...

PLATON, *Timée* 71 e — 72 a

2 **[A 14]** Aristote affirmait que chez les hommes la notion des dieux émane de deux principes ... En premier lieu de ce qui advient en ce qui concerne l' âme, de par l'apparition dans les rêves des enthousiasmes de l'âme et de par les divinations. Car, dit-il, lorsque dans les rêves l'âme se présente par elle-même

2 [A 13] — Rohde II 20-21 ; A. E. Taylor *Comm. Tim.* 513 ; Rivaud *Timée* 199 ; Colli DN 42-43, NF 42-43

2 [A 14] — Rohde II 60-61

βοῦσα φύσιν προμαντεύεταί τε καὶ προαγορεύει τὰ μέλλοντα.

Aristoteles, De phil. fr. 12 a Ross (Sext. Emp. adv. math. 3, 20-23)

2 [A 15] κινεῖ γάρ πως πάντα τὸ ἐν ἡμῖν θεῖον. λόγου δ' ἀρχὴ οὐ λόγος, ἀλλά τι κρεῖττον. τί οὖν ἂν κρεῖττον καὶ ἐπιστήμης εἴη καὶ νοῦ πλὴν θεός; ἡ γὰρ ἀρετὴ τοῦ νοῦ ὄργανον· καὶ διὰ τοῦτο, ὃ οἱ πάλαι ἔλεγον, εὐτυχεῖς καλοῦνται οἳ ἂν ὁρμήσωσι, κατορθοῦσιν ἄλογοι ὄντες, καὶ βουλεύεσθαι οὐ συμφέρει αὐτοῖς· ἔχουσι γὰρ ἀρχὴν τοιαύτην ἣ κρείττων τοῦ νοῦ καὶ τῆς βουλεύσεως (οἳ δὲ τὸν λόγον· τοῦτο δ' οὐκ ἔχουσι) καὶ ἐνθουσιασμόν· τοῦτο δ' οὐ δύνανται. ἄλογοι γὰρ ὄντες ἐπιτυγχάνουσι· καὶ τούτων φρονίμων καὶ σοφῶν ταχεῖαν εἶναι τὴν μαντικήν, καὶ μόνον οὐ τὴν ἀπὸ τοῦ λόγου δεῖ ἀπολαβεῖν, ἀλλ' οἳ μὲν δι' ἐμπειρίαν, οἳ δὲ διὰ συνήθειάν τε ἐν τῶι σκοπεῖν χρῆσθαι· τῶι θεῶι δὲ αὗται. τοῦτο καὶ εὖ ὁρᾶι καὶ τὸ μέλλον καὶ τὸ ὄν, καὶ ὧν ἀπολύεται ὁ λόγος οὗτος. διὸ οἱ μελαγχολικοὶ καὶ εὐθυόνειροι. ἔοικε γὰρ ἡ ἀρχὴ ἀπολυομένου τοῦ λόγου ἰσχύειν μᾶλλον ...

Aristoteles, Eth. Eud. 1248 a 26 - b 1 (Susemihl)

2 [A 15] – 1 [A 10]: 2 [A 11-14. B 1. 2]: Arist. Eth. Eud. 1214 a 23-24; 1225 a 27-30

3 εἴη Spengel: εἶποι Π Ald. Bekker καὶ νοῦ add. B^{f} Spengel **4** ὃ B^{f}: om. cett. **6** κατορθοῦσιν B^{f}: κατορθοῦν Π Ald. Bekker **8** κρείττων Ald. Susemihl: κρεῖττον M^{b} Bekker τῆς Π Ald.: om. Bekker Bussemaker **9** ἐνθουσιασμόν Spengel: ἐνθουσιασμοί Π Ald. Bekker **10-11** ἐπιτυγχάνουσι B^{f}: ἀποτυγχάνουσι Π Ald. **18** ἀπολυομένου τοῦ λόγου Spengel Rohde: ἀπολυομένους τοὺς λόγους Π Ald. Bekker

alors, retrouvant sa nature propre, elle prédit et prophétise les choses futures.

ARISTOTE, *Sur la philosophie*, fr. 12 a

2 [A 15] En quelque manière, toute chose est modifiée par le divin qui est en nous. Et le principe du discours rationnel n'est pas un discours, mais quelque chose de plus fort. Et qui, en dehors du dieu, pourra être plus fort que la science ou l'intuition ? L'excellence en effet est un instrument de l'intuition. Et c'est pourquoi, selon les anciens, sont dits heureux ceux qui réussissent, quelle que soit leur entreprise, sans posséder de rationalité, et à ceux-là il ne convient pas de prendre de décisions. Ils possèdent en effet un principe dont la nature est plus forte que l'intuition et que la délibération. D'autres, en revanche, possèdent le discours rationnel, mais ils ne détiennent pas le principe susdit. Et les premiers jouissent d'un état d'enthousiasme, mais ils ne sont pas à même de saisir le reste. De fait, étant privé de rationalité, ils devinent juste. Et l'art divinatoire de ces sagaces et de ces sages doit être rapide, et ne saurait être affecté du discours rationnel : parmi ces derniers, certains recourent de préférence à l'expérience, d'autres à l'assiduité de la contemplation. Mais ces qualités appartiennent au dieu. Le dieu voit distinctement tout cela, le futur et ce qui est, et les choses dont ce discours rationnel se détache. C'est pourquoi les mélancoliques les peuvent voir, comme ceux qui rêvent le vrai. Car il semble que le principe soit plus fort que le discours rationnel détaché.

ARISTOTE, *Éthique à Eudème* 1248 a 26 - b 1

2 [A 15] — Rohde II 60,3 ; Verdenius in *Unters. zur eud. Eth.* Berlin 1971, 288-291

B

2 [B 1] Lucanus, Phars. 5, 161-177 (Bourgery)

tandem conterrita uirgo
confugit ad tripodas uastisque adducta cauernis
haesit; et inuito concepit pectore numen,
quod non exhaustae per tot iam saecula rupis
spiritus ingessit uati, tandemque potitus
pectore Cirrhaeo non umquam plenior artus
Phoebados inrupit Paean mentemque priorem
expulit atque hominem toto sibi cedere iussit
pectore. bacchatur demens aliena per antrum
colla ferens uittasque dei Phoebeaque serta
erectis discussa comis per inania templi
ancipiti ceruice rotat spargitque uaganti
obstantis tripodas magnoque exaestuat igne,
iratum te, Phoebe, ferens. nec uerbere solo
uteris et stimulos flammasque in uiscera mergis:
accipit et frenos, nec tantum prodere uati
quantum scire licet.

2 [B 2] Pausanias, 1, 34, 4 (Rocha-Pereira)

χωρὶς δὲ πλὴν ὅσους ἐξ Ἀπόλλωνος μανῆναι λέγουσι τὸ

2 [B 1] - 1 [A 10]: 2 [A 11-15. B 2]: Diod. 16, 26: Plut. De def. orac. 51

2 adducta MART: abducta VG **3** inuito M: insueto AB **10** colla ferens] corda gerens Bentley **15** uteris codd.: ureris Francken stimulos UMT: stimulis VPGSQ, corr. M, Francken

2 [B 2] - 2 [A 11-15. B 1]: Heracl. B 92 DK

B

2 [B 1] Lucain, *Pharsale* 5, 161-177

Enfin la vierge terrifiée
se réfugia près des trépieds ; traînée dans les vastes cavernes
elle s'y tint, et reçut malgré elle en son sein la divinité
qui fit pénétrer chez la divinatrice le souffle de la caverne,
non encore épuisée au bout de tant de générations. Et enfin maître
de la poitrine cirrhéenne, Péan envahit les membres de la Phébade,
plus puissant que jamais, il en chassa les pensées antérieures,
et se substitua à ce qu'il y avait d'humain dans cette poitrine.
Elle délire, secouant sa tête à travers l'antre, comme si
elle ne lui appartenait plus, dégage de ses cheveux dressées les bandelettes du dieu
et les couronnes de Phoebos, par tout le temple vide, elle remue sa tête
en tous sens, et renverse les trépieds qui s'opposent
à sa marche désordonnée. Un feu terrible l'embrase,
et elle te porte, ô Phoebos, toi et ta fureur. Et non seulement tu la fustiges,
et tu enfonces l'aiguillon et la flamme dans ses entrailles : mais elle reçoit
aussi un frein, et à la divinatrice il n'est pas permis de révéler
tout ce qu'elle sait.

2 [B 2] Pausanias, 1, 34, 4

A l'exception de ceux dont on disait, dans les temps anciens,

2 [B 1] — Rohde II 21,2 ; 60-61 ; Francken *Luc.* I 189-190 ; Haskins *Luc.* 160-161

2 [B 2] — Rohde II 60,1

ἀρχαῖον, μαντεών γ' οὐδεὶς χρησμολόγος ἦν, ἀγαθοὶ δὲ ὀνείρατα ἐξηγήσασθαι ...

2 [B 3] Pausanias, 10, 32, 7 (W. H. S. Jones)

τὰ δὲ νεφῶν τέ ἐστιν ἀνωτέρω τὰ ἄκρα καὶ αἱ Θυιάδες ἐπὶ τούτοις τῶι Διονύσωι καὶ τῶι 'Απόλλωνι μαίνονται.

2 [B 4] Athenaeus, 14, 632 c (Gulick)

τὸ δ' ὅλον ἔοικεν ἡ παλαιὰ τῶν 'Ελλήνων σοφία τῆι μουσικῆι μάλιστ' εἶναι ἐνδεδεμένη. καὶ διὰ τοῦτο τῶν μὲν θεῶν 'Απόλλωνα, τῶν δὲ ἡμιθέων 'Ορφέα μουσικώτατον καὶ σοφώτατον ἔκρινον.

2 γ' Musurus: δ' β

2 [B 3] – 2 [A 6. 8]: Lucan. Phars. 5, 71-74: Paus. 10, 6, 4

2 [B 4] – 2 [A 3]

2 ἐνδεδεμένη Casaubonus Schweighäuser: δεδομένη A Kaibel Kern Gulick: δεδόσθαι CE **3-4** μουσικώτατον καὶ σοφώτατον A: σοφώτατοι ὅτι μουσικώτατοι CE μουσικώτατον ⟨ὄντα⟩ ? Kaibel

qu'ils étaient possédés par le délire sous l'emprise d'Apollon, aucun devin n'a certes prononcé d'oracles, mais ils excellaient dans l'interprétation des songes ...

2 [B 3] PAUSANIAS, 10, 32, 7

Les cimes du Parnasse dominent les nuages et là-haut délirent les Thyiades, possédées par Dionysos et Apollon.

2 [B 4] ATHÉNÉE, 14, 632 c

En règle générale la sagesse antique des Grecs semble être liée surtout à la musique. C'est pourquoi on retenait que le plus musical et le plus sage d'entre les dieux était Apollon, et parmi les demi-dieux Orphée.

2 [B 3] — Rohde II 53,5

2 [B 4] — Kern OF 14

ELEUSINIA

A

3 [A 1] ... καὶ ἐπέφραδεν ὄργια πᾶσι,
Τριπτολέμωι τε Πολυξείνωι τ', ἐπὶ τοῖς δὲ Διοκλεῖ,
σεμνά, τά γ' οὔ πως ἔστι παρεξ⟨ίμ⟩εν οὔ⟨τε⟩ πυθέσθαι,
οὔτ' ἀχέειν· μέγα γάρ τι θεῶν σέβας ἰσχάνει αὐδήν.
ὄλβιος ὃς τάδ' ὄπωπεν ἐπιχθονίων ἀνθρώπων·
ὃς δ' ἀτελὴς ἱερῶν, ὅς τ' ἄμμορος, οὔ ποθ' ὁμοίων
αἶσαν ἔχει φθίμενός περ ὑπὸ ζόφωι εὐρώεντι.

Homerus, Hymnus ad Cererem, 476-482 (Richardson)

3 [A 2] ὄλβιος ὅστις ἰδὼν κεῖν' εἶσ' ὑπὸ χθόν'·
οἶδε μὲν βίου τελευτάν,
οἶδεν δὲ διόσδοτον ἀρχάν

Pindarus, fr. 137 Snell (Clem. Alex. Strom. 3, 3, 17)

3 [A 1] – 3 [A 2. 4. 6. 7. 9. 10. 12-15. 17. 19. 21. B 2. 4]: Emp. B 132 DK: Eur. Bacch. 73-74: Paus. 1, 38, 7
3 cf. **1 [A 11]: 3 [A 6. 8. 22]**

1 ὄργια πᾶσι Paus. Ruhnken: ὄργια καλὰ M **2** secl. Mitscherlich Richardson Càssola **3** γ' M Richardson: τ' Ilgen, edd. plerique παρεξ⟨ίμ⟩εν Matthiae: παρεξ **** (suprascr. εν) M: παρεξέμεν Ruhnken οὔτε πυθέσθαι olim M (Goodwin): πυθέσθαι add. m **4** οὔτ' ἀχέειν M: οὔτε χανεῖν Mitscherlich Nilsson: ἰαχεῖν ? Richardson σέβας Cobet Goodwin: σ***σ M ut vid.: ἄχος m: ἄγος Valckenaer

3 [A 2] – 3 [A 1. 4. 7. 9. 10. 12-15. 17. 19. 21. B 2. 4]: 4 [A 8]: Emp. B 132 DK: Eur. Bacch. 73-74
2 cf. **3 [A 18]**

1 κεῖν' εἶσ' Teuffel: ἐκεῖνα κοινὰ εἰς codd.: ἐκεῖνα κοίλαν εἶσιν Heinsius Lobeck **3** διόσδοτον Sylburg: διὸς δοτὸν codd.

A

3 [A 1] ... et Déméter à tous montra les rites mystériques,
à Triptolème, à Polixène, ainsi qu'à Dioclès,
les rites sacrés, qu'on ne saurait transgresser
ni apprendre
ni proférer: car une grande vénération pour les dieux, mêlée
d'effroi et d'effarement entrave la voix.
Heureux — parmi les hommes de cette terre — celui
qui a vu ces choses:
Celui qui, par contre, n'a pas été initié aux rites sacrés,
à qui ce sort n'est pas échu
ne connaîtra pas un tel destin, une fois mort, dans
les ténèbres humides et moisies d'ici-bas.

HOMÈRE, *Hymne à Déméter* 476-482

3 [A 2] Heureux celui qui après avoir vu ces choses
descend sous terre:
il connaît ce qu'est la fin de la vie,
il en connaît aussi le principe donné par Zeus.

PINDARE, fr. 137

3 [A 1] — Rohde I 288-289; Norden 100,1; Foucart 358-362; Kern II 198; Nilsson I 660-661; Des Places 214; Graf 79-80, 183-184; Richardson HHD 134; 302-315; Càssola IO 74-77; 484-485; Böhme 408,101

3 [A 2] — Lobeck I 69; Rohde I 290; Norden 100,1; Foucart 362; Kern II 194; Nilsson I 661; Turyn *Pind.* 335-336; Graf 79-80

3 [A 3] ἦρα χαλκοκρότου πάρεδρον
Δαμάτερος ἀνίκ' εὐρυχαίταν
ἄντειλας Διόνυσον ...

Pindarus, Isthm. 7, 3-5 (Snell-Maehler)

3 [A 4] ὡς τρισόλβιοι
κεῖνοι βροτῶν, οἳ ταῦτα δερχθέντες τέλη
μόλωσ' ἐς Ἅιδου· τοῖσδε γὰρ μόνοις ἐκεῖ
ζῆν ἔστι, τοῖς δ' ἄλλοισι πάντ' ἐκεῖ κακά.

Sophocles, fr. 837 Pearson (Plut. de audiend. poet. 4, 21 f)

3 [A 5] πολυώνυμε, Καδμείας ἄγαλμα νύμφας
καὶ Διὸς βαρυβρεμέτα
γένος, κλυτὰν ὃς ἀμφέπεις
Ἰταλίαν, μέδεις δὲ
παγκοίνοις Ἐλευσινίας
Δηοῦς ἐν κόλποις, ὦ Βακχεῦ

Sophocles, Ant. 1115-1121 (Pearson)

3 [A 3] – 2 [A 12]: 3 [A 5. 11]: Schol. Pind. Isthm. 7, 3: Eust. Thess. Epist. 3, 309, 69

1 ἦρα B: ἦ ῥα D

3 [A 4] – 3 [A 1. 2. 7. 9. 10. 12-15. 17. 19. 21. B 2. 4]: 4 [A 8]: Emp. B 132 DK: Eur. Bacch. 73-74
3 cf. **3 [A 9,7]**

1 τρισόλβιοι codd. Pearson: τρὶς ὄλβιοι Nauck **3** μόνοις ἐκεῖ codd.: μόνοισιν εὖ coni. R. Prinz **4** πάντ' ἐκεῖ κακά codd.: πάντα δὴ κακά Herwerden: πάντ' ἔχει κακά Pearson

3 [A 5] – 2 [A 12]: 3 [A 3. 11]

1 Καδμείας] Καδμεΐας Dindorf ἄγαλμα νύμφας Nauck: νύμφας ἄγαλμα codd. Dain **4** Ἰταλίαν] Ἰταλείαν L: Ἰκαρίαν Unger **5** παγκοίνοις rec. Σ: παγκοίνους L rec.: παγκοίνου A rec. **6** ὦ om. T

3 [A 3] ... Est-ce quand tu élevas, ô Thèbes,
Dionysos à l'ondoyante chevelure afin qu'il siège auprès
de Déméter vibrant aux cymbales d'airain ...?

PINDARE, *Isthmiques* 7, 3-5

3 [A 4] O trois fois heureux
ceux d'entre les mortels, qui vont dans l'Hadès
après avoir contemplé
ces mystères: eux seuls jouissent de la vie là-bas,
pour les autres il n'y a que des maux là-bas.

SOPHOCLE, fr. 837

3 [A 5] O toi aux noms innombrables, gloire de l'épouse
fille de Cadmos
rejeton de Zeus au puissant tonnerre,
toi qui protèges l'Italie
illustre et règnes
sur les vallons communs à tous
de Déméter l'Éleusienne, ô Bacchos

SOPHOCLE, *Antigone* 1115-1121

3 [A 3] — Lobeck I 150; Foucart 452; Guthrie *Orph.* 123, 147; Turyn *Pind.* 217; Graf 40-78

3[A 4] — Lobeck I 69; Rohde I 290; 294,2; Foucart 362; Pearson *Fragm. Soph.* III 52-53; Kern II 195; Nilsson I 661; Des Places 214; Graf 79

3 [A 5] — Dain-Mazon *Ant.* 114; Graf 51; Pugliese-Carratelli 1974, 143

3 [A 6] ἢ λαμπάσιν ἀκταῖς,
οὗ πότνιαι σεμνὰ τιθηνοῦνται τέλη
θνατοῖσιν, ὧν καὶ χρυσέα
κλῂς ἐπὶ γλώσσαι βέβακε
προσπόλων Εὐμολπιδᾶν.

Sophócles, Oed. Col. 1049-1053 (Pearson)

3 [A 7] μάχη: · τὰ μυστῶν δ' ὄργι' εὐτύχησ' ἰδών.

Euripides, Herc. 613 (Murray)

3 [A 8] ἄρρητος κόρη

Euripides, fr. 63 Nauck (Hesych. 1, 289: ἡ Περσεφόνη)

3 [A 9] χωρῶμεν εἰς πολυρρόδους
λειμῶνας ἀνθεμώδεις,
τὸν ἡμέτερον τρόπον,
τὸν καλλιχορώτατον,
παίζοντες, ὃν ὄλβιαι
Μοῖραι ξυνάγουσιν.

μόνοις γὰρ ἡμῖν ἥλιος
καὶ φέγγος ἱλαρόν ἐστιν,

3 [A 6] – 1 [A 11]: 3 [A 1,3. 8. 22]
4 cf. Aesch. fr. 316 TGF

2 σεμνὰ Valckenaer: σεμναὶ codd. **4** κλῂς] κλη**ῄς L: κληἱς Φ

3 [A 7] – 3 [A 1. 2. 4. 9. 10. 12-15. 17. 19. 21. B 2. 4]

3 [A 8] – 1 [A 11]: 3 [A 1,3. 6. 22]: Eur. Hel. 1306-1307 (πόθωι τᾶς ἀποιχομένας ἀρρήτου κούρας): Carcinus fr. 5,1 (TGF 799)

3 [A 9] – 3 [A 1. 2. 4. 7. 10. 12-15. 17. 19. 21. B 2. 4]
7 cf. **3 [A 4,3]** **8** cf. **3 [A 17,5. 19,2. 21,6. B 4]**

1 χωρῶμεν R: ἡμιχ*χωρῶμεν VΦ **8** ἱλαρόν Φ: ἱερόν RV

3 [A 6] ou sur les rives escarpées illuminées par les torches,
où les maîtresses sont nourricières des saints mystères
pour les mortels, et dont la clef
d'or s'est posée sur la langue
des prêtres Eumolpides.

SOPHOCLE, *Œdipe à Colone* 1049-1053

3 [A 7] Au combat: mais j'ai eu le bonheur d'assister aux rites
secrets des initiés.

EURIPIDE, *Héraclès* 613

3 [A 8] ... la vierge que nul ne peut nommer

EURIPIDE, fr. 63 (Perséphone)

3 [A 9] Foulons les prés fleuris,
où abondent les roses,
jouant à notre manière,
une danse pareille aux plus
belles, sous la direction
des Moires bienheureuses.

Car pour nous seuls rayonnent de joie
le soleil et la lumière des torches,

3 [A 6] — Kern II 194-195; Graf 33

3 [A 7] — Willamowitz *Herakles* Berlin 1889, II 164; Foucart 389; Nilsson I 674; Parmentier-Grégoire *Hér.* 44; Graf 102, 143

3 [A 9] — Van Daele *Aristoph.* IV 107; Graf 82, 141

ὅσοι μεμυήμεθ' εὐ-
σεβῆ τε διήγομεν
τρόπον περὶ τοὺς ξένους
καὶ τοὺς ἰδιώτας.

Aristophanes, Ran. 448-459 (Coulon)

3 [A 10] a ταῦτα μὲν οὖν τὰ ἐρωτικὰ ἴσως, ὦ Σώκρατες, κἂν σὺ μυηθείης· τὰ δὲ τέλεα καὶ ἐποπτικά, ὧν ἕνεκα καὶ ταῦτα ἔστιν, ἐάν τις ὀρθῶς μετίηι, οὐκ οἶδ' εἰ οἷός τ' ἂν εἴης.

b πρὸς τέλος ἤδη ἰὼν τῶν ἐρωτικῶν ἐξαίφνης κατόψεταί τι θαυμαστὸν τὴν φύσιν καλόν, τοῦτο ἐκεῖνο, ὦ Σώκρατες, οὗ δὴ ἕνεκεν καὶ οἱ ἔμπροσθεν πάντες πόνοι ἦσαν ... οὐδ' αὖ φαντασθήσεται αὐτῶι τὸ καλὸν οἷον πρόσωπόν τι ... οὐδέ τις λόγος οὐδέ τις ἐπιστήμη ... ἀλλ' αὐτὸ καθ' αὑτὸ μεθ' αὑτοῦ μονοειδὲς ἀεὶ ὄν ...

Plato, Symp. 209 e - 210 a, 210 e - 211 b (Burnet)

3 [A 11] ... ὅθεν δὴ καθαρμῶν τε καὶ τελετῶν τυχοῦσα ἐξάντη ἐποίησε τὸν ἑαυτῆς μετέχοντα πρός τε τὸν παρόντα καὶ τὸν ἔπειτα χρόνον, λύσιν τῶι ὀρθῶς

11 περὶ RS: περί τε VΦ

3 [A 10] – 3 [A 1. 2. 4. 7. 9. 12-15. 17. 19. 21. B 2. 4]
5 ἐξαίφνης cf. **3 [A 17,5]**

8 αὐτῶι] αὐτὸ W

3 [A 11] – 2 [A 12]: 3 [A 3. 5]
1-2 cf. **3 [A 18]**

1 δὴ T: om. B **2** ἑαυτῆς μετέχοντα Herwerden: ἑαυτῆς ἔχοντα BT: αὐτὴν ἔχοντα Aristides: ἑαυτῆς secl. Burnet

pour nous tous qui sommes initiés,
nous qui avons mené une vie
pieuse envers les étrangers
    et les concitoyens.

ARISTOPHANE, *Les Grenouilles* 448-459

3 [A 10] a Eh bien, peut-être toi aussi, Socrate, pourras-tu être initié à ces doctrines d'amour; quant au degré suprême et à la contemplation des mystères d'amour, qui sont au reste le but final de ces premières instructions, à condition que l'on suive la voie, je ne sais pas si ta capacité va jusque-là.

b ... celui-là, désormais parvenu au terme de la discipline amoureuse, apercevra — en un instant — une certaine beauté, d'une nature merveilleuse, celle-là même, ô Socrate, en vue de laquelle tous les efforts qui ont précédé ont été endurés ... Et cette beauté ne se présentera pas à ses yeux comme un visage ... ni comme un discours ou comme une connaissance ... elle se manifestera — plutôt — en elle-même et par elle-même, associée à elle-même, simple et éternelle ...

PLATON, *Le Banquet* 209 e - 210 a, 210 e - 211 b

3 [A 11] C'est ainsi que le délire, recourant aux purifications et aux initiations, préserva du danger présent ou à venir qui en était

3 [A 10] — Lobeck I 128; Rohde II 284,1; Colli PHK 216-217; Robin *Banquet* 67, 69

3 [A 11] — Rohde II 51; Hackforth *Phaedr.* 57; G. J. De Vries *Comm. Phaedr.* Amsterdam 1969, 117-118

μανέντι τε καὶ κατασχομένωι τῶν παρόντων κακῶν εὑρομένη.

Plato, Phaedr. 244 e - 245 a (Burnet)

3 [A 12] πολλαὶ μὲν οὖν καὶ μακάριαι θέαι τε καὶ διέξοδοι ἐντὸς οὐρανοῦ, ἃς θεῶν γένος εὐδαιμόνων ἐπιστρέφεται πράττων ἕκαστος αὐτῶν τὸ αὑτοῦ, ἕπεται δὲ ὁ ἀεὶ ἐθέλων τε καὶ δυνάμενος· φθόνος γὰρ ἔξω θείου χοροῦ ἵσταται. ὅταν δὲ δὴ πρὸς δαῖτα καὶ ἐπὶ θοίνην ἴωσιν, ἄκραν ἐπὶ τὴν ὑπουράνιον ἁψῖδα πορεύονται πρὸς ἄναντες ... ἔνθα δὴ πόνος τε καὶ ἀγὼν ἔσχατος ψυχῆι πρόκειται. αἱ μὲν γὰρ ἀθάνατοι καλούμεναι, ἡνίκ' ἂν πρὸς ἄκρωι γένωνται, ἔξω πορευθεῖσαι ἔστησαν ἐπὶ τῶι τοῦ οὐρανοῦ νώτωι, στάσας δὲ αὐτὰς περιάγει ἡ περιφορά, αἱ δὲ θεωροῦσι τὰ ἔξω τοῦ οὐρανοῦ.

Plato, Phaedr. 247 a-c (Burnet)

3 [A 13] πᾶσαι δὲ πολὺν ἔχουσαι πόνον ἀτελεῖς τῆς τοῦ ὄντος θέας ἀπέρχονται, καὶ ἀπελθοῦσαι τροφῆι δοξαστῆι χρῶνται. οὗ δ' ἕνεχ' ἡ πολλὴ σπουδὴ τὸ ἀληθείας ἰδεῖν πεδίον οὗ ἐστιν, ἥ τε δὴ προσήκουσα ψυχῆς τῶι ἀρίστωι νομὴ ἐκ τοῦ ἐκεῖ λει-

3 [A 12] – 3 [A 1. 2. 4. 7. 9. 10. 13-15. 17. 19. 21. B 2. 4]

2 εὐδαιμόνων BT Syrianus Damascius: καὶ δαιμόνων Badham: εὐδαιμόνως Schanz **5** θείου χοροῦ B Alexander: χοροῦ θείου T **6** καὶ B: τε καὶ T [1]ἐπὶ om. Proclus [2]ἐπὶ T Proclus: ὑπὸ B ὑπουράνιον B Proclus: ὑπουρανίαν W: οὐράνιον T **11** νώτωι στάσας Proclus: νώτωι*στάσας T: νώτωι ἱστάσας B **12** θεωροῦσι corr. Ven. 189: θεωροῦσαι BT

3 [A 13] – 3 [A 1. 2. 4. 7. 9. 10. 12. 14. 15. 17. 19. 21. B 2. 4]

3 οὗ δ' ἕνεχ' ἡ corr. D: οὐδὲν ἔχει B: οὗ δὴ ἕνεχ' ἡ T **4** οὗ secl. Madvig

favorisé, et procura à qui était authentiquement délirant, et possédé, la libération des maux présents.

PLATON, *Phèdre* 244 e-245 a

3 [A 12] L'intérieur du ciel est animé de maintes visions béatifiques, et par les sentiers qui le traversent circule la race des dieux heureux; chacun accomplit la tâche qui lui revient: le suit quiconque le veut et le peut. Car l'envie est en dehors du chœur des dieux. Or, chaque fois qu'ils se rendent au festin, ils se dirigent sur une pente escarpée conduisant au sommet de la voûte qui se tient sous le ciel ... C'est là que l'âme est en face de la joute et de l'angoisse suprême. Les âmes en effet qu'on nomme immortelles, une fois parvenues au sommet, s'élancent au dehors et elles s'arrêtent sur le dos du ciel: sa révolution circulaire les emporte, ainsi dressées, tandis qu'elles contemplent ce qui est par delà le ciel.

PLATON, *Phèdre* 247 a-c

3 [A 13] Toutes les âmes enfin, accompagnées de ce tourment, s'éloignent sans avoir été initiées à la contemplation de ce qui est, et une fois éloignées c'est l'opinion qui fait leur nourriture. Mais ce qui est le mobile de ce grand tourment pour parvenir à apercevoir la plaine de la vérité et découvrir où elle se trouve, vient de ce que la pâture qui convient à la partie la meilleure

3 [A 12] — Colli PHK 209, FE 207-208; De Vries *cit.* 133-136

3 [A 13] — de Vries *cit.* 140-142

μῶνος τυγχάνει οὖσα, ἥ τε τοῦ πτεροῦ φύσις, ὧι ψυχὴ κουφίζεται, τούτωι τρέφεται.

Plato, Phaedr. 248 b-c (Burnet)

3 [A 14] τοῖς δὲ δὴ τοιούτοις ἀνὴρ ὑπομνήμασιν ὀρθῶς χρώμενος, τελέους ἀεὶ τελετὰς τελούμενος, τέλεος ὄντως μόνος γίγνεται. ἐξιστάμενος δὲ τῶν ἀνθρωπίνων σπουδασμάτων καὶ πρὸς τῶι θείωι γιγνόμενος, νουθετεῖται μὲν ὑπὸ τῶν πολλῶν ὡς παρακινῶν, ἐνθουσιάζων δὲ λέληθε τοὺς πολλούς.

Plato, Phaedr. 249 c-d (Burnet)

3 [A 15] κάλλος δὲ τότ' ἦν ἰδεῖν λαμπρόν, ὅτε σὺν εὐδαίμονι χορῶι μακαρίαν ὄψιν τε καὶ θέαν, ἑπόμενοι μετὰ μὲν Διὸς ἡμεῖς, ἄλλοι δὲ μετ' ἄλλου θεῶν, εἶδόν τε καὶ ἐτελοῦντο τῶν τελετῶν ἣν θέμις λέγειν μακαριωτάτην, ἣν ὠργιάζομεν ὁλόκληροι μὲν αὐτοὶ ὄντες καὶ ἀπαθεῖς κακῶν ὅσα ἡμᾶς ἐν ὑστέρωι χρόνωι ὑπέμενεν, ὁλόκληρα δὲ καὶ ἁπλᾶ καὶ ἀτρεμῆ καὶ εὐδαίμονα φάσματα μυούμενοί τε καὶ ἐποπτεύοντες ἐν αὐγῆι καθαρᾶι, καθαροὶ ὄντες καὶ ἀσήμαντοι τούτου ὃ νῦν δὴ σῶμα περιφέροντες ὀνομάζομεν, ὀστρέου τρόπον δεδεσμευμένοι.

Plato, Phaedr. 250 b-c (Burnet)

3 [A 14] – 3 [A 1. 2. 4. 7. 9. 10. 12. 13. 15. 17. 19. 21. B 2. 4]
1 ὑπομνήμασιν cf. **4 [A 62-64]**

3 [A 15] – 3 [A 1. 2. 4. 7. 9. 10. 12-14. 17. 19. 21. B 2. 4]
8 ἀτρεμῆ cf. Parm. B 1,29; 8,4 DK

4 τῶν B: om. T   ἣν recc.: ἡ B: ῆι T   **5** ὠργιάζομεν W: ὀργιάζομεν BT   **9** αὐγῆι T: αυτηι B   **10** ἀσήμαντοι] fort. ἀπήμαντοι H. Richards   νῦν δὴ T: νῦν B   **11** δεδεσμευμένοι T: δεδεσμευμένον B

de l'âme se tire du pré de là-haut, dont se nourrit la nature des pennes et des plumes grâce à quoi l'âme, rendue légère, est soulevée.

PLATON, *Phèdre* 248 b-c

3 [A 14] Aussi l'homme qui use droitement de pareils moyens de ressouvenance, et qui ne cesse de s'initier aux parfaits mystères, est seul à devenir vraiment parfait. Et comme il se détourne des préoccupations et de la gravité humaines, et qu'il s'attache avec ferveur à ce qui est divin, il encourt les reproches de la foule qui le tient pour insensé, mais la foule ne s'aperçoit pas qu'il est possédé d'un dieu.

PLATON, *Phèdre* 249 c-d

3 [A 15] Et la beauté était resplendissante à voir en ce temps où nous vîmes, unis au chœur bienheureux, cette apparition et cette vision béatifiques, nous dans le cortège de Zeus, d'autres à la suite d'un autre dieu, et que nous étions initiés à ce qu'il est juste de nommer la plus béatifique des initiations, ce rite secret que nous célébrions, étant nous-mêmes intégralement parfaits et dégagés de tous les maux qui nous attendaient dans le cours ultérieur du temps, tandis qu'intégralement parfaites et simples, sans tremblement et bienheureuses étaient les apparitions — au sein d'une pure splendeur — auxquelles nous étions initiés et par lesquelles nous atteignions le sommet de la contemplation: parce que nous étions purs nous-mêmes, et que nous ne portions pas la marque de ce sépulcre que nous promenons actuellement avec nous et que nous appelons corps, attachés étroitement à lui comme l'huître à sa coquille.

PLATON, *Phèdre* 250 b-c

3 [A 14] — Rohde II 283,3; 290,5; Colli PHK 207-208; De Vries *cit.* 146-147

3 [A 15] — Rohde II 279,1; 284,1; 289,4; Foucart 214; Colli PHK 207, 210; De Vries *cit.* 150-152

3 [A 16] ὕστερον δὲ δὴ κατιὼν οἴκαδε Δίων ἀδελφὼ δύω προσλαμβάνει Ἀθήνηθεν, οὐκ ἐκ φιλοσοφίας γεγονότε φίλω, ἀλλ' ἐκ τῆς περιτρεχούσης ἑταιρίας ταύτης τῆς τῶν πλείστων φίλων, ἣν ἐκ τοῦ ξενίζειν τε καὶ μυεῖν καὶ ἐποπτεύειν πραγματεύονται ...

Plato, Epist. VII 333 d-e (Burnet)

3 [A 17] οὔκουν ἐμόν γε περὶ αὐτῶν ἔστιν σύγγραμμα οὐδὲ μήποτε γένηται· ῥητὸν γὰρ οὐδαμῶς ἐστιν ὡς ἄλλα μαθήματα, ἀλλ' ἐκ πολλῆς συνουσίας γιγνομένης περὶ τὸ πρᾶγμα αὐτὸ καὶ τοῦ συζῆν ἐξαίφνης, οἷον ἀπὸ πυρὸς πηδήσαντος ἐξαφθὲν φῶς, ἐν τῆι ψυχῆι γενόμενον αὐτὸ ἑαυτὸ ἤδη τρέφει.

Plato, Epist. VII 341 c-d (Burnet)

3 [A 18] ... καὶ τὴν τελετήν, ἧς οἱ μετασχόντες περί τε τῆς τοῦ βίου τελευτῆς καὶ τοῦ σύμπαντος αἰῶνος ἡδίους τὰς ἐλπίδας ἔχουσιν ...

Isocrates, Panegyr. 28 (Benseler-Blass)

3 [A 16] – **1** κατιὼν] κατιὼν δὲ O   **3** φίλω O^2: om. AO

3 [A 17] – **3 [A 1. 2. 4. 7. 9. 10. 12-15. 19. 21. B 2. 4]**: Plat. Epist. VII 343 d - 344 b
5 ἐξαίφνης cf. **3 [A 10,5]**   οἷον ... φῶς cf. **3 [A 9,8. 19,2. 21,6. B 4]**

3 ἄλλα] τὰ ἄλλα Clem.   ἐκ om. Clem.   **5** πηδήσαντος A^2O^2 Eus.: πηλήσαντος AO

3 [A 18] – **3 [A 2,2. 11,1-2]**

1 μετασχόντες ΓΕ: μετέχοντες vulg.   **3** ἡδίους τὰς ἐλπίδας] ἡδίστους ἐλπίδας ΓΕ

3 [A 16] Or, plus tard, revenant dans sa patrie après l'exil, Dion emmena d'Athènes avec lui deux frères, lesquels étaient devenus ses amis non pas à cause de la philosophie, mais sur la base de cette camaraderie courante qui est le lot de la plupart des amis, et à laquelle les engagent les liens de l'hospitalité, la participation aux mystères et à l'initiation suprême ...

PLATON, *Septième lettre* 333 d-e

3 [A 17] De moi, du moins, il n'existe et il n'y aura certainement jamais aucun écrit sur pareils sujets. Car une telle connaissance ne saurait être communiquée par des mots, comme le sont les autres, mais c'est après une longue fréquentation qui s'attache précisément à cet objet, quand on a vécu avec lui, qu'instantanément — telle la lumière qui se dégage d'une flamme hésitante — une fois jaillie de l'âme, elle s'alimentera désormais d'elle-même.

PLATON, *Septième lettre* 341 c-d

3 [A 18] ... ceux qui prennent part à l'initiation couvent des espoirs plus doux à l'égard de la fin de la vie et de tous les temps.

ISOCRATE, *Panégyrique* 28

3 [A 16] — Lobeck I 29; F. Novotny *Plat. Epist.* Brno 1930, 187; Souilhé *Lettres* 40-41

3 [A 17] — Colli PHK 240-242; Novotny *cit.* 217-218

3 [A 18] — Lobeck I 69-70; Foucart 363; Kern II 195; Graf 182

3 [A 19] ἡ δὲ τοῦ νοητοῦ καὶ εἰλικρινοῦς καὶ ἁγίου νόησις ὥσπερ ἀστραπὴ διαλάμψασα τῆς ψυχῆς ἅπαξ ποτὲ θιγεῖν καὶ προσιδεῖν παρέσχε. διὸ καὶ Πλάτων καὶ Ἀριστοτέλης ἐποπτικὸν τοῦτο τὸ μέρος τῆς φιλοσοφίας καλοῦσιν, καθ' ὅσον οἱ ... θιγόντες ἁπλῶς τῆς περὶ αὐτὸ καθαρᾶς ἀληθείας οἷον ἐν τελετῆι τέλος ἔχειν φιλοσοφίας νομίζουσι.

Aristoteles, Eud. fr. 10 Ross (Plut. De Is. et Osir. 382 d-e [77, 4-11 Griffiths])

3 [A 20] ... ὧν τὸν βίον μύησιν ὄντα καὶ τελετὴν τελειοτάτην εὐθυμίας δεῖ μεστὸν εἶναι καὶ γήθους ... εἶτ' ἐκεῖ μὲν εὔφημοι καθήμεθα κοσμίως· οὐδεὶς γὰρ ὀδύρεται μυούμενος ...

Aristoteles, De phil. fr. 14 Ross (Plut. De tranquill. 477 c-e)

3 [A 21] a καθάπερ Ἀριστοτέλης ἀξιοῖ τοὺς τελουμένους οὐ μαθεῖν τι δεῖν, ἀλλὰ παθεῖν καὶ διατεθῆναι, δηλονότι γενομένους ἐπιτηδείους.

b ... τὸ διδακτικὸν καὶ τὸ τελεστικόν. τὸ μὲν οὖν πρῶτον ἀκοῆι τοῖς ἀνθρώποις παραγίγνεται, τὸ δὲ δεύτερον αὐτοῦ παθόντος τοῦ νοῦ τὴν ἔλλαμψιν· ὃ δὴ καὶ μυστηριῶδες Ἀριστοτέλης ὠνόμασε καὶ ἐοικὸς ταῖς Ἐλευσινίαις (ἐν ἐκείναις γὰρ τυπού-

3 [A 19] – 3 [A 1. 2. 4. 7. 9. 10. 12-15. 21. B 2. 4]
2 ὥσπερ ... διαλάμψασα cf. **3 [A 9,8. 17,5. 21,6. B 4]** **3,6** θιγεῖν, θιγόντες cf. Colli *Organon*, Bari 1970, III 770-773

3 [A 20] – 3 [A 19. 21]: Sen. Quaest. nat. 7, 30

3 [A 21] – 3 [A 1. 2. 4. 7. 9. 10. 12-15. 19. B 2. 4]
6 ἔλλαμψιν cf. **3 [A 9,8. 17,5. 19,2. B 4]**

3 [A 19] Et l'intuition de l'intelligible et du non mélangé et du sacré, laquelle foudroie l'âme de part en part comme un éclair, permit à un certain moment de toucher et de contempler, pour une seule fois. C'est pourquoi Platon aussi bien qu'Aristote appellent cette partie de la philosophie l'initiation suprême, dans la mesure où ceux ... qui ont touché directement la vérité pure concernant cet objet estiment posséder la fin ultime de la philosophie, comme dans une initiation.

ARISTOTE, *Eudème* fr. 10

3 [A 20] ... Ceux dont la vie doit être remplie de contentement et de joie, si elle est participation aux mystères et à la très parfaite initiation ... puis nous demeurerons assis ici-bas en un religieux silence et emplis de dignité: car nul ne se lamente quand il est initié ...

ARISTOTE, *Sur la philosophie* fr. 14

3 [A 21] a Ainsi que le soutient Aristote, à savoir que les initiés n'ont pas à apprendre quelque chose, mais à éprouver une émotion et à être en un certain état, après en avoir été rendus aptes.

b ... ce qui relève de l'enseignement et ce qui relève de l'initiation. La première chose en vérité atteint l'homme par l'intermédiaire de l'ouïe, la seconde en revanche est atteinte quand la capacité intuitive même subit une fulguration: ce qu'Aristote appela précisément un état mystérique, et qui est semblable aux

3 [A 19] — Lobeck I 126-127; Des Places 213; Griffiths 242-243, 562-563

3 [A 21] — Foucart 416-417; Nilsson I 654,1; Des Places 213; Graf 57,41

μενος ὁ τελούμενος τὰς θεωρίας ἦν, ἀλλ' οὐ διδασκόμενος).

Aristoteles, De phil. fr. 15 Ross (Synes. Dio 10, 48 a: Mich. Psell. Schol. ad Joh. Climac. 6, 171 [Bidez])

3 [A 22] ὃ δὲ πράττει ἀγνοήσειεν ἄν τις, οἷον ... ἢ οὐκ εἰδέναι ὅτι ἀπόρρητα ἦν, ὥσπερ Αἰσχύλος τὰ μυστικά ...

Aristoteles, Eth. Nic. 1111 a 8-10 (Bywater)

3 [A **22**] – **1** [A **11**]: **3** [A **1,3. 6. 8**]

1-3 om. Marc. Ven. 213

initiations d'Éleusis (dans celles-ci en effet l'initié était formé par des visions, mais n'était pas soumis à un enseignement).

ARISTOTE, *Sur la philosophie* fr. 15

3 [A 22] Mais on peut ignorer ce qu'on fait, par exemple ... ou bien d'aucuns déclarent ignorer qu'il s'agissait de choses secrètes et ineffables, comme le prétendit Eschyle à propos des mystères ...

ARISTOTE, *Éthique à Nicomaque* 1111 a 8-10

3 [A 22] — Lobeck I 76-78; Foucart 360-361; Rackham *Nic. Eth.* (1956) 124-125

B

3 [B 1] Philodamus Scarpheus, 27-36 Diehl (Inscr. Delph. ed. H. Weil. *Bull. Corr. Hell.* 19 [1895] 393 sqq.)

[νυκτιφ]αὲς δὲ χειρὶ πάλ-
λων δ[έμ]ας ἐνθέοις [σὺν οἴσ]-
τροις ἔμολες μυχοὺς [᾽Ελε]υ-
σῖνος ἀν᾽ [ἀνθεμώ]δεις ⟨:⟩
εὐοῖ ὦ ᾽Ιόβακχ᾽, ὦ ἰ[ὲ Παι]άν·
[ἔθνος ἔ]ν[θ᾽] ἅπαν ῾Ελλάδος
γᾶς ἀ[μφὶ ἐ]νναέταις [φίλιον] ἐπ[όπ]ταις
ὀργίων ὁσ[ίων ῎Ια]κ-
χον [κλείει σ]ε. βροτοῖς πόνων
ὤιξ[ας δ᾽ ὅρ]μον [ἄλυπον].

3 [B 2] Cicero, De leg. 2, 14, 36 (De Plinval)

... tum nihil melius illis mysteriis, quibus ex agresti immanique uita exculti ad humanitatem et mitigati sumus, initiaque, ut appellantur, ita re uera principia uitae cognouimus, neque solum cum laetitia uiuendi rationem accepimus, sed etiam cum spe meliore moriendi.

3 [B 3] Strabo, 10, 3, 10 (H. L. Jones)

οἱ μὲν οὖν ῞Ελληνες οἱ πλεῖστοι τῶι Διονύσωι προσέθεσαν καὶ τῶι ᾽Απόλλωνι καὶ τῆι ῾Εκάτηι καὶ ταῖς Μούσαις καὶ Δήμητρι, νὴ Δία, τὸ ὀργιαστικὸν πᾶν καὶ τὸ βακχικὸν καὶ τὸ χορικὸν καὶ τὸ περὶ τὰς τελετὰς μυστικόν, ῎Ιακχόν

3 [B 1] – **1-2** suppl. Diels **2** ad δέμας contulit Diels Parm. 8,55; 8,59: Emp. 37,1; 62,7; 100,11 **3-4** cf. Aristoph. Ran. 449 **9-10** cf. Diog. Laert. 4, 48

3 [B 2] – **3 [A 1. 2. 4. 7. 9. 10. 12-15. 19. 21. B 4]**

3 [B 3] - **1 [A 3]**: **2 [A 6. 8. 12. B 3]**: **3 [A 3. 5. 11. B 1]**
3 νὴ Δία] καὶ Διὶ Tzschucke Corais

B

3 [B 1] Philodème, 27-36

Et dans sa main secouant un objet
qui illumine la nuit, animé d'une passion
frénétique tu es venu dans les replis
fleuris d'Éleusis.
Evohé ô Iobacchos, ô Péan.
Là, tout le peuple de Grèce, auprès
des habitants de cette terre, te célèbre
comme Iacchos, miséricordieux envers les initiés
des rites sacrés. Tu as ouvert aux mortels
un lieu à l'abri des souffrances, un havre exempt de douleur.

3 [B 2] Cicéron, *Traité des lois* 2, 14, 36

... et d'autre part il n'est rien de meilleur que ces mystères qui, nous éloignant d'une vie sauvage et cruelle, nous ont affinés et amenés à la douceur d'une culture humaine — qui nous ont fait connaître les initiations, comme on les appelle. Ainsi, en vérité, nous avons connu les principes de la vie, et nous avons reçu la doctrine qui nous enseigne à vivre non seulement dans la joie, mais aussi avec une espérance meilleure dans la mort.

3 [B 3] Strabon, 10, 3, 10

Or la plupart des Grecs ont attribué à Dionysos, à Apollon, à Hécate, aux Muses et à Déméter — par Zeus ! — toutes les manifestations de caractère orgiastique, bachique, de même que celle de la danse chorale et celle mystique propre aux initiations.

3 [B 1] — Rohde I 284; Diels *SBBA* 1896, 457 sqq.; Foucart 450-452; Powell *CQ* 9 (1915), 288; Weil PW V 104; Willamowitz, *Griech. Verskunst*, Darmstadt 1975[3] (1921), 242, 343

3 [B 2] — Lobeck I 73-74; Kern II 196

3 [B 3] — Rohde I 284; Foucart 325; Jones *Strab.* V 94-95

τε καὶ τὸν Διόνυσον καλοῦσι καὶ τὸν ἀρχηγέτην τῶν μυστηρίων, τῆς Δήμητρος δαίμονα· δενδροφορίαι τε καὶ χορεῖαι καὶ τελεταὶ κοιναὶ τῶν θεῶν εἰσι τούτων· αἱ δὲ Μοῦσαι καὶ ὁ Ἀπόλλων, αἱ μὲν τῶν χορῶν προεστᾶσιν, ὁ δὲ καὶ τούτων καὶ τῶν κατὰ μαντικήν.

3 [B 4] a Plutarchus, fr. 178 Sandbach (Stob. Flor. 4, 52, 49)

τότε δὲ πάσχει πάθος οἷον οἱ τελεταῖς μεγάλαις κατοργιαζόμενοι. διὸ καὶ τὸ ῥῆμα τῶι ῥήματι καὶ τὸ ἔργον τῶι ἔργωι τοῦ τελευτᾶν καὶ τελεῖσθαι προσέοικε. πλάναι τὰ πρῶτα καὶ περιδρομαὶ κοπώδεις καὶ διὰ σκότους τινὲς ὕποπτοι πορεῖαι καὶ ἀτέλεστοι· εἶτα πρὸ τοῦ τέλους αὐτοῦ τὰ δεινὰ πάντα, φρίκη καὶ τρόμος καὶ ἱδρὼς καὶ θάμβος· ἐκ δὲ τούτου φῶς τι θαυμάσιον ἀπήντησεν καὶ τόποι καθαροὶ καὶ λειμῶνες ἐδέξαντο, φωνὰς καὶ χορείας καὶ σεμνότητας ἀκουσμάτων ἱερῶν καὶ φασμάτων ἁγίων ἔχοντες.

b Apuleius, Metam. 11, 23 (van der Vliet)

accessi confinium mortis et calcato Proserpinae limine per omnia uectus elementa remeaui. nocte media uidi solem candido coruscantem lumine. deos inferos et deos superos accessi coram et adoraui de proxumo.

c Dio Chrysostomus, Or. 12, (208, 4-6 Dindorf-De Budé)

... πολλὰ μὲν ὁρῶντα μυστικὰ θεάματα, πολλῶν δὲ ἀκούοντα τοιούτων φωνῶν, σκότους τε καὶ φωτὸς ἐναλλὰξ αὐτῶι φαινομένων ...

6 τῆς ... δαίμονα cf. **3 [A 3]**

3 [B 4] – **3 [A 1. 2. 4. 7. 9. 10. 12-15. 19. 21]**
3-4 πλάναι ... περιδρομαὶ cf. Plat. Parm. 136 e; Plot. 3, 8, 6 (Colli *Il Parmenide platonico,* Pisa 1950, 136) **4** τινὲς Wyttenbach: τινὸς codd. **6** φρίκη ... ἱδρὼς cf. Plat. Phaedr. 251 a (ἐκ τῆς φρίκης μεταβολή τε καὶ ἱδρὼς ...) **7,16** φῶς, φωτὸς cf. **3 [A 9,8. 17,5. 19,2. 21,6]**

En outre ils appellent Iacchos, tant Dionysos que le fondateur des mystères, le daïmon de Déméter. Les dendrophories, les danses chorales et les initiations sont choses communes à ces dieux; quant aux Muses et à Apollon, les premières président aux danses et le second tant aux danses qu'aux rites de la divination.

3 [B 4] a PLUTARQUE, fr. 178

Et entrée dans la mort, l'âme éprouve une émotion semblable à celle des initiés aux grands mystères. C'est pourquoi en ce qui concerne le « mourir » [*teleutàn*] et l'« être initié » [*teleisthai*], le terme ressemble au terme, et la chose à la chose. Tout d'abord les errances, les détours épuisants, et telles progressions incessantes et inquiétantes au milieu des ténèbres. Puis, juste avant la fin, toutes ces choses redoutables, les frissons et les tremblements, les tourments et les terreurs. Mais à la suite de cela, voici que se présente une lumière inouïe, et les lieux purs et les prairies, avec les voix et les danses et la solennité des sons sacrés et des saintes apparitions.

b APULÉE, *Les Métamorphoses* 11, 23

J'ai touché aux confins de la mort, après avoir franchi le seuil de Proserpine j'ai été porté à travers tous les éléments, et j'en suis revenu. Au cœur de la nuit j'ai vu le soleil briller d'une lumière étincelante. J'ai approché les dieux d'en bas et les dieux d'en haut, et je les ai adorés de près.

c DION CHRYSOSTOME, *Discours* 12

... qui voit maintes apparitions mystiques et écoute maintes voix de cette nature, tandis que se manifestent en alternance ténèbre et lumière ...

3 [B 4] — Lobeck I 115-117; Foucart 393, 401-402; Sandbach *Plut. Fragm.* 107; Graf 132-135, 79, 90, 102, 104

3 [B 5] Pausanias, 9, 30, 12 (W. H. S. Jones)

ὅστις δὲ περὶ ποιήσεως ἐπολυπραγμόνησεν ἤδη, τοὺς Ὀρφέως ὕμνους οἶδεν ὄντας ἕκαστόν τε αὐτῶν ἐπὶ βραχύτατον καὶ τὸ σύμπαν οὐκ ἐς ἀριθμὸν πολὺν πεποιημένους· Λυκομίδαι δὲ ἴσασί τε καὶ ἐπάιδουσι τοῖς δρωμένοις.

3 [B 6] Pausanias, 10, 31, 11 (W. H. S. Jones)

οἱ γὰρ ἀρχαιότεροι τῶν Ἑλλήνων τελετὴν τὴν Ἐλευσινίαν πάντων ὁπόσα ἐς εὐσέβειαν ἥκει τοσούτωι ἦγον ἐντιμότερον ὅσωι καὶ θεοὺς ἐπίπροσθεν ἡρώων.

3 [B 7] Clemens Alexandrinus, Protr. 2, 21, 2 (I 16, 18-20 Stählin)

κἄστι τὸ σύνθημα Ἐλευσινίων μυστηρίων· ἐνήστευσα, ἔπιον τὸν κυκεῶνα, ἔλαβον ἐκ κίστης, ἐργασάμενος ἀπεθέμην εἰς κάλαθον καὶ ἐκ καλάθου εἰς κίστην.

3 [B 8] Hippolytus, Ref. 5, 8, 39-40 (96, 10-18 Wendland)

... Ἀθηναῖοι μυοῦντες Ἐλευσίνια καὶ ἐπιδεικνύντες τοῖς ἐποπτεύουσι τὸ μέγα καὶ θαυμαστὸν καὶ τελειότατον ἐποπτικὸν ἐκεῖ μυστήριον ἐν σιωπῆι τεθερισμένον στάχυν. ... αὐτὸς ὁ ἱεροφάντης ... εὐνουχισμένος δὲ διὰ κωνείου καὶ πᾶσαν ἀπηρτημένος τὴν σαρκικὴν γένεσιν, νυκτὸς ἐν Ἐλευσῖνι ὑπὸ πολλῶι πυρὶ τελῶν τὰ μεγάλα καὶ ἄρρητα μυστήρια βοᾶι καὶ κέκραγε λέγων· ἱερὸν ἔτεκε πότνια κοῦρον Βριμὼ Βριμόν ...

3 [B 5] - 4 [B 17]: 5 [B 8]: Paus. 1, 22, 7; 4, 1, 5

3 [B 7] - 4 [B 36]: Heracl. B 15 DK (αἰδοίοισιν ἀναιδέστατα εἴργαστ' ἄν): Theodoret. Graec. aff. cur. 7, 11 (183,19-20 Raeder: καὶ γὰρ αἱ τελεταὶ καὶ τὰ ὄργια τὰ τούτων εἶχεν αἰνίγματα, τὸν κτένα μὲν ἡ Ἔλευσις ...)

1 κἄστι P² Eus.: κίστη M **2** ἐργασάμενος codd.: ἐγγευσάμενος Lobeck

3 [B 8] - 4 [A 69,5]: Clem. Alex. Protr. 2, 14: Orph. Argon. 429 (Abel *Orph.* 18): Tzetz. Hes. Op. 144

3 ἐν] ⟨τὸν⟩ ἐν Miller **5** ἀπηρτημένος Keil: ἀπηρτισμένον P **8** Βριμόν Gö: βριμή P: Βριμῆ Miller

3 [B 5] Pausanias, 9, 30, 12

Et quiconque se sera attaché à l'étude de la poésie, sait que les hymnes d'Orphée sont en eux-mêmes fort brefs, et que dans leur ensemble ils n'atteignent pas un nombre très élevé. Au reste les Lycomides les connaissent et les entonnent pour accompagner les événements des mystères.

3 [B 6] Pausanias, 10, 31, 11

En effet les Grecs plus anciens considéraient les mystères d'Éleusis supérieurs en mérite à tous les actes concernant la religion, de la même façon que les dieux sont supérieurs aux héros.

3 [B 7] Clément d'Alexandrie, *Protreptique* 2, 21, 2

Voici enfin quelle est la formule rituelle des mystères d'Éleusis: j'ai jeûné, j'ai bu le cycéon, j'ai pris dans la corbeille, après avoir manié, j'ai déposé dans le panier, et du panier dans la corbeille.

3 [B 8] Hippolyte, *Réfutations* 5, 8, 39-40

... les Athéniens, lors de l'initiation d'Éleusis, dévoilent à ceux qui sont admis au degré suprême le grand, l'admirable et très parfait mystère visionnaire du lieu: l'épi de blé moissonné en silence.
Le hiérophante en personne ... lequel a été rendu impuissant par la ciguë et s'est détaché de toute génération charnelle, dans la nuit d'Éleusis, sous la lueur des flambeaux, dans l'accomplissement du rituel des grands et ineffables mystères, proclame en criant et hurlant: Brimò la Maîtresse a enfanté le garçon sacré Brimós ...

3 [B 5] — Lobeck II 982-983, 1251-1252; Abel *Orph.* 249; Kern OF 318-319; Guthrie *Orph.* 126, 203; Nilsson I 669; Linforth 197-198

3 [B 7] — Lobeck I 25, II 818 sqq.; Foucart 376-380; Körte *ARW* 18 (1915) 122 sqq.; Kern II 192-193; Guthrie *Orph.* 135 sqq.; Nilsson I 591, 657-659; Kerényi 234-244; Des Places 211

3 [B 8] — Rohde I 285,1; Foucart 433-444, 477-480; Smyly *Ritual* I, 4; Kern OF 100; Kern II 194-195; Rose 149; Nilsson I 662; Kerényi 171; Des Places 212; Graf 129-130

ORPHICA

A

4 [A 1] a ὀνομακλυτὸν Ὄρφην

b τούς τε λευκίππους κόρους
τέκνα Μολιόνας κτάνον,
ἅλικας ἰσοκεφάλους ἐνιγυίους
ἀμφοτέρους γεγαῶτας ἐν ὠέωι
ἀργυρέωι.

a (T2 K) Ibycus, fr. 17 Diehl (Priscian. Gramm. II 276, 4)

b (—) Ibycus, fr. 265 Page LGS (Athen. 2, 57 f = fr. 285 Page PMG)

4 [A 2] τοῦ καὶ ἀπειρέσιοι
πωτῶντ' ὄρνιθες ὑπὲρ κεφαλᾶς,
ἀνὰ δ' ἰχθύες ὀρθοὶ
κυανέου 'ξ ὕδατος ἅλ-
λοντο καλᾶι σὺν ἀοιδᾶι.

(T47 K) Simonides, fr. 384 Page LGS (= 567 PMG) (Tzetz. Chil. 1, 309-310: ὡς γράφει που περὶ αὐτοῦ καὶ Σιμωνίδης οὕτω)

4 [A 1] – Il. 22,51: Hom. Hymn. 4,59: Semon. Amorg. 7,87 (Diehl 1 3, 56): Pind. Paean. 6,123 (fr. 132) Snell: Plat. Symp. 189 e, 190 e: Eust. Od. 1686,45

2 κόρους Dindorf: κούρους codd. **3** κτάνον] κτάνεν coni. Hartung

4 [A 2] – 4 [A 10. 21. 22]: Apollon. Rhod. 1,26 sqq.: Apollod. Bibl. 1, 14: Horat. Carm. 3, 11, 12 sqq.: Conon 1, 45 (FGrHist 1 207,22-23): Sen. Herc. fur. 572: Paus. 6, 20, 18

3-5 ἀνὰ ... ἅλλοντο cf. Emp. B 117,2 DK

A

4 [A 1] a Orphée au nom fameux

b Et je tuai les enfants aux cavales blanches,
les fils de Molioné,
d'âge égal, tête semblable, unis
en un seul corps, nés ensemble
d'un œuf d'argent.

a Ibycos, fr. 17 Diehl
b Ibycos, fr. 265 Page

4 [A 2] Des oiseaux innombrables
volaient, planant au-dessus de sa tête,
et dressés
hors des flots turquoises bondissaient
les poissons sous l'effet du beau chant.

Simonide, fr. 384 (Tzetzes, *Chiliades* 1, 309-310 : ... ainsi que l'écrit aussi quelque part Simonide à propos d'Orphée)

4 [A 1] — DK I 3,3; Nilsson I 681,4; Slater 384; Page PMG 148

4 [A 2] — DK I 3,7; Kern OF 14-15; Ziegler *Orph.* 1247

4 [A 3] υἱὸν Οἰάγρου ⟨δὲ⟩ ...
'Ορφέα χρυσάορα

(T56 K) Pindarus, fr. 139 (= 128 c), 11-12 Snell (Schol. Eur. Rhes. 895, Schol. Pind. Pyth. 4, 313 a, Schol. Hom. Il. 15, 256)

4 [A 4] ἐξ 'Απόλλωνος δὲ φορμιγκτὰς ἀοιδᾶν πατὴρ
ἔμολεν, εὐαίνητος 'Ορφεύς.

(T58 K) Pindarus, Pyth. 4, 176-177 (Snell-Maehler)

4 [A 5] οἷσι δὲ Φερσεφόνα ποινὰν παλαιοῦ πένθεος
δέξεται, ἐς τὸν ὕπερθεν ἅλιον κείνων ἐνάτωι ἔτεϊ
ἀνδιδοῖ ψυχὰς πάλιν, ἐκ τᾶν βασιλῆες ἀγαυοὶ
καὶ σθένει κραιπνοὶ σοφίαι τε μέγιστοι
ἄνδρες αὔξοντ' · ἐς δὲ τὸν λοιπὸν χρόνον ἥροες
ἁγνοὶ πρὸς ἀνθρώπων καλέονται

(—) Pindarus, fr. 133 Snell (Plat. Men. 81 b-c: φασὶ γὰρ τὴν ψυχὴν τοῦ ἀνθρώπου εἶναι ἀθάνατον, καὶ τοτὲ μὲν τελευτᾶν — ὃ δὴ ἀποθνῄσκειν καλοῦσι — τοτὲ δὲ πάλιν γίγνεσθαι, ἀπόλλυσθαι δ' οὐδέποτε · δεῖν δὴ διὰ ταῦτα ὡς ὁσιώτατα διαβιῶναι τὸν βίον · « οἷσιν γὰρ ἂν ... καλέονται »)

4 [A 3] – 4 [A 38]: Plat. Ion. 533 b-c: Conon 1, 45 (FGrHist 1 207,15-17)

1 οἴαγρον Schol. Eur.: οἰάγρου Schol. Pind. ⟨δὲ⟩ Wilamowitz
2 'Ορφέα χρυσάορα Schol. Hom.

4 [A 4] – 4 [B 10]: Asclepiades 3, 303,8 FHG: Apollod. Bibl. 1, 14: Ovid. Met. 10,167: Schol. Pind. 313 a (II 139,15 sqq. Drachmann)

1 φορμιγκτὰς CV: φορμικτὰς BDEG

4 [A 5] – 4 [A 6. 7. 33. 40]: Orph. Arg. 26 (Abel *Orph.* 4: Φερσεφόνης μέγα πένθος)

2 δέξεται cf. Zuntz 313 **4-5** cf. Emp. B 146 DK

1 οἷσι δὲ Boeckh: οἷσιν γὰρ ἂν Plat.: οἷσει γὰρ ἂν Stob. **2** δέξεται BTWf: δέξηται F Stob. κεινων BT: κεῖνον W: ἐκείνων F: κείνω Stob. ἔτει T²WF Stob.: ἔτι BT **3** ψυχὰς W: ψυχὰν BTF Stob. τᾶν f: τὰν B: ταν T: τῶν W Stob.: τᾶν F **4** σοφίαι BTW: σοφίαν F **5** αὔξοντ' Boeckh: αὔξονται BTWF ἁγνοὶ BTW: ἀγανοὶ F καλέονται F: καλεῦνται BTW Burnet

4 [A 3] Fils d'Œagre ...
Orphée à la lyre dorée.

PINDARE, fr. 139, 11-12

4 [A 4] D'Apollon est issu le joueur de lyre, le père
des chants, Orphée au nom très loué.

PINDARE, *Pythiques* 4, 176-177

4 [A 5] Et de ceux dont Perséphone agréera la punition
pour le deuil ancien, à la neuvième année elle renvoie de nouveau
les âmes à la splendeur du soleil d'en haut; d'elles s'élèvent
les rois augustes et les hommes les plus grands, déliés par la force et par la sagesse:
et ils sont appelés à jamais héros sacrés par les mortels.

PINDARE, fr. 133 (PLATON, *Ménon* 81 b-c: Ils disent en effet que l'âme de l'homme est immortelle, et que tantôt elle parvient à un terme — ce que précisément on appelle mourir — tantôt en revanche elle apparaît de nouveau, mais qu'elle n'est jamais détruite: et que, pour cette raison, il faut mener une vie aussi sainte que possible ...)

4 [A 3] — Linforth 23

4 [A 4] — Kern OF 8; Puech *Pind.* II 78; Ziegler *Orph.* 1217-1219; Nilsson I 682,3; Linforth 4

4 [A 5] — Dieterich 109; Rohde II 208,2; Kern II 161; Rathmann 75-76, 133-134; Guthrie *Orph.* 165; H. J. Rose *Greek Pœtry and Life*, Oxford 1936, 79 sqq.; Nilsson I 686,4; Linforth 345-350; H.J. Rose *The Grief of Persephone, Harv. Theol. Rev.* 36 (1943), 247 sqq.; Zuntz 313

4 [A 6] ... εἰ δέ νιν ἔχων τις οἶδεν τὸ μέλλον,
ὅτι θανόντων μὲν ἐνθάδ' αὐτίκ' ἀπάλαμνοι φρένες
ποινὰς ἔτεισαν – τὰ δ' ἐν τᾶιδε Διὸς ἀρχᾶι
ἀλιτρὰ κατὰ γᾶς δικάζει τις ἐχθρᾶι
λόγον φράσαις ἀνάγκαι·

ἴσαις δὲ νύκτεσσιν αἰεί,
ἴσαις δ' ἁμέραις ἅλιον ἔχοντες, ἀπονέστερον
ἐσλοὶ δέκονται βίοτον, οὐ χθόνα ταράσσοντες ἐν
χερὸς ἀκμᾶι
οὐδὲ πόντιον ὕδωρ
κενεὰν παρὰ δίαιταν, ἀλλὰ παρὰ μὲν τιμίοις
θεῶν οἵτινες ἔχαιρον εὐορκίαις ἄδακρυν νέμονται
αἰῶνα, τοὶ δ' ἀπροσόρατον ὀκχέοντι πόνον.
ὅσοι δ' ἐτόλμασαν ἐστρὶς
ἑκατέρωθι μείναντες ἀπὸ πάμπαν ἀδίκων ἔχειν
ψυχάν, ἔτειλαν Διὸς ὁδὸν παρὰ Κρόνου τύρσιν·
ἔνθα μακάρων

4 [A 6] 4 [A 5. 7. 33. 37. 40]: Plat. Phaedr. 248 e - 249 b 13 ἐστρὶς cf. Plat. Phaedr. 249 a (αὗται δὲ τρίτηι περιόδωι τῆι χιλιετεῖ, ἐὰν ἕλωνται τρὶς ἐφεξῆς τὸν βίον τοῦτον, οὕτω πτερωθεῖσαι τρισχιλιοστῶι ἔτει ἀπέρχονται): Emp. B 115,6 DK (τρίς μιν μυρίας ὧρας ἀπὸ μακάρων ἀλάλησθαι): Herod. 2, 123 (τὴν περιήλυσιν δὲ αὐτῆι γίνεσθαι ἐν τρισχιλίοισι ἔτεσι) 14 ἀπὸ ... ἔχειν cf. Emp. B 141 DK 15-17 cf. Hes. Op. 170-171 (καὶ τοὶ μὲν ναίουσιν ἀκηδέα θυμὸν ἔχοντες ἐν μακάρων νήσοισι παρ' Ὠκεανὸν βαθυδίνην): Plat. Gorg. 523 b (οἱ ἐκ μακάρων νήσων ἰόντες [cf. 524 a]): Plat. Phaed. 115 d (ἀλλ' οἰχήσομαι ἀπιὼν εἰς μακάρων δή τινας εὐδαιμονίας): Plat. Remp. 519 c (ἡγούμενοι ἐν μακάρων νήσοις ζῶντες)

1 εἰ δέ] εὖ δέ Rauchenstein: εἴ γε Boeckh: εὖτε Hermann (Puech: nihil mutandum esse in verbis traditis existimo; supplenda est, ut videtur, apodosis huius modi: ⟨τί δ'⟩, εἰ ...) νιν ACN Vat. gr. 915: μιν rell. 2 αὐτίκ'] αὖτις Rauchenstein: ἔμπαν Schroeder: ἐστρὶς ? Bergk 3 ἔτεισαν Schroeder: ἔτισαν codd. 7 ἴσαις δ' ἁμέραις Mommsen: ἴσαις δ' ἐν ἁμέραις codd. Pap. Oxy. 2092: ἴσον ἐν ἁμέραις Boeckh ἀπονέστερον] ἀπονέστατον CN Vat. gr. 915 8 δέκονται A: δέρκονται rell. 10 κενεὰν] καινεάν C^1: κενεὸν A in linea, Schol. Arat.: κείναν Madvig 11 ἄδακρυν] ἀδάκρυτον A 12 ὀκχέοντι] ἐκχέοντι $AC^1N^1E^1$ 15 ἔτειλαν recc.: ἔστειλαν vett.

4 [A 6] ... Oui, si celui qui possède l'opulence connaît l'avenir,
s'il sait que les âmes violentes de ceux que la mort
a frappé ici même
ont payé aussitôt leur peine — tandis que sous terre un juge
examine les méfaits en ce royaume de Zeus, prononçant
la sentence par une nécessité adverse;

mais jouissant de la lumière du soleil en des nuits
toujours égales et en des jours égaux, les nobles
reçoivent
en partage une vie moins pénible; ils n'emploient pas
la force
de leur bras à tourmenter la terre ni l'onde marine,
pour assurer une vaine subsistance ; mais en retour
— auprès des favoris
des dieux qui ont joui de la fidélité des serments —
ils passent un moment de vie exempt de larmes,
tandis que les autres subissent une épreuve que le regard
ne peut supporter.
Tous ceux qui ont eu le courage de demeurer à trois
reprises
dans l'un ou l'autre monde, et de préserver
absolument leur âme

4 [A 6] — Rohde II 216-222; Rathman 76-78; Guthrie *Orph.* 168-176; Nilsson I 692-694; v. Fritz *Phronesis* 1957, 85

νᾶσον ὠκεανίδες
αὖραι περιπνέοισιν ...

(—) Pindarus, Olymp. 2, 56-72 (Snell-Maehler)

4 [A 7] τοῖσι λάμπει μὲν μένος ἀελίου
τὰν ἐνθάδε νύκτα κάτω,
φοινικορόδοις ⟨δ'⟩ ἐνὶ λειμώνεσσι προάστιον αὐτῶν
καὶ λιβάνων σκιαρᾶν ⟨ ⟩
καὶ χρυσοκάρποισιν βέβριθε ⟨δενδρέοις⟩
καὶ τοὶ μὲν ἵπποις γυμνασίοισι ⟨τε - -⟩ τοὶ δὲ πεσσοῖς
τοὶ δὲ φορμίγγεσσι τέρπονται, παρὰ δέ σφισιν
εὐανθὴς ἅπας τέθαλεν ὄλβος·
ὀδμὰ δ' ἐρατὸν κατὰ χῶρον κίδναται
αἰεὶ θύα μειγνύντων πυρὶ τηλεφανεῖ
παντοῖα θεῶν ἐπὶ βωμοῖς
. . . .

16 νᾶσον] νᾶσος (scil. doric. accus. plur.) G recc. **17** περιπνέοισιν CG H¹ Vat. gr. 915: περιπνέοισαν B¹: παραπνείουσιν A: περιπνέουσιν LEN

4 [A 7] – 4 [A 5. 6. 33. 40]
2 cf. Slater: *while it is night here on earth* **11** σκότον cf. **4 [A 63,14. B 75]**: Emp. B 121,4 DK

1 μὲν om. Plut. 1130 c μένος] σθένος Schroeder **3** ⟨δ'⟩ Bergk: ⟨τ'⟩ Boeckh: φοινικορόδιαί τε λειμῶνες εἰσὶ Plut. 120 c **4** λιβάνων Snell: λιβάνωι codd. σκιαρᾶν Snell: σκιαρὰν codd.: σκιαρὸν Bergk ⟨ ⟩ Snell **5** χρυσοκάρποισιν Plut.: χρυσέοις καρποῖς Boeckh βέβριθε Plut.: βεβριθὸς Reiske ⟨δενδρέοις⟩ Wilamowitz **6** γυμνασίοισι Hartung: γυμνασίοις Plut.: γυμνασίοις τε Hermann τε suppl. Boeckh: ⟨τε γυίων⟩ Wilamowitz **7** τέθαλεν Boeckh: τέθηλε Plut. **8** ἐρατὸν Xylander: ἐρατῶν Plut. **9** θύα Hermann: θύματα Plut.

des actes injustes, ont suivi jusqu'au bout la route de Zeus
qui les mène à la tour de Cronos; là les brises océanes
soufflent aux abords de l'île des bienheureux ...

Pindare, *Olympiques* 2, 56-72

4 [A 7] Pour eux resplendit la force du soleil,
tandis qu'ici-bas c'est la nuit;
leur séjour est auprès de la cité, dans les prairies de roses rouges,
d'une végétation ombragée d'encens <   > et elle abonde
<en arbres> chargés de fruits d'or; les uns se récréent
avec les chevaux et les exercices corporels, d'autres avec les échecs,
d'autres encore par le son de la lyre, et parmi eux prospère la fleur
de l'abondance: une fragrance aimable se répand sur cette terre,
et sans cesse ils portent au foyer que l'on aperçoit dans le lointain
des présents de toute sorte sur les autels des dieux.
....

4 [A 7] — Rohde II 209,10; Nilsson I 693,1; Turyn *Pind.* 332-333; Slater 356

ἔνθεν τὸν ἄπειρον ἐρεύγονται σκότον
βληχροὶ δνοφερᾶς νυκτὸς ποταμοὶ ⏑⏑-

(—) Pindarus, frr. 129-130 Snell (Plut. Consol. ad Apollon. 35, 120 c [I 249, 3 Paton-Wegehaupt-Gärtner]; Plut. De latenter vivendo 7, 1130 c [VI 2, 223, 1-2 Pohlenz-Westman])

4 [A 8] ὄλβιοι δ' ἅπαντες αἴσαι λυσιπόνων τελετᾶν.

(—) Pindarus, fr. 131 a Snell (Plut. Consol. ad Apollon. 35, 120 c-d [I 249, 15 Paton-Wegehaupt-Gärtner])

4 [A 9] σῶμα μὲν πάντων ἕπεται θανάτωι περισθενεῖ,
ζωὸν δ' ἔτι λείπεται αἰῶνος εἴδωλον· τὸ γάρ ἐστι μόνον
ἐκ θεῶν· εὕδει δὲ πρασσόντων μελέων, ἀτὰρ εὑδόντεσσιν ἐν πολλοῖς ὀνείροις
δείκνυσι τερπνῶν ἐφέρποισαν χαλεπῶν τε κρίσιν.

(—) Pindarus, fr. 131 b Snell (Plut. Consol. ad Apollon. 35, 120 c-d [I 249, 17 Paton-Wegehaupt-Gärtner]; Plut. Vita Rom. 28, 35 f [I 1, 80, 10 Lindskog-Ziegler])

4 [A 8] - 3 [A 2]: 4 [A 6. 7]

1 coni. Wilamowitz: ὀλβίαι δ' ἅπαντες αἶσαι λυσίπονον τελετὰν Plut. Turyn: ὀλβίαι δ' ἅπαντες αἶσαι λυσίπονον ⟨μετανίσσονται⟩ τελευτάν Boeckh (prioribus editoribus lect. τελευτάν praebentibus): ὀλβίαι δραπόντες αἶσαι λυσίπονον τελετάν Schroeder

4 [A 9] - 2 αἰῶνος cf. Slater 23 *existence* (cf. **4 [B 64,2]**), sed cf. **4 [B 50. 53 b]**: Heracl. B 52 DK εἴδωλον cf. **4 [B 40. 76,5]** **3-4** εὕδει ... κρίσιν cf. Heracl. B 21, 26, 62, 88 DK (Nilsson I 694,1)

2 ζωὸν δ' ἔτι Plut. Vita: ζῶν δὲ Plut. Cons. τὸ γάρ ἐστι μόνον Plut. Vita: γὰρ μόνον ἐστὶν Plut. Cons. **4** ἐφέρποισαν corr. Boeckh: ἐφέρπουσαν Plut.

Par delà les fleuves immobiles de la nuit obscure
ils repoussent les ténèbres infinies ...

PINDARE, fr. 129, 130

4 [A 8] Tous bienheureux, grâce au sortilège des initiations
qui libèrent des maux.

PINDARE, fr. 131 a

4 [A 9] Le corps de chacun est soumis à la mort omnipotente,
mais encore vivante demeure une image de la vie, car
elle seule
vient des dieux: elle sommeille tandis que les membres
agissent, cependant dans maints songes
elles révèlent aux dormeurs ce qui est secrètement
échu de plaisirs et de souffrances.

PINDARE, fr. 131 b

4 [A 8] — Rohde II 217,1

4 [A 9] — Rohde II 207,2; Rathmann 74-75; Nilsson I 693-394; Dodds *Irr.* 135

4 [A 10] Ὀρφεῖ δὲ γλῶσσαν τὴν ἐναντίαν ἔχεις·
ὁ μὲν γὰρ ἦγε πάντ' ἀπὸ φθογγῆς χαρᾶι

(T48 K) Aeschylus, Agam. 1629-1630 (Page)

4 [A 11] οἱ δὲ πρότερον ποιηταὶ λεγόμενοι τούτων τῶν ἀνδρῶν γενέσθαι ὕστερον, ἔμοιγε δοκέειν, ἐγένοντο.

(T10 K) Herodotus, 2, 53, 3 (Hude)

4 [A 12] οὐ μέντοι ἔς γε τὰ ἱρὰ ἐσφέρεται εἰρίνεα οὐδὲ συγκαταθάπτεταί σφι· οὐ γὰρ ὅσιον. ὁμολογέουσι δὲ ταῦτα τοῖσι Ὀρφικοῖσι καλεομένοισι καὶ [Βακχικοῖσι, ἐοῦσι δὲ Αἰγυπτίοισι καὶ] Πυθαγορείοισι. οὐδὲ γὰρ τούτων τῶν ὀργίων μετέχοντα ὅσιόν ἐστι ἐν εἰρινέοισι εἵμασι θαφθῆναι. ἔστι δὲ περὶ αὐτῶν ἱρὸς λόγος λεγόμενος.

(T216 K) Herodotus, 2, 81 (Hude)

4 [A 13] εἰ δ' Ὀρφέως μοι γλῶσσα καὶ μέλος παρῆν,
ὥστ' ἢ κόρην Δήμητρος ἢ κείνης πόσιν

4 [A 10] – 4 [A 2. 21. 22]
Fraenkel: *Thy tongue is the opposite of Orpheus' tongue; for he, by his voice, led all things after him in delight*

2 πάντ' ἀπὸ F Tr: πάντα που Rees Murray: πάνθ' ὑπὸ Margoliouth

4 [A 11] – **1** πρότερον] πρότεροι DP¹RV

4 [A 12] – Apul. Apol. 56, 63,15 (quippe lana, segnissimi corporis excrementum, pecori detracta iam inde Orphei et Pythagorae scitis profanus vestitus est) **6-7** ἱρὸς λόγος cf. **4 [A 47]**: Herod. 2, 51, 4

1 γε] δε SV ἐσφέρεται] εἰσφέρεται B **2** ὁμολογέουσι] ὁμολογέει DRSV **3-4** Βακχικοῖσι ... καὶ om. ABC, secl. Wilamowitz **5** ἐν om. R **6** θαφθῆναι] θαφῆναι (θ suprascr.) C: ταφῆναι DRSV

4 [A 13] – 4 [A 21. 22. 29. 38]: Eur. Med. 543 (μήτ' Ὀρφέως κάλλιον ὑμνῆσαι μέλος)

2 ὥστ' ἢ Reiske: ὡς τὴν codd. (et schol.?) **5** Χάρων] γέ-

4 [A 10] Ta langue est le contraire de celle d'Orphée:
car par sa voix il entraînait toute chose dans la joie.

ESCHYLE, *Agamemnon* 1629-1630

4 [A 11] Et à mon avis les poètes qui, dit-on, auraient vécu avant ces hommes, ont vécu après.

HÉRODOTE, 2, 53, 3

4 [A 12] Toutefois, ils n'introduisent pas de vêtements de laine dans les sanctuaires, et ils ne se font pas ensevelir ainsi vêtus, car la religion l'interdit. En cela, ils s'accordent avec les rites qu'on appelle orphiques et avec ceux des pythagoriciens. A quiconque en effet participe à ces rites secrets il est interdit de se faire ensevelir dans des vêtements de laine. Il existe là-dessus un discours qu'on dit sacré.

HÉRODOTE, 2, 81

4 [A 13] Mais si la langue et le chant d'Orphée m'étaient donnés
de sorte que je puisse abuser par les hymnes la fille de
Déméter

4 [A 10] — DK I 3,5-6; Fraenkel *Agam.* I 191, III 773-774

4 [A 11] — Lobeck I 347-348; Guthrie *Orph.* 26; Linforth 158

4 [A 12] — Lobeck I 244-245; Zeller I 1 390,3; Rohde II 103; 107,1; Wilamowitz *Glaube* II 189,1; Guthrie *Orph.* 15-16; Nilsson I 686,5; Linforth 39; Guthrie I 160

4 [A 13] — DK I 3,24-27; Rathmann 31, 60; Guthrie *Orph.* 31; Linforth 16; A. Tovar *Eur. Trag.* Barcelona 1955, I 51

ὕμνοισι κηλήσαντά σ' ἐξ Ἅιδου λαβεῖν,
κατῆλθον ἄν, καί μ' οὔθ' ὁ Πλούτωνος κύων
οὔθ' οὑπὶ κώπηι ψυχοπομπὸς ἂν Χάρων
ἔσχον, πρὶν ἐς φῶς σὸν καταστῆσαι βίον.

(T59 K) Euripides, Alcest. 357-362 (Murray)

4 [A 14] ἐγὼ καὶ διὰ μούσας
καὶ μετάρσιος ἦιξα, καὶ
πλείστων ἁψάμενος λόγων
κρεῖσσον οὐδὲν Ἀνάγκας
ηὗρον, οὐδέ τι φάρμακον
Θρήισσαις ἐν σανίσιν, τὰς
Ὀρφεία κατέγραψεν
γῆρυς, οὐδ' ὅσα Φοῖβος Ἀσκληπιάδαις ἔδωκε
φάρμακα πολυπόνοις ἀντιτεμὼν βροτοῖσιν.

(T82 K) Euripides, Alcest. 962-972 (Murray)

4 [A 15] ἥκω ζαθέους ναοὺς προλιπών,
οἷς αὐθιγενὴς τμηθεῖσα δοκὸς
στεγανοὺς παρέχει Χαλύβωι πελέκει
καὶ [ταυροδέτωι] κολληθεῖσ'
ἀτρεκεῖς ἁρμοὺς κυπάρισσος,

ρων Cobet   **6** ἔσχον] ἔσχεν Earle

4 [A 14] – 4 [A 17. B 27. 51]: Eur. Hel. 513-514 (λόγος γάρ ἐστιν οὐκ ἐμός, σοφὸν δ' ἔπος, δεινῆς Ἀνάγκης οὐδὲν ἰσχύειν πλέον)

3 ἁψάμενος] ἀρξάμενος Stob. 1, 4, 3   **8** ἔδωκε Musgrave: παρέδωκε codd.

4 [A 15] - 4 [B 1. 14. 15. 18. 37. 38. 62]: Alcmaeonis, fr. 3 Kinkel: Aesch. fr. 228 TGF

2 οἷς Bentley: οὓς Porph.   δοκὸς Vulcanius Scaliger: δοκοὺς Erotianus: δορὸς Porph.   **4** ταυροδέτωι Porph.: secl. Bentley   κολληθεῖσ' Bentley: κρηθεῖσ' Porph.: κολληθεὶς Erotianus   **5** κυπάρισσος Bentley: κυπαρίσσου Porph.   **8** βιοτὰς ed. Valent.

ou son époux, et t'arracher à l'Hadès,
j'y descendrais ; et ni le chien de Pluton ni Charon
qui de sa rame conduit les âmes,
ne m'arrêteraient avant que d'avoir ramené à la lumière
ta vie.

EURIPIDE, *Alceste* 357-362

4 [A 14] Par la musique
je me suis élancé sur les hauteurs du monde, et
j'ai touché à bien des discours
sans trouver rien de plus fort que Nécessité,
nul enchantement dans les tablettes
en bois de Thrace, que la voix
d'Orphée emplit d'écrits
ni tous les remèdes que Phoibos donna aux Asclépiades,
coupant les herbes afin de soulager la grande souffrance
des mortels.

EURIPIDE, *Alceste* 962-972

4 [A 15] ....
Je suis arrivé délaissant les temples vraiment divins
bien couverts par la grande poutre de bois indigène,
taillée par les haches des Calibes,
et par le cyprès collé
et emboîté avec précision;

4 [A 14] — DK I 3,28-36; Rathman 81, 83; Guthrie *Orph.* 13, 68; Linforth 119

4 [A 15] — Lobeck I 622-623; TGF 505-506; Diels *D. Lit. Ztg.* 1889, 1081; Harrison 479; Wilamowitz *Eur. Kreter*, in *Berl. Klassikerttexte* V 2 (1907), 77; Kern *Hermes* 51 (1916), 563; Kern OF 230; Guthrie *Orph.* 111-112, 146; R. Cantarella *Eur. I Cretesi* Milano 1963, 23-25, 63-69; Fauth *Zagreus* 2253-2257; Pugliese-Carratelli 1974, 138

ἁγνὸν δὲ βίον τείνων, ἐξ οὗ
Διὸς Ἰδαίου μύστης γενόμην,
καὶ νυκτιπόλου Ζαγρέως βιοτὰς
τάς τ' ὠμοφάγους δαῖτας τελέσας
Μητρί τ' ὀρείαι δᾶιδας ἀνασχὼν
μετὰ Κουρήτων
βάκχος ἐκλήθην ὁσιωθείς.
πάλλευκα δ' ἔχων εἵματα φεύγω
γένεσίν τε βροτῶν καὶ νεκροθήκης
οὐ χριμπτόμενος τὴν [τ'] ἐμψύχων
βρῶσιν ἐδεστῶν πεφύλαγμαι.

(—) Euripides, Cret. fr. 3 Cantarella (Porph. De abstin. 4, 19)

4 [A 16] ἤδη νυν αὔχει καὶ δι' ἀψύχου βορᾶς
σίτοις καπήλευ' Ὀρφέα τ' ἄνακτ' ἔχων
βάκχευε πολλῶν γραμμάτων τιμῶν καπνούς.

(T213 K) Euripides, Hippol. 952-954 (Barrett)

4 [A 17] ἀλλ' οἶδ' ἐπωιδὴν Ὀρφέως ἀγαθὴν πάνυ,

8 νυκτιπόλου cf. Heracl. B 14 DK **11-12** cf. **4 [A 16,3]** **15-16** τὴν ... πεφύλαγμαι cf. **4 [A 16,1]**

Porphyrii, Cantarella: βούτης Wilamowitz: βούτας Diels: σπονδὰς Lobeck: βροντὰς Porph. **9** τάς τ' codd.: τοὺς Bergk: τὰς Cantarella δαῖτας Hartung: δαίτας codd.: δαῖτας Cantarella **11** μετὰ Wilamowitz: καὶ codd. **15** τ' secl. Wilamowitz

4 [A 16] – 4 [A 25. 51]: Xenophan. B 2,8 DK: Aristoph. Equ. 575: Philostr. V. Apoll. 1, 15, 4 (τὸν γὰρ σῖτον οἱ δυνατοὶ ξυγκλείσαντες εἶχον, ἵν' ἐκκαπηλευθείη τῆς χώρας: cf. DK 1 4n)

1 ἤδη] σίτοις Nauck ἀψύχου] ἀψύχων Diels **2** σίτοις καπήλευ' codd. Barrett: σῖτ' ἐκκαπήλευ' Diels (sc. τοῖς ἔξω βεβήλοις): ἰῶν καπήλευ' Nauck: σίτοις σιγὰς Goram: σίτους καπήλευ' Reiske Ὀρφέα τ'] Ὀρφέως M: Ὀρφέ' ὡς M[2] **3** πολλῶν] πολιῶν Musgrave καπνούς] καπνοῖς M[1]

4 [A 17] – 4 [A 14. B 27]

je mène une vie sainte, depuis que
je suis devenu un initié du Zeus de l'Ida,
et j'expérimente le mode de vie de Zagreus errant dans la nuit
et les festins de chair fraîche
et je lève haut les torches en l'honneur de la Mère des montagnes,
parmi les Courètes,
purifié j'ai reçu le nom de Bacchos.
Et portant de très blancs vêtements je fuis
la naissance des mortels, et sans m'approcher
de l'urne des morts, je me garde de manger
des aliments où la vie a été présente.

EURIPIDE, *Les Crétois*, fr. 3

4 [A 16] Maintenant glorifie-toi et te nourrissant de choses inanimées
fais étalage de ta nourriture; avec Orphée pour maître
joue l'inspiré, honorant l'insignifiance de tous ces écrits.

EURIPIDE, *Hippolyte* 952-954

4 [A 17] Mais je sais un enchantement d'Orphée, très utile,

4 [A 16] — Wilamowitz *Eur. Hipp.*, Berlin 1891, 139, 225; DK I 3,38-4,2; II 165,8; Wilamowitz *Glaube* II 187; Guthrie *Orph.* 11-12, 16, 197; Linforth 50; W. S. Barrett *Eur. Hippolytos*, Oxford 1964, 342-345

4 [A 17] — Lobeck I 236; Rathmann 29, 83; Guthrie *Orph.* 18; Linforth 34, 138

ὡς αὐτόματον τὸν δαλὸν ἐς τὸ κρανίον
στείχονθ' ὑφάπτειν τὸν μονῶπα παῖδα Γῆς.

(T83 K) Euripides, Cycl. 646-648 (Murray)

4 [A 18] ... μέσωι δὲ παρ' ἱστῶι
'Ασιὰς ἔλεγον ἰήϊον
Θρῆισσ' ἐβόα κίθαρις 'Ορφέως
μακροπόλων πιτύλων ἐρέτηισι κε-
λεύσματα μελπομένα, τότε μὲν ταχύ-
πλουν, τότε δ' εἰλατίνας ἀνάπαυμα πλά-
τας.

(T78 K) Euripides, Hypsipyle fr. 1, 3, 8-14 Bond

4 [A 19] Εὔ(νεως) 'Αργώ με καὶ τόνδ' ἤγαγ' εἰς Κόλχων πόλιν.
'Υψ(ιπύλη) ἀπομαστίδιόν γ' ἐμῶν στέρνων.
ΕΥ. ἐπεὶ δ' 'Ιάσων ἔθαν' ἐμός, μῆτερ, πατήρ –
'ΥΨ. οἴμοι κακὰ λέγεις, δάκρυά τ' ὄμμασιν,
τέκνον, ἐμοῖς δίδως.
ΕΥ. 'Ορφεύς με καὶ τόνδ' ἤγαγ' εἰς Θράικης τόπον,
'ΥΨ. τίνα πατέρι ποτὲ χάριν ἀθλίωι
τιθέμενος; ἔνεπέ μοι, τέκνον.
ΕΥ. μοῦσάν με κιθάρας 'Ασιάδος διδάσκεται,
τοῦτ[ο]ν δ' ἐς Ἄρεως ὅπλ' ἐκόσμησεν μάχης.

(T79 K) Euripides, Hypsipyle fr. 64, 2, 93-102 Bond

4 [A 18] – 4 [A 4. 19. B 4. 25]: Apollon. Rhod. 1,32

2 'Ασιὰς pap.: 'Ασιάδ' Beazley Bond ἔλεγον Wilamowitz: ἔλεγεν pap. **4** μακροπόλων pap.: μακροπόδων Wilamowitz: μακροπόνων Wecklein **5** μελπομένα Hunt: μελπομεναν pap.

4 [A 19] – 4 [A 4. 18. B 25]: Herodor. FHG II 38,39: Apollon. Rhod. 1,32

1 τόνδ' sc. Thoanta **2** ἀπομαστίδιόν pap.: ἀπομαστιδίω ? Diels: ἐπιμαστίδιόν Italie **4** κακὰ Murray: κακων pap. **7** ποτὲ pap.: ποτὲ ⟨τίνα⟩ Murray **9** κιθάρας Hunt: κιθαρις pap.

par lequel le tison s'élancera de lui-même dans le crâne
et embrasera par en-dessous le fils borgne de la Terre.

EURIPIDE, *Le Cyclope* 646-648

4 [A 18] … auprès du mât, disaient-ils,
la cithare d'Orphée, asiate de Thrace,
faisait retentir sa plainte, chantant
ses injonctions à l'adresse de l'équipage aux longues rames,
dictant tantôt un cap rapide,
tantôt un répit aux rames de sapin.

EURIPIDE, *Hypsipyle*, fr. 1, 3, 8-14

4 [A 19] EUNEOS Argo me conduisit avec celui-ci, à la cité des Colchidiens
HYPSIPYLE nourrisson de mon sein.
EUNEOS Après que Jason, mon père, mourut, ô mère —
HYPSIPYLE hélas, comme tes paroles sont tristes, et dans mes yeux,
ô mon fils, tu suscites les pleurs —
EUNEOS Orphée me conduisit avec celui-ci dans les lieux de Thrace,
HYPSIPYLE quelle faveur a-t-il donc accordé au père infortuné? Dis-le-moi, ô mon fils.
EUNEOS Il m'a enseigné la musique de la cithare asiate
et il a préparé celui-ci aux armes de combat d'Arès.

EURIPIDE, *Hypsipyle*, fr. 64, 2, 93-102

4 [A 18] — DK I 4,9-14; Grenfell-Hunt *Oxy. Pap.* 6 (1908) 852, 36-37, 87; H. v. Arnim *Suppl. Eurip.* Bonn 1913, 51; Kern OF 24; Linforth 6; G. W. Bond *Eur. Hypsipyle*, Oxford 1963, 27, 71-72

4 [A 19] — DK I 4,16-25; Grenfell-Hunt *cit.* 70-73, 105; Robert *Hermes* 44 (1909) 376; v. Arnim *cit.* 66-67; Linforth 6-7; Bond *cit.*, 48, 131-135

4 [A 20] [ὦ] πότνια θεῶν
[φ]άος ἄσκοπον [
[αἰθ]έρι πρωτόγονο[ς?
[.... Ἔ]ρως ὅτε Ν[ὺξ?
[......]δη τότε [
[.......]γενο [

(F2 K) Euripides, Hypsipyle fr. 57, 20-25 Bond

4 [A 21] εἰ μὲν τὸν Ὀρφέως εἶχον, ὦ πάτερ, λόγον,
πείθειν ἐπάιδουσ' ὥσθ' ὁμαρτεῖν μοι πέτρας,
κηλεῖν τε τοῖς λόγοισιν οὓς ἐβουλόμην,
ἐνταῦθ' ἂν ἦλθον.

(T50 K) Euripides, Iphig. Aul. 1211-1214 (Murray)

4 [A 22] τάχα δ' ἐν ταῖς πολυδένδρεσσιν Ὀλύμπου θαλάμαις, ἔν-
θα ποτ' Ὀρφεὺς κιθαρίζων

4 [A 20] – **2** φάος ἄσκοπον cf. **4 [B 68,3]** ἄσκοπον cf. Parm. B 7,4 DK **3** αἰθέρι cf. **4 [B 68,3]** πρωτόγονος cf. **4 [A 68. B 34. 47. 68,1. 72]**: Orph. Hymn. 6,1 (Quandt): Damasc. De princ. 111 (1 285,7 Ruelle) **4** Ἔρως cf. Parm. B 13 DK: **4 [A 24,8]** Νὺξ cf. **4 [B 68,2]**

2 φάος ἄσκοπον Grenfell-Hunt **3** αἰθέρι Morel: ἀέρι Grenfell-Hunt **4** Ἔρως Morel Νὺξ Grenfell-Hunt

4 [A 21] – **4 [A 2. 10. 13. 22]**: Apollon. Rhod. 1,26: Hor. Carm. 1, 12,6 sqq.; 3, 11,13 sqq.

4 ἐνταῦθ' ἂν ἦλθον corr. P²: ἐνταῦθ' ἀνῆλθον LP

4 [A 22] – **4 [A 2. 10. 13. 21]**: Apollon. Rhod. 1,26: Hor. Carm. 1, 12,6 sqq.; 3, 11,13 sqq.

1 ταῖς] ταῖσι PL¹ **1-2** πολυδένδρεσσιν corr. l: πολυδένδρεσιν L: πολυδένδραισιν P **2** θαλάμαις Barnes: θαλάμοις LP **4** σύνα-

4 [A 20] O maîtresse des dieux,
éclat invisible — — —
à l'éther, le premier né — — —
— — — Éros, quand Nuit — — —
— — — alors — — —

EURIPIDE, *Hypsipyle*, fr. 57, 20-25

4 [A 21] O père, si je savais m'exprimer comme Orphée,
si mon chant persuadait les rochers de me suivre
si mes paroles séduisaient qui je veux,
je l'aurais tentée.

EURIPIDE, *Iphigénie à Aulis* 1211-1214

4 [A 22] Sans doute portes-tu le thyrse dans les retraites aux bois touffus
de l'Olympe, où, jadis, Orphée au son de la cithare

4 [A 20] — Grenfell-Hunt *cit.* 58-59, 98; v. Arnim *cit.* 59; Kern OF 81; Bond *cit.* 44-45, 121-122

4 [A 21] — Linforth 34

4 [A 22] — Guthrie *Orph.* 62; Linforth 33; Dodds *Bacch.* 139

σύναγεν δένδρεα μούσαις,
σύναγεν θῆρας ἀγρώτας.

(T49 K) Euripides, Bacch. 560-564 (Dodds)

4 [A 23] τίς δ' οἶδεν, εἰ τὸ ζῆν μέν ἐστι κατθανεῖν,
τὸ κατθανεῖν δὲ ζῆν;

(—) Euripides, Polyidos, fr. 638 Nauck (Plat. Gorg. 492 e: οὐ γάρ τοι θαυμάζοιμ' ἂν εἰ Εὐριπίδης ἀληθῆ ἐν τοῖσδε λέγει, λέγων « τίς ... ζῆν; »)

4 [A 24] Χάος ἦν καὶ Νὺξ Ἔρεβός τε μέλαν πρῶτον καὶ Τάρταρος εὐρύς·
γῆ δ' οὐδ' ἀὴρ οὐδ' οὐρανὸς ἦν· Ἐρέβους δ' ἐν ἀπείροσι κόλποις
τίκτει πρώτιστον ὑπηνέμιον Νὺξ ἡ μελανόπτερος ᾠόν,
ἐξ οὗ περιτελλομέναις ὥραις ἔβλαστεν Ἔρως ὁ ποθεινός,
στίλβων νῶτον πτερύγοιν χρυσαῖν, εἰκὼς ἀνεμώκεσι δίναις.
οὗτος δὲ Χάει πτερόεντι μιγεὶς νύχιος κατὰ Τάρταρον εὐρὺν
ἐνεόττευσεν γένος ἡμέτερον, καὶ πρῶτον ἀνήγαγεν εἰς φῶς.

γεν] σύναγε LP: συνάγει Dobree **5** σύναγεν] συνάγει Dobree θῆρας] θήρας LP

4 [A 23] – 4 [A 31. 34. 36]

1 δ' BTPf: om. F ἐστι WA: ἔστιν B

4 [A 24] – **1** cf. **4 [A 20. 37. 57. B 9. 11. 28. 39. 42. 69. 71. 72. 75]** **2** cf. **4 [A 65,8. 69,24. B 36]**: Orph. Arg. 13 (Abel *Orph.* 3) **3** cf. **4 [B 28. 33. 34. 72. 73]** **4** cf. **4 [A 20. B 9. 46. 52]** **5** cf.

2 ἀπείροσι VMUΓ: ἀπείροισι RAS[rel]: ἀπείρησι S[A] **4** ποθεινός codd.: πετηνός Herwerden coll. Plat. Phaedr. 252 b **6** οὗτος δὲ Χάει πτερόεντι codd.: οὗτος Χάει ἠερόεντι Hermann (εὐρώεντι Kock) νύχιος Halbertsma Herwerden: νυχίωι RVMUTS: νυχίων A **7** ἐνεόττευσεν RV: ἐνεόττευσε MΓS: ἐνεότευσε U:

rassemblait les arbres par la magie de la musique
et rassemblait les bêtes féroces.

EURIPIDE, *Les Bacchantes* 560-564

4 [A 23] Qui sait si vivre n'est pas mourir
et si mourir n'est pas vivre ?

EURIPIDE, *Polyidos*, fr. 638 (PLATON, *Gorgias* 492 e: je ne serais pas autrement surpris si Euripide disait la vérité, quand il déclare...)

4 [A 24] Au commencement il y avait Chaos et Nuit, le noir Érèbe et le vaste Tartare,
mais il n'y avait ni terre ni air ni ciel; et dans le sein sans limite de l'Érèbe
Nuit aux ailes noires génère tout d'abord un œuf soulevé par le vent,
d'où naquit, dans le cours des saisons revenant en cercle, Éros le désirable,
au dos étincelant de deux ailes d'or, pareil aux rapides tourbillons de vent.
Et lui s'étant uni de nuit au Chaos ailé, dans le vaste Tartare,
il fit éclore notre race et la fit paraître la première au jour.

4 [A 23] — TGF 560-561

4 [A 24] — Zeller I 1 125,2; DK I 5,5-14; Kern OF 81; Guthrie *Orph.* 92 sqq., 104, 223; Nilsson I 685; Ziegler OD 1362-1363

πρότερον δ' οὐκ ἦν γένος ἀθανάτων, πρὶν Ἔρως ξυνέμειξεν ἅπαντα·
ξυμμειγνυμένων δ' ἑτέρων ἑτέροις γένετ' Οὐρανὸς Ὠκεανός τε
καὶ Γῆ πάντων τε θεῶν μακάρων γένος ἄφθιτον.

(F1 K) Aristophanes, Aves 693-702 (Coulon)

4 [A 25] Ὀρφεὺς μὲν γὰρ τελετάς θ' ἡμῖν κατέδειξε φόνων τ' ἀπέχεσθαι,
Μουσαῖος δ' ἐξακέσεις τε νόσων καὶ χρησμούς.

(T90 K) Aristophanes, Ran. 1032-1033 (Coulon)

4 [A 26] ἢ αὖ Ὀρφεῖ συγγενέσθαι καὶ Μουσαίωι καὶ Ἡσιόδωι καὶ Ὁμήρωι ἐπὶ πόσωι ἄν τις δέξαιτ' ἂν ὑμῶν; ... τοὺς ἐκεῖ ἐξετάζοντα καὶ ἐρευνῶντα ὥσπερ τοὺς ἐνταῦθα διάγειν, τίς αὐτῶν σοφός ἐστιν καὶ τίς οἴεται μέν, ἔστιν δ' οὔ.

(T138 K) Plato, Apologia 41 a-b (Burnet)

4 [A 60. B 64,5. 67. 72] **8** Ἔρως cf. Parm. B 13 DK: **4 [A 20,4]** **9-10** cf. **4 [A 46. 63,6. 64,8. 70. B 33]**

ἐννεότευε A **8** ξυν- Brunck: συν- RVΦS **9** δ' VAUΓ: om. RMS γένετ' B Ald: ἐγένετ' RVAUΓS: ἐγένετο δ' M: γέγον' Kiehl

4 [A 25] – 4 [A 30. 51. B 5]: 5 [A 5. 6. 8-10. B 5]: Paus. 9, 30, 4 (ὁ δὲ Ὀρφεὺς ... ἐπὶ μέγα ἦλθεν ἰσχύος οἷα πιστευόμενος εὑρηκέναι τελετὰς θεῶν καὶ ἔργων ἀνοσίων καθαρμοὺς νόσων τε ἰάματα καὶ τροπὰς μηνιμάτων θείων)

1 μὲν RM²Σ$^{V\lambda}$: om VΦ

4 [A 26] – 4 [A 43]: Procl. in Plat. Remp. II 312,16; 328,19 (Kroll)

4 τίς αὐτῶν TV: τίς ἂν αὐτῶν BW

Jusqu'alors il n'y avait pas de race des immortels, avant
qu'Éros n'eût uni tous les éléments ensemble;
mais les ayant mêlés les uns aux autres, naquit Ciel, Océan
et Terre et toute la lignée impérissable des dieux bienheureux.

ARISTOPHANE, *Les Oiseaux* 693-702

4 [A 25] Orphée nous enseigna les initiations et à nous abstenir du meurtre,
Et Musée les oracles et la guérison des maladies.

ARISTOPHANE, *Les Grenouilles* 1032-1033

4 [A 26] Ou encore, que ne donneriez-vous pas pour jouir de la compagnie d'Orphée, de Musée, d'Hésiode et d'Homère? ... et j'aimerais surtout continuer d'examiner et de sonder ceux de là-bas, comme je faisais ici, pour découvrir qui d'entre eux est sage, et qui croit l'être, tout en ne l'étant pas.

PLATON, *Apologie de Socrate* 41 a-b

4 [A 25] — DK I 5,2-3; Rathmann 12, 28-29, 60-61, 85; Guthrie *Orph.* 196-197; Linforth 67

4 [A 26] — Linforth 106

4 [A 27] ΕΥΘ. ... αὐτοὶ γὰρ οἱ ἄνθρωποι τυγχάνουσι νομίζοντες τὸν Δία τῶν θεῶν ἄριστον καὶ δικαιότατον, καὶ τοῦτον ὁμολογοῦσι τὸν αὑτοῦ πατέρα δῆσαι, ὅτι τοὺς ὑεῖς κατέπινεν οὐκ ἐν δίκηι, κἀκεῖνόν γε αὖ τὸν αὑτοῦ πατέρα ἐκτεμεῖν δι' ἕτερα τοιαῦτα ... ΣΩΚΡ. ... τί γὰρ καὶ φήσομεν, οἵ γε αὐτοὶ ὁμολογοῦμεν περὶ αὐτῶν μηδὲν εἰδέναι; ἀλλά μοι εἰπὲ πρὸς Φιλίου, σὺ ὡς ἀληθῶς ἡγῆι ταῦτα οὕτως γεγονέναι; ΕΥΘ. καὶ ἔτι γε τούτων θαυμασιώτερα, ὦ Σώκρατες, ἃ οἱ πολλοὶ οὐκ ἴσασιν.

(F17 K) Plato, Euthyphr. 5 e - 6 b (Burnet)

4 [A 28] ἐκ δὲ τούτων τῶν πρώτων δακτυλίων, τῶν ποιητῶν, ἄλλοι ἐξ ἄλλου αὖ ἠρτημένοι εἰσὶ καὶ ἐνθουσιάζουσιν, οἱ μὲν ἐξ Ὀρφέως, οἱ δὲ ἐκ Μουσαίου· οἱ δὲ πολλοὶ ἐξ Ὁμήρου κατέχονταί τε καὶ ἔχονται.

(T244 K) Plato, Ion 536 b (Burnet)

4 [A 29] ... ξένοι ἐφαίνοντο — οὓς ἄγει ἐξ ἑκάστων τῶν πόλεων ὁ Πρωταγόρας, δι' ὧν διεξέρχεται, κηλῶν τῆι φωνῆι ὥσπερ Ὀρφεύς, οἱ δὲ κατὰ τὴν φωνὴν ἕπονται κεκηλημένοι —

(—) Plato, Protag. 315 a-b (Burnet)

4 [A 27] - 4 [A 54]
4 δῆσαι cf. **4 [B 42]** κατέπινεν cf. **4 [B 34]** **5** ἐκτεμεῖν cf. **4 [B 34]**

6 οἵ γε B Eus.: οἵ γε καὶ T Arm. **10** supra πολλοὶ add. λοιπ T

4 [A 28] - 2 αὖ ἠρτημένοι TF: ἀνηρτημένοι W

4 [A 29] - 4 [A 2. 10. 13. 21. 22]: Apollon. Rhod. 1,26 sqq.
1 ἐξ ἑκάστων TW: εξακοστων B τῶν B: om. T

4 [A 27] Euthyphron ... Eux-mêmes, ces hommes qui croient que Zeus est le meilleur et le plus juste des dieux, conviennent qu'il a enchaîné son père parce qu'il dévorait ses fils injustement, et que, de surcroît, Cronos, à son tour avait mutilé le sien pour d'autres raisons analogues ... Socrate ... Que pourrions-nous alléguer, en effet, nous qui convenons de notre ignorance en ces matières? Mais dis-moi, au nom du dieu de l'amitié, crois-tu vraiment que les choses se soient passées ainsi? Euthyphron Assurément, Socrate, et je crois même à des choses plus étonnantes encore, et que la foule ne connaît pas.

Platon, *Euthyphron* 5 e - 6 b

4 [A 28] ... A ces premiers anneaux — les poètes — d'autres se trouvent rattachés à leur tour, ceux-ci à l'un, ceux-là à l'autre, et sont divinement inspirés; les uns par Orphée, les autres par Musée; mais pour la plupart, c'est Homère qui les possède et les tient.

Platon, *Ion* 536 b

4 [A 29] ... des étrangers, à ce qu'il me semble, que Protagoras entraîne à sa suite hors de toutes les cités qu'il traverse, les tenant sous le charme de sa voix comme Orphée, et qui le suivent sous l'effet de cet attrait —

Platon, *Protagoras* 315 a-b

4 [A 27] — Lobeck I 602

4 [A 28] — DK I 5,32-34; Guthrie *Orph.* 12; Linforth 106

4 [A 29] — Rathmann 70; Linforth 35

4 [A 30] ἐγὼ δὲ τὴν σοφιστικὴν τέχνην φημὶ μὲν εἶναι παλαιάν, τοὺς δὲ μεταχειριζομένους αὐτὴν τῶν παλαιῶν ἀνδρῶν, φοβουμένους τὸ ἐπαχθὲς αὐτῆς, πρόσχημα ποιεῖσθαι καὶ προκαλύπτεσθαι, τοὺς μὲν ποίησιν, οἷον Ὅμηρόν τε καὶ Ἡσίοδον καὶ Σιμωνίδην, τοὺς δὲ αὖ τελετάς τε καὶ χρησμωιδίας, τοὺς ἀμφί τε Ὀρφέα καὶ Μουσαῖον.

(T92 K) Plato, Protag. 316 d (Burnet)

4 [A 31] ὁ μὲν οὖν ἐν ἀπορρήτοις λεγόμενος περὶ αὐτῶν λόγος, ὡς ἔν τινι φρουρᾶι ἐσμεν οἱ ἄνθρωποι καὶ οὐ δεῖ δὴ ἑαυτὸν ἐκ ταύτης λύειν οὐδ' ἀποδιδράσκειν, μέγας τέ τίς μοι φαίνεται καὶ οὐ ῥάιδιος διιδεῖν.

(F7 K) Plato, Phaed. 62 b (Burnet)

4 [A 32] = 7 [A 21]

4 [A 33] σκεψώμεθα δὲ αὐτὸ τῆιδέ πηι, εἴτ' ἄρα ἐν Ἅιδου εἰσὶν αἱ ψυχαὶ τελευτησάντων τῶν ἀνθρώπων εἴτε καὶ οὔ. παλαιὸς μὲν οὖν ἔστι τις λόγος οὗ μεμνήμεθα,

4 [A 30] – 4 [A 25. B 5] : 5 [A 9] : Paus. 9, 30, 4 (cf. **4 [A 25]**)

4 πρόσχημα ποιεῖσθαι καὶ secl. Herwerden καὶ προκαλύπτεσθαι secl. Cobet

4 [A 31] – 4 [A 34. 36. 55] : Philol. B 15 DK (Athenag. 6, 6, 13: καὶ Φιλόλαος δὲ ὥσπερ ἐν φρουρᾶι πάντα ὑπὸ τοῦ θεοῦ περιειλῆφθαι λέγων): Procl. in Plat. Remp. II 85,1 Kroll (= F221 K): Schol. ad Plat. Phaed. 62 b (Greene 10: ... οὗ ἐπιχείρημα μυθικὸν ἐξ Ὀρφέως ληφθέν)

2 ἐσμεν codd. Clem. Procl.: ἐσμεν πάντες B² i. m. **3** δὴ codd. Clem.: δ' Theod. οὐδ'] οὐδὲ W

4 [A 33] – 4 [A 32. 40] : Olympiod. in Plat. Phaed. 700 (60,9 Norvin) **3** μεμνήμεθα cf. **4 [A 32]**

1 δὲ om. TY εἴτ'] εἴτε TWY **3** λόγος] ὁ λόγος οὗτος B² i. m. T² (ὁ add.) W Olymp.: λόγος οὗτος Stob. **4** γε et Stob.: om. W

4 [A 30] J'affirme quant à moi que l'art de la sophistique est ancien, mais que ceux des anciens qui pratiquaient cet art, craignant ce qui en lui pouvait choquer, le déguisèrent et le dissimulèrent sous des masques divers, les uns par la poésie, comme Homère, Hésiode et Simonide, les autres de leur côté, à savoir les adeptes d'Orphée et de Musée, par les initiations et les prophéties sous forme de poèmes.

PLATON, *Protagoras* 316 d

4 [A 31] La formule qu'on prononce à ce propos dans les mystères, à savoir que nous, les hommes, nous sommes dans une geôle, et qu'il ne faut surtout pas s'en libérer soi-même ni s'en évader, me semble d'importance et il n'est guère aisé de l'embrasser du regard.

PLATON, *Phédon* 62 b

4 [A 32] = 7 [A 21]

4 [A 33] Examinons donc la question à peu près sous cette forme: les âmes des trépassés sont-elles vraiment dans l'Hadès, ou n'y sont-elles pas ? Il existe en vérité une antique tradition que nous

4 [A 30] — Rathmann 12, 28, 60; Guthrie *Orph.* 40; Linforth 71-72

4 [A 31] — Lobeck II 795-796; Rohde II 279,1; Rathmann 65-66

4 [A 33] — Lobeck II 797; Rohde II 279,1; Rathmann 67; Guthrie *Orph.* 164; Robin *Phéd.* 22-23; Hackforth *Phaed.* 59

ὡς εἰσὶν ἐνθένδε ἀφικόμεναι ἐκεῖ, καὶ πάλιν γε δεῦρο ἀφικνοῦνται καὶ γίγνονται ἐκ τῶν τεθνεώτων.

(F6 K) Plato, Phaed. 70 c (Burnet)

4 [A 34] καὶ γὰρ σῆμά τινές φασιν αὐτὸ εἶναι τῆς ψυχῆς, ὡς τεθαμμένης ἐν τῶι νῦν παρόντι · καὶ διότι αὖ τούτωι σημαίνει ἃ ἂν σημαίνηι ἡ ψυχή, καὶ ταύτηι σῆμα ὀρθῶς καλεῖσθαι. δοκοῦσι μέντοι μοι μάλιστα θέσθαι οἱ ἀμφὶ Ὀρφέα τοῦτο τὸ ὄνομα, ὡς δίκην διδούσης τῆς ψυχῆς, ὧν δὴ ἕνεκα δίδωσιν, τοῦτον δὲ περίβολον ἔχειν, ἵνα σώιζηται, δεσμωτηρίου εἰκόνα. εἶναι οὖν τῆς ψυχῆς τοῦτο, ὥσπερ αὐτὸ ὀνομάζεται, ἕως ἂν ἐκτείσηι τὰ ὀφειλόμενα, [τὸ] σῶμα, καὶ οὐδὲν δεῖν παράγειν οὐδ' ἓν γράμμα.

(F8 K) Plato, Cratyl. 400 c (Burnet)

4 [A 35] ὥσπερ αὖ Ὅμηρος « Ὠκεανόν τε θεῶν γένεσίν » φησιν « καὶ μητέρα Τηθύν ». οἶμαι δὲ καὶ Ἡσίοδος.

4 [A 34] – 4 [A 31. 36. 40. 55]: Philol. B 14 DK (μαρτυρέονται δὲ καὶ οἱ παλαιοὶ θεολόγοι τε καὶ μάντιες, ὡς διά τινας τιμωρίας ἁ ψυχὰ τῶι σώματι συνέζευκται καὶ καθάπερ ἐν σάματι τούτωι τέθαπται)

2 τῶι νῦν παρόντι] τῶι παρόντι καὶ νῦν Stob. αὖ om. Clem. Alex. **3** τούτωι] τοῦτο Stob. σημαίνηι Stob.: σημήνηι BT: σημήνη W **4** μοι om. Stob. **6** τῆς ψυχῆς om. Clem. Alex. δὴ Heindorf: δὲ codd. **8** τοῦτο, ὥσπερ αὐτὸ BTW: τοῦτο αὐτὸ ὥσπερ Stob. **9** τὸ secl. Burnet **10** οὐδὲν BT Stob.: οὐδὲ Gudian. 44 οὐδ' ἓν Burnet: οὐδὲ ἓν Diels: οὐδὲν BW Stob.: οὐδὲ T

4 [A 35] – 4 [A 24,9. 46. 58. 59. B 21,20. 39. 71]: Procl. in Plat. Tim. 40 e (III 176,10 Diehl)

1 Ὅμηρος cf. Il. 14,201: Plat. Theaet. 152 e **2** Ἡσίοδος cf. Theog. 337

2 φησιν B: φησὶ Wb: om. T **4** καλλίρροος Ven. 185 man. rec.:

avons déjà rappelée, selon laquelle là-bas sont les âmes qui y sont venues d'ici, et qui de nouveau reviennent ici-même et renaissent de ceux qui sont morts.

PLATON, *Phédon* 70 c

4 [A 34] En effet certains disent que le corps est le tombeau [*sêma*] de l'âme, de sorte qu'elle y serait présentement ensevelie: et comme, d'autre part, c'est par lui que l'âme exprime [*sêmainei*] tout ce qu'elle exprime, à ce titre encore il est justement appelé « signe » [*sêma*]. Toutefois, ce sont surtout les adeptes d'Orphée qui me semblent avoir établi ce nom, pour faire en sorte que l'âme expie les fautes pour lesquelles elle est punie, et qu'elle ait autour d'elle, pour la garder [*sôzêtai*], cette enceinte, cette apparence de prison. Cette prison est donc, comme l'indique son nom, une « geôle » [*sôma*] de l'âme, jusqu'à ce qu'elle ait payé sa dette, et il n'y a point à changer une seule lettre.

PLATON, *Cratyle* 400 c

4 [A 35] De même Homère dit à son tour:

Océan, origine des dieux, et leur mère Téthys

4 [A 34] — Lobeck II 795; Rohde II 108,1; DK I 7,1-11; Wilamowitz *Glaube* II 199; Rathmann 64-66; Guthrie *Orph.* 156; Nilsson I 687; Linforth 147; Méridier *Crat.* 76-77; Minio-Paluello *Crat.* II 35-36

4 [A 35] — Lobeck I 508; Zeller I 1, 123,2; DK I 6,24-28; Guthrie *Orph.* 12; Linforth 148; Ziegler OD 1358

λέγει δέ που καὶ Ὀρφεὺς ὅτι

Ὠκεανὸς πρῶτος καλλίρροος ἦρξε γάμοιο,
ὅς ῥα κασιγνήτην ὁμομήτορα Τηθὺν ὄπυιεν.

(F15 K) Plato, Cratyl. 402 b-c (Burnet)

4 [A 36] καὶ ἡμεῖς τῶι ὄντι ἴσως τέθναμεν· ἤδη γάρ του ἔγωγε καὶ ἤκουσα τῶν σοφῶν ὡς νῦν ἡμεῖς τέθναμεν καὶ τὸ μὲν σῶμά ἐστιν ἡμῖν σῆμα ...

(—) Plato, Gorg. 493 a (Burnet)

4 [A 37] ... οὗτοι οὖν ἐπειδὰν τελευτήσωσι, δικάσουσιν ἐν τῶι λειμῶνι, ἐν τῆι τριόδωι ἐξ ἧς φέρετον τὼ ὁδώ, ἡ μὲν εἰς μακάρων νήσους, ἡ δ' εἰς Τάρταρον.

(—) Plato, Gorg. 524 a (Burnet)

4 [A 38] Ὀρφέα δὲ τὸν Οἰάγρου ἀτελῆ ἀπέπεμψαν ἐξ

καλλιρόους B: καλλιρρόους T: καλλίρους WFP Stob. (Ecl. 1, 10, 8): καλλιρόου b: καλλίρρους t **5** ὄπυιεν T: ὤπυεν B: cf. Schol. ad v. ὄπυιεν (Greene 17)

4 [A 36] – 4 [A 23. 31. 34. 55]: Philol. B 14 DK (cf. **4 [A 34]**)

1 ἤδη γάρ F Iambl. Stob. Burnet: ἤδη BTP: ὅπερ ἤδη Y **2** καὶ om. Y

4 [A 37] – 4 [A 40. 42. 63. 67. 70]
2 ἐν τῶι λειμῶνι cf. **4 [A 67,6]:** Od. 11,539-573; 24,13 **3** μακάρων νήσους cf. **4 [A 6]** Τάρταρον cf. **4 [A 24,1]:** F168,30 K

2 τῆι BTPF Plut.: om. Stob.

4 [A 38] – 4 [A 3. 13. 53]: Plat. Phaed. 68 a: Apollod. Bibl. 1, 14-15 (ἀποθανούσης δὲ Εὐρυδίκης τῆς γυναικὸς αὐτοῦ, δηχθείσης ὑπὸ ὄφεως, κατῆλθεν εἰς Ἅιδου θέλων ἀνάγειν αὐτήν, καὶ Πλούτωνα ἔπεισεν ἀνα-

et, je crois aussi, Hésiode. Et quelque part Orphée dit également :

Océan au beau cours inaugura le premier les noces,
lui qui épousa sa sœur Téthys, née de la même mère.

PLATON, *Cratyle* 402 b-c

4 [A 36] Peut-être en vérité sommes-nous morts: car pour ma part j'ai un jour entendu dire par un des sages que notre vie présente est une mort et que notre corps est pour nous un tombeau ...

PLATON, *Gorgias* 493 a

4 [A 37] ... lorsqu'ils seront morts, ils siégeront en juges dans la prairie, au carrefour d'où partent les deux routes qui mènent, l'une aux îles des bienheureux, l'autre au Tartare.

PLATON, *Gorgias* 524 a

4 [A 38] En revanche Orphée, fils d'Œagre, ils l'ont chassé de l'Hadès,

4 [A 36] — Rathmann 65, 82; Guthrie *Orph.* 161 sqq.

4 [A 37] — Rohde I 310,1; Rathmann 69-70; Guthrie *Orph.* 168, 176, 241; Nilsson I 821-822

4 [A 38] — DK I 5,27-31; Rathmann 31, 70; Guthrie *Orph.* 31; Ziegler *Orph.* 1270-1287; Linforth 11, 19

Ἅιδου, φάσμα δείξαντες τῆς γυναικὸς ἐφ' ἣν ἧκεν, αὐτὴν δὲ οὐ δόντες, ὅτι μαλθακίζεσθαι ἐδόκει, ἅτε ὢν κιθαρωιδός, καὶ οὐ τολμᾶν ἕνεκα τοῦ ἔρωτος ἀποθνήισκειν ὥσπερ Ἄλκηστις, ἀλλὰ διαμηχανᾶσθαι ζῶν εἰσιέναι εἰς Ἅιδου. τοιγάρτοι διὰ ταῦτα δίκην αὐτῶι ἐπέθεσαν, καὶ ἐποίησαν τὸν θάνατον αὐτοῦ ὑπὸ γυναικῶν γενέσθαι.

(T60 K) Plato, Symp. 179 d (Burnet)

4 [A 39] πάντες γὰρ κεκοινωνήκατε τῆς φιλοσόφου μανίας τε καὶ βακχείας - διὸ πάντες ἀκούσεσθε· συγγνώσεσθε γὰρ τοῖς τε τότε πραχθεῖσι καὶ τοῖς νῦν λεγομένοις. οἱ δὲ οἰκέται, καὶ εἴ τις ἄλλος ἐστὶν βέβηλός τε καὶ ἄγροικος, πύλας πάνυ μεγάλας τοῖς ὠσὶν ἐπίθεσθε.

(F13 K) Plato, Symp. 218 b (Burnet)

4 [A 40] θεσμός τε Ἀδραστείας ὅδε. ἥτις ἂν ψυχὴ θεῶι συνοπαδὸς γενομένη κατίδηι τι τῶν ἀληθῶν, μέχρι

πέμψαι. ὁ δὲ ὑπέσχετο τοῦτο ποιήσειν, ἂν μὴ πορευόμενος Ὀρφεὺς ἐπιστραφῆι πρὶν εἰς τὴν οἰκίαν αὐτοῦ παραγενέσθαι· ὁ δὲ ἀπιστῶν ἐπιστραφεὶς ἐθεάσατο τὴν γυναῖκα, ἡ δὲ πάλιν ὑπέστρεψεν. εὗρε δὲ Ὀρφεὺς καὶ τὰ Διονύσου μυστήρια καὶ τέθαπται περὶ τὴν Πιερίαν διασπασθεὶς ὑπὸ τῶν Μαινάδων)

7-8 καὶ ... γενέσθαι cf. **4 [A 43,2-3. B 2. 10. 26]**

2 φάσμα B: φάντασμα TW **4** τολμᾶν] τολμῶν Naber **5-6** διαμηχανᾶσθαι BT: διαμηχανήσασθαι W **6** ζῶν εἰσιέναι B: ζῆν ἰέναι T: ζῶν ἰέναι W

4 [A 39] – Tatian. Or. ad Graec. 8, 9, 10 sqq. (... καὶ Ὀρφεὺς ὁ « θύρας δ' ἐπίθεσθε βεβήλοις » λέγων): Ps.-Iustin. Cohort. ad Gent. 15, 15 c sqq. (... θύρας δ' ἐπίθεσθε βέβηλοι): F247,1 K: F334 K

3 τε TW: om. B **4** τις TW Oxy.: τι B

4 [A 40] – **4 [A 5-7. 33. 34. 36. 37. 44. B 54. 72]:** Emp. B 115 DK
1 θεσμός ... ὅδε cf. **4 [A 14. B 54. 70. 72]:** Emp. B 115,1-2 DK: Gorg.

1 ψυχὴ T: ψυχῆι B **2** συνοπαδὸς Burnet: ξυνοπαδὸς codd.

inassouvi, car s'ils lui montrèrent un fantôme de la femme pour laquelle il était venu, ils ne la lui donnèrent pas en personne, parce qu'il leur parut un homme faible, joueur de cithare qu'il était, dénué du courage de mourir par amour comme Alceste, et seulement préoccupé de parvenir à pénétrer vivant dans l'Hadès. C'est justement la raison pour laquelle ils lui ont imposé une peine et ont fait que la mort lui vînt par les femmes.

PLATON, *Le Banquet* 179 d

4 [A 39] Vous tous, en vérité, vous avez possédé en commun la folie et le délire dionysiaque des amants de la sagesse. Et voilà pourquoi, tous, vous m'écouterez: aussi vous excuserez les actes d'alors comme les paroles d'aujourd'hui. Quant aux valets, et à tous ceux — non-initiés et rustauds qu'ils soient — qui pourraient être ici: bouchez-vous les oreilles avec des portes bien épaisses.

PLATON, *Le Banquet* 218 b

4 [A 40] Et voici maintenant quel est le décret d'Adrastée. Tout âme qui, étant entrée dans le cortège d'un dieu, a eu quelque

4 [A 39] — DK I 9,1-4; Guthrie *Orph.* 24, 272; Linforth 254

4 [A 40] — Dieterich 123-124; Rathmann 76; Guthrie *Orph.* 167, 170, 233, 101; Robin *Phèdre* LXXXVI-XCII; Hackforth *Phaedr.* 82; KP I 74-75

τε τῆς ἑτέρας περιόδου εἶναι ἀπήμονα, κἂν ἀεὶ τοῦτο δύνηται ποιεῖν, ἀεὶ ἀβλαβῆ εἶναι· ὅταν δὲ ἀδυνατήσασα ἐπισπέσθαι μὴ ἴδηι, καί τινι συντυχίαι χρησαμένη λήθης τε καὶ κακίας πλησθεῖσα βαρυνθῆι ... τότε νόμος ταύτην μὴ φυτεῦσαι εἰς μηδεμίαν θήρειον φύσιν ἐν τῆι πρώτηι γενέσει, ἀλλὰ τὴν μὲν πλεῖστα ἰδοῦσαν εἰς γονὴν ἀνδρὸς γενησομένου φιλοσόφου ἢ φιλοκάλου ἢ μουσικοῦ τινος καὶ ἐρωτικοῦ, τὴν δὲ δευτέραν εἰς βασιλέως ἐννόμου ...

(F20 K) Plato, Phaedr. 248 c-d (Burnet)

4 [A 41] βίβλων δὲ ὁρμαθὸν παρέχονται Μουσαίου καὶ Ὀρφέως, Σελήνης τε καὶ Μουσῶν ἐκγόνων, ὥς φασι, καθ' ἃς θυηπολοῦσιν, πείθοντες οὐ μόνον ἰδιώτας ἀλλὰ καὶ πόλεις, ὡς ἄρα λύσεις τε καὶ καθαρμοὶ ἀδικημάτων διὰ θυσιῶν καὶ παιδιᾶς ⟨καὶ⟩ ἡδονῶν

Hel. 6 (82B11 DK): Aesch. Prom. 936 (οἱ προσκυνοῦντες τὴν Ἀδράστειαν σοφοί): Plat. Resp. 451 a (προσκυνῶ δὲ Ἀδράστειαν): [Demosth.] 25, 37 **6** λήθης cf. **4 [A 63,1-3]** **9-12** ἀνδρὸς ... ἐννόμου cf. Emp. B 146,2-3 DK

3 κἂν] κὰν T: κἀν W: εἰ B ἀεὶ] αἰεὶ TW: om. B **4** ἀεὶ] αἰεὶ TW: κὰν αἰεὶ B ἀβλαβῆ] βλάβη B **6** χρησαμένη T: χρησαμένηι B **8** θήρειον T: θηρείαν B **9-10** γενησομένου] ἐσομένου Plot. 1, 3, 1, 8 **10** ἢ φιλοκάλου om. Plot.

4 [A 41] – Plat. Phaedr 244 d; Resp. 364 b-c; 366 a-b

1 ὁρμαθὸν coni. Lobeck coll. Theophr. Char. 6, 9 (Diels) ὁρμαθοὺς γραμματειδίων: ὅμαδον codd. edd. **2** ἐκγόνων Burnet: ἐγγόνων AFDM **5** διὰ AM: μετὰ F: καὶ D παιδιᾶς ⟨καὶ⟩ ἡδονῶν temptavi [cf. Plat. Criti. 115 b (παιδιᾶς τε ὅς ἕνεκα ἡδονῆς τε): Leg. 635 b]: παιδιᾶς ἡδονῶν codd. Burnet (Ast III 10: per ludicras oblectationes): παιδιῶν καὶ ἡδονῶν Lennepius (coll. Plat. Leg. 819 b) ap. Lobeck I 643: ἡδονῶν secl. Madvig **8** περιμένει A: περιμενεῖ D: περιμένειν Cobet

vision des objets véritables, sera jusqu'à la révolution suivante exempte d'épreuve, et si toujours elle est capable de réaliser la même chose, elle demeurera à jamais exempte de dommage; mais quand, par incapacité à suivre une conduite, elle ne parvient pas à voir, et, par l'effet de quelque disgrâce, elle s'est alourdie, comblée d'oubli et d'impuissance ... c'est alors une loi que cette âme n'aille s'implanter en aucune sorte de bête, au cours de la première génération: mais plutôt, que celle qui aura eu la plus copieuse vision aille s'implanter dans la semence d'un homme appelé à devenir un amant de la sagesse, ou amant du beau, ou inspiré par les Muses et par l'amour, pour celle du second rang quant à la vision, dans la semence d'un roi qui obéit à la loi ...

PLATON, *Phèdre* 248 c-d

4 [A 41] Et ils produisent une foule de livres de Musée et d'Orphée, descendants, disent-ils, de Séléné et des Muses; ils accomplissent des sacrifices d'après ces livres, et persuadent non seulement les particuliers, mais encore les cités qu'il est possible pour les vivants et pour ceux qui sont déjà morts, de se libérer et de se purifier des actes injustes, par des présents, des jeux

4 [A 41] — Lobeck I 643-645; Jowett-Campbell *Rep.* Oxford 1894, III 71-72; DK I 7,23-8,2; Kern OF 82; Nilsson I 696,2; Linforth 24, 77, 187, 225

εἰσι μὲν ἔτι ζῶσιν, εἰσὶ δὲ καὶ τελευτήσασιν, ἃς δὴ τελετὰς καλοῦσιν, αἳ τῶν ἐκεῖ κακῶν ἀπολύουσιν ἡμᾶς, μὴ θύσαντας δὲ δεινὰ περιμένει.

(F3 K) Plato, Resp. 364 e - 365 a (Burnet)

4 [A 42] ἔφη δέ, ἐπειδὴ οὗ ἐκβῆναι, τὴν ψυχὴν πορεύεσθαι μετὰ πολλῶν, καὶ ἀφικνεῖσθαι σφᾶς εἰς τόπον τινὰ δαιμόνιον, ἐν ὧι τῆς τε γῆς δύ' εἶναι χάσματα ἐχομένω ἀλλήλοιν καὶ τοῦ οὐρανοῦ αὖ ἐν τῶι ἄνω ἄλλα καταντικρύ. δικαστὰς δὲ μεταξὺ τούτων καθῆσθαι, οὕς, ἐπειδὴ διαδικάσειαν, τοὺς μὲν δικαίους κελεύειν πορεύεσθαι τὴν εἰς δεξιάν τε καὶ ἄνω διὰ τοῦ οὐρανοῦ ... τοὺς δὲ ἀδίκους τὴν εἰς ἀριστεράν τε καὶ κάτω ...

(—) Plato, Resp. 614 b-c (Burnet)

4 [A 43] ἰδεῖν μὲν γὰρ ψυχὴν ἔφη τήν ποτε 'Ορφέως γενομένην κύκνου βίον αἱρουμένην, μίσει τοῦ γυναι-

4 [A 42] – 4 [A 37. 40]
3 χάσματα cf. **4 [B 43]:** Parm. B 1,18 DK: Critias B 17,2 DK **7** εἰς δεξιάν cf. **4 [A 63,4-5. 67,2.5. 70a2.b2.c2.d2.e2.f2]** **8** εἰς ἀριστεράν cf. **4 [A 63,1-3]**

1 οὗ AF: οὖν A²M Procl. Stob.: οἱ Eus. Theodoret. πορεύεσθαι] ἤδη add. Theodoret. **4** ἀλλήλοιν] ἀλλήλων Eus. **5** ἄλλα FM: ἀλλὰ A*D* Procl. Stob. **6** post καθῆσθαι add. τῶν χασμάτων Procl. διαδικάσειαν] δικάσειαν Stob.

4 [A 43] – 4 [A 26]: Verg. Georg. 4,516: Ovid. Met. 10,78: Clem. Alex. 6, 2, 5, 3 (II 424,22 Stählin: 'Ορφέως τοίνυν ποιήσαντος· ὡς οὐ κύντερον ἦν καὶ ῥίγιον ἄλλο γυναικός): Procl. in Plat. Remp. II 102, 28; 314,11 (Kroll)

1 ψυχὴν ἔφη] ἔφη ψυχὴν Eus. **2** γενομένην] γεγενημένην Procl.

et des fêtes qu'ils appellent proprement des initiations, lesquelles nous délivrent des maux d'en bas, tandis que des peines terribles attendent ceux qui ne sacrifient pas.

PLATON, *République* 364 e - 365 a

4 [A 42] Aussitôt, dit-il, que son âme était sortie de son corps, elle avait cheminé avec beaucoup d'autres, et elles étaient arrivées en un lieu merveilleux où il y avait dans la terre deux gouffres, situés côte à côte, et dans le ciel, en haut, deux autres qui leur faisaient face. Au milieu de ces gouffres étaient assis des juges qui, après avoir rendu leur sentence, ordonnaient aux justes de prendre la route à droite qui montait à travers le ciel ... et aux injustes, en revanche, de prendre à gauche la route descendante ...

PLATON, *République* 614 b-c

4 [A 43] Il avait vu, disait-il, l'âme qui fut un jour celle d'Orphée choisir la vie d'un cygne, parce que, en haine contre la gent

4 [A 42] — Jowett-Campbell *cit.* III 468-469; Guthrie *Orph.* 168, 176

4 [A 43] — Jowett-Campbell *cit.* III 481; Ziegler *Orph.* 1286-1293; Linforth 11, 57

κείου γένους διὰ τὸν ὑπ' ἐκείνων θάνατον οὐκ ἐθέλουσαν ἐν γυναικὶ γεννηθεῖσαν γενέσθαι.

(T139 K) Plato, Resp. 620 a (Burnet)

4 [A 44] ἐντεῦθεν δὲ δὴ ἀμεταστρεπτὶ ὑπὸ τὸν τῆς Ἀνάγκης ἰέναι θρόνον, καὶ δι' ἐκείνου διεξελθόντα, ἐπειδὴ καὶ οἱ ἄλλοι διῆλθον, πορεύεσθαι ἅπαντας εἰς τὸ τῆς Λήθης πεδίον διὰ καύματός τε καὶ πνίγους δεινοῦ · καὶ γὰρ εἶναι αὐτὸ κενὸν δένδρων τε καὶ ὅσα γῆ φύει. σκηνᾶσθαι οὖν σφᾶς ἤδη ἑσπέρας γιγνομένης παρὰ τὸν Ἀμέλητα ποταμόν, οὗ τὸ ὕδωρ ἀγγεῖον οὐδὲν στέγειν. μέτρον μὲν οὖν τι τοῦ ὕδατος πᾶσιν ἀναγκαῖον εἶναι πιεῖν, τοὺς δὲ φρονήσει μὴ σῳζομένους πλέον πίνειν τοῦ μέτρου · τὸν δὲ ἀεὶ πιόντα πάντων ἐπιλανθάνεσθαι.

(—) Plato, Resp. 620 e - 621 b (Burnet)

3 διὰ ... θάνατον cf. **4 [A 38]**

2-3 γυναικείου A²F: γυναικίου A¹ **3** ἐκείνων] ἐκεῖνον F

4 [A 44] – 4 [A 40. 63. 67. 70. B 54. 72]
2 Ἀνάγκης cf. **4 [A 14,4. B 51. 72]**: Parm. B 8,30; B 10,6 DK: Emp. B 115,1; B 116 DK: Gorg. Hel. 6 θρόνον cf. **4 [B 19]** **4** Λήθης cf. **4 [A 63,1-4]** **4-5** καύματος ... δεινοῦ cf. **4 [A 62,11. 63,8. 64,9. 69,20. 70a-f]** **7** ποταμόν cf. **4 [A 69,12]** **8-9** ὕδατος ... πιεῖν cf. **4 [A 63,1.3.4.5.9. 70a-f]**

1 ἀμεταστρεπτὶ] ἀμεταστρεπτεῖ F **2** ἰέναι om. Procl. **3** ἅπαντας] καὶ ἅπαντας Procl. **4** πεδίον] παιδίον F

féminine qui lui avait donné la mort, elle ne voulait pas naître d'une femme.

Platon, *République* 620 a

4 [A 44] Alors sans se retourner, il arrivait au pied du trône d'Ananké, et il passait au-delà du trône. Quand tous les autres étaient passés, ils marchaient en direction de la plaine du Léthé, par une chaleur suffocante: car cette plaine était dénuée d'arbres et de tout ce qu'on fait pousser sur la terre. Le soir venu, ils campaient au bord du fleuve Amélès, dont aucun vase ne peut contenir l'eau. Chacun doit nécessairement boire une certaine quantité d'eau, mais ceux que ne retient pas la prudence en boivent plus qu'il ne faudrait. En buvant on perd le souvenir de tout.

Platon, *République* 620 e - 621 b

4 [A 44] — Jowett-Campbell *cit.* III 483; Guthrie *Orph.* 177, 183

4 [A 45] «ἕκτηι δ' ἐν γενεᾶι», φησὶν Ὀρφεύς, «καταπαύσατε κόσμον ἀοιδῆς».

(F14 K) Plato, Phileb. 66 c (Burnet: ... ἀτὰρ κινδυνεύει καὶ ὁ ἡμέτερος λόγος ἐν ἕκτηι καταπεπαυμένος εἶναι κρίσει); Plut. de E ap. Delph. 391 d (πέμπτον εἴ τις ἡδονὴ καθαρὰ καὶ πρὸς τὸ λυποῦν ἄκρατος, ἐνταῦθα λήγει τὸ Ὀρφικὸν ὑπειπών· ἕκτηι δ' ἐν γενεῆι καταπαύσατε θυμὸν ἀοιδῆς)

4 [A 46] περὶ δὲ τῶν ἄλλων δαιμόνων εἰπεῖν καὶ γνῶναι τὴν γένεσιν μεῖζον ἢ καθ' ἡμᾶς, πειστέον δὲ τοῖς εἰρηκόσιν ἔμπροσθεν, ἐκγόνοις μὲν θεῶν οὖσιν, ὡς ἔφασαν, σαφῶς δέ που τούς γε αὑτῶν προγόνους εἰδόσιν· ἀδύνατον οὖν θεῶν παισὶν ἀπιστεῖν ... ἀλλ' ὡς οἰκεῖα φασκόντων ἀπαγγέλλειν ἑπομένους τῶι νόμωι πιστευτέον. οὕτως οὖν κατ' ἐκείνους ἡμῖν ἡ γένεσις περὶ τούτων τῶν θεῶν ἐχέτω καὶ λεγέσθω. Γῆς τε καὶ Οὐρανοῦ παῖδες Ὠκεανός τε καὶ Τηθὺς ἐγενέσθην, τούτων δὲ Φόρκυς Κρόνος τε καὶ Ῥέα καὶ ὅσοι μετὰ τούτων, ἐκ δὲ Κρόνου καὶ Ῥέας Ζεὺς Ἥρα τε καὶ πάντες ὅσους ἴσμεν ἀδελφοὺς λεγομένους αὐτῶν, ἔτι τε τούτων ἄλλους ἐκγόνους.

(F16 K) Plato, Tim. 40 d - 41 a (Burnet)

4 [A 45] – Procl. in Plat. Remp. II 100,23 (Kroll): Damasc. De princ. I 107,23; II 80,15; 123,5; 150,6 (Ruelle)
2 κόσμον ἀοιδῆς cf. Parm. B 8,52 DK (κόσμον ἐμῶν ἐπέων): Solo 2, 2 (I, 26 Diehl: κόσμον ἐπέων ᾠδὴν)

2 κόσμον Plat. Eus.: θυμὸν Plut.: θεσμὸν Badham Rohde: οἶμον (coll. Hymn. in Merc. 451) vel ὕμνον Lobeck

4 [A 46] – Procl. in Plat. Tim. 40 e (III 176,10 Diehl)
3 ἐκγόνοις ... οὖσιν cf. **4 [A 41,1-2]** **9** Γῆς ... Οὐρανοῦ cf. **[A 24,9-10. 58. 59. 63. 70. B 33]** **10** Ὠκεανός ... Τηθὺς cf. **4 [A 24,9. 35,4-5. 58. 59. B 21. 39]**

1 δαιμόνων] δαιμόν*ων A **3** ἐκγόνοις] ἐγγόνοις F Procl. **5** εἰδόσιν PWY Paris. 1812 Procl. (σι in ras. A): εἰδότων pr. A (ut vid.) F Philop. Clem. Eus. **6** φασκόντων AF Procl. Eus.: φάσκουσιν WY Paris. 1812 Cyrill. Theodor. **10-11** Φόρκυς ... τε] φόρκύς τε καὶ κρόνος WY Paris. 1812 **13** ἀδελφοὺς in ras. A

4 [A 45] « Et à la sixième génération », dit Orphée, « mettez fin à l'ordre du chant ».

Platon, *Philèbe* 66 c (Au reste il semble que notre discussion aussi ait pris fin au sixième jugement); Plutarque, *Sur l'E de Delphes* (En cinquième lieu, si un plaisir est pur et non mêlé de douleur: ici Platon s'interrompt évoquant le vers orphique ...)

4 [A 46] Quant aux autres divinités, exposer et connaître leur origine est au-dessus de nos forces: il faut s'en remettre à ceux qui en ont parlé avant nous; comme ils prétendaient descendre des dieux, ils devaient assurément connaître parfaitement leurs ancêtres. Il est donc impossible de ne pas donner créance à des fils de dieux ... aussi bien, suivant l'usage, nous devons les croire puisqu'ils affirment rapporter l'histoire de leur famille. Admettons donc, sur leur parole, que la génération de ces dieux fut celle-ci. De la Terre et du Ciel naquirent Océan et Téthys; et de ceux-ci Phorcys, Cronos, Rhéa et tous ceux qui sont avec eux; de Cronos et de Rhéa, Zeus, Héra et tous leurs frères et sœurs dont nous savons les noms; et les autres enfin, rejetons de ceux-ci.

Platon, *Timée* 40 d - 41 a

4 [A 45] — Lobeck II 787-795; Zeller I 1, 123,2; Abel *Orph.* 157; Gruppe *Suppl. Jahrb. f. class. Phil.* 1890, 692-694, 745; Rohde II 120,1; DK I 6,20-23; Guthrie *Orph.* 82; Linforth 149; Ziegler OD 1359

4 [A 46] — Lobeck I 508-513; Zeller I 1, 123,2; DK I 9,6-15; Guthrie *Orph.* 240; Linforth 108; Ziegler OD 1358

4 [A 47] πείθεσθαι δὲ ὄντως ἀεὶ χρὴ τοῖς παλαιοῖς τε καὶ ἱεροῖς λόγοις, οἳ δὴ μηνύουσιν ἡμῖν ἀθάνατον ψυχὴν εἶναι δικαστάς τε ἴσχειν καὶ τίνειν τὰς μεγίστας τιμωρίας, ὅταν τις ἀπαλλαχθῆι τοῦ σώματος.

(F10 K) Plato, Epist. VII 335 a (Burnet)

4 [A 48] ποιηταὶ δὲ ἀνθρώπινοι σφόδρα τὰ τοιαῦτα ἐμπλέκοντες καὶ συγκυκῶντες ἀλόγως, γέλωτ' ἂν παρασκευάζοιεν τῶν ἀνθρώπων ὅσους φησὶν Ὀρφεὺς λαχεῖν ὥραν τῆς τέρψιος.

(F11 K) Plato, Leg. 669 d (Burnet)

4 [A 49] νῦν δὲ ἦρξε μὲν ἡμῖν ἐκ μουσικῆς ἡ πάντων εἰς πάντα σοφίας δόξα καὶ παρανομία, συνεφέσπετο δὲ ἐλευθερία. ἄφοβοι γὰρ ἐγίγνοντο ὡς εἰδότες, ἡ δὲ ἄδεια ἀναισχυντίαν ἐνέτεκεν ... ἐφεξῆς δὴ ταύτηι τῆι ἐλευθερίαι ἡ τοῦ μὴ ἐθέλειν τοῖς ἄρχουσι δουλεύειν γίγνοιτ' ἄν ... καὶ ἐγγὺς τοῦ τέλους οὖσιν νόμων ζητεῖν μὴ ὑπηκόοις εἶναι, πρὸς αὐτῶι δὲ ἤδη τῶι τέλει ὅρκων καὶ πίστεων καὶ τὸ παράπαν θεῶν μὴ φροντίζειν, τὴν λεγομένην παλαιὰν Τιτανικὴν φύσιν ἐπιδεικνῦσι καὶ μιμουμένοις, ἐπὶ τὰ αὐτὰ

4 [A 47] – **2** ἱεροῖς λόγοις cf. **4 [A 12,6-7]**: Philod. De piet. 51,2-11 (Gomperz): Plut. Quaest. conviv. II 3, 1, 636 d **2-3** ἡμῖν ... εἶναι cf. **4 [A 31. 33. 34. 36. 40. 42. 44]** **3** δικαστάς τε ἴσχειν cf. **4 [A 37]** **3-4** τίνειν ... τιμωρίας cf. **4 [A 41,8]**

3 δικαστάς τε AO: δίκας τε V Vat. urb. 132 et γρ i. m. AO, Souilhé **3-4** τὰς μεγίστας τιμωρίας] τὴν μεγίστην τιμωρίαν V **4** ἀπαλλαχθῆι in marg. iterat A²

4 [A 49] – **9-10** Τιτανικὴν φύσιν cf. **4 [A 18. B 16,14. 33. 34. 37. 38. 55. 61. 62. 77]** **12** λῆξαί ποτε κακῶν cf. **4 [B 66]**

1 ἡμῖν] ὑμῖν AO **4** ἀναισχυντίαν] τὴν ἀναισχυντίαν in marg. a³

4 [A 47] Il faut croire vraiment à ces vieilles et saintes doctrines qui nous révèlent que l'âme est immortelle, qu'elle est soumise à des juges et qu'elle subit de très lourds châtiments, quand elle s'est éloignée du corps.

PLATON, *Septième lettre* 335 a

4 [A 48] Et les poètes humains, en tissant ensemble à cœur-joie tous ces éléments et en les mêlant absurdement, exciteraient le rire de tous ceux dont Orphée dit qu'« ils ont reçu en partage la saison du plaisir ».

PLATON, *Lois* 669 d

4 [A 49] Mais avec la musique s'amorça chez nous l'opinion selon laquelle tout homme est sage en toutes choses ainsi que la transgression des lois, ce qui entraîna la licence. Ils se mirent en effet à ne plus craindre en se croyant compétents, et l'absence de crainte engendra l'impudence ... A la suite de cette liberté risque de surgir celle qui consiste à refuser de se soumettre aux autorités ... presque au terme de la course, on cherche à ne pas obéir aux lois, et au terme même, on ne se soucie plus des serments, ni des engagements et en général des dieux; on manifeste ainsi et l'on reproduit la fameuse nature primitive des

4 [A 47] — Kern OF 140-143; Rathmann 62, 70; Guthrie *Orph.* 15, 148

4 [A 48] — Lobeck II 947-948; Abel *Orph.* 257; DK I 8,3-6; Guthrie *Orph.* 12; Linforth 150

4 [A 49] — Rathmann 68, 76-77; Linforth 339

πάλιν ἐκεῖνα ἀφικομένους, χαλεπὸν αἰῶνα διάγοντας μὴ λῆξαί ποτε κακῶν.

(F9 K) Plato, Leg. 701 a-c (Burnet)

4 [A 50] ὁ μὲν δὴ θεός, ὥσπερ καὶ ὁ παλαιὸς λόγος, ἀρχήν τε καὶ τελευτὴν καὶ μέσα τῶν ὄντων ἁπάντων ἔχων, εὐθείαι περαίνει κατὰ φύσιν περιπορευόμενος· τῶι δὲ ἀεὶ συνέπεται Δίκη τῶν ἀπολειπομένων τοῦ θείου νόμου τιμωρός ...

(F21 K) Plato, Leg. 715 e - 716 a (Burnet)

4 [A 51] καὶ τοὐναντίον ἀκούομεν ἐν ἄλλοις, ὅτε οὐδὲ βοὸς ἐτόλμων μὲν γεύεσθαι, θύματά τε οὐκ ἦν τοῖς θεοῖσι ζῶια, πέλανοι δὲ καὶ μέλιτι καρποὶ δεδευμένοι καὶ τοιαῦτα ἄλλα ἁγνὰ θύματα, σαρκῶν δ' ἀπείχοντο ὡς οὐχ ὅσιον ὂν ἐσθίειν οὐδὲ τοὺς τῶν θεῶν βωμοὺς αἵματι μιαίνειν, ἀλλὰ 'Ορφικοί τινες λεγόμενοι βίοι ἐγίγνοντο ἡμῶν τοῖς τότε, ἀψύχων μὲν ἐχόμενοι πάντων, ἐμψύχων δὲ τοὐναντίον πάντων ἀπεχόμενοι.

(T212 K) Plato, Leg. 782 c-d (Burnet)

11 ἀφικομένους codd.: ἀφικομένοις Schanz

4 [A 50] – 4 [A 71]: [Demosth.] 25, 8: Apul. De mundo 37, 173: Iambl. Protr. 4, 23,3 sqq.: Schol. Plat. Leg. 715 e (317 Greene: παλαιὸν δὲ λόγον λέγει τὸν 'Ορφικόν, ὅς ἐστιν οὗτος – Ζεὺς ἀρχή, Ζεὺς μέσσα, Διὸς δ' ἐκ πάντα τέτυκται)
4 Δίκη cf. **4 [A 40. 44. B 19. 55. 70]**: Anaximand. B 1 DK: Heracl. B 23, 28, 94 DK: Parm. B 1,14; B 8,14 DK: Criti. B 25,6 DK

3-4 περιπορευόμενος codd. Plut. Clem. Eus. Stob.: πορευόμενος [Ar.] de mundo

4 [A 51] – 4 [A 16. 25]

2 ἐτόλμων μὲν Schanz: ἐτολμῶμεν codd.: ἐτόλμων Stallbaum

Titans, et l'on en revient à cette même condition qui nous fait mener une existence douloureuse sans jamais se défaire des maux.

PLATON, *Lois* 701 a-c

4 [A 50] Le dieu qui a dans ses mains, suivant l'antique parole, le commencement, la fin et le milieu de toutes les choses qui sont, va droit à son but traversant toutes choses selon la nature; et vient toujours à sa suite Diké, châtiant ceux qui s'écartent de la loi divine ...

PLATON, *Lois* 715 e - 716 a

4 [A 51] A l'inverse, on nous dit qu'en d'autres circonstances, il fut un temps où l'on n'osait même pas manger de bœuf, où l'on n'offrait pas aux dieux de sacrifices d'animaux, mais des fougaces et des fruits trempés dans le miel et d'autres sacrifices purs comme ceux-là; et où l'on s'abstenait de viande, dans l'idée qu'il était contraire à la religion d'en manger et de souiller de sang les autels des dieux: l'humanité d'alors avaient certaines manières de vivre dites orphiques: se rejetant sur tout ce qui n'a pas vie et s'abstenant, au contraire, de tous les êtres animés.

PLATON, *Lois* 782 c-d

4 [A 50] — Lobeck I 521-524, 533; Abel *Orph.* 157; Rohde II 114;DK I 8,7; Kern OF 90-93, 201-207; Des Places *Lois* 65-66

4 [A 51] — Rathmann 72, 109, 112; Guthrie *Orph.* 16-17, 24; Linforth 97

4 [A 52] μηδέ τινα τολμᾶν ᾄδειν ἀδόκιμον μοῦσαν μὴ κρινάντων τῶν νομοφυλάκων, μηδ' ἂν ἡδίων ᾖι τῶν Θαμύρου τε καὶ Ὀρφείων ὕμνων ...

(F12 K) Plato, Leg. 829 d-e (Burnet)

4 [A 53] ἀλλ' ὁ μὲν ἐξ Ἅιδου τοὺς τεθνεῶτας ἀνῆγεν ...

(T60 K) Isocrates, Bus. 11, 8 (Benseler-Blass)

4 [A 54] τοιούτους δὲ λόγους περὶ αὐτῶν τῶν θεῶν εἰρήκασιν, οἵους οὐδεὶς ἂν περὶ τῶν ἐχθρῶν εἰπεῖν τολμήσειεν · οὐ γὰρ μόνον κλοπὰς καὶ μοιχείας καὶ παρ' ἀνθρώποις θητείας αὐτοῖς ὠνείδισαν, ἀλλὰ καὶ παίδων βρώσεις καὶ πατέρων ἐκτομὰς καὶ μητέρων δεσμοὺς καὶ πολλὰς ἄλλας ἀνομίας κατ' αὐτῶν ἐλογοποίησαν. ὑπὲρ ὧν τὴν μὲν ἀξίαν δίκην οὐκ ἔδοσαν, οὐ μὴν ἀτιμώρητοί γε διέφυγον, ἀλλ' οἱ μὲν ... Ὀρφεὺς δ' ὁ μάλιστα τούτων τῶν λόγων ἁψάμενος, διασπασθεὶς τὸν βίον ἐτελεύτησεν.

(F17 K) Isocrates, Bus. 11, 38-39 (Benseler-Blass)

4 [A 52] – Plat. Leg. 677 d

1-2 μὴ ... νομοφυλάκων secl. England Diès **3** ὀρφείων in marg. iterat A[2]

4 [A 53] – **4 [A 13. 38]**: Plat. Phaed. 68 a: Apollod. Bibl. 1, 14-15

4 [A 54] – **4 [A 27. B 34]**: Xenophan. B 11 DK

2 οἵους Γ: ὅσους Θ: οὓς Λ **2-3** εἰπεῖν τολμήσειεν] τολμήσειεν εἰπεῖν ΘΛ **6** δεσμοὺς Γ[1]: συνουσίας Γ[2]ΘΛ **6-7** κατ' αὐτῶν ἐλογοποίησαν] κατὰ τούτων ἐλογοποίησαν Θ: ἐλογοποίησαν κατὰ τούτων Λ **9** τούτων τῶν] τῶν τοιούτων ΘΛ

4 [A 52] Et nul n'osera entonner une composition de mauvaise réputation, sans l'approbation des gardiens de la loi, même si elle était plus mélodieuse que les hymnes de Thamyris et d'Orphée ...

PLATON, *Lois* 829 d-e

4 [A 53] Mais il ramena les morts de chez Hadès.

ISOCRATE, 11, 8

4 [A 54] Et sur les dieux eux-mêmes ils ont tenu des discours tels que nul n'oserait les tenir sur ses ennemis: non seulement ils leur ont jeté à la face des vols et des adultères et des services prêtés chez les hommes, mais ils ont même inventés des fables sur eux, qu'ils dévoraient leurs fils, mutilaient leurs pères, enchaînaient leurs mères, et beaucoup d'autres actes contraires aux lois. S'ils n'ont pas subi la peine qu'ils méritaient, du moins n'ont-ils pas échappé à tout châtiment, et les uns ... Orphée, qui, plus qu'aucun autre, s'est consacré à ces discours, a fini sa vie mis en pièces.

ISOCRATE, 11, 38-39

4 [A 52] — Lobeck I 390; DK I 8,21-23; Kern OF 86; Guthrie *Orph.* 12; Linforth 29

4 [A 53] — Rathmann 31, 56-57; Linforth 21

4 [A 54] — Lobeck I 602-603; DK I 5,35-6,5; Linforth 12, 139

4 [A 55] ex quibus humanae uitae erroribus et aerumnis fit ut interdum ueteres illi siue uates siue in sacris initiisque tradendis diuinae mentis interpretes, qui nos ob aliqua scelera suscepta in uita superiore poenarum luendarum causa natos esse dixerunt, aliquid uidisse uideantur uerumque sit illud quod est apud Aristotelem, simili nos affectos esse supplicio atque eos qui quondam, cum in praedonum Etruscorum manus incidissent, crudelitate excogitata necabantur, quorum corpora uiua cum mortuis, aduersa aduersis accommodata, quam aptissime colligabantur: sic nostros animos cum corporibus copulatos ut uiuos cum mortuis esse coniunctos.

(—) Aristoteles, Protrept. fr. 10 b Ross (Cic. Hortens. fr. 85 Orelli)

4 [A 56] ἐπειδὴ μὴ δοκεῖ Ὀρφέως εἶναι τὰ ἔπη, ὡς καὶ αὐτὸς ἐν τοῖς περὶ φιλοσοφίας λέγει· αὐτοῦ μὲν

4 [A 55] – 4 [A 31. 34. 36]: Philol. B 14 DK: Iambl. Protr. 8 (47,21-48,9 Pistelli: τίς ἂν οὖν εἰς ταῦτα βλέπων οἴοιτο εὐδαίμων εἶναι καὶ μακάριος, οἳ πρῶτον εὐθὺς φύσει συνέσταμεν, καθάπερ φασὶν οἱ τὰς τελετὰς λέγοντες, ὥσπερ ἂν ἐπὶ τιμωρίαι πάντες; τοῦτο γὰρ θείως οἱ ἀρχαιότεροι λέγουσι τὸ φάναι διδόναι τὴν ψυχὴν τιμωρίαν καὶ ζῆν ἡμᾶς ἐπὶ κολάσει μεγάλων τινῶν ἁμαρτημάτων. πάνυ γὰρ ἡ σύζευξις τοιούτωι τινὶ ἔοικε πρὸς τὸ σῶμα τῆς ψυχῆς. ὥσπερ γὰρ τοὺς ἐν τῆι Τυρρηνίαι φασὶ βασανίζειν πολλάκις τοὺς ἁλισκομένους, προσδεσμεύοντας κατ' ἀντικρὺ τοῖς ζῶσι νεκρούς, ἀντιπροσώπους ἕκαστον πρὸς ἕκαστον μέρος προσαρμόττοντας, οὕτως ἔοικεν ἡ ψυχὴ διατετάσθαι καὶ προσκεκολλῆσθαι πᾶσι τοῖς αἰσθητικοῖς τοῦ σώματος μέλεσιν)

12 aptissime] artissime Bernays

4 [A 56] – 4 [A 58. 60]: Onomacr. **[A 1]**: Cic. De nat. deor. 1, 107 (251 Plasberg: Orpheum poetam docet Aristoteles numquam fuisse et hoc Orphicum carmen Pythagorei ferunt cuiusdam fuisse Cercopis)

4 [A 55] Considérant ces erreurs et ces tribulations de la vie humaine, il semble parfois que ces anciens, tantôt prophètes, tantôt interprètes des desseins divins, aient entrevu quelque chose à travers la relation des cérémonies sacrées et des mystères: ils ont affirmé que nous sommes nés pour payer le tribut de certains crimes commis au cours d'une vie antérieure, et ce que nous trouvons chez Aristote est vrai, semble-t-il, à savoir que nous endurons un tourment semblable à celui que subissaient ceux qui, en d'autres temps, quand ils tombaient aux mains des pillards étrusques, étaient tués avec une cruauté recherchée: on les attachait vivants à des morts avec la plus grande précision, après que, face à face, le corps du vivant eut été plaqué contre le cadavre du mort. Et notre âme est étroitement liée au corps, de la même façon que ces vivants étaient réunis à des morts.

ARISTOTE, *Protreptique*, fr. 10 b

4 [A 56] ... puisqu'il semble que cette poésie épique ne soit pas l'œuvre d'Orphée, ainsi que le déclare Aristote dans son ouvrage « Sur la philosophie »: en effet si les doctrines appartiennent à

4 [A 55] — Kern OF 85; Guthrie *Orph.* 157

4 [A 56] — Lobeck I 332 sqq., 348; Zeller I 1, 64,1; Rohde II 112,1; Kern OF 4-5,52, 63-64; Guthrie *Orph.* 57-59; Nilsson I 683; Jaeger *Theology* 217

γάρ εἰσι τὰ δόγματα, ταῦτα δέ φησιν Ὀνομάκριτον ἐν ἔπεσι κατατεῖναι.

(T188 K) Aristoteles, De philos. fr. 7 Ross (Philop. in Arist. De an. 186, 21-26: « λεγομένοις » εἶπεν ἐπειδὴ ... κατατεῖναι)

4 [A 57] καίτοι εἰ ὡς λέγουσιν οἱ θεολόγοι οἱ ἐκ Νυκτὸς γεννῶντες, ἢ ὡς οἱ φυσικοὶ « ὁμοῦ πάντα χρήματά » φασι, τὸ αὐτὸ ἀδύνατον.

(F24 K) Aristoteles, Met. 1071 b 26-28 (Jaeger)

4 [A 58] εἰσὶ δέ τινες οἳ καὶ τοὺς παμπαλαίους καὶ πολὺ πρὸ τῆς νῦν γενέσεως καὶ πρώτους θεολογήσαντας οὕτως οἴονται περὶ τῆς φύσεως ὑπολαβεῖν· Ὠκεανόν τε γὰρ καὶ Τηθὺν ἐποίησαν τῆς γενέσεως πατέρας, καὶ τὸν ὅρκον τῶν θεῶν ὕδωρ, τὴν καλουμένην ὑπ' αὐτῶν Στύγα [τῶν ποιητῶν]· τιμιώτατον μὲν γὰρ τὸ πρεσβύτατον, ὅρκος δὲ τὸ τιμιώτατόν ἐστιν. εἰ μὲν οὖν ἀρχαία τις αὕτη καὶ παλαιὰ τε-

3 φησιν Trincavell Rose Guthrie: φασιν codd. Kern Ross **4** κατατεῖναι] καταθεῖναι Cudworth ap. Lobeck I 349 a

4 [A 57] – 4 [A 24,1. 59. B 9. 11. 39. 42. 68-71]

1 εἰ ὡς λέγουσιν] = εἰ οὕτως ἔχει ὡς λέγουσιν Ross **2** ὡς A^b γρ $EJ^2\Gamma$: om. EJ^1 οἱ om. γρ E ὁμοῦ] ἦν ὁμοῦ $J^2A^b\Gamma$ Diels Kern

4 [A 58] – 3-4 Ὠκεανόν τε ... Τηθὺν cf. **4 [A 35]** **5-6** τὸν ὅρκον ... Στύγα cf. Il. 2,755; 15,37-38

1 παμπαλαίους] παλαιοὺς A^b: πάνυ παλαιοὺς Alex.: cf. Plat. Theaet. 181 b **5** καὶ om. Γ **6** τῶν ποιητῶν om. fort. Alex.: secl. Christ Ross Jaeger

Orphée, Aristote nous apprend qu'elles furent entièrement traduites en vers épiques par Onomacrite.

ARISTOTE, *Sur la philosophie*, fr. 7 (CICÉRON, *De la nature des dieux* I, 107: Aristote nous enseigne que le poète Orphée n'a jamais existé, et les Pythagoriciens rapportent que cette poésie orphique a été composée par un certain Cercops).

4 [A 57] Cependant, soit qu'on suive l'opinion des théologiens qui font naître toutes choses de la Nuit, soit qu'à l'exemple des physiciens, on dise que « toutes choses étant confondues », c'est la même impossibilité qu'on retrouve.

ARISTOTE, *Métaphysique* 1071 b 26-28

4 [A 58] Mais il en est certains qui pensent que les premiers théologiens, bien antérieurs à la génération actuelle, se sont formés une telle opinion à l'égard de la nature primordiale: ils établirent en effet Océan et Téthys comme auteurs de la génération, et témoignèrent du serment des dieux par l'eau, à laquelle ils donnent le nom de Styx. Ce qu'il y a de plus ancien est, en effet, ce qu'il y a de plus respectable, et ce qu'il y a de plus respectable c'est le serment. Quant à savoir si cette opinion sur la nature

4 [A 57] — Zeller I 1, 123,1; DK I 9,16-18; Ross *Met.* II 369-370; Guthrie *Orph.* 103

4 [A 58] — Lobeck I 509; DK I 9,21-28; Ross *Met.* I 130; Guthrie *Orph.* 12-13

τύχηκεν οὖσα περὶ τῆς φύσεως ἡ δόξα, τάχ' ἂν ἄδηλον εἴη ...

(F25 K) Aristoteles, Met. 983 b 27 - 984 a 2 (Jaeger)

4 [A 59] οἱ δὲ ποιηταὶ οἱ ἀρχαῖοι ταύτηι ὁμοίως, ἧι βασιλεύειν καὶ ἄρχειν φασὶν οὐ τοὺς πρώτους, οἷον Νύκτα καὶ Οὐρανὸν ἢ Χάος ἢ Ὠκεανόν, ἀλλὰ τὸν Δία.

(F24 K) Aristoteles, Met. 1091 b 4-6 (Jaeger)

4 [A 60] τοῦτο δὲ πέπονθε καὶ ὁ ἐν τοῖς Ὀρφικοῖς καλουμένοις ἔπεσι λόγος· φησὶ γὰρ τὴν ψυχὴν ἐκ τοῦ ὅλου εἰσιέναι ἀναπνεόντων, φερομένην ὑπὸ τῶν ἀνέμων, οὐχ οἷόν τε δὲ τοῖς φυτοῖς τοῦτο συμβαίνειν οὐδὲ τῶν ζώιων ἐνίοις, εἴπερ μὴ πάντα ἀναπνέουσιν· τοῦτο δὲ λέληθε τοὺς οὕτως ὑπειληφότας.

(F27 K) Aristoteles, De an. 410 b 27 - 411 a 2 (Ross)

4 [A 59] - 4 [A 57. B 9]
3 Νύκτα cf. **4 [A 57]** Οὐρανὸν cf. **4 [A 24,9]** Χάος cf. **4 [A 24,1.6. B 9. 16. 28. 39. 43. 72. 73. 75]** Ὠκεανόν cf. **4 [A 35]**

2 βασιλεύειν] βασιλεῦον E **3** καὶ] ἢ Susemihl

4 [A 60] - 4 [A 56. 58]: Onomacr. **[A 1. B 6]:** Aelian. Var. Hist. 8, 6: Themist. in Arist. De an. 35,17 (Heinze): Philop. in Arist. De an. 186,24 (Hayduck)
1-2 καλουμένοις cf. **4 [A 56. 58. 61]** **3** ἀναπνεόντων cf. 58B30 DK

1-2 καλουμένοις ἔπεσι CVyΦ¹ Ross: ἔπεσι καλουμένοις E Diels Kern: καλούμενος ἔπεσι W: ἔπεσι καλούμενος ΧΣ: ἔπεσι S: ἔπεσιν ἀδόμενος U **3** ὅλου] λόγου E¹ **4** τοῖς φυτοῖς om. V **5** εἴπερ μὴ] μηδὲ y: δὴ E **6** τοὺς] τὸ S

primordiale est véritablement primitive et ancienne, voilà ce qui peut apparaître obscur ...

ARISTOTE, *Métaphysique* 983 b 27 — 984 a 2

4 [A 59] Et les poètes anciens sont du même sentiment quand ils disent que la royauté et la domination ne sont pas le fait des dieux primitifs, comme Nuit et Ciel, Chaos ou Océan, mais de Zeus.

ARISTOTE, *Métaphysique* 1091 b 4-6

4 [A 60] La doctrine exprimée dans ce qu'on appelle la poésie orphique tombe dans la même erreur: d'après elle, en effet, l'âme, véhiculée par les vents, provient de l'univers et pénètre dans les êtres par la respiration; or cela ne peut se produire pour les plantes, non plus que pour certains animaux, puisque tous ne sont pas doués de respiration: mais c'est ce qui a échappé à ceux qui ont cette certitude.

ARISTOTE, *De l'âme* 410 b 27 — 411 a 2

4 [A 59] — Zeller I 1, 123,1; DK I 9,18-20; Ross *Met.* II 487; Guthrie *Orph.* 245-246; Ziegler OD 1348

4 [A 60] — Lobeck I 348-350, 755; Abel *Orph.* 252-253; DK I 10,6-12; Guthrie *Orph.* 94-95, 186; Linforth 151; Jaeger *Theology* 217; Ross *Aristotle, De anima*, Oxford 1961, 208-209

4 [A 61] ἢ γάρ τοι ἅμα πάντα γίγνεται τὰ μόρια, οἷον καρδία πνεύμων ἧπαρ ὀφθαλμὸς καὶ τῶν ἄλλων ἕκαστον, ἢ ἐφεξῆς ὥσπερ ἐν τοῖς καλουμένοις Ὀρφέως ἔπεσιν· ἐκεῖ γὰρ ὁμοίως φησὶ γίγνεσθαι τὸ ζῶιον τῆι τοῦ δικτύου πλοκῆι.

(F26 K) Aristoteles, De gener. anim. 734 a 16-20 (Drossaart Lulofs)

4 [A 62] Μναμοσύνας τόδε ἠρίον. ἐπεὶ ἂμ μέλληισι θανεῖσθαι
εἰς Ἀΐδαο δόμους εὐήρεας· ἔστ' ἐπὶ δ⟨ε⟩ξιὰ κρήνα,
πὰρ δ'αὐτὰν ἐστακῦα λευκὰ κυπάρισσος·
ἔνθα κατερχόμεναι ψυ(χ)αὶ νεκύων ψύχονται.
ταύτας τᾶς κράνας μηδὲ σχεδὸν ἐνγύθεν ἔλθηις·
πρόσθεν δὲ *h*ευρήσεις τᾶς Μναμοσύνας ἀπὸ λίμνας
ψυχρὸν ὕδωρ προρέον· φύλακες δὲ ἐπύπερθεν ἔασι,
[*h*]οι δέ σε εἰρήσονται ἐν φρασὶ πευκαλίμαισι
ὅττι δὴ ἐξερέεις Ἄϊδος σκότους ὀλοέεντος.
εἶπον· ὑὸς Βαρέας καὶ Οὐρανοῦ ἀστερόεντος,
δίψαι δ' εἰμὶ αὖος καὶ ἀπόλλυμαι· ἀλλὰ δότ' ὦ[κα]

4 [A 61] – Suda s. v. Ὀρφεύς: Suda s. v. ἵππος Νισαῖος
3 ἐφεξῆς cf. Emp. B 57 DK καλουμένοις cf. **4 [A 56. 58. 60]**

2 πνεύμων PSY: πλεύμων cett. **5** ζῶιον codd.: add. τῶι ἀριθμῶι καὶ ΞΓ²

4 [A 62] – **4 [A 42. 44. 63. 64. 67. 70a-f]**
1 Μναμοσύνας cf. Procl. in Plat. Tim. 40 e (III 184,1 Diehl): Olympiod. in Plat. Phil. 39 a (267 Stallbaum) **7** φύλακες cf. Heracl. B 63 DK: Parm. B 1,5-16 DK: Plat. Remp. 620 d-e (Guthrie *Orph.* 176-177) **9** ἐξερέεις cf. Emp. B 112,9 DK σκότους cf. **4 [A 7,11. 63,14]** **10** Βαρέας cf. Kleidem. 62A5 DK (Pugliese-Carratelli 112) **11** δίψαι ... αὖος cf. **4 [A 44,4-5. 63,8. 64,9. 69,20. 70a-f]** **14** πιεῖν τᾶς ... λίμνας cf. Theogn. 962 **15-16** cf. **4 [A 5,5. 6,7-13. 7. 63,11]**

1 θανεῖσθαι] θανεσθαι lam. **4** ψυ(χ)αὶ] ψυκαι lam. **11** εἰμὶ]

4 [A 61] Ou encore les parties, telles le cœur, les poumons, le foie, l'œil et chacune des autres, surgissent toutes en même temps, ou bien successivement, ainsi que le prétend la poésie dite orphique: là, en effet, on affirme que l'animal est produit de la même façon qu'est tressé un filet.

ARISTOTE, *De la génération des animaux* 734 a 16-20

4 [A 62] De Mnémosyne c'est le sépulcre. Quand tu devras mourir
tu te rendras aux demeures bien construites d'Hadès: à droite il y a une fontaine,
et près d'elle se dresse un cyprès blanc;
là les âmes des morts qui descendent s'y rafraîchissent.
Ne t'approche pas trop près de cette source;
mais en face tu trouveras l'eau fraîche qui s'écoule
du marais de Mnémosyne, les gardiens se tiennent au-dessus:
ils te demanderont du profond de leur cœur
ce que tu vas cherchant dans les ténèbres du funeste Hadès.
Dis-leur: je suis le fils de la Pesante et de Ciel étoilé,
je suis desséché par la soif et je meurs; mais donnez-moi vite

4 [A 61] — Lobeck I 381, 465; Abel *Orph.* 149; DK I 10,1-5; Kern OF 95, 297, 314; Linforth 151

4 [A 62] — Pugliese-Carratelli 1974, 108-113, 117-126

ψυχρὸν ὕδωρ π[ρο]ρέον τῆς Μνημοσύνης ἀπὸ λίμ[νης].
καὶ δή τοι ἐλεοῦσιν (*h*)υπὸ χθονίωι βασιλῆϊ·
καὶ δή τοι δώσουσι πιεῖν τᾶς Μναμοσύνας λίμνας·
καὶ δὴ καὶ συχνὸν *h*οδὸν ἔρχεα⟨ι⟩ *h*άν τε καὶ ἄλλοι
μύσται καὶ βά(κ)χοι *h*ιερὰν στείχουσι κλεινοί.

(—) Lamella Hippone reperta, saec. V-IV a. Chr. n. (Pugliese Carratelli, «La parola del passato» fasc. 154-155, 1974, pp. 110-111).

4 [A 63] εὑρήσσεις δ' Ἀίδαο δόμων ἐπ' ἀριστερὰ κρήν|ην,
πὰρ δ' αὐτῆι λευκὴν ἑστηκυῖαν κυπάρισσον· |
ταύτης τῆς κρήνης μηδὲ σχεδὸν ἐμπελάσειας. |
εὑρήσεις δ' ἑτέραν, τῆς Μνημοσύνης ἀπὸ λίμνης |
ψυχρὸν ὕδωρ προρέον· φύλακες δ' ἐπίπροσθεν ἔασιν. |
εἰπεῖν· Γῆς παῖς εἰμι καὶ Οὐρανοῦ ἀστερόεντος,
αὐτὰρ ἐμ|οὶ γένος οὐράνιον· τόδε δ' ἴστε καὶ αὐτοί.
δίψηι δ' εἰμὶ αὔ|η καὶ ἀπόλλυμαι· ἀλλὰ δότ' αἶψα
ψυχρὸν ὕδωρ προρέ|ον τῆς Μνημοσύνης ἀπὸ λίμνης·
καὐτ[ο](ί) ⟨σοι⟩ δώσουσι | πιεῖν θείης ἀπ[ὸ κρήν]ης,

εμι lam. ἀλλὰ] αλα lam. **14** πιεῖν] πιεν lam.

4 [A 63] – 4 [A 42. 44. 62. 64. 67. 70a-f]
5 φύλακες cf. **4 [A 62n]** **6** Γῆς ... Οὐρανοῦ cf. **4 [A 24,9-10n. 64,8. 70a-f. B 71]** **8** δίψηι ... αὔη cf. **4 [A 44. 62,11. 64,9. 69,20. 70a-f]** **11** cf. **4 [A 5,5. 6,6-12. 7. 62,15-16]**

4 εὑρήσεις ... λίμνης] εὑρήσεις δ' ἑτέραν ἐπὶ δεξιά· ἧς ἀπὸ λίμνης Merkelbach *ZPE* 1 78 **8** εἰμὶ] εἰμ{ι} Olivieri Kern DK **10** καὐτ[ο](ί) ⟨σοι⟩ ... ἀπ[ὸ κρήν]ης suppl. Göttling (Comparetti Diels) ἀπ[ὸ λίμν]ης Franz Kaibel Murray **11** ἄ[λλοισι μεθ'] suppl. Kaibel

l'eau fraîche qui s'écoule du marais de Mnémosyne.
Et ils te traiteront avec bienveillance par la volonté du roi qui est sous la terre;
et ils te laisseront boire à la source de Mnémosyne;
enfin tu chemineras longuement, par la voie sacrée que parcourent
glorieusement aussi les autres initiés, possédés de Dionysos.

TABLETTE DÉCOUVERTE A HIPPONE

4 [A 63] Tu trouveras à gauche de la demeure d'Hadès une source,
auprès de laquelle se dresse un cyprès blanc:
de cette source ne t'approche pas, même de près.
Et tu en trouveras une autre, son eau fraîche s'écoule
du marais de Mnémosyne: devant elle veillent les gardiens.
Dis-leur: Je suis le fils de Terre et de Ciel étoilé,
et ma lignée est céleste; et cela vous le savez aussi.
Je suis desséchée par la soif et je meurs: donnez-moi vite
l'eau fraîche qui s'échappe du marais de Mnémosyne.
Et ils te laisseront boire à la source divine,

4 [A 63] — DK I 15,16-31; Comparetti 32 sqq.; Olivieri 12-14; Kern OF 104-105; Guthrie *Orph.* 172 sqq.; Zuntz 358 sqq.; Pugliese-Carratelli 1974, 108, 113-114, 117-126

καὶ τότ' ἔπειτ' ἄ[λλοισι μεθ'] ἡρώε|σσιν ἀνάξει[ς].
[Μνημοσύ]νης τόδε ἠ[ρίον............] |
θανεῖσθ[αι................] τόδ' ἔγραψ[........

i.m. ΤΟΓΛΩΣΕΙΠΑ σκότος ἀμφικαλύψας

(F32a K) Lamella Peteliae reperta (British Museum *Catalogue of Jewellery* [1911], 380), saec. IV a. Chr. n.

4 [A 64] εὑρήσεις 'Αίδαο δόμοις ἐνδέξια κρήνην,
πὰρ δ' αὐτῆι | λευκὴν ἑστηκυῖαν κυπάρισσον·
ταύτης τῆς κρήνης | μηδὲ σχεδόθεν πελάσηισθα.
πρόσσω δ' εὑρήσεις τὸ Μνη|μοσύνης ἀπὸ λίμνης
ψυχρὸν ὕδωρ προ⟨ρέον⟩· φύλακες | δ' ἐπύπερθεν ἔασιν·
οἳ δὲ σ' εἰρήσονται ὅ τι χρέος | εἰσαφικάνεις·
τοῖς δὲ σὺ εὖ μάλα πᾶσαν ἀληθείη(ν) | καταλέξαι.
εἰπεῖγ· Γῆς παῖς εἰμι καὶ Οὐρανοῦ ἀστ⟨ερόεντος⟩· |
'Αστέριος ὄνομα· δίψηι δ' εἰμ' αὖος· ἀλλὰ δότε μοι |
πιεῖν ἀπὸ τῆς κρήνης.

(—) Lamella Pharsali reperta, 350-320 a. Chr. n. (Verdelis, « 'Αρχαιολ. 'Εφημερίς » 1950-1951, p. 99).

14 σκότος cf. **4 [A 7,11. 62,9]**

12 [Μνημοσύ]νης ... ἠ[ρίον suppl. Pugliese-Carratelli **13** ἔγραψ[ ] ἔγραψ[α Diels: ἔγραψ[ε (sc. 'Ορφεύς) Comparetti **14** ΤΟΓΛΩΣΕΙΠΑ] τὸ κλέος (= notitia) εἶπα Olivieri

4 [A 64] – 4 [A 42. 44. 62. 63. 67. 70a-f]
5 φύλακες cf. **4 [A 62n]** **7** πᾶσαν ... καταλέξαι cf. Il. 24,407 **8** Γῆς ... Οὐρανοῦ cf. **4 [A 24,9-10n. 63,6. 70a-f]** **9** δίψηι ... αὖος cf. **4 [A 44. 62,11. 63,8. 69,20. 70a-f]**

5 προ⟨ρέον⟩ suppl. Verdelis **7** ἀληθείη(ν)] ΑΛΗΘΕΙΗΙ lam. **10** πιεῖν] ΠΙΕΝ lam.

et tu régnera ensuite parmi les autres héros.
De Mnémosyne c'est le sépulcre ...

TABLETTE DÉCOUVERTE A PÉTÉLIE

4 [A 64] Tu trouveras à droite de la demeure d'Hadès une source,
auprès d'elle se dresse un cyprès blanc:
d'elle ne t'approche pas, même de près.
Tu trouveras plus loin l'eau fraîche qui s'écoule
du marais de Mnémosyne: les gardiens se tiennent au-dessus
qui te demanderont pourquoi tu es arrivé.
A eux dis bien toute la vérité.
Dis-leur: Je suis le fils de Terre et de Ciel étoilé;
j'ai pour nom Astérios. Je suis desséché par la soif: mais laissez-moi
boire à la source.

TABLETTE DÉCOUVERTE A PHARSALE

4 [A 64] — Verdelis 99; Zuntz 360 sqq.; Pugliese-Carratelli 1974, 108, 114, 117-126

4 [A 65] ἔρχομαι ἐκ κοθαρ(ῶ)⟨ν⟩ κοθαρά, χθονί⟨ων⟩ βα|σίλεια,
Εὐκλῆς Εὐβο⟨υ⟩λεύς τε καὶ ἀ|θάνατοι θεοὶ ἄλλοι·
καὶ γὰρ ἐγὼν | ὑμῶν γένος ὄλβιον εὔχομαι | εἶμεν,
ἀλ⟨λ⟩ά με Μο⟨ῖ⟩ρ{α} ἐδάμασ⟨σ⟩ε | καὶ ἀθάνατοι θεοὶ ἄλλοι
– ⏑ ⏑ – ⏑ ⏑ – ⏑ καὶ ἀσ|στεροβλῆτα κεραυνόν.
κύκλο⟨υ⟩ | δ' ἐξέπταν βαρυπενθέος ἀργα|λέοιο,
ἱμερτο⟨ῦ⟩ δ' ἐπέβαν στεφά|νο⟨υ⟩ ποσὶ καρπαλίμοισι,
Δεσποί|νας δ{ὲ} ὑπὸ κόλπον ἔδυν χθονί|ας βασιλείας·
ἱμερτο⟨ῦ⟩ δ' ἀπέβαν |στεφάνο⟨υ⟩ ποσὶ καρπαλίμοι|σι.
«ὄλβιε καὶ μακαριστέ, θεὸς δ' ἔ|σηι ἀντὶ βροτοῖο».
ἔριφος ἐς γάλ' ἔπετον.

(F32 c K) Lamella Thuriis reperta, saec. IV-III a. Chr. n. (Museo Nazionale di Napoli)

4 [A 65] – 4 [A 66a-b. 67. B 31]

2 Εὐκλῆς] = Ἅιδης (Hesych., cf. Diels *Ein orphischer Totenpass*, 1907, 9) Εὐβουλεύς] = Dionysos-Iakchos (Orph. Hymn. 29,8; 30,5; 52,4); cf. **4 [A 69,18. B 32. 36]** **3** καὶ γὰρ ἐγὼν cf. Zuntz 310-313 **5** κεραυνόν cf. Heracl. B 64 DK: Procl. in Plat. Tim. 29 a (I 327,23 Diehl) **6** κύκλου cf. **4 [B 44,1. 65,7. 66]**: Emp. B 17,13; B 26,1.12; B 35,10; B 47 DK; cf. Lobeck II 798 sqq. βαρυπενθέος cf. **4 [A 5,1]**: Bacchyl. 14,12 (Snell) **7** στεφάνου cf. Parm. A 37. B 12 DK: Plat. Remp. 363 c (Guthrie *Orph.* 180-181) **8** ὑπὸ κόλπον cf. **4 [A 24,2. 69,24. B 36]**: Orph. Arg. 13 (I Abel) **10** θεὸς ... βροτοῖο cf. Emp. B 112,4 DK (ἐγὼ δ' ὑμῖν θεὸς ἄμβροτος, οὐκέτι θνητός)

4 καὶ ... ἄλλοι secl. Dieterich Comparetti Olivieri Pugliese-Carratelli Zuntz **5** lacunam sumps. Murray DK καὶ ἀσστεροβλῆτα κεραυνόν Comparetti Kern DK: καὶ ἀ. κεραυνός Kaibel: καὶ ἀ. κεραυνῶν Dieterich Olivieri Pugliese-Carratelli: κατ' ἀ. κεραυνόν Buecheler: καὶ ἀστεροπητὰ κεραυνῶν Weil **9** = **7** at ἀπέβαν pro ἐπέβαν ἱμερτο⟨ῦ⟩ ... καρπαλίμοισι secl. Olivieri Pugliese-Carratelli ἀπέβαν lam.: ἐπέβαν Comparetti Pugliese-Carratelli στεφάνου] στεμανο lam. καρπαλίμοισι] καρπασιμοισι lam. **10** ΟΛΒΙΕ] primae duae litterae incertae (Olivieri)

4 [A 65] Pure, je viens d'entre les purs, ô reine des enfers,
Euclès et Euboulée et vous tous dieux immortels.
car je me flatte d'appartenir à votre lignée bienheureuse;
mais la Moire m'accabla, et d'autres dieux immortels
.... et la foudre fulminant des étoiles.
Je m'envolai du cercle source d'anxiété et de lourde peine,
et de mes pieds véloces je m'élançai pour atteindre la couronne désirée,
et je m'enfonçai dans le giron de la Déesse, reine souterraine,
puis je déboulai de la couronne désirée de mes pieds véloces.
« Bienheureux et triomphant, tu seras dieu et non plus mortel ».
Chevreau, je suis tombé dans le lait.

TABLETTE DÉCOUVERTE A THURIUM, 1

4 [A 65] — D. Comparetti *Notizie dagli scavi di antichità dell'aprile 1880 (Reale Accademia dei Lincei)*, 1 sqq.; Rohde II 217 sqq.; DK I 16,6-18; Comparetti 17-18; Olivieri 4-8; Kern OF 106-107; Guthrie *Orph.* 173 sqq., 180-182; Zuntz 300 sqq.; Pugliese-Carratelli 1974, 115-126

4 [A 66] a ἔρχομα⟨ι⟩ ἐ⟨κ⟩ κα⟨θα⟩ρῶ(ν) {ΣΧΟΝ} |καθα-
ρά, χ⟨θ⟩ονίων βασ(ί)λ{η}ει⟨α⟩, |
Εὔκλε καὶ Εὐβουλεῦ καὶ θεοὶ ⟨καὶ⟩ δαίμο-
ν|ε⟨ς⟩ ἄλλοι·
καὶ γὰρ ἐγὼν ὑμῶ⟨ν⟩ γένο⟨ς⟩ εὔχομα|ι ὄλ-
βιο(ν) εἶναι,
πο⟨ι⟩νὰ(ν) δ' ἀνταπέ(τ)ε⟨ι⟩σ' {ει} | ἔργω(ν)
ἕνεκ{α} οὔτι δικα⟨ί⟩ων, [....] |
εἴτε με Μο⟨ῖ⟩ρ{α} ἐδαμάσ⟨σ⟩ατο |εἰ {ΤΕΑ}
στεροπή τ(ε) κ⟨ε⟩ραυνῶν. |
νῦν δ' ἱκέτι⟨ς⟩ ἵκω πα(ρ)⟨ὰ⟩ ἁγνὴ⟨ν⟩ Φε⟨ρ⟩-
σε|φόνε⟨ι⟩αν,
ὥς με{ι} πρόφ⟨ρ⟩ω⟨ν⟩ πέ(μ)ψη⟨ι⟩ | ἕδρα{ι}ς
ἐς εὐαγέ{ι}ω(ν).

b ἔρχομαι ἐ⟨κ⟩ καθαρῶ⟨ν⟩ καθα⟨ρά, χθ⟩|ο⟨νί-
ων⟩ βασίλ⟨εια⟩,

4 [A 66] – 4 [A 65. B 31]

2 Εὔκλε ... Εὐβουλεῦ cf. **4 [A 65n]** **4** cf. **4 [A 5,1. 6,3]** **5** στεροπή τε κεραυνῶν cf. **4 [B 16,17-18]** **7** με πρόφρων cf. Parm. B 1,22 DK εὐαγέων] = *der Reinen und Heiligen* (Rohde II 219); cf. Hom. Hymn. 2,273-274 **9** Εὔκλε ... Εὐβουλεῦ cf. **4 [A 65n]**

1 corr. Comparetti Olivieri **2** καὶ θεοὶ] καὶ ⟨ὅσοι⟩ θεοὶ Radermacher Diels Kern θεοὶ ⟨καὶ⟩ Murray **3** γὰρ] ΓΡΑ lam. ὄλβιον] ΟΛΒΙΟΙ lam. **4** ποινὰν] ΠΟΝΑΙ lam. ἀνταπέ(τ)ε⟨ι⟩σ' {ει} Pugliese-Carratelli: ΑΝΤΑΠΕΙΓΕΣΕΙ lam.: ἀνταπέ{ι}τε{σε}ι⟨σ'⟩ Olivieri Kern: ἀντα(έτει)σ'{ει} Comparetti ἔργων] ΕΡΓΩΙ lam. **5** ἐδαμάσ⟨σ⟩ατο] ἐδάμασ⟨σ'⟩{ατο} Kaibel Olivieri: ἐδαμάσ⟨σ⟩ατ{ο} Weil Kern: ἐδάμασ⟨σ'⟩ αὖον Comparetti: ἐδαμάσσατο (?)DK εἰ στεροπή τε scripsi: ΕΙΤΕΑΣΤΕΡΟΠΗΤΙ lam.: {ειτεα} στεροπή τε Comparetti: εἴτ{ε} ἀστεροπῆτι Murray Kern: εἴτ{ε} ἀστεροπῆτα Olivieri: post ἐδαμάσσατο lacunam statuerunt Murray Diels, qui scripsit * * * στεροπῆτι (Radermacher) κ⟨ε⟩ραυνῶν Kaibel Weil Comparetti Olivieri Kern: κ⟨ε⟩ραυνῶι Radermacher DK **6** ἱκέτις ἵκω Pugliese-Carratelli: ἱκέτις ἥκω Kern DK: ΙΚΕΤΙΙΚΩ lam.: ἱκέτης ἥκω Olivieri ἵκω παρὰ ἁγνὴν] ἁγνὴν ἥκω παρὰ Comparetti παρὰ ἁγνὴν scripsi: ΠΑΙΑΓΝΗ lam.: πα(ρ)' ἁγνὴ⟨ν⟩ Olivieri Pugliese-Carratelli: πα(ρ') ἀγ⟨αυ⟩ὴ⟨ν⟩ DK Kern **7** versus vitiosus ἐς εὐαγέων Comparetti Olivieri Pugliese-Carratelli: ΕΣΕΥΑΓΕΙΩΙ lam.: ε⟨ἰ⟩ς εὐαγε⟨όν⟩τω⟨ν⟩ DK: ε⟨ἰ⟩ς εὐαγέων Kern

4 [A 66] a Pure, je viens d'entre les purs, ô reine des enfers
ô Euclès et Euboulée et vous tous, dieux et démons,
car je me flatte d'appartenir à votre lignée bienheureuse,
et je payai le prix d'actions rien moins que justes,
dont m'accablait la Moire ou l'éclat des foudres.
Je me tiens maintenant suppliant auprès de Perséphone
la chaste
afin que bienveillante elle m'envoie au séjour des purs.

b Pure, je viens d'entre les purs, ô reine des enfers

4 [A 66] — D. Comparetti *Notizie* 1 sqq.; Rohde II 217 sqq.; DK I 16, 19-17,2; Comparetti 19-22; Olivieri 9-11; Kern OF 107-108; Guthrie *Orph.* 173 sqq.; Zuntz 302 sqq.; Pugliese-Carratelli 1974, 115-116

{ΥΡ} (Ε)ὔκλε{υα} κα⟨ὶ⟩ Εὐ|βο⟨υ⟩λεῦ καὶ θεοὶ
ὅσοι δ⟨αί⟩μο|νες ἄ(λλ)ο⟨ι⟩·
καὶ γὰρ ἐ⟨γ⟩ὼ⟨ν⟩ ὑ⟨μῶν⟩ | (γ)ένος εὔχομα⟨ι⟩
ε⟨ἶ⟩να⟨ι⟩ | ὄλβιο⟨ν⟩,
ποινὰν (δ') ἀ⟨ν⟩ταπ|έτε⟨ισ'⟩ ἔργω⟨ν ἕνεκ'⟩
ο⟨ὔ⟩τι δικ|α⟨ί⟩ων,
ε⟨ἴ⟩τ⟨ε⟩ με Μοῖρ{α} ⟨ἐδαμάσσατο⟩ | ε⟨ἰ σ⟩τε-
ροπή τ(ε) {κη} κερα|υν(ῶ)⟨ν⟩.
νῦν δὲ ⟨ἱ⟩κ⟨έτις⟩ ἥκω| {ΙΙΚΩ} παρὰ Φ⟨ερ⟩σε-
φ⟨όνειαν⟩,
ὥς με ⟨π⟩ρόφ⟨ρων⟩ πέ⟨μ⟩ψ⟨ηι⟩ {ΕΜ} | ἕδρας
ἐς εὐ⟨α⟩(γ)⟨έ⟩ω⟨ν⟩.

(F32 d-e K) Lamellae Thuriis repertae, saec. IV-III a. Chr. n. (Museo Nazionale di Napoli)

4 [A 67] ἀλλ' ὁπόταμ ψυχὴ προλίπηι φάος ἀελίοιο, |
δεξιὸν ΕΣΟΙΑΣΔΕΕ[.]ΝΑΙ πεφυλαγμένον | εἰ⟨δ⟩υ-
⟨ῖα⟩ μάλα πάν[τ]α.

11 cf. **4 [A 5,1. 6,3]** **12** στεροπή τε κεραυνῶν cf. **4 [B 16,17-18]** **14** με πρόφρων cf. Parm. B 1,22 DK εὐαγέων cf. Hom. Hymn. 2,273-274

9 υρ lam.: fort. ⟨Κο⟩ύρ⟨η⟩ supplendum Olivieri **10** γένος] ΠΕΝΟΣ lam. **11** ἀνταπέτεισ'] ΝΑΤΑΠΕΤΕ lam. **12** ⟨ἐδαμάσσατο⟩ ε⟨ἰ σ⟩τεροπή τ(ε) scripsi: ΕΤΕΡΟΠΗΤΙ lam.: ⟨ἐδάμασσ' αὔον⟩ (σ)τεροπή τ(ε) Comparetti: ⟨ἐδάμασσ'⟩ ε⟨ἴ⟩τ{ε} ⟨ἀστε⟩ροπῆτι Olivieri Kern **13** νῦν δὲ ἱκέτις scripsi: ΝΥΝΔΕΚ lam.: νῦν δὲ ⟨ἱ⟩κέ⟨της⟩ Comparetti: νῦν δ{ὲ} ⟨ἱ⟩κ⟨έτης⟩ Olivieri: νῦν δ{ὲ} ⟨ἱ⟩κ⟨έτις⟩ Kern παρὰ Φ⟨ερ⟩σεφ⟨όνειαν⟩ scripsi: ΠΑΡΑΦΣΕΦ lam.: ⟨ἁγνὴν⟩ παρὰ Φ⟨ερ⟩σεφ⟨όνειαν⟩ Comparetti: παρ' ἀ⟨γνὴν⟩ Φ⟨ερ⟩σεφ⟨όνειαν⟩ Olivieri: παρ ἀ⟨γαυὴν⟩ Φ⟨ερ⟩σεφ⟨όνειαν⟩ Kern **14** εὐ⟨α⟩(γ)⟨έ⟩ω⟨ν⟩ Comparetti Olivieri Kern: ΕΥΠΩ lam. (Pugliese-Carratelli)

4 [A 67] – 4 [A 42. 44. 62-65. 70a-f]
1 cf. **4 [B 64,6]**: Hom. Hymn. 5,272 **2** εἰδυῖα ... πάντα cf. Aristocr. Manich. Theos. Tubing. 61 (= F61 K) **4** cf. **4 [A**

2 temptaverunt δεξιὸν ε⟨ἰ⟩ς οἴ⟨μ⟩ας δ' ἐ⟨νέρων⟩ ... – ⏑ ⏑ – ε⟨ἶ⟩{ε}ναι πεφυλαγμένον ε{ι}ὖ μάλα πάντα Olivieri: δ. εἴσιθι, ὡς δεῖ ... τινα π. εὖ μ. π. Kaibel: δεξιὸν εἰσιέναι {δεῖ τινα} πεφυλαγμένος Rohde: δ.

ô Euclès et Euboulée et vous tous dieux, et vous autres démons
car je me flatte d'appartenir à votre lignée bienheureuse,
et je payai le prix d'actions rien moins que justes,
dont m'accablait la Moire ou l'éclat des foudres
Et je me tiens maintenant suppliant auprès de Perséphone,
afin que bienveillante elle m'envoie au séjour des purs.

TABLETTES DÉCOUVERTES A THURIUM, 2-3

4 [A 67] Mais à peine l'âme a-t-elle délaissée la lumière du soleil,
à droite .... qui contient, elle qui connaît toutes choses ensemble.

4 [A 67] — Rohde II 220,4; DK I 17,9-15; Olivieri 16-18; Kern OF 108; Zuntz 328 sqq.; Pugliese-Carratelli 1974, 116-117

χαῖρε παθὼν τὸ πάθη|μα · τὸ δ' οὔπω πρόσθ{ε} ἐπεπόνθεις ·
θεὸς ἐγ|ένου ἐξ[.] ἀνθρώπου · ἔριφος ἐς γάλα | ἔπετες.
χαῖρ⟨ε⟩, χαῖρε, δεξιὰν ὁδοιπορ⟨ῶν⟩ |
λειμῶνάς τ{ε} ἱεροὺς καὶ ἄλσεα | Φερσεφονείας.

(F32 f K) Lamella Thuriis reperta, saec. IV-III a. Chr. n. (Museo Nazionale di Napoli)

4 [A 68] Πρωτόγονό⟨ς⟩ τ(ε) Μ(ῆ){ι}τί(ς) τ(ε). (Π)αμμάτ⟨ω⟩ρι ἔ(φ)α Κυβελεία Κόρρα, ὅσ' ἐν ταῖ(ς) Δήμητρος ΗΤ
ΤΑΤΑΙΤΤΑΤΑΠΤΑ Ζεῦ ΙΑΤΗΤΥΑΕΡΣΑΠΤΑ
Ἥλιε Πῦρ δ⟨ι⟩(ὰ) πάντ' ἄστη ΙΝΤΑΣΤΗ νίσ⟨ε⟩α(ι) ΟΠΕ Νίκα ἴ-

65,10-11]: Emp. B 112,4 DK **6** ἄλσεα Φερσεφονείας cf. Od. 10,509

ἔνθ' ἅς δεῖ {τινα}, πεφυλαγμένον Diels (*gelange auf die rechte Seite, bis wohin man [gelangen] darf*): δ. Ἐννοίας ἀεί τινα ⟨ποσσὶ φέρεσθαι χριμπτόμενον κρανᾶς⟩, πεφυλαγμένον εὖ μ. π. Murray: δ. Εὐνοίας Harrison: δ. ἐννοίας, πεφυλαγμένον εὖ μ. π. ... δεῖ τινα ... Comparetti: δ. ε⟨ἵ⟩σ⟨ι⟩θι ἅς δεῖ τινα πεφυλαγμένον εὖ μ. π. Kranz εἰδυῖα scripsi **4** ἔριφος] ΕΡΨΦΟΣ lam. (Olivieri ι ex υ, ut videtur) **5** ὁδοιπορ⟨ῶν⟩ Olivieri Kern DK: ὁδοιπόρ⟨ει⟩ Zuntz **6** λειμῶνάς ... Φερσεφονείας Rohde Olivieri Kern Kranz: λειμῶνας τ{ε} ἱεροὺς κατά ⟨τ'⟩ ἄλσεα Φερσεφονείας Diels

4 [A 68] - 4 [A 71. B 20]
1 Πρωτόγονος cf. **4 [B 47. 68. 72]** Μῆτις cf. **4 [B 46. 47. 73. 75]** **2** διὰ ... ἄστη cf. Parm. B 1,3 DK **3** Τύχα cf.

1 Πρωτόγονός τε Μῆτίς τε. Παμμάτωρι ἔφα scripsi: πρατογόνωι Γῆι ματρὶ ἔφη Diels: Πρωτόγονε Γῆ Μητίετα παμματρεία Murray: Πρωτόγονος Γῆ μητιέτης παμματριέπα Olivieri: ΠΡΩΤΟΓΟΝΟΤΗΜΑΙΤΙΕΤΗΓΑΜΜΑΤΡΙΕΠΑ lam. (Zuntz) ἔφα Zuntz Κυβελεία Murray: Κυβελήια Diels Κόρρα Diels ὅσ' ἐν ταῖς scripsi: ὁσίη παῖς Murray Δήμητρος Diels **2** Ἥλιε ... νίσεαι Diels: Ἥλιε πυραύη φανταστὴ φανταστὴ ἑκατο ... Murray: Ἥλιε Πῦρ δηιανταστὴς δηιανταστής, ἰσότροπε Olivieri **2-3** Νίκα ἴση δὲ Τύχα, ἴτε Φάνης Murray: Νίκαις ἠδὲ Τύχαις ἐφάνης Diels: ΝΙΚΑΙ[.]-

Réjouis-toi, toi qui a souffert la passion: cela tu ne l'avais pas encore souffert.
D'homme tu es né dieu: chevreau tu es tombé dans le lait.
Réjouis-toi, réjouis-toi, en prenant la route à droite
vers les prairies sacrées et les bois de Perséphone.

TABLETTE DÉCOUVERTE A THURIUM, 4

4 [A 68] ... et Protogonos et Métis. A la Mère de toutes choses
dit Coré, lignée de Cybèle, autant que de Déméter
.... ô Zeus ...... ô Soleil, Feu, par toutes les cités ... tu iras ... Victoire

4 [A 68] — DK I 17,16-18,11; Comparetti 12 sqq.; Olivieri 22-25; Kern OF 117-118; Zuntz 344 sqq.; Arrighetti 45

ση δὲ Τύχα, ἴτε Φάνης, πάμ(ν)ηστοι Μοῖραι ΣΣΤΗΤΟΙΓΑΝΝΥΑΠΙΑΝΤΗ σύ, κλυτὲ δαῖμον ΔΕΥΧΙ
ΣΠΑΤΕΡΑΤΙΚ πάντα δαμαστά, πάντ(α) ΡΝΥΝΤΑΙΣΕΛΑΒΔΟΝΤΑΔΕΠΑΝΤ(ἀ)μοιβῆς τλητέα ΠΛ
ΤΗ μὴ ἀέρι πῦρ ΜΕΜ μᾶτερ ΛΥ ἔστι σοι [..] ἑ(π)τά τ(ε) νῆσ(τ)ιν νυξὶν ἢ μεθ' ἡμέραν ΕΓΛ[.]ΥΕΤ
ἐπ(τ)ῆμαρ τὶν ⟨ν⟩ῆστι{α}ς (ἔη)ν, Ζεῦ ΕΝ' Ὀ(λ)ύ(μπ)ιε καὶ πανόπτα, αἰὲν ΑΙΜΙΛΟ μᾶτερ, ἐμᾶς
ἐπ[άκ]ουσον ΕΟ εὐχᾶς ΤΑΚΤΑΠΥΡΑΣΗΟΛΚΔΠΕΔΙΩΧ ἅμα τ' ἐμὰν καλή(ν) ΔΙΕΡΑΔΑΜΝΕΥΔΑΜΝΟΙ
ΣΤΑΚΤΗΡΙΕΡΑΜΑΡ Δήμητερ Πῦρ Ζεῦ, καὶ ἡ χθονία ΤΡΑΒΔΑΗΤΡΟ ΣΗΜΣΤΗΟΚΙΝ[ ]
[...] ΣΝΗΓΑΥΝΗΓΑΟΣ ἐς φρένα ματρὶ ΜΗΓΝΝΤΑΣΝΥΣΧΑΜΕΣΤΩ ΡΕ[.]ΛΕΙϹϹΙΡΗΝ
ΔΙΑΦΗΡΤΟΝΟΣΣΜΜΕΣΤΟΝΑΕΡΤΑΙΠΛΜΜ (ἐ)ς φρένα ματρί.

(F47 K) Lamella Thuriis reperta, saec. IV-III a. Chr. n. (Museo Nazionale di Napoli)

4 [B 74] Φάνης cf. **4 [B 28. 34. 47. 48. 67. 68. 70. 73. 75]** Μοῖραι cf. **4 [A 65,4. 66a5. 66b12. B 11]** κλυτὲ δαῖμον cf. **4 [B 46. 47]**

ΣΗΔΕΤΥΧΑΙΤΕΦΑΝΗΣ lam. (Zuntz) **3** πάμνηστοι scripsi (cf. Maiist. 46): παμμήστορι Diels Zuntz: πάμμηστοι Murray Μοῖραι Murray: Μοίραι Diels σύ Zuntz κλυτὲ δαῖμον Diels: εὔκλητε Δαῖμον Murray **4** πάντα δαμαστά Diels: παντοδάμαστα Murray ἀμοιβῆς Zuntz τλητέα Diels **5** μὴ ἀέρι πῦρ Zuntz: μὴ ἀέριε πῦρ Olivieri: μητέρι Πῦρ Diels μᾶτερ ... ἔστι σοι Zuntz ἑπτά ... ἡμέραν Diels **6** ἑπτῆμαρ ... πανόπτα Diels: ΕΠΠΗΜΑΡΤΙΝΗΣΤΙΑΣΤΑΝΖΕΥΕΝΟΡΥΤΤΙΕΚΑΙΠΑΝΟΠΤΑ lam. (Zuntz) αἰὲν scripsi **6-7** μᾶτερ ... εὐχᾶς Olivieri **7** ἅμα τ' ἐμὰν Zuntz καλὴν scripsi **8** Δήμητερ ... χθονία Olivieri **9,10** ἐς φρένα ματρί Zuntz.

et Fortune aussi, venez, Phanès, Moires qui de tout vous
souvenez .... toi, démon glorieux ....
..... toute chose peut être subjuguée, toute chose
.... à supporter en retour
... non à l'air le feu ... ô mère ... il t'est possible
... et qui jeûne sept jours durant ou après le jour ...
pour toi je jeûnai sept jours, ô Zeus ... Olympien, qui
voit tout, toujours ..... ô mère, écoute
ma prière .... et avec ma belle
.... ô Déméter, Feu, Zeus, et la souterraine ...
.... dans le giron de la mère ....
.... dans le giron de la mère.

TABLETTE DÉCOUVERTE A THURIUM, 5

4 [A 69]

]. ας τα ε ... [ἵ]να εὕρηι
]ωμα ... υν λεγε
]. διὰ τὴν τελετὴν
ἐμαυτὸν ἐξ]έτεμον, ποινὰς πατ[έρων ἔτεισα
]σῶισόμ με Βριμὼ με[γάλη
]Δημήτηρ τε ʽΡέα
]Κουρητές τε ἔνοπλοι
]ωμεν
ἵ]να ποιῶμεν ἱερὰ καλά
]. νηι κριός τε τράγος τε
]ἀπερίσια δῶρα
]. ου καὶ ἐπὶ ποταμοῦ νομῶι
τοὺς ὄρχεις λαμβ]άνων τοῦ τράγου
]τὰ δὲ λοιπὰ κρέα ἐσθιέτω
ὁ δὲ βέβηλ]ος μὴ ἐφοράτω
]λλου ἀναθεὶς εἰς τὸ ἀνηιρε-
]αλων εὐχή ·
Πρωτόγο]νον καὶ Εὐβουλέα καλῶ
]. ας εὐρήας κικλήσκω
].. ιτοφιλους σὺ ἀπαυάνας

4 [A 69] – 3 [B 7. 8]: 4 [B 37. 40]

4 ἐμαυτὸν ἐξέτεμον cf. **3 [B 8]**: Clem. Alex. Protr. 2, 14 ποινὰς πατέρων ἔτεισα cf. **4 [B 79]** **5** Βριμὼ cf. **3 [B 8]**: Clem. Alex. Protr. 2, 14: Orph. Arg. 17, 429 (4, 18 Abel) **6** cf. Procl. in Plat. Crat. 403 e (90,28 Pasquali = F145 K) **7** Κουρητές τε cf. **4 [A 15. B 37]** **11** ἀπερίσια cf. Orph. Arg. 13 (1 Abel) δῶρα cf. **4 [B 31]**: Orph. Arg. 27, 39 (4 Abel) **12** cf. Nonn. Dion. 24,43 (Tierney *CQ* 16, 86; Fauth 2258, 2265) **13** cf. Clem. Alex. Protr. 2, 14: Psell. De daem. 3 **15** cf. Tatian. Or. ad Graec. 8, 9, 10 **18** Εὐβουλέα cf. **4 [A 65. 66]**: Orph. Hymn. 29,8; 30,6; 42,2 (24, 25, 32 Quandt) **20** ἀπαυάνας cf. **4 [A 44. 62,11. 63,8. 64,9. 70a-f]** **22** ʼΙρικεπαῖγε] = ʼΗρικεπαῖος cf. **4 [B 39b-c. 45.**

1 [ἵ]να Diels **3** διὰ τὴν Diels: διοτοκιν Smyly (= διοτοκεῖν) **4** [ἐμαυτὸν ἐξ]έτεμον scripsi: [τὸν θεὸν] ἔτεμον Tierney πατ[έρων ἔτεισα Tierney: πατ[έρος (= Κρόνου) Kern **5** με[γάλη Diels Hunt **10** μόσχος ἀποθά]νηι Schütz **13** [τοὺς ὄρχεις λαμβ]άνων Smyly **14** λοιπὰ Smyly (λοι{κρα}πα pap.): ἀεργὰ Wilcken: λείπακρα (= λίπακρα)? DK: λεπτὰ Schütz **15** ὁ δὲ βέβηλ]ος Smyly **16**]λλου Smyly: χου Wilcken **18** Πρωτόγο]νον Smyly **19** εὐρήας (= εὐρείας) Wilcken Hunt Kern: Ευιηας Smyly **21** Δ]ήμητρος Smyly **22** Εὐβου]λεῦ vel βασι]λεῦ

4 [A 69] .... afin que tu découvres
....
.... par l'initiation
je me mutilai moi-même, je purgeai les peines des pères
.... sauve-moi, grande Brimò
.... et Déméter <et> Rhéa
.... et Courètes armés
....
.... afin de produire de belles offrandes
.... le bélier et le bouc
.... dons innombrables
.... et auprès du pâturage du fleuve
saisissant les testicules du bouc
.... et les autres chairs tu les manges,
mais celui qui n'est pas initié n'assiste pas,
.... consacrant .....
.... prière:
j'appelle Protogonos et Euboulée
...... j'invoque les vastes ...
.... toi, desséchant par la soif

4 [A 69] — Lobeck I 24 sqq.; Rohde I 279 sqq.; DK I 19,10-20,8; Smyly *Ritual 1-10; Kern OF 101-104; Tierney CQ* 16, 77 sqq.; Kern II 182 sqq.; Nilsson I 653 sqq.; Fauth *Zagreus* 2257 sqq.; Des Places 232 sqq.; Arrighetti 34-35

Δ]ήμητρος καὶ Παλλάδος ἡμῖν
Εὐβου]λεῦ Ἰρικεπαῖγε σῶισόμ με
Φάν]ητα · εἷς Διόνυσος σύμβολα
]υρα · θεὸς διὰ κόλπου
ψυ][χ]ρ[ὸ]ν ἔπιον ὄνος βουκόλος
]γιας σύνθεμα · ἄνω κάτω τοῖς
]καὶ ὅ σοι ἐδόθη ἀνηλῶσαι
ε]ἰς τὸν κάλαθον ἐμβαλῖν
κ]ῶνος ῥόμβος ἀστράγαλοι
]ἣ ἔσοπτρος.

(F31 K) Papyri fragmentum, saec. III a. Chr. n. (Greek Papyri from Gurob ed. by G. Smyly, *Cunningham Memoirs* n. 12, Dublin 1921, n. 1)

4 [A 70] a δίψαι αὖος ἐγὼ καὶ ἀπόλλυμαι · ἀλλὰ πίε μοι
κράνας αἰειρόω ἐπὶ δεξιά, τῇ κυφάρισσος.
τίς δ' ἐσσί; πῶ δ' ἐσσί; Γᾶς υἱός ἠμι καὶ
Ὠρανῶ ἀστερόεντος.

b δίψαι αὖος ἐγὼ καὶ ἀπόλλυμα{μα}ι · ἀλλὰ πίε
μοι
κράνας αἰειρόω ἐπὶ δεξιά, τῇ κυφάρισσος.

73. 75] **24** cf. **4 [A 24,2. B 36]**: Clem. Alex. Protr. 2, 16 **25** ἔπιον cf. **3 [B 7]**: Clem. Alex. Protr. 2, 15 ὄνος cf. Aristoph. Ran. 159 βουκόλος cf. **4 [B 36]** **26** ἄνω κάτω cf. **4 [B 57b. 78]**: Heracl. B 60 DK **28** cf. **3 [B 7]** **29** cf. **4 [B 37]**: Archyt. B 1 DK (Guthrie *Orph.* 121 sqq.) **30** cf. **4 [B 40]**

Smyly Ἰρικεπαῖγε (= Ἠρικεπαῖε) Wilcken: Πικεπαῖγε Smyly **23** ητα Wilcken, unde Φάν]ητα Diels: ιτα Smyly, unde Λικν]ῖτα **24** υρα Wilcken DK Kern: ηρα Smyly: εὗρον σωτ] ῆρα Tierney **25** ψυχ]ρ[ὸ]ν dubitanter Smyly **27** καὶ ὅ σοι Wilcken Kern DK: ς διο σοι Smyly **28** ε]ἰς Smyly **29** κ]ῶνος Smyly **30** ἣ scripsi: ἡ DK: η Smyly

4 [A 70] – 4 [A 42. 44. 62-64. 67]
1, 4, 7, 10, 13, 16 cf. **4 [A 44. 62,11. 63,8. 64,9. 69,20]** **3, 6, 9, 12, 15, 18** cf. **4 [A 24,9-10. 63,6. 64,8]**

2,5 αἰειρόω] αἰε{ι}ρόω Olivieri **2,5,8** τῇ] τῇ⟨ι⟩ Olivieri **4** ἀπόλλυμαι] ΑΠΟΛΛΥΜΑΜΑΙ lam. **6** ἀστερόεντος] ΑΣΤΕΡΟ-

.... de Déméter et de Pallas pour nous
.... ô Euboulée Iriképégos, sauve-moi
.... Phanès: un seul Dionysos, tu marques
.... dieu dans le giron
..... j'ai bu froide ... âne pasteur de troupeaux
..... formule: dessus dessous ...
..... et ce qui te fut accordé d'enfoncer
..... jeter dans le panier
..... pomme de pin toupie dés
.... ou encore miroir.

Rituel des mystères

4 [A 70] a — Je suis desséché par la soif et je meurs. — Allons, bois
à la source jamais tarie, à droite, où le cyprès se dresse.
— Qui es-tu? et d'où es-tu? — Je suis le fils de
Terre et de Ciel étoilé.

b — Je suis desséché par la soif et je meurs. Allons, bois
à la source jamais tarie, à droite, où se dresse le cyprès.

4 [A 70] — DK I 16,1-5; Comparetti 38 sqq.; Olivieri 14-15; Kern OF 105-106; Verdelis *Ar. Eph.* 1953-1954, 56 sqq.; Zuntz 362 sqq.; Pugliese-Carratelli 1974, 114-115, 117 sqq.

τίς δ' ἐσσί; πῶ δ' ἐσσί; Γᾶς υἱός ἠμι καὶ
'Ωρανῶ ἀστερό(ε)ντος.

c δίψαι {αὖος} δ' αὖος ἐγὼ καὶ ἀπόλλυμαι·
ἀλλὰ πίε μμο(ι)
κράνας αἰενάω ἐπὶ δε[ξ]ιά, τῆ κυφάρι{σ}σσος.
τίς δ' ἐσσί; πῶ δ' ἐσσί; Γᾶς υἱός ἠμ⟨ι⟩ καὶ
'Ωρανῶ ἀστερόεντ[ο]ς.

d δίψαι δ' ἠμ' αὖος καὶ ἀπόλομαι· ἀλ⟨λ⟩ὰ πίε
(μ)μοι
κράνας αἰειρόω ἐπὶ δεξιά, τ(ῆ) κυπάρισσος.
τίς δ' ἐσσί; πῶ δ' ἐσσί; Γᾶς ἠμι (θ)υ⟨γ⟩(ά)-
τηρ καὶ 'Ωρανῶ ἀστερόεντος.

e δίψαι αὖος ἐγὼ καὶ ἀπόλλυμαι· ἀλ⟨λ⟩ὰ πίε
μμοι
κράν⟨ας⟩ αἰ(ε)ιρ[ό]ω ἐπ⟨ὶ⟩ δεξιά, τῆ κυφάρισσος.
τίς {δε} δ' ἐσσί; πῶ δ' ἐσσί; Γᾶς υἱός ἠμι
κὠρανῶ ἀστερόεντος.

f δίψαι δ' αὖος ἐγὼ καὶ ἀπόλυμαι· ἀλλὰ π⟨ί⟩ε
μμο⟨ι⟩
κράνας αἰενάω ἐπὶ δ⟨ε⟩ξιά, τῆ κυφάρισσος.

CNTOC   7 ΑΥΟCΔΑΥΟC lam. (Pugliese-Carratelli): ΑΥΟCΑΛ-[.]CC lam. (Olivieri): ΑΥΟCΛΛ[.]CC lam. (Zuntz): {αὖος} δ' αὖος Pugliese-Carratelli: αὖος ἅλις? Diels: αὖος {ΑΛ[.]CC} Olivieri Kern   πίε μμο(ι) scripsi: ΠΙΕΜΜΟΥ lam.: πιέμ μοι Comparetti Diels (sc. δότε): πιέμ μου Gruppe (sc. ἔστι « sum arida, at bibere [possum] e fonte ») Pugliese-Carratelli: πίε μμου Murray Olivieri Kern   **8** κρά-νας] ΙΡΑΝΑC lam.   **3,6,9** πῶ δ' ἐσσί;] secl. Diels Olivieri **10** πίε (μ)μοι scripsi: ΠΙΕΝΜΟΙ lam.: πιέν μοι Pugliese-Carratelli **11** τῆ] ΤΕ lam.   **12** θυγάτηρ dubitanter Verdelis Pugliese-Carratelli Zuntz: ΓΥΗΤΗΡ lam. (ΤΥΜΤΗΡ Zuntz)   **13** πίε μμοι scripsi: πιέμ μοι Pugliese-Carratelli   **14** αἰειρόω] ΑΙΙΙΡ[.]Ω lam.   **16** π⟨ί⟩ε μμο⟨ι⟩ scripsi: ΠΕΜΜΟ lam.: π⟨ι⟩έμ μο⟨ι⟩ Pugliese-Carratelli

— Qui es-tu? et d'où es-tu? — Je suis le fils de Terre et de Ciel étoilé.

c — Je suis desséché par la soif et je meurs. — Allons, bois
à la source jamais à sec, à droite, où se dresse le cyprès.
— Qui es-tu? et d'où es-tu? — Je suis le fils de Terre et de Ciel étoilé.

d — Je suis desséchée par la soif et je meurs. — Allons, bois
à la source jamais tarie, à droite, où se dresse le cyprès.
— Qui es-tu? et d'où es-tu? — Je suis la fille de Terre et de Ciel étoilé

e — Je suis desséché par la soif et je meurs. — Allons, bois
à la source jamais tarie, à droite, où se dresse le cyprès.
— Qui es-tu? et d'où es-tu? — Je suis le fils de Terre et de Ciel étoilé.

f — Je suis desséché par la soif et je meurs. — Allons, bois
à la source jamais à sec, à droite, où se dresse le cyprès.

τίς δ' ἐσσί; πῶ δ' ⟨ἐ⟩σσί; Γᾶς υἱός (ἠ)μι καὶ Ὠρανῶ ἀστερόεντος.

(F32 b I-III K) Lamellae Eleuthernae repertae, saec. III a. Chr. n. (IC II 12, 31, 167-171; 30, 4, 314-315; Verdelis *AE* 1953-54 [ed. 1958])

4 [A 71] Ζεὺς πρῶτος γένετο, Ζεὺς ὕστατος ἀργικέραυνος·
Ζεὺς κεφαλή, Ζεὺς μέσσα· Διὸς δ' ἐκ πάντα τελεῖται·
Ζεὺς πυθμὴν γαίης τε καὶ οὐρανοῦ ἀστερόεντος·
Ζεὺς ἄρσην γένετο, Ζεὺς ἄμβροτος ἔπλετο νύμφη·
Ζεὺς πνοιὴ πάντων, Ζεὺς ἀκαμάτου πυρὸς ὁρμή.
Ζεὺς πόντου ῥίζα· Ζεὺς ἥλιος ἠδὲ σελήνη·
Ζεὺς βασιλεύς, Ζεὺς ὁ ἀρχὸς ἁπάντων ἀργικέραυνος·

18 (ἠ)μι] IMI lam.

4 [A 71] – 4 [A 50]: [Demosth.] 25, 8: Apul. De mundo 37, 173: Porphyr. ap. Eus. Praep. ev. 3, 9, 100-105: Iambl. Protr. 4, 23, 3: Stob. Ecl. 1, 23: Procl. in Plat. Tim. 28 c (I 313,17; 310,7 Diehl): Procl. in Plat. Tim. 41 a (III 209,3 Diehl): Procl. in Plat. Parm. 130 b (799,27 Cousin): Procl. in Plat. Crat. 395 a (48,22 Pasquali): Procl. in Plat. Tim. 35 a (II 145,4 Diehl): Simpl. in Arist. De caelo 270 a 12 (93,11 Heiberg): Damasc. De princ. 311 (II 177,10 Ruelle): Aristocr. Man. in Theos. Tubing. 50: Schol. Plat. Leg. 715 e (317 Greene) **3** γαίης ... ἀστερόεντος cf. **4 [A 63,6. 64,8. 70a-f]** **8** cf. Hes. Theog. 157

1 ἀργικέραυνος PQ: ἀρχοκέραυνος R2494 **2** μέσσα] μέσος R1603: μέσα OPQ πάντα] πάντων P τελεῖται pap. Derveni Diels Schol. Galeni: τέτυκται codd. Apul. Philop. Tzetz. Lorimer: τέτακται R1603: τέτμηται O: πέφυκε Procl. Theol. Plat. 6, 8: πέλονται Plut. **3** πυθμὴν] πυγμὴν R2992 **4** ἄρσην γένετο] ἄρσην ἐγένετο Q: ἀρχιγενέτωρ O **5** πνοιὴ] πνοὴ Q: ποιὴ R2992 **7** ὁ ἀρχὸς pap. Derveni: ἀρχὸς plerique codd. Lorimer: ἀργὸς R1603: ἀρχὴ PQ: ἀρχῆς R2494: ἀρχηγὸς O ἀργικέραυνος pap. Derveni R2992 Kern: ἀρχικέραυνος ceteri

— Qui es-tu? et d'où es-tu? — Je suis le fils de Terre et de Ciel étoilé.

TABLETTES DÉCOUVERTES A ÉLEUTHERNA, 1-6

4 [A 71] Zeus naquit le premier, Zeus à la foudre étincelante est le dernier;
Zeus est la tête, Zeus est le milieu: par Zeus tout est accompli;
Zeus est le fond de la terre et du ciel étoilé;
Zeus naquit mâle, Zeus immortel fut une jeune fille;
Zeus est le souffle de toutes choses, Zeus est l'élan du feu infatigable.
Zeus est la racine de la mer, Zeus est le soleil et la lune;
Zeus est le roi, Zeus à la foudre étincelante est le maître de toutes choses:

4 [A 71] — Lobeck I 521-533; DK I 8,18-20; Kern OF 91-93, 201-207; Merkelbach *ZPE* I (1967), 21 sqq.; Pugliese-Carratelli 1974, 139-140; G. Reale *Arist. Tratt. sul cosmo*, Napoli 1974, 186-189, 273-274; Arrighetti 29-30

πάντας γὰρ κρύψας αὖθις φάος ἐς πολυγηθὲς
ἐκ καθαρῆς κραδίης ἀνενέγκατο, μέρμερα ῥέζων.

(F21 a K) Pseudo-Aristoteles, De mundo 401 a 27 - b 7 (Lorimer: ὡς δὲ πᾶν εἰπεῖν, οὐρανιός τε καὶ χθόνιος, πάσης ἐπώνυμος φύσεως ὢν καὶ τύχης, ἅτε πάντων αὐτὸς αἴτιον ὤν. διὸ καὶ ἐν τοῖς 'Ορφικοῖς οὐ κακῶς λέγεται· « Ζεὺς ... ῥέζων »)

4 [A 72] δίψαι αὖος ἐγὼ κἀπόλλυμαι· | ἀλλὰ πίε μο(ι)
κράνας αἰειρόω, | ἐπὶ δεξιὰ λευκὴ κυπάρισσος. |
τίς δ' ἐσί; πῶ δ' ἐσί; Γᾶς υἱός εἰμι | καὶ Οὐρανοῦ
ἀστερόεντος, |
αὐτὰρ ἐμοὶ γένος οὐράνιον

(—) Lamella in Thessalia (?) reperta, saec. IV (?) a. Chr. n. (Paul Getty Museum, Malibu Ca.)

codd. Lorimer **8** πάντας] πάντα O **9** ἐκ καθαρῆς Lorimer: ἐκ καθαρᾶς Apul.: ἐξ ἱερῆς codd.

4 [A 72] - 4 [A 63. 70]

1 πίε μο(ι)] ΠΙΕΜΟΥ lam.

car, après les avoir tous plongés dans l'ombre, de
nouveau de son sein sacré
il les exposa à la lumière pleine de joie, accomplissant
des ravages.

PSEUDO-ARISTOTE, *Sur le monde* 401 a 27 - b 7 (Et pour tout dire, il est céleste et souterrain, il tient ses noms de toute nature et de tout cas, car il est cause de toute chose. C'est pourquoi la poésie orphique aussi ne s'égare pas en affirmant ...)

4 [A 72] — Je suis desséché par la soif et je meurs. — Allons,
bois,
à la source jamais tarie, à droite où se dresse un cyprès
blanc.
— Qui es-tu? et d'où es-tu? — Je suis le fils de la Terre
et de Ciel étoilé,
et ma lignée est céleste

TABLETTE DÉCOUVERTE EN THESSALIE

4 [A 72] — J. Breslin *A Greek Prayer*, Pasedena Ca., Ambassador College, 1977; R. Merkelbach *ZPE* 25 (1977), 276

B

4 [B 1] (T194 K) Pausanias, 8, 37, 5 (W. H. S. Jones)

παρὰ δὲ Ὁμήρου Ὀνομάκριτος παραλαβὼν τῶν Τιτάνων τὸ ὄνομα Διονύσωι τε συνέθηκεν ὄργια καὶ εἶναι τοὺς Τιτᾶνας τῶι Διονύσωι τῶν παθημάτων ἐποίησεν αὐτουργούς.

4 [B 2] (T113 K) Pseudo-Eratosthenes, 24 (29,3 - 30,2 Olivieri)

διὰ δὲ τὴν γυναῖκα εἰς Ἅιδου καταβὰς καὶ ἰδὼν τὰ ἐκεῖ οἷα ἦν τὸν μὲν Διόνυσον οὐκέτι ἐτίμα, τὸν δὲ Ἥλιον μέγιστον τῶν θεῶν ἐνόμισεν, ὃν καὶ Ἀπόλλωνα προσηγόρευσεν· ἐπεγειρόμενός τε τὴν νύκτα κατὰ τὴν ἑωθινὴν ἐπὶ τὸ ὄρος τὸ καλούμενον Πάγγαιον προσέμενε τὰς ἀνατολάς, ἵνα ἴδηι τὸν Ἥλιον, πρῶτον· ὅθεν ὁ Διόνυσος ὀργισθεὶς αὐτῶι ἔπεμψε τὰς Βασσαρίδας, ὥς φησιν Αἰσχύλος ὁ τῶν τραγωιδιῶν ποιητής· αἳ διέσπασαν αὐτὸν καὶ τὰ μέλη ἔρριψαν χωρὶς ἕκαστον· αἱ δὲ Μοῦσαι συναγαγοῦσαι ἔθαψαν ἐπὶ τοῖς καλουμένοις Λειβήθροις.

4 [B 3] (T252 K) Hippias Eleus, B 6 DK (Clem. Alex. Strom. 6, 2, 15, 1-2)

φέρε ἄντικρυς μαρτυροῦντα ἡμῖν Ἱππίαν τὸν σοφιστὴν τὸν Ἠλεῖον, ὃς τὸν αὐτὸν περὶ τοῦ προκειμένου μοι σκέμματος ἧκεν λόγον, παραστησώμεθα ὧδέ πως λέγοντα·

4 [B 1] – 4 [B 15. 18. 37. 38. 62]: Il. 14,279

4 [B 2] – 4 [B 26]: Verg. Georg. 4,520-522: Ovid. Met. 11,1 sqq.: Paus. 9, 30, 8-12: Hygin. Astron. 2, 7, 117

1-2 διὰ ... ἦν Ven. Marc. 444 (cf. Schol. Germ. 84, 6): ὃς cett. **2** οὐκέτι R Ziegler: οὐκ D ἐτίμα] add. ὑφ' οὗ ἦν δεδοξασμένος Schol. Germ. **3** ἐνόμισεν] ἐνόμιζεν εἶναι D **5** Πάγγαιον] ἀνιὼν add. Wilamowitz **6** τὸν Ἥλιον om. R **8** αἳ ... αὐτὸν] αἵτινες αὐτὸν διέσπασαν D **9** ἔρριψαν] διέρριψαν D

4 [B 3] – 2 ὃς] ὃς ⟨εἰς⟩ Stählin **3** ἧκεν Diels: ἥκειν codd.: ἥκει Stählin

B

4 [B 1] PAUSANIAS, 8, 37, 5

Et Onomacrite, ayant pris chez Homère le nom des Titans, fonda les rites secrets de Dionysos et dans sa poésie représenta les Titans comme les auteurs des souffrances de Dionysos.

4 [B 2] PSEUDO-ÉRATOSTHÈNE, 24

Après qu'il fut descendu dans l'Hadès pour sa femme, et qu'il eut vu les choses d'en-bas, Orphée cessa d'honorer Dionysos, alors qu'il considéra Hélios comme le plus grand des dieux, et qu'il lui donna aussi le nom d'Apollon. Et s'éveillant la nuit avant l'aube, avant toutes choses il attendait le lever du soleil sur le mont Pangée, afin de contempler Hélios. C'est pourquoi Dionysos, courroucé, lui dépêcha les Bassarides, ainsi que le dit Eschyle, le poète tragique: celles-ci le déchirèrent et dispersèrent ses membres, chaque partie du corps fut séparée des autres. Alors les Muses, après les avoir rassemblées, les ensevelirent dans la ville appelée Leibéthra.

4 [B 3] HIPPIAS D'ÉLIS, fr. 6

Aussi bien, exposons ouvertement le témoignage produit par Hippias, le sophiste d'Élis, lequel tint le même discours que moi sur la question proposée; voici à peu de choses près ce qu'il dit:

4 [B 1] — Lobeck I 335, 384; Kinkel 240; Rohde I 106; 112-3; Nilsson I 683, 685-686; Linforth 350; Dodds *Irr.* 155

4 [B 2] — Kern OF 33; Guthrie *Orph.* 32-35; Ziegler *Orph.* 1283-1284; Linforth 205

4 [B 3] — DK I 5,21-23; Kern OF 77-78; Linforth 105-106; Untersteiner *Sofisti* III 82-83; Cardini *Pres.* II 978

τούτων ἴσως εἴρηται τὰ μὲν Ὀρφεῖ, τὰ δὲ Μουσαίωι κατὰ βραχὺ ἄλλωι ἀλλαχοῦ, τὰ δὲ Ἡσιόδωι τὰ δὲ Ὁμήρωι, τὰ δὲ τοῖς ἄλλοις τῶν ποιητῶν, τὰ δὲ ἐν συγγραφαῖς τὰ μὲν Ἕλλησι τὰ δὲ βαρβάροις· ἐγὼ δὲ ἐκ πάντων τούτων τὰ μέγιστα καὶ ὁμόφυλα συνθεὶς τοῦτον καινὸν καὶ πολυειδῆ τὸν λόγον ποιήσομαι.

4 [B 4] (—) Timotheus, Pers. 234-236 (Wilamowitz)

πρῶτος ποικιλόμουσος Ὀρ-
φεὺς ⟨χέλ⟩υν ἐτέκνωσεν
υἱὸς Καλλιόπας Πιερίας ἔπι.

4 [B 5] (T91 K) [Euripides] Rhes. 943-947 (Ebener)

μυστηρίων τε τῶν ἀπορρήτων φανὰς
ἔδειξεν Ὀρφεύς, αὐτανέψιος νεκροῦ
τοῦδ' ὃν κατακτείνεις σύ· Μουσαῖόν τε, σὸν
σεμνὸν πολίτην κἀπὶ πλεῖστον ἄνδρ' ἕνα
ἐλθόντα, Φοῖβος σύγγονοί τ' ἠσκήσαμεν.

4-5 κατὰ βραχὺ secl. Th. Gomperz **5** ἄλλωι] ἄλλως Geel ἄλλωι ⟨ἄλλα⟩ ἀλλαχοῦ post βαρβάροις Th. Gomperz: ἄλλα ἀλλαχοῦ H. Gomperz **6** τὰ δὲ ἐν συγγραφαῖς] τὰ δὲ συγγραφεῦσι Th. Gomperz **8** τὰ ... ὁμόφυλα] τὰ μάλιστα [καὶ] ὁμόφυλα Nauck: τὰ μέγιστα ⟨ἐκλεξάμενος⟩ καὶ ⟨τὰ μάλιστα⟩ ὁμόφυλα Th. Gomperz τοῦτον] οὕτω Th. Gomperz

4 [B 4] – 4 [A 18]
1 ποικιλόμουσος pap. Diels: ποικιλόμουσον Wilamowitz **1-2** Ὀρφεὺς ⟨χέλ⟩υν Wilamowitz: ΟΡΙΥΣΥΝ pap. **3** Καλλιόπας] ΚΑΛΛΙΟΠΑ pap. ἔπι] ΕΝΙ pap.

4 [B 5] – 4 [A 25. 30]: [Eur.] Rhes. 965-966: Paus. 9, 30, 4
3 τοῦδ' ... σύ Bothe: τοῦδ' οὖν κατακτείνασα V Haun.: τοῦδ' οὕνεκα κτείνασα LP: τοῦδ' οὗ γελᾶις κτείνασα Reiske

Certaines de ces choses ont vraisemblablement été dites brièvement, par Orphée, d'autres par Musée, certaines ici, d'autres là, quelques-unes par Hésiode, certaines autres par Homère, d'autres encore par différents poètes, d'autres enfin se trouvent dans des ouvrages rédigés tantôt par des Grecs tantôt par des barbares. De toutes ces choses j'ai rassemblé les plus importantes et les plus homogènes pour en faire le discours que voici, nouveau et varié.

4 [B 4] TIMOTHÉE, *Les Perses* 234-236

En premier il engendra la lyre
Orphée à la musique nuancée
fils de Calliope, dans la Piérie.

4 [B 5] PSEUDO-EURIPIDE, *Rhésos* 943-947

Les torches et les cortèges des mystères ineffables
c'est Orphée qui les fit voir, le cousin de ce cadavre
que tu viens de tuer; et Musée, ton auguste citoyen
le seul homme qui s'élève aussi haut,
c'est Phoïbos et nous, les sœurs, qui l'avons formé.

4 [B 4] — DK I 5,15-20; Wilamowitz *Thimotheos Die Perser*, Leipzig 1903, 27, 76, 84; Linforth 24

4 [B 5] — DK I 4,26-31; Guthrie *Orph.* 217; Linforth 61; D. Ebener *Rhesos* Berlin 1966, 118-119; Giannantoni *Pres.* I 8

4 [B 6] (T123 K) Alcidamas, Ulix. 24 (190 Blass)

γράμματα μὲν δὴ πρῶτος Ὀρφεὺς ἐξήνεγκε, παρὰ Μουσῶν μαθών, ὡς καὶ τὰ ἐπὶ τῶι μνήματι αὐτοῦ δηλοῖ ἐπιγράμματα· « Μουσάων πρόπολον τῆιδ' Ὀρφέα Θρῆικες ἔθηκαν, ὃν κτάνεν ὑψιμέδων Ζεὺς ψολόεντι βέλει, Οἰάγρου φίλον υἱόν, ὃς Ἡρακλῆ' ἐξεδίδαξεν, εὑρὼν ἀνθρώποις γράμματα καὶ σοφίην ».

4 [B 7] (T205 K) Demosthenes, De corona 18, 259-260 (Butcher)

ἀνὴρ δὲ γενόμενος τῆι μητρὶ τελούσηι τὰς βίβλους ἀνεγίγνωσκες καὶ τἆλλα συνεσκευωροῦ, τὴν μὲν νύκτα νεβρίζων καὶ κρατηρίζων καὶ καθαίρων τοὺς τελουμένους καὶ ἀπομάττων τῶι πηλῶι καὶ τοῖς πιτύροις, καὶ ἀνιστὰς ἀπὸ τοῦ καθαρμοῦ κελεύων λέγειν « ἔφυγον κακόν, εὗρον ἄμεινον », ἐπὶ τῶι μηδένα πώποτε τηλικοῦτ' ὀλολύξαι σεμνυνόμενος ... ἐν δὲ ταῖς ἡμέραις τοὺς καλοὺς θιάσους ἄγων διὰ τῶν ὁδῶν, τοὺς ἐστεφανωμένους τῶι μαράθωι καὶ τῆι λεύκηι, τοὺς ὄφεις τοὺς παρείας θλίβων καὶ ὑπὲρ τῆς κεφαλῆς αἰωρῶν, καὶ βοῶν « εὐοῖ σαβοῖ », καὶ ἐπορχούμενος « ὑῆς ἄττης ἄττης ὑῆς », ἔξαρχος καὶ προηγεμὼν καὶ κιττοφόρος καὶ λικνοφόρος καὶ τοιαῦθ' ὑπὸ τῶν γραιδίων προσαγορευόμενος, μισθὸν λαμβάνων τούτων ἔνθρυπτα καὶ στρεπτοὺς καὶ νεήλατα, ἐφ' οἷς τίς οὐκ ἂν ὡς ἀληθῶς αὑτὸν εὐδαιμονίσειε καὶ τὴν αὑτοῦ τύχην;

4 [B 6] – 4 [B 2]: Paus. 9, 30, 5: Diog. Laert. pr. 1, 4
3 θρῆικες X: θράκες A **4** βέλει Ald.: βαλών C: κεραυνῶι cett. codd. et γρ C Οἰάγρου] ὑάγρου A **5** ἡρακλῆ Z Burn. 96: ἡρακλῆα A ἐξεδίδαξεν plerique codd. Blass.: ἐδίδαξεν AN Ald. Preger

4 [B 7] – 4 [A 32. B 8]: Aristoph. Nub. 250: Harpocrat. ad h. l.
2 νεβρίζων cf. Lobeck I 653 **3** [2]καὶ secl. Blass **4** τῶι πηλῶι cf. **4 [A 32]**: Heracl. B 5 DK: Plat. Remp. 363 d ἀνιστὰς SLAFB: ἀναστὰς al. **10** εὐοῖ σαβοῖ] ευσάβοι pr. Σ **11** προηγεμὼν] ἡγεμὼν Aristid. **12** κιττοφόρος codd.: κισστοφόρος Rubenius (Harpocrat. s. v. κιττοφόρος et Schol. Patm.) **15** αὑτὸν ... αὑτοῦ Bekker: αὐτὸν ... αὐτοῦ codd.

4 [B 6] ALCIDAMAS, *Ulysse* 24

En effet, c'est Orphée qui, le premier, montra les signes des lettres, après qu'il les eut appris des Muses, ainsi que l'inscription de sa tombe le révèle: « Ici les Thraces couchèrent Orphée, le ministre des Muses, que Zeus, maître des hauteurs, frappa de la foudre vibrante à la lueur sombre et spectrale, le cher fils d'Œagre, qui instruisit Héraclès, après avoir découvert pour les hommes les lettres et la sagesse ».

4 [B 7] DÉMOSTHÈNE, *Sur la couronne* 18, 259-260

Devenu homme, tu lisais les écrits magiques à ta mère qui conduisait l'initiation et, à ses côtés, tu manigançais bien d'autres choses encore; la nuit, tu revêtais des peaux de faon, tu t'enivrais, tu purifiais les initiés, tu les frottais d'argile et de son, et quand ils se relevaient après la purification, tu leur faisais dire: « j'ai échappé au mal, j'ai trouvé le bien », fier de ce que personne jamais n'eût crié d'une voix aussi forte ... pendant le jour, tu conduisais par les rues les beaux cortèges tumultueux, où chacun était couronné de fenouil et de feuilles de peuplier, tu serrais dans tes mains les serpents brun-rougeâtre et tu les élevais au-dessus de ta tête, tu criais « évohé sabohé », en dansant au rythme de « hyès attès attès hyès »; tu étais le coryphée et le premier guide, le porte-lierre et le porte-van, acclamé sous ses noms par les vieilles femmes, et tu recevais en récompense de tout cela bouillies et gimblettes et fouaces fraîches. Qui, en vertu de tels motifs, ne se retiendrait heureux ainsi que de son sort?

4 [B 6] — Kern OF 37; Guthrie *Orph.* 40; Linforth 15

4 [B 7] — Lobeck I 646 sqq., 695; Rohde II 110,1; Kern OF 59; Guthrie *Orph.* 212; Jeanmaire 421

4 [B 8] (T207 K) Theophrastus, Charact. 16, 11-13 (Diels)

καὶ ὅταν ἐνύπνιον ἴδηι, πορεύεσθαι πρὸς τοὺς ὀνειροκρίτας, πρὸς τοὺς μάντεις, πρὸς τοὺς ὀρνιθοσκόπους, ἐρωτήσων, τίνι θεῶν ἢ θεᾶι εὔχεσθαι δεῖ. καὶ τελεσθησόμενος πρὸς τοὺς 'Ορφεοτελεστὰς κατὰ μῆνα πορεύεσθαι μετὰ τῆς γυναικὸς (ἐὰν δὲ μὴ σχολάζηι ἡ γυνή, μετὰ τῆς τίτθης) καὶ τῶν παίδων.

4 [B 9] a (F28 K) Eudemus Rhodius, fr. 150 Wehrli (Damasc. De princ. 124)

ἡ δὲ παρὰ τῶι Περιπατητικῶι Εὐδήμωι ἀναγεγραμμένη ὡς τοῦ 'Ορφέως οὖσα θεολογία πᾶν τὸ νοητὸν ἐσιώπησεν, ὡς παντάπασιν ἄρρητόν τε καὶ ἄγνωστον ἀνθρώπωι ... ἀπὸ δὲ τῆς Νυκτὸς ἐποιήσατο τὴν ἀρχήν, ἀφ' ἧς καὶ ὁ Ὅμηρος, εἰ καὶ μὴ συνεχῆ πεποίηται τὴν γενεαλογίαν, ἵστησιν· οὐ γὰρ ἀποδεκτέον Εὐδήμου λέγοντος ὅτι ἀπὸ 'Ωκεανοῦ καὶ Τηθύος ἄρχεται· φαίνεται γὰρ εἰδὼς καὶ τὴν Νύκτα μεγίστην οὕτω θεόν, ὡς καὶ τὸν Δία σέβεσθαι αὐτήν· « ἅζετο γὰρ μὴ Νυκτὶ θοῆι ἀποθύμια ῥέζοι ». ἀλλ' Ὅμηρος μὲν καὶ αὐτὸς ἀρχέσθω ἀπὸ Νυκτός. 'Ησίοδος δέ μοι δοκεῖ πρῶτον γενέσθαι τὸ Χάος ἱστορῶν τὴν ἀκατάληπτον τοῦ νοητοῦ καὶ ἡνωμένην παντελῶς φύσιν κεκληκέναι Χάος, τὴν δὲ Γῆν [πρώτην] ἐκεῖθεν παράγειν ὥς τινα ἀρχὴν τῆς ὅλης γενεᾶς τῶν θεῶν. εἰ μὴ ἄρα Χάος μὲν τὴν δευτέραν τῶν δυεῖν ἀρχῶν, Γῆν δὲ καὶ Τάρ-

4 [B 8] – 4 [B 7]

3 θεῶν ἢ θεᾶι] θεῶι ἢ θεᾶι recc.: θεῶν [ἢ θεᾶι] vel θεῶν ἢ θύειν ⟨ἢ⟩ ?Diels τελεσθησόμενος κτλ.] *particeps futurus initiorum quot mensibus iterandorum* Diels **4** 'Ορφεοτελεστὰς cf. Plut. Apophthegm. Lac. 274 e: Philod. π. ποιημ. fr. 41 Hausr. **6** παίδων: παιδίων recc.

4 [B 9] – 4 [A 24. 57. 59. B 42. 47. 68. 69]

3 ἀνθρώπωι Diels: τρόπων F: τρόπον W **4** ὁ ante Ὅμηρος add. C Wehrli: om. cett. **6** ἵστησιν] ἐνίστησιν Kroll **6-7** ἀπὸ ... ἄρχεται cf. Il. 14, 302 **8** οὕτω] οὖσαν Platt **9** ἅζετο ... ῥέζοι cf. Il. 14, 261 **11** Χάος cf. Hes. Theog. 116, 123 **13** Γῆν Lobeck: τὴν codd. [πρώτην] Kranz **15** Γῆν Taylor Cory: τὴν codd. **16** Ἔρωτα cf. **4 [A 20. 24. B 46]**: Parm.

4 [B 8] THÉOPHRASTE, *Caractères* 16, 11-13

Et quand il a une vision en rêve, il se rend chez les interprètes des songes, chez les devins, chez les augures, pour apprendre d'eux quel dieu ou quelle déesse il doit prier. Chaque mois pour recevoir son initiation, il va trouver les Orphéotélestes en compagnie de sa femme et de ses enfants (et si sa femme n'a pas le temps, la nourrice l'accompagne).

4 [B 9] a EUDÈME DE RHODES, fr. 150

Et la théologie transmise par le péripatéticien Eudème, comme étant d'Orphée, passe sous silence tout ce qui est objet de l'intuition, comme complètement indicible et inconnaissable ... Et il tient la Nuit pour le principe de toute chose; c'est d'elle dont part aussi Homère, même s'il ne suit pas une série généalogique continue. Car il ne faut pas accepter l'affirmation d'Eudème, selon laquelle Homère ferait tout commencer à partir d'Océan et de Téthys, puisqu'Homère paraît savoir que la Nuit est la plus grande divinité, à tel point que Zeus lui-même la révère: « car il craignait de déplaire à la Nuit, la véloce ». Il nous faut donc admettre qu'Homère commence lui aussi par la Nuit. Quant à Hésiode, il me semble avoir été le premier à considérer le Chaos, à appeler Chaos la nature insaisissable et complètement unie de l'objet de l'intuition, et à avoir placé à sa suite, à côté de lui, la Terre, comme un principe de la génération toute entière des dieux. Ou autrement, si Chaos n'est pas le second des deux principes, si Terre, Tartare et Éros ne sont pas les trois

4 [B 8] — DK I 6,14-18; Kern OF 58-61; Nilsson I 796; Linforth 101

4 [B 9] — Lobeck I 488; Zeller I 1, 122-123; DK I 10,25-11,21; Kern OF 97-98; Linforth 154; Ziegler OD 1347-1349; Wehrli *Eud.*, Basel-Stuttgart 1969, 70, 121-123

ταρον καὶ Ἔρωτα τὸ τριπλοῦν νοητόν, τὸν μὲν Ἔρωτα ἀντὶ τοῦ τρίτου, ὡς κατὰ ἐπιστροφὴν θεωρούμενον (τοῦτο γὰρ οὕτως ὀνομάζει καὶ ὁ Ὀρφεὺς ἐν ταῖς ῥαψωιδίαις) ...

b (F28 a K) Chrysippus, fr. 636 SVF II 192, 22-23 (Philod. De piet. 81, 18-21 Gomperz = Dox. 548)

κἂν τῶι πρ[ώ-
τ[ω]ι τὴν Νύκτα
θεάν φησιν [εἶναι
πρωτίστην.

4 [B 10] (T114 K) Schol. Pind. 313 a (II 139-140 Drachmann)

ὁ μέντοι Χαῖρις οὐκ ἀπιθάνως τούτους φησὶν ὠνομάσθαι τοὺς ἐκ θεῶν γεγονότας, οἷον Διοσκούρους καὶ Ἡρακλέα· οὕτω δὴ καὶ Ὀρφέα, διὰ τὸ Ἀπόλλωνος εἶναι υἱὸν γόνωι. παρατίθεται δὲ καὶ χρησμόν τινα, ὅν φησι Μέναιχμον ἀναγράφειν ἐν τῶι Πυθικῶι. ἔχει δὲ οὕτως· Πιέρες αἰνοπαθεῖς, στυγνὴν ἀποτίσετε λώβην Ὀρφέ' ἀποκτείναντες Ἀπόλλωνος φίλον υἱόν.

4 [B 11] (F33 K) Clemens Alexandrinus, Strom. 5, 8, 49, 3 (II 360, 10-19 Stählin)

τί δ'; οὐχὶ καὶ Ἐπιγένης ἐν τῶι περὶ τῆς Ὀρφέως ποιήσεως τὰ ἰδιάζοντα παρ' Ὀρφεῖ ἐκτιθέμενός φησι « κερκίσι

B 13 DK **17** θεωρούμενον Holwerda DK: θεωρουμένην codd. Kern Wehrli **18** ὁ ante Ὀρφεὺς add. C Wehrli: om. cett. **19-20** τῶι πρ[ώ]τ[ω]ι sc. Περὶ Φύσεως

4 [B 10] - 4 [A 4]: Asclepiad. FHG III 303,8: Apollod. Bibl. 1, 14: Ovid. Met. 10,167
2 οἷον] οἳ EG **3** Ὀρφέα] ὀρφεὺς E **5** ἀναγράφειν] ἀναγράψαι GQ **6** λώβην] λώβαν BE

objets de l'intuition, en plaçant Éros en troisième position, en tant qu'on le contemple selon le retour à l'origine (car une telle expression est employée également par Orphée dans les Rhapsodies) ...

b Chrysippe, fr. 636

... et dans le premier livre il dit que la Nuit est la toute première déesse.

4 [B 10] Scholie de Pindare, 313 a

Cependant Khaeris soutient que ceux qui sont nés des dieux, tels les Dioscures et Héraclès, n'ont pas reçu de noms incroyables: il en est de même pour Orphée, puisqu'il est le fils au sens propre d'Apollon. Et il cite l'autorité d'un oracle, qu'il affirme avoir été enregistré par Menaekhmos dans le « Pythique ». La réponse de l'oracle est la suivante: « Dolents de Piérie, par des maux horribles, vous allez expier l'outrage odieux du meurtre d'Orphée, le fils cher à Apollon ».

4 [B 11] Clément d'Alexandrie, *Stromate* 5, 8, 49, 3

En outre, Épigénès ne dit-il pas aussi, dans son ouvrage sur la poésie d'Orphée, mettant en évidence le style propre à Orphée,

4 [B 10] — Kern OF 8-9; Ziegler *Orph.* 1217-1219

4 [B 11] — Lobeck II 836-840; Abel *Orph.* 257; Kern OF 109-110, 69; Linforth 114, 146

καμπυλόχοισι » τοῖς ἀρότροις μηνύεσθαι, « στήμοσι » δὲ τοῖς αὔλαξι · « μίτον » δὲ τὸ σπέρμα ἀλληγορεῖσθαι, καὶ « δάκρυα Διός » τὸν ὄμβρον δηλοῦν, « Μοίρας » τε αὖ τὰ μέρη τῆς σελήνης, τριακάδα καὶ πεντεκαιδεκάτην καὶ νουμηνίαν · διὸ καὶ « λευκοστόλους » αὐτὰς καλεῖν τὸν Ὀρφέα φωτὸς οὔσας μέρη. πάλιν « ἄνθιον » μὲν τὸ ἔαρ διὰ τὴν φύσιν, « ἀργίδα » δὲ τὴν νύκτα διὰ τὴν ἀνάπαυσιν, καὶ « Γοργόνιον » τὴν σελήνην διὰ τὸ ἐν αὐτῆι πρόσωπον, « Ἀφροδίτην » τε τὸν καιρὸν καθ' ὃν δεῖ σπείρειν, λέγεσθαι παρὰ τῶι θεολόγωι.

4 [B 12] (T87 K) Clemens Alexandrinus, Strom. I, 21, 134, 4 (II 83, 22-24 Stählin)

ἤδη δὲ καὶ Ὀρφέα Φιλόχορος μάντιν ἱστορεῖ γενέσθαι ἐν τῶι πρώτωι Περὶ μαντικῆς.

4 [B 13] a (F42 K) Callimachus, fr. 466 Pfeiffer (Schol. Ambros. Theocrit. 2, 12)

Καλλίμαχος κατὰ λέξιν ὧδέ φησιν · « τῆι Δήμητρι μειχθεὶς ὁ Ζεὺς τεκνοῖ Ἑκάτην διαφέρουσαν ἰσχύϊ καὶ μεγέθει τῶν θεῶν ». ἣν ὑπὸ γῆν πεμφθῆναι ὑπὸ τοῦ πατρὸς πρὸς Περσεφόνης ζήτησιν ⟨... φησίν · διὸ⟩ καὶ νῦν Ἄρτεμις

4 [B 11] – 3 καμπυλόχοισι Lobeck ex Hesychio: καμπυλόχρωσι Clem. Stählin: intellige *vomeres rotis instructi* DK

4 [B 12] – 4 [B 27. 29]: Philostr. V. Apollon. Tyan. 4, 14 (I 372-374 Conybeare): Philostr. Heroic. 5, 3 (II 172,12 Kayser): Schol. Apollon. Rhod. 2,684
1 Φιλόχορος] φιλόχωρος L

4 [B 13] – 4 [B 14. 15. 38]
1 κατὰ λέξιν ὧδέ Reitzenstein: καταλέξω δέ K **3** τῶν θεῶν om. K **4** ζήτησιν] ἀναζήτησιν Vat. ⟨... φησίν· διὸ⟩ Reitzenstein: ⟨φασὶν⟩ Schneider: ⟨...⟩ Pfeiffer **4-5** νῦν ... καλεῖται cf.

que « les navettes au corps recourbé » désignent les charrues, que « la chaîne du métier à tisser » signifie les sillons de la charrue, que « le fil de la trame » exprime allégoriquement la semence, et que les « larmes de Zeus » indiquent la pluie, tandis que les « Moires » représentent les phases de la lune, le trentième jour du mois, le quinzième et la nouvelle lune? C'est pourquoi Orphée désigna ces jours sous le nom de « aux robes blanches », puisque les phases se rapportent à la lumière. De même, dans le langage du théologien, le printemps est appelé « le florissant » en raison de sa nature, et la nuit « la paresseuse » à cause du repos; la lune est dite « Gorgonia » en raison du visage qu'elle présente, alors que le moment où l'on doit semer est appelé « Aphrodite ».

4 [B 12] CLÉMENT D'ALEXANDRIE, *Stromate* 1, 21, 134, 4

Du reste Philochoros rapporte dans le premier livre *Sur la mantique* qu'Orphée fut lui aussi un devin.

4 [B 13] a CALLIMAQUE, fr. 466

Callimaque dit littéralement ceci: « S'étant uni à Déméter, Zeus engendra Hécate, qui se distingue parmi les dieux par sa force et sa stature ». Il dit qu'elle fut envoyée par son père sous la terre à la recherche de Perséphone: c'est pourquoi on

4 [B 12] — FHG I 415; Kern OF 330-333; Linforth 35

4 [B 13] — Lobeck I 544-545; Abel *Orph.* 242; Reitzenstein *Ined. poet. Gr. fr.* 3,23; Malten *ARW* 12 (1909), 439n; *Hermes* 45 (1910), 549-550; Pfeiffer *Callim.*, Oxford 1949-1953, I 353

καλεῖται καὶ Φύλαξ καὶ Δαιδοῦχος καὶ Φωσφόρος καὶ Χθονία.

b (F41 K) Schol. Apollon. Rhod. 3, 467 (463, 9 Keil)

τινὲς αὐτήν φασι Διὸς εἶναι παῖδα. ἐν δὲ τοῖς Ὀρφικοῖς Δήμητρος γενεαλογεῖται·

καὶ τότε δὴ Ἑκάτην Δηὼ τέκεν εὐπατέρειαν.

4 [B 14] (—) Callimachus, fr. 43,117 Pfeiffer (Etym. gen. B [= Etym. Sym. cod. V = Etym. M. p. 406, 46])

Ζαγρεύς, ὁ Διόνυσος παρὰ τοῖς ποιηταῖς· δοκεῖ γὰρ ὁ Ζεὺς μιγῆναι τῆι Περσεφόνηι, ἐξ ἧς χθόνιος ὁ Διόνυσος· Καλλίμαχος

υἷα Διώνυσον Ζαγρέα γειναμένη.

4 [B 15] (—) Callimachus, fr. 643 Pfeiffer; Euphorio, fr. 13 Powell (Schol. Lycophr. 207 [98, 5-10 Scheer])

ἐτιμᾶτο δὲ καὶ Διόνυσος ἐν Δελφοῖς σὺν Ἀπόλλωνι οὑτωσί· οἱ Τιτᾶνες τὰ Διονύσου μέλη σπαράξαντες Ἀπόλλωνι, ἀδελφῶι ὄντι αὐτοῦ, παρέθεντο ἐμβαλόντες λέβητι, ὁ δὲ παρὰ τῶι τρίποδι ἀπέθετο, ὥς φησι Καλλίμαχος, καὶ Εὐφορίων λέγων

ἐν πυρὶ Βακχέα δῖον ὑπὲρ φιάλης ἐβάλοντο

Procl. in Plat. Crat. 406b (106, 25 Pasquali): ἐπεὶ καὶ τὴν Ἄρτεμιν Ἑκάτην Ὀρφεὺς κέκληκεν (F188 K) **5** Φύλαξ K: Φυλακή Vat. [4]καὶ] ἡ K

4 [B 14] - 4 [B 13. 15. 34. 35. 38]: Nonnus Abbas ad Greg. Naz. or. in Iulian. 2, 35 (36, 1053 Migne: Περσεφόνη γεννᾶι τὸν Ζαγραῖον Διόνυσον)

4 [B 15] - 4 [B 13. 14. 34. 38. 40. 62. 77]
6 ἐν ... φιάλης Lobeck: ἂν πυρὶ Βάκχαν δῖαν ὑπὲρ φιάλην s[4] (Tzetz.): Ἐμπυριβήτην Διόνυσον ὑπὲρ φιάλην Creuzer

l'appelle encore maintenant Artémis et Protectrice et Porteuse de torche et Porteuse de lumière et Chtonia.

b Scholie d'Apollonios de Rhodes, 3, 467

D'aucuns affirment qu'elle est la fille de Zeus et dans la poésie orphique elle descend généalogiquement de Déméter:

Alors Déméter enfanta Hécate, fille d'un noble père.

4 [B 14] Callimaque, fr. 43, 117

Zagreus est le Dionysos des poètes: il semble, en effet, que Zeus se soit uni à Perséphone, dont est issu le Dionysos chtonien. Callimaque dit:

... la fille qui engendra Dionysos Zagreus.

4 [B 15] Callimaque, fr. 643; Euphorion, fr. 13

Et Dionysos lui aussi était honoré à Delphes à côté d'Apollon, pour la raison suivante. Les Titans remirent à Apollon — son frère — les membres de Dionysos qu'ils avaient déchirés, en les jetant dans le chaudron. Apollon les recueillit auprès du trépied, comme le rapporte Callimaque. Et Euphorion déclare:

dans la coupe ils jetèrent Bacchos céleste, sur le feu.

4 [B 14] — Lobeck I 547; Guthrie *Orph.* 113; Linforth 309-312; Pfeiffer *cit.* I 54; Fauth *Zagreus* 2270-2271

4 [B 15] — Lobeck I 558; Kern OF 111; Rathmann 50-51; Linforth 309-312; Pfeiffer *cit.* I 430-431; Fauth *Zagreus* 2263

4 [B 16] (F29 K) Apollonius Rhodius, Argonaut. I, 494-511 (H. Fränkel)

†ἂν δὲ καὶ† Ὀρφεὺς
λαιῆι ἀνασχόμενος κίθαριν, πείραζεν ἀοιδῆς.
ἤειδεν δ' ὡς γαῖα καὶ οὐρανὸς ἠδὲ θάλασσα,
τὸ πρὶν ἔτ' ἀλλήλοισι μιῆι συναρηρότα μορφῆι,
νείκεος ἐξ ὀλοοῖο διέκριθεν ἀμφὶς ἕκαστα·
ἠδ' ὡς ἔμπεδον αἰὲν ἐν αἰθέρι τέκμαρ ἔχουσιν
ἄστρα, σεληναίης τε καὶ ἠελίοιο κέλευθοι·
οὔρεά θ' ὡς ἀνέτειλε, καὶ ὡς ποταμοὶ κελάδοντες
αὐτῆισιν νύμφηισι καὶ ἑρπετὰ πάντ' ἐγένοντο.
ἤειδεν δ' ὡς πρῶτον Ὀφίων Εὐρυνόμη τε
Ὠκεανὶς νιφόεντος ἔχον κράτος Οὐλύμποιο·
ὥς τε βίηι καὶ χερσὶν ὁ μὲν Κρόνωι εἴκαθε τιμῆς,
ἡ δὲ Ῥέηι, ἔπεσον δ' ἐνὶ κύμασιν Ὠκεανοῖο·
οἳ δὲ τέως μακάρεσσι θεοῖς Τιτῆσιν ἄνασσον,
ὄφρα Ζεὺς ἔτι κοῦρος, ἔτι φρεσὶ νήπια εἰδώς,
Δικταῖον ναίεσκεν ὑπὸ σπέος, οἱ δέ μιν οὔπω
γηγενέες Κύκλωπες ἐκαρτύναντο κεραυνῶι
βροντῆι τε στεροπῆι τε· τὰ γὰρ Διὶ κῦδος ὀπάζει.

4 [B 16] – Lycophr. Alex. 5,1192: Lucian. Tragodop. 99: Orph. Arg. 419-432 (18 Abel): Schol. Aesch. Prom. 955: Schol. Aristoph. Nub. 247

1 ἂν SGPE: ἀνὰ LA **3** cf. Epimen. **[A 4,1]**: Emp. B 22,2; B 27,2 DK **4** ἔτ' Fränkel: ἐπ' codd. Vian **5** cf. Emp. B 17,19; B 36 DK **6** τέκμαρ cf. **5 [A 3,2]** **7** σεληναίης Flangini Ziegler Fränkel Vian: σεληναίη LAGPE **12** Κρόνωι cf. **4 [A 46. B 11. 21,70. 28. 34. 39. 42. 53. 77]** **13** Ῥέηι cf. **4 [A 46. B 34. 35]** **14** Τιτῆσιν cf. **4 [A 49. B 18. 33. 34. 37. 38. 55. 62]** **17** Κύκλωπες cf. **4 [B 33]** **17-18** κεραυνῶι ... στεροπῆι τε cf. **4 [A 66,5.12]**

4 [B 16] Apollonios de Rhodes, *Argonautiques* 1, 494-511

Orphée, à son tour,
levant sa cithare de sa main gauche, entreprit de chanter.
Il chantait comment la terre, le ciel et la mer,
au commencement confondus en une forme unique,
furent séparés l'un de l'autre à la suite d'une funeste discorde;
comment dans l'éther un emplacement fixé à jamais
fut assigné aux astres, à la lune et aux sentiers du soleil;
et comment se soulevèrent les montagnes et comment naquirent les fleuves
sonores, avec leurs nymphes et tous les êtres qui marchent.
Il chantait aussi comment à l'origine Ophion et Eurynomé
l'Océanide furent les maîtres de l'Olympe neigeux;
et comment sous la force violente l'un céda la souveraineté à Cronos,
l'autre à Rhéa, et tombèrent dans les flots d'Océan;
ceux-là furent alors les maîtres des Titans, dieux bienheureux,
tant que demeura dans l'antre du Dicté Zeus encore enfant,
qui voyait encore des choses enfantines dans son cœur;
les Cyclopes nés de la Terre n'avaient pas encore assuré sa force
par la foudre, le tonnerre et l'éclair: car ces choses confèrent à Zeus sa suprématie.

4 [B 16] — Zeller I 1, 125-126, 134; Abel *Orph.* 157-158; Dieterich 101, 153; DK I 14,29-15,15; G. W. Mooney *Argon.* 1964 (1912) 100-101; Kern OF 98-100; Wilamowitz *Glaube* II 200; Guthrie *Orph.* 28; Vian-Delage *Apollon.*, Paris 1974, I 73

4 [B 17] (T221 K) Marmor Parium, 239 A 14 Jacoby (FGrHist II B 995, 5-8)

[ἀφ' οὗ Ὀρφεὺς ὁ Οἰάγρου καὶ Καλλιόπης] υἱὸ[ς τ]ὴ[ν ἑ]αυτοῦ πόησιν ἐξ[έ]θηκε, Κόρης τε ἁρπαγὴν καὶ Δήμητρος ζήτησιν καὶ τὸν αὐτοῦ [καθαρμὸν καὶ τὸ θεῖον πά]θος τῶν ὑποδεξαμένων τὸν καρπόν, ἔτη ΧΗΔΔΔΓ, βασιλεύοντος Ἀθηνῶν Ἐρεχθέως.

4 [B 18] (F36 K) Euphorio, fr. 36 Powell (Philod. De piet. 44 [Henrichs *CronErc* 5 (1975), 35])

[πρώτην τού]των τὴν ἐκ τῆς μ[ητρός], ἑτέραν δὲ τ[ὴν ἐκ] τοῦ μηροῦ, [τρί]την δὲ τὴ[ν ὅτε δι]ασπασθεὶς ὑ[πὸ τῶν] Τιτάνων Ῥέα[ς τὰ] μέλη συνθε[ίσης] ἀνεβίω{ι}. καὶ [ἐν τῆι] Μοψοπίαι δ' Εὐ[φορί]ων [ὁ]μολογεῖ [τού]τοις, [ὁ] δ' Ὀρ[φεὺς ἐν Ἅιδου] καὶ πάντα [χρόνον] ἐνδιατρε[ίβειν].

4 [B 17] – 3 [B 5]: 4 [A 5,1. B 21. 36. 41. 57. 58]: 5 [B 8]: Orph. Arg. 26 (4 Abel: Δήμητρός τε πλάνην καὶ Φερσεφόνης μέγα πένθος), 38 (4 Abel: ἁγνοπόλον τε καθαρμόν)
1 [ἀφ' ... τ]ὴ[ν Boeckh ἀφ' ... υἱὸς] ἀφ' οὗ Ὀρφεὺς ἐκ Θράικης ἀφικόμενος ? Jacoby **2** ἑ]αυτοῦ Hiller de Gaertringen **3** αὐτοῦ Boeckh: αὑτοῦ Hiller de Gaertringen Kern αὐτοῦ [καθαρμὸν ... πά]θος scripsi: αὐτου[ργηθέντα αὐτῆι σπόρον, ὃν ἐδίδαξε τὸ πλῆ]θος vel αὐτου[ργηθέντα ὑπ' αὐτῆς σπόρον καὶ τὸ ἐκεῖθεν ἔ]θος Diels: σπόρον καὶ τὸ πλῆ]θος Wilamowitz: αὐτοῦ [εὑρεθέντα] Hiller de Gaertringen: αὐτοῦ [εὑρεθέντα ὑπ' αὐτῆς σπόρον καὶ τὸ πλῆ]θος Kern: αὐτοῦ [εἰς Ἅιδου καταβαθμὸν καὶ τὸ γῆ]θος vel καὶ τὸ θεῖον πά]θος Boeckh: τὴν αὐτοῦ [κατάβασιν καὶ μύ]θο⟨υ⟩ς Chandler: αὐτου[ργηθέντα ὑπ' αὐτῆς σπόρον καὶ τὸ πλῆ]θος Jacoby

4 [B 18] – 4 [B 15. 34. 38. 62. 77]
1-3 [πρώτην ... ἀνεβίω Th. Gomperz **4-5** Εὐφορίων ... χρόνον] Wilamowitz [ὁ] ... ἐνδιατρε[ίβειν]] [ὁ] δ' Ὀρ[φεὺς νέρθε] καὶ πάντα [χρόνον] ἐνδιατρε[ίβειν] vel [ὁ] δ' Ὀρ[φεὺς] καὶ πάντα [χρόνον] ἐν ⟨Ἅιδου⟩ διατρε[ίβειν sc. φησίν] coni. Philippson: [οἱ] δ' Ὀρ[φικοὶ] καὶ παντά[πασιν] ἐνδιατρε[ίβουσι] Henrichs **5** ἐνδιατρε[ίβειν] Th. Gomperz

4 [B 17] MARBRE DE PAROS, fr. 14

1135 années se sont écoulées depuis que, sous le règne d'Érechthée à Athènes, Orphée, fils d'Œagre et de Calliope, présenta sa poésie, le rapt de Coré et la quête de Déméter, sa propre purification et la passion divine de ceux qui avaient reçu le fruit de la terre.

4 [B 18] EUPHORION, fr. 36

De ces trois naissances, la première est de sa mère, la seconde de la cuisse, et la troisième enfin advient lorsque, après le dépècement par les Titans, Rhéa ayant rassemblé les membres, il revint à la vie. Et dans la Mopsopie Euphorion est d'accord sur ces choses, tandis qu'Orphée affirme qu'il passa tout le temps dans l'Hadès.

4 [B 17] — DK I 13,10-14; FGrHist II B Komm. 677; Linforth 193

4 [B 18] — Wilamowitz *Hermes* 33 (1898) 521; Philippson *Hermes* 55 (1920), 266; Kern OF 111; Rose 162; Linforth 309-312; Jeanmaire 382

4 [B 19] (F23 K) Pseudo-Demosthenes, c. Aristogit. I, II (Butcher)

τὴν τὰ δίκαι' ἀγαπῶσαν Εὐνομίαν περὶ πλείστου ποιησαμένους, ἣ πάσας τὰς πόλεις καὶ χώρας σώιζει· καὶ τὴν ἀπαραίτητον καὶ σεμνὴν Δίκην, ἣν ὁ τὰς ἁγιωτάτας ἡμῖν τελετὰς καταδείξας Ὀρφεὺς παρὰ τὸν τοῦ Διὸς θρόνον φησὶ καθημένην πάντα τὰ τῶν ἀνθρώπων ἐφορᾶν, εἰς αὑτὸν ἕκαστον νομίσαντα βλέπειν οὕτω δεῖ ψηφίζεσθαι, φυλαττόμενον καὶ προορώμενον μὴ καταισχῦναι ταύτην.

4 [B 20] (F32 b IV K) Epigramma saec. II a. Chr. n. Phaesti in lapide repertum

θαῦμα μέγ' ἀνθρώποις | πάντων Μάτηρ πρ⟨ο⟩δίκνυτι, |
τοῖς ὁσίοις κίγκρητι καὶ οἳ γον|εὰν ὑπέχονται,
τοῖς δὲ π|αρεσβαίνονσι θιῶν γέν|ος ἀντία πράτ⟨τ⟩ει.
πάντε|ς δ' εὐσεβίες τε καὶ εὐγλώθ|(τ)οι πάριθ' ἁγνοὶ
ἔνθεον ἐς | Μεγάλας Ματρὸς ναόν, | ἔνθεα δ' ἔργα
γνωσῆ[θ'] ἀ|θανάτας ἄξια τῶδε ν|αῶ.

4 [B 19] – **4 [A 40n. 44n.]:** Hes. Op. 259: [Demosth.] 25, 37: Orph. Hymn. 62,1-2 (44 Quandt)
1 Εὐνομίαν cf. Hes. Theog. 902: Orph. Hymn. 43, 2; 60,2 (33, 43 Quandt): Procl. in Plat. Tim. 40 a (III 118,30 Diehl) **3** Δίκην cf. **4 [A 50. B 55]:** Anaximand. B 1 DK: Heracl. B 23, 28, 94 DK: Parm. B 1,14, 8,14 DK: Criti. B 25,6 DK **6** δεῖ add. A, Blass **6-7** ψηφίζεσθαι cf. Emp. B 115,1 DK

4 [B 20] – **1** πρ⟨ο⟩δίκνυτι De Sanctis: 'πιδίκνυτι Halbherr **2** οἳ ... ὑπέχονται cf. **4 [70 a3. b3. c3. d3. e3. f3]** **4** εὐγλώθ(τ)οι Blass Wilamowitz Kern: ΕΥΓΛΩΘΙΟΙ lapis, De Sanctis πάριθ' ἁγνοί Blass De Sanctis: πά(ν)θαγνοι Halbherr **6** γνωσῆ[θ'] Blass De Sanctis: γνώσηι[ς] Halbherr

4 [B 19] Pseudo-Démosthène, *Contre Aristogiton* 1, 11

... estimant grandement Eunomia, amante des choses justes, sauvegarde des cités et des pays. Et à la gloire de l'inexorable et auguste Diké — laquelle, selon Orphée, le fondateur pour nous des plus saintes initiations, siège auprès du trône de Zeus et contemple les actions des hommes — quiconque est familier de la confiance en soi-même doit se régler ainsi, en s'abstenant et en se gardant de la souiller.

4 [B 20] Épigraphe de Phaestum

La Mère de tous dès l'origine dévoile une grande merveille aux hommes,
elle verse à boire aux purs et ceux-là revendiquent leur descendance,
mais elle agit contre ceux qui outragent la lignée des dieux.
Vous tous, dévots et bien disants, approchez, purifiés,
du temple riche en divinité de la Grande Mère, et vous connaîtrez
des œuvres riches en divinité, dignes de l'immortelle de ce temple.

4 [B 19] — Lobeck I 329, 391; Dieterich 139; DK I 13,6-9; Schläfke *De Dem. qu. dicuntur adv. Arist. or.* 1913, 93; Kern OF 94; Guthrie *Orph.* 233-234; Linforth 99, 144

4 [B 20] — Halbherr *Museo Italiano* III 735 sq.; G. De Sanctis *Esplorazione archeologica delle provincie occidentali di Creta* Roma 1901, col. 71-76; Kern OF 106

4 [B 21] (F49 K) Papyrus Berolinensis 44, saec. II a. Chr. n. (Buecheler, Schubart, Diels)

I ['Ορφεὺς υἱὸς ἦν Οἰάγ]ρου καὶ Καλλιόπης τῆς
[Μούσης, ὁ δὲ Μουσ]ῶν βασιλεὺς 'Απόλλων τού-
[τωι ἐπέπνευσεν, ὅθεν] ἔνθεος γενόμενος
[ἐποίησεν τοὺς ὕμνους,] οὓς ὀλίγα Μουσαῖος ἐπα-
[νορθώσας κατέγρ]αψεν· παρέδωκεν δὲ
[καὶ τὰ ἱερὰ ὄργια] σέβεσθαι Ἕλλησίν τε καὶ
[βαρβάροις, καὶ κ]α[θ']ἕκαστον σέβημα ἦν ἐ-
[πιμελέστατος περὶ] τελετὰς καὶ μυστήρια καὶ
[καθαρμοὺς καὶ] μαντεῖα. τ[ὴ]ν Δ[ή]μητρα θε[ὰν]
] .υ .ας ἡ τ .σ . . . π . νουσας
] . . τῆς Δήμη[τ]ρος ἐτ . . . .
] . . . . διαγοι α . . . καὶ . . .
] . . . [τα]ύτης ἐχθρ[ὸ]ς . . . .
]ωσ[

II [ὁ 'Ο]ρφεὺς [δὲ] Διὸ[ς] ἀδελ[φ]ὴν παραδέδωκεν,
οἱ δὲ μητέρα· ὧν οὐθὲν τῶν εὐ[σ]εβούν-
των εἰς ἐπίμνησιν ⟨πε⟩ποίηται· ἔ[χ]ει γὰρ ἐ[κ]
Διὸς καὶ Δήμητρ[ος] θυγατρ[ὸς] ἀρχὴν Φερ-
σεφόνη[ς ἴα πλ]εκού[σ]η[ς] συνπαρουσῶν
τῶν ['Ωκεα]νοῦ θυγατέρ[ω]ν, ὧν ὀνόματα
τα[ῦτα ἐκ τῶν] 'Ορφέως ἐπῶν· Λευ[κ]ίππη
Φανερή [τε] καὶ 'Ηλέκτρη{ι} καὶ 'Ιάν[θ]η{ι} Μηλό-
βοσί[ς τε Τ]ύχη τε ⟨καὶ⟩ 'Ωκυρόη καλυκῶπ[ις]
Χρ[υσηίς τ' 'Ιάνε]ιρά τ' 'Ακάστη τ' 'Αδμή[τη τε]

4 [B 21] – 3 [B 5]: 4 [B 16. 17. 36. 41. 57. 76]: 5 [A 9]

1 suppl. Buecheler **2** Μούσης Buecheler ὁ δὲ Μουσῶν Diels: τῶν δὲ Μουσῶν Buecheler **3** suppl. Steegmann: δὲ ἐπινοίαι 'Ορφεὺς Buecheler: 'Ορφέως ἠράσθη, ὅθεν Diels **4** suppl. Buecheler: ἐποίησεν τοὺς λόγους Ziegler PW 1415: τοὺς ὕμνους εὗρεν Diels **5** suppl. Buecheler **6** suppl. Ludwich: θεοὺς πλείστους Buecheler: τὰ 'Ορφέως ὄργια Diels **7-9** suppl. Buecheler **13** suppl. Buecheler: [τα]ύτης ⟨τῆς⟩ ἔχθρ[α]ς Hiller de Gaertringen **15** ὁ 'Ο. Wilcken: 'Ο. Buecheler: ἦν 'Ο. Croenert δὲ Buecheler: μὲν Croenert παραδέδωκεν Croenert: ἣ διαδέδωκεν Buecheler **17** ⟨πε⟩ποίηται Schubart: ΠΟΙΗΤΑΙ pap: ποιητέον Diels **19** suppl. Ludwich coll. Pausan. 9, 31, 9: θρωισκούσης Buecheler: ἀθυρισκούσης Schmidt: οὐχὶ ἑκούσης Allen **21-27** Λευκίππη ...

4 [B 21] PAPYRUS BERLINOIS 44

I Orphée était fils d'Œagre et de la Muse
Calliope, et le roi des Muses, Apollon,
l'inspira; c'est pourquoi, possédé du dieu,
il composa les hymnes que Musée mit par écrit,
après avoir corrigé certaines choses. De plus il transmit
aux Grecs et aux barbares la vénération des saints rites secrets,
et il s'attacha particulièrement, à tous les actes du culte,
propres aux initiations, aux mystères, aux purifications,
et aux oracles. La déesse Déméter
....
.... de Déméter ....
.... ennemi de celle-ci ....
....

II Orphée a enseigné qu'elle était sœur de Zeus,
d'autres sa mère; aucune de ces choses
n'est destinée à la mémoire des hommes dévots: car le récit
commence à partir de la fille de Zeus et de Déméter,
de Perséphone qui tresse les violettes, en présence
des filles d'Océan, dont les noms, selon
le poème d'Orphée, sont les suivants: Leucippé,
Phanéra et Électre, Ianthé et Mélobosis,
Tyché, Ocyrrhoé, dont le regard est une fleur qui éclôt,
et Chryséis, Ianira, Axasté et Admété

4 [B 21] — F. Buecheler, W. Schubart, H. Diels, *Paraphrase eines Gedichtes über den Raub der Persephone*, in *Berliner Klassikertexte* V I, 1905, 1-12; DK I 13,16-14,28; Crœnert *Lit. Centralbl.* 1907, 442; Allen *CR* 21 (1907), 97; K. F. W. Schmidt *Wochenschr. kl. Phil.* 25 (1908) 281; Ludwich *Berl. phil. Wochenschr.* 1919, 999, 1028; Kern OF 119-125; Guthrie *Orph.* 134-136; Linforth 123-124; Arrighetti 46-48

καὶ Ῥ[οδόπη Πλουτώ τε καὶ ἱμερό]εσσα Κ[α-]
[λυψὼ καὶ Στὺξ Ο]ὐρανίη τε Γαλαξ[αύρη τ']
ἐρ[ατεινή · .. κα]λλιερ. .τ.ν δε...
..[
λε[
θυγα[τ
γνησ[
....

III ναρκίσ[σο]υ, [ἐφ' ὃν ἡ Κόρη θ]αμβήσασα ἐπέδρα-
μεν · καὶ [δὴ ταύτης τα]ῖς χερσὶν βουλομένης
ἀνασπάσα[σθαι αὐτόν, τότε] λέγεται τὴν γῆ[ν]
χα[ν]εῖν καὶ [ἐκ γῆς] τὸν Ἀϊδωνέα ἀναβ[άν]τα
ἐφ' ἅρμ[ατος] κ[αὶ ἐφ'] ἵππων συναρπά[σ]αντα
τὴν Κό[ρην ἀπαγαγεῖ]ν · τὸν δὲ Δία βρονταῖς
καὶ ἀ[στρ]απαῖ[ς ἵππου]ς ἐπαξονεῖν μελαίνα[ς,]
[α]ἳ δ[ίδονται ὡς ν]ομαὶ Ἀρτέμιδος τοξεί[αι,]
Ἀθηνᾶς .... χοίρας μιᾶς · ὧν
τ[ελ]ου[μένων ἐπικατέστ]η βραβευτὴς Δυσ-
[αύλης. ἡ δὲ Κόρη ἐ]πί[αχεν] ἐπὶ τῆι τ(ύ)[χηι,]
[μὴ] .... ν ... νος .... [κ]αὶ
[τῶν σ]υν[παιζ]ουσῶν καταγελασθείη · [ἐπει-]
[δὴ] δὲ [ἤκου]σ[ε] τῆς γεγωνυίας ἡ Δημήτηρ,
[ἐκ] Σ[ικ]ελίας ἐξελθοῦσα ἐπλανᾶτο, κατα-
[βᾶσα δ]ὲ πε[ρὶ] τ[ὴν] πόλιν ἀφανὴς γέγονεν
.... ουτι ... ενκ . ελ . ακ ......
.... ειης .... σε .... ε
....

IV ειν τ[ὴν] συμφοράζουσαν στενάχειν ὑπὲρ
τῆς θυγατρός · Καλλιόπης δὲ καὶ Κλ[ει]σι⟨δί⟩κης

ἐρατεινή cf. Hom. Hymn. 2, 418. 420-423 **33** ναρκίσσου Wilcken Kern: νάρκισσον Buecheler **33-36** suppl. Buecheler **37** suppl. Buecheler: ἐφ' ἁρμ[άτων] κ[υαν]ίππων Schmidt coll. Ovid. Fast. 4, 445 **38** suppl. Buecheler **39** ἀ[στρ]απαῖ[ς ἵππου]ς ... μελαίνα[ς] scripsi: ἀ[στρ]απαῖ[ς ἵπποι]ς ... μελαίνα[ις] Schmidt: ἀ[στρ]απαῖ[ς καὶ ὗ]ς ... μελαίνα[ς] Buecheler coll. χοίρας v. 41 ἵπ-πους ... μελαίνας cf. Parm. B 1, 1.6.19.25 DK **40** suppl. Buecheler **42** suppl. Buecheler **42-43** Δυσ[αύλης]? Diels Buecheler: δυ-σ[νομία] Schmidt **43-44** ἡ ... μὴ suppl. Allen **45-47** suppl. Buecheler **47-48** καταβᾶσα δὲ Ludwich: κατὰ γῆν · ἡ δὲ Buecheler **48** περὶ τὴν Buecheler **53** Κλεισιδίκης Buecheler (cf. Hom. Hymn. 2, 109): ΚΛ[..]ΣΙΚΗΣ pap. **54-57** suppl. Bue-

et Rhodée, Ploutô et Calypso qui provoque le désir
et Styx et Urania et Galaxauré
l'aimable ....
....
....
fille ....
....
....

III du narcisse, sur lequel Coré affolée se précipita.
Et voici, alors qu'elle cherche à l'arracher
de ses mains, à cet instant on dit que la terre
s'ouvrit, et qu'Aïdoné, surgissant de la terre
sur son char et ayant saisi Coré, l'enleva
sur ses chevaux; et l'on dit que Zeus par le tonnerre
et par la foudre fixa aux essieux des roues de noires
cavales,
livrées par l'arc d'Artémis
.... d'Athéna .... d'une truie.
Une fois cela accompli, Dysaulès fut établi
comme arbitre. Mais Coré hurlait son infortune,
afin de ne pas être moquée .... et
par ses compagnes de jeu; et Déméter,
après qu'elle eut entendu ses hauts cris,
parvenue en Sicile allait errant,
mais arrivée aux abords de la ville elle devint invisible
....
....
....

IV elle qui se lamentant gémissait et soupirait
après sa fille. Mais Calliopé et Kleisidiké

καὶ Δαμ[ω]ν[άσ]σης μετὰ τῆς βασιλί[σσ]ης [ἐ]φ' ὑ-
δρείαν ἐλθουσῶν πυνθάνεσθαι τῆ[ς] Δήμητρος ὡς θνητῆς τινος, χρείας δ' ἕν[εκ]ά
τινος αὐτὴν παραγεγονένα[ι] ὁ Μ[ουσα]ῖο[ς]
διὰ τῶν ἐπῶν αὐτοῦ λέγων ἐστίν· [πᾶσ]αν ἐν
μὲν [τ]ο[ῖ]ς λ[όγ]οις δεῖ τὴν αἰτίαν αἰτεῖ[ν] μετ' εὐ-
εργεσίαν θ[εῶν· τάτ]τομεν ἐρα[σθέ]ντι δ' ἐν ταινία⟨ι⟩
κρόκο(υ) ⟨ἠδ'⟩ ὑακ[ί]νθο(υ) {α} κά[λυκ]ας εὐφεγ-
γέ{ι}ας,
{ΝΑΥΝ} ἐπεὶ πλεκ[τ]έον χεί⟨ρ⟩ε[σ]σ' ἐ[ρό]εντα πρὸς
αὐτο[ῖ]ς
[ναρκίσσου] ἄ[νθ]η, [ἃ φῦσε καλυ]κώπ[ι]δι κ[ο]ύρη⟨ι⟩
[Γαῖα Διὸ]ς βουλ[ῆισι χαριζομέ]να [Πολυδέ-]
κ[τηι, θ]αυμαστὸν [γ]αν[όωντα, σέβας τ]ότε πᾶ-
[σι]ν ἰδ[έσθαι ἀθ]αν[ά]τοις τε [θεοῖς ἠδὲ θ]νητοῖς
[ἀνθ]ρώποις, [τοῦ] καὶ ἀπὸ ῥί[ζης ἑκατὸν κάρα ἐξε-]
[πεφύκει] ....

V Νύσ[ιον] ἂμ πεδίον τ[ῆι ὄρουσεν ἄναξ πολυδέ-]
γμων ἵπποις ἀθανάτα[ισι Κρόνου πολυώνυ-]
μος υἱός. ὄφρα μὲν οὖ[ν γαῖάν τε καὶ οὐρανὸν]

cheler **58** πᾶσαν Allen: αἰτίαν Buecheler: ἀργίαν Schmidt **59** τοῖς λόγοις scripsi: τοῖς λιτοῖς Buecheler: τοὺς λιτοὺς Schubart **60** θεῶν τάττομεν Buecheler: θοὴν τάττομεν Ludwich: οὕτω τάττομεν Schmidt: θεῶν ὧν σέβομεν Allen ἐρασθέντι Buecheler: ἐρανίσαντι Schmidt **61** κρόκου ἠδ' ὑακίνθου κάλυκας εὐφεγγέας (vel κρόκον ἠδ' ὑάκινθον καὶ πάσας εὐφεγγείας) scripsi (cf. Hom. Hymn. 2,427: Parm. B 1,29 DK var. lect. εὐφεγγέος: Bacchyl. 9,29; 19,26-27 Snell): ΚΡΟΚΟΝΜΥΑΚ[.]ΝΘΟΝΑΚΑ[....]ΑΣΕΥΤΕΚΝΕΙΑΣ pap.: κρόκον μυάκανθον (? ἠδ' ὑάκινθον) ακα....ας εὐτεκνείας Buecheler: ⟨καὶ⟩ ἀκα[λλίδ]ας Schmidt (cf. Hom. Hymn. 2, 7 ἀγαλλίδας): ἀκα[νθίδ]ας Allen **62-63** ΝΑΥΝ seclusi ἐπεὶ πλεκτέον χείρεσσ' ἐρόεντα πρὸς αὐτοῖς ναρκίσσου ἄνθη, ἃ φῦσε scripsi (cf. Hom. Hymn. 2, 425. 428. 8): ναῦλα ἐπιπλεκτέον ἀεὶ ἔσεσθαι ἔνθα πρὸς αὐτοῖς ναρκίσσου φῦσ' ἄνθη ἄφαρ Allen: ΝΑΥΝΕΠΕΙΠΛΕΚ[.]ΕΟΝΑΕΙΕ[.]ΣΕ[..]ΕΝΘΑΠΡΟΣΑΥΤΟ[.]Σ [..........]Α[..]Η[....] pap.: ναῦν, ἔπει πλεκτέον ἀεὶ εὐσεβεῖ Schmidt **63** νάρκισσον τ' ἀνέηκ' ἠὺν Ludwich **63-75** καλυκώπιδι ... αἰειγενετάων cf. Hom. Hymn. 2, 8-12. 17-18. 33-36 **70** ἀθανάτα[ισι pap. (cf. Parm. B 1, 1.25 DK): ἀθανάτοισι Hom. Hymn. 2, 18 **72-**

et Damônassa, ayant accompagné la reine pour puiser
l'eau, posèrent des questions à Déméter,
ainsi qu'à une mortelle, alors qu'elle s'était approchée
d'elles pour leur prêter la main: comme dit
Musée dans son poème. Car dans les discours
il convient de rechercher, aussitôt après les bienfaits des dieux,
leur valeur. Dans le voile désiré nous disposons
les calices éclatants du crocus et de la jacinthe,
car à côté de cela, il faut de ses mains tresser les fleurs
séduisantes de narcisse — que la Terre, s'offrant à Polydectès selon
la volonté de Zeus, fit surgir pour l'enfant dont le regard
est une fleur en bouton — des merveilles prodigues de joie, et lors
pour tous un vénérable prodige aux regards, pour les dieux immortels
et pour les hommes mortels; et de la racine du narcisse déjà étaient nées
cent corolles ....

v sur la plaine de Nysa, où s'élance sur ses cavales
immortelles le maître qui reçoit maints dons, le fils, aux noms multiples,
de Cronos. Or donc, tant que la déesse vit la terre et le ciel

ἀστερόεντα λεῦσσε θεὰ [καὶ πόντον] ἀγά[ρ-]
ρουν ἰχθυό[ε]ντα αὐγά[ς] τ' ἠελίου, ἔτι ἤλ[πε-]
[το μητ]έρα [κε]δνὴν [ὄ]ψεσθαι καὶ φῦλα θε[ῶν]
αἰειγ[ενετάων · ἔτι] κ[αὶ] ἡ Δημήτηρ ὑπὸ
τ[ῆ]ς Ἑ[κάτης ὡς πρῶτον ἠ]ρωτήθη, ἔφη . .
ση . . . . σιθη . νη . . . . .
πα[
αι . [
. τοιμ[. . . .

VI ε, [δί]δωσι δ[ὲ α]ὐτῆι Β⌊ρ⌊αυβὼ⌊ι⌊ παιδίον, [ὃ τι-] θηνήσεται
[καὶ κ]α[λεῖ ἐπ' οἴκο]υ αὐτήν · ἡ δὲ Δημήτη[ρ ἤδη] εἰς [οἶ]κον
κ[αταινέσασ]α κ[α]τάξ[ε]σθαι σὺν τῶι πα[ιδί]ωι, [τρέφει]
[οἷα δεῖ τιθ]ήνην, καὶ ἀμβροσίαι χρ[ίο]υσα [τὸ] παι- δίον
[καθῆ]κεν [δι]ὰ ν[υ]κτὸς εἰς τὴν πυράν, πρωὶ δὲ λ[αθο]ῦσα
[τοὺς γονεῖς] ἀνελάμβανεν · τοῦ δὲ παιδίου οὐ βου-
[λομένου] θηλάζειν οὐδὲ προσφορὰν ἄλλην λαμβάνον-
τος, [ἀλλ' ὄν]τος εὐτρόφου καὶ καλοῦ, ἔκθαμβος γενη- θεῖσα
ἡ Β[αυβὼ] ἐπὶ τῆι [τοῦ] παιδίου εὐτροφία⟨ι⟩, νυκτὸς
α[ἰσθομέν]η [διὰ] τῆ[ς] θύρα[ς] τὴν μὴ νοήσασαν ἐνκρύ-
π[του]σαν τὸ παιδίον εἰς πυρὰν καὶ ὑπολαβοῦσα
[ἄρρη]τα γείν[ε]σθαι ἀνεβόα · τέκνον Δημοφόων,

73 ἀγά[ρ]ρουν pap.: ἀγάρροον Hom. Hymn. 2, 34 **75** ἔτι scripsi: ὅθεν Buecheler: οὕτω Schmidt καὶ Buecheler **76** suppl. Buecheler: τῆς βασιλίσσης αἰτίαν ἠρωτήθη, ἔφη δὲ Schmidt: τῆς ἐπελθούσης ἐπεὶ ἠρωτήθη, ἔφη, ὡς Ludwich: τῆς Βαυβοῦς Allen **81** δίδωσι δὲ αὐτῆι Buecheler Βαυβὼ Kern: ΒΡΑΥΒΩΙ pap.: Βαυβῶι Buecheler ὃ τιθηνήσεται Buecheler **82** καὶ καλεῖ ἐπ' οἴκου Diels: ἀγαπᾶι δὲ καὶ πάνυ Ludwich Kern **82-83** Δημήτηρ ... παιδίωι Buecheler **83** τρέφει Schmidt: τὰ καλὰ Ludwich **84-85** οἷα ... νυκτὸς Buecheler **85** λαθοῦσα Diels: λούουσα Buecheler **86** τοὺς γονεῖς Schmidt coll. Hom. Hymn. 2, 240: ἐξ αὐτῆς ἀεὶ Diels: ταῖς χερσὶν Buecheler **87-88** suppl. Buecheler **89** Βαυβὼ Diels: βασίλισσα ?Buecheler **90-91** suppl. Buecheler **92** ἄρρητα ... ἀνεβόα Buecheler: κακὸν μέγα γείνεσθαι αὐτῶι Diels **92-94** τέκνον ... τίθησιν cf. Hom.

étoilé et la mer poissonneuse au fort courant
et les rayons du soleil, elle espère encore
voir sa mère aimée et la lignée des dieux
qui vivent éternellement. Quant à Déméter, à peine
fut-elle interrogée par Hécate, qu'elle répondit ...
....
....
....
....

VI et Baubô lui confie l'enfant à élever
et l'invite chez elle. Mais Déméter, qui avait déjà promis
de demeurer au logis avec l'enfant, l'élevait
ainsi qu'il convient à une nourrice, et après avoir oint l'enfant d'ambroisie
elle le plaçait toute la nuit durant dans le feu, et de bon matin
l'en retirait, à l'insu des parents. Et l'enfant
ne voulait téter ni prendre d'autre nourriture
bien qu'il fût bien nourri et beau: émerveillée
par la mine florissante de l'enfant, une nuit Baubô
s'aperçoit, à travers la porte, que celle-ci imprudemment
recouvrait l'enfant de flammes, et jugeant
qu'il s'agissait de rites secrets, elle s'écrie: O Démophon, mon fils

[ξείνη σε πυρῆι ἔνι πο]λλῆ⟨ι⟩ κρύπτ[ει, ἐμοὶ] δὲ γό⟨ο⟩ν
[καὶ κήδεα λυγρὰ τ]ίθησιν. [τότε δ]ὲ ἡ Δημήτηρ βαρὺ
[ὀργισθεῖσα εἶπ]ε[ν·] ἄφρονε[ς] ἄνθ[ρω]ποι, δυστλήμονες
[οὔτε κακοῖο αἶσαν ἐπ]ερ[χομένου πρ]ογνώμονες οὔτ' ἀ-
[γ]α[θοῖο· ἦ ῥα γ]ὰρ ἀφραδί[η πρόδρο]μος πολὺ πείρατι νυκτὸς τη[λύγετον ἀπ]έκ[τ]α[νεν καὶ] ἥρπασεν, ἀγήρ[αον]
[ὃν ἐποίησα ἂν ὑμῖν; νῦν δ' οὐ]κ ἔσθ' ὥς [κεν θά-]νατον
[καὶ κῆρας ἀλύξαι. καὶ τὸ παι]δίον ἐπι[σ]κ[ήψα]σα καίει

VII καὶ ἀποκτείνει [κ]αὶ ὀ[ρθ]ῶς αὐτὴν δια[καλύπτει]·
λέγει γάρ· εἰμὶ δὲ Δη[μ]ήτηρ ὡρηφόρ[ος ἀγλαό-]
δωρος. τίς θεὸς οὐράνιος ἠὲ θν[η]τῶ[ν ἀνθρώ-]
πων ἥρπασε Φερσεφ[ό]νην καὶ [ἑὸν φίλον ἧπα-]
φε θυμόν; τοῦ δὲ Κ[ελε]οῦ εἰς [τὴν πόλιν ἀνα-]
βάντος ἐξ ἀγροῦ τ[......].. α[.........]
ε. ε μὲν ἀφεικότος [....................]
τὴν μητέρα, τίς ἡ ξέ[νη ....]
τὴν θυγατέρα ζη[τ .... εἰ-]
πόντος τῆι μ[η]τ[ρὶ ....]

Hymn. 2, 248-249 **93** γόον Buecheler (Hom. Hymn. 2, 249): ΓΟΝ pap. **94-95** τότε ... εἶπεν Buecheler **95-100** ἄφρονες ... ἀλύξαι cf. Hom. Hymn. 2, 256-262: **4 [B 76]** **95-97** ἄφρονες ... ἀγαθοῖο suppl. Buecheler **96** αἶσαν Buecheler: ὔμμιν Ludwich: αἴσηι Allen **97-99** ἦ ... ὑμῖν Ludwich: καὶ σὲ γὰρ ἀβραδίηις ἦμος πολὺ πείρατι νυκτὸς τηλαυγεῖ φλόγ' ἠδ' ἔκηα ἥρπασεν ἀτηροῦσα Allen **100** καὶ τὸ παιδίον Buecheler ἐπισκήψασα Schmidt Ludwich: ἐπισκάψασα Buecheler **101** ὀρθῶς Buecheler: ὄντως Ludwich διακαλύπτει Diels: διαγορεύει Buecheler: διασαφεῖ Ludwich **102-105** εἰμὶ ... θυμόν cf. Hom. Hymn. 2, 268. 54-56 **105-106** τοῦ ... ἀναβάντος suppl. Buecheler **106-110** τ[οῦ ... πρόσθε μὲν ἀφεικότος πυθέσθαι ὁ ποιητὴς λέγει τὴν μητέρα, τίς ἡ ξένη ἐστίν, τοῦ δὲ ὅτι γραῦς τὴν θυγατέρα ζητοῦσα εἰπόντος τῆι μητρὶ τότε δὴ τὴν θεὸν γνωρισθῆναι temptavit Buecheler **106** τ[αῦτ' ἀκούσ]α[ντος temptavit Schmidt: τ[ηνικαῦτ]α Ludwich **107** Ε[.]Ε pap.: βόε Allen **111-112** ὑπερβασίης Kern **115** με-

l'étrangère t'enveloppe dans un grand feu, et à moi elle m'octroie
des larmes et la douloureuse inquiétude. Lors Déméter, violemment
courroucée, dit: « Hommes insensés, qui durement souffrez
et ne connaissez pas d'avance ni la part du mal qui survient
ni celle du bien, une sottise — bien en avance
sur la fin de la nuit — n'a-t-elle pas ravi et tué l'enfant chéri
que pour vous j'aurais rendu exempt de vieillesse? Désormais il n'est plus possible
d'échapper à la mort et au destin ». Et déposant l'enfant elle le fait brûler

VII le tue et droitement se dévoile.
Elle dit: « Mais je suis Déméter qui apporte les saisons, qui octroie
des présents splendides. Quel dieu céleste ou quel homme mortel
a-t-il enlevé Perséphone en trompant son cher cœur? »
Et Céléos, étant monté des champs
à la ville ....
..... jetant ....
la mère, en tant que l'étrangère ....
la fille ....
mer pour la mère ....

ἡ δὲ Δημήτηρ [.................. ὑπερ-]
βασ[ί]ης εἰπεῖν [.........................]
κύρ[ιον τῶ]ν πάν[των .... λει-]
π[ο]μένου φωνῆς [.......................]
εἴ[δεν] τὰ[ς μ]ελαίνα[ς ἵππους.............]
χ[..]με.τι θεὸς α.[.................. μυ-]
στηρίου χοίρα ἐν[............. ὁ κυκεὼν]
πέποται ἕως τῶν[.......................]
πρὸς Τριπτ[όλ]εμο[ν.....................]
ὅθεν Κάθοδος λέγ[ε]τ[αι...

4 [B 22] (T42 K) Diodorus, 5, 64, 4 (Dindorf-Vogel)

ἔνιοι δ' ἱστοροῦσιν, ὧν ἐστι καὶ Ἔφορος, τοὺς Ἰδαίους Δακτύλους γενέσθαι μὲν κατὰ τὴν Ἴδην τὴν ἐν Φρυγίαι, διαβῆναι δὲ μετὰ Μυγδόνος εἰς τὴν Εὐρώπην· ὑπάρξαντας δὲ γόητας ἐπιτηδεῦσαι τάς τε ἐπωιδὰς καὶ τελετὰς καὶ μυστήρια, καὶ περὶ Σαμοθράικην διατρίψαντας οὐ μετρίως ἐν τούτοις ἐκπλήττειν τοὺς ἐγχωρίους· καθ' ὃν δὴ χρόνον καὶ τὸν Ὀρφέα, φύσει διαφόρωι κεχορηγημένον πρὸς ποίησιν καὶ μελωιδίαν, μαθητὴν γενέσθαι τούτων καὶ πρῶτον εἰς τοὺς Ἕλληνας ἐξενεγκεῖν τελετὰς καὶ μυστήρια.

4 [B 23] (T95 K) Diodorus, 1, 23, 2; 6-7 (Dindorf-Vogel)

Ὀρφέα γὰρ εἰς Αἴγυπτον παραβαλόντα καὶ μετασχόντα τῆς τελετῆς καὶ τῶν Διονυσιακῶν μυστηρίων μεταλαβεῖν, τοῖς δὲ Καδμείοις φίλον ὄντα καὶ τιμώμενον ὑπ' αὐτῶν μεταθεῖναι τοῦ θεοῦ τὴν γένεσιν ἐκείνοις χαριζόμενον· τοὺς δ' ὄχλους τὰ μὲν διὰ τὴν ἄγνοιαν, τὰ δὲ διὰ τὸ βούλεσθαι

λαίνας ἵππους scripsi (cf. vv. 39.70; Parm. B 1,1-25 DK) **116-117** μυστηρίου Hiller de Gaertringen: Στηνίου χοίραι Ludwich **117** ὁ κυκεὼν Buecheler **120** Κάθοδος Diels: κάθοδος Buecheler λέγετ[αι τῆς Κόρης αὕτη] temptavit Buecheler

4 [B 22] – **3** μετὰ] μετ' D Μυγδόνος F: μετ' ἀμύγδονος D: Μίνωος A

4 [B 23] – Eus. Praep. ev. 1, 6: Ps.-Iustin. Cohort. ad Gent. 14 b (58 Otto)
2 μεταλαβεῖν] μεταλαβόντα AE

mais Déméter .... dire ....
de la transgression ....
qui sur tous fait autorité ....
laissé ... de la voix ....
vit les noires cavales ....
.... dieu .... du
mystère ... truie ...... le cycéon
est bu, jusqu'aux ....
à Triptolème ....
c'est pourquoi on l'appelle « La descente » ....

4 [B 22] Diodore de Sicile, 5, 64, 4

Certains, parmi lesquels Éphoros, racontent que les Dactyles de l'Ida viennent du mont Ida de Phrygie, et qu'ils passèrent en Europe grâce à l'aide de Mygdon. Comme c'étaient des mages, ils pratiquèrent les enchantements, les initiations et les mystères, et alors qu'ils étaient établis en Samothrace ils émerveillèrent grandement les habitants du lieu grâce à ces choses. C'est à cette même époque qu'Orphée, doué d'une nature qui excellait dans la poésie et dans le chant, devint leur disciple et qu'il dévoila pour la première fois aux Grecs les initiations et les mystères.

4 [B 23] Diodore de Sicile, 1, 23, 2; 6-7

Car on dit qu'Orphée, étant allé par mer en Égypte et ayant participé à l'initiation, aurait pris part aussi aux mystères dionysiaques, et que, par suite de l'attachement des Cadméens et de l'honneur qu'ils lui rendaient, il aurait transféré le lieu de la naissance du dieu, pour plaire aux Cadméens. Or les masses, soit

4 [B 22] — DK I 6,6-13; FGrHist II 68; Linforth 27, 204

4 [B 23] — Linforth 211-212; Griffiths 429

τὸν θεὸν Ἕλληνα νομίζεσθαι, προσδέξασθαι προσηνῶς τὰς τελετὰς καὶ τὰ μυστήρια ... ἐν δὲ τοῖς ὕστερον χρόνοις Ὀρφέα, μεγάλην ἔχοντα δόξαν παρὰ τοῖς Ἕλλησιν ἐπὶ μελωιδίαι καὶ τελεταῖς καὶ θεολογίαις, ἐπιξενωθῆναι τοῖς Καδμείοις καὶ διαφερόντως ἐν ταῖς Θήβαις τιμηθῆναι. μετεσχηκότα δὲ τῶν παρ' Αἰγυπτίοις θεολογουμένων μετενεγκεῖν τὴν Ὀσίριδος τοῦ παλαιοῦ γένεσιν ἐπὶ τοὺς νεωτέρους χρόνους, χαριζόμενον δὲ τοῖς Καδμείοις ἐνστήσασθαι καινὴν τελετήν, καθ' ἣν παραδοῦναι τοῖς μυουμένοις ἐκ Σεμέλης καὶ Διὸς γεγεννῆσθαι τὸν Διόνυσον. τοὺς δ' ἀνθρώπους ... χρήσασθαι ταῖς τελεταῖς.

4 [B 24] (T96 K) Diodorus, 1, 96, 4-5 (Dindorf-Vogel)

Ὀρφέα μὲν γὰρ τῶν μυστικῶν τελετῶν τὰ πλεῖστα καὶ τὰ περὶ τὴν ἑαυτοῦ πλάνην ὀργιαζόμενα καὶ τὴν τῶν ἐν Ἅιδου μυθοποιίαν ἀπενέγκασθαι. τὴν μὲν γὰρ Ὀσίριδος τελετὴν τῆι Διονύσου τὴν αὐτὴν εἶναι, τὴν δὲ τῆς Ἴσιδος τῆι τῆς Δήμητρος ὁμοιοτάτην ὑπάρχειν, τῶν ὀνομάτων μόνων ἐνηλλαγμένων· τὰς δὲ τῶν ἀσεβῶν ἐν Ἅιδου τιμωρίας καὶ τοὺς τῶν εὐσεβῶν λειμῶνας καὶ τὰς παρὰ τοῖς πολλοῖς εἰδωλοποιίας ἀναπεπλασμένας παρεισαγαγεῖν μιμησάμενον τὰ γινόμενα περὶ τὰς ταφὰς τὰς κατ' Αἴγυπτον.

4 [B 25] (T97 K) Diodorus, 4, 25, 2-4 (Dindorf-Vogel)

ἐπεὶ δ' Ὀρφέως ἐμνήσθημεν, οὐκ ἀνοίκειόν ἐστι παρεκβάντας βραχέα περὶ αὐτοῦ διελθεῖν. οὗτος γὰρ ἦν υἱὸς μὲν Οἰάγρου, Θρᾶιξ δὲ τὸ γένος, παιδείαι δὲ καὶ μελωιδίαι

15 γεγεννῆσθαι] γεγενῆσθαι D

4 [B 24] – Eus. Praep. ev. 1, 6: Ps.-Iustin. Cohort. ad Gent. 14 b (58 Otto)
4 τῆι] καὶ τὴν D **6** μόνων] μόνον vulg. **6-7** τὰς ... τιμωρίας cf. **4 [A 41]** **7** λειμῶνας cf. **4 [A 7,3]**

4 [B 25] – **5 [B 15]**: Eus. Praep. ev. 1, 6: Ps.-Iustin. Cohort. ad Gent. 14 b (58 Otto)

par ignorance, soit parce qu'elles souhaitaient que le dieu passât pour grec, accueillirent favorablement les initiations et les mystères ... Et plus tard Orphée, qui jouissait d'une grande renommée auprès des Grecs pour le chant, les initiations et les doctrines relatives aux dieux, fut accueilli comme hôte d'honneur par les Cadméens et fut honoré de façon particulière à Thèbes. Et après avoir pris part aux doctrines des Égyptiens sur les dieux, il déplaça à une date plus récente la naissance de l'antique Osiris, et pour plaire aux Cadméens il institua un nouveau rite mystique, par lequel il révélait aux initiés que Dionysos est le fils de Sémélé et de Zeus. Et les hommes ... pratiquèrent les initiations.

4 [B 24] DIODORE DE SICILE, 1, 96, 4-5

En vérité Orphée rapporta de chez les Égyptiens la plus grande partie des initiations mystiques, les rites secrets touchant à ses propres pérégrinations et l'invention des mythes concernant Hadès. En effet le rite d'initiation d'Osiris est le même que celui de Dionysos, et celui d'Isis apparaît presque identique à celui de Déméter, seuls les noms ont changé. Il introduisit les punitions à l'égard des sacrilèges dans l'Hadès, les prairies pour les hommes pieux et la production d'images suscitées en présence de la multitude, à l'imitation de ce qui se produisait à proximité des lieux de sépulture en Égypte.

4 [B 25] DIODORE DE SICILE, 4, 25, 2-4

Et puisque nous avons mentionné le nom d'Orphée, il n'est pas inopportun de faire une digression et de traiter brièvement de lui. Il était en vérité le fils d'Œagre, thrace d'origine,

4 [B 24] — Linforth 190-191

4 [B 25] — Guthrie *Orph.* 61; Linforth 242-243

καὶ ποιήσει πολὺ προέχων τῶν μνημονευομένων · καὶ γὰρ ποίημα συνετάξατο θαυμαζόμενον καὶ ⟨τῆι⟩ κατὰ τὴν ὠιδὴν εὐμελείαι διαφέρον. ἐπὶ τοσοῦτο δὲ προέβη τῆι δόξηι ὥστε δοκεῖν τῆι μελωιδίαι θέλγειν τά τε θηρία καὶ τὰ δένδρα. περὶ δὲ παιδείαν ἀσχοληθεὶς καὶ τὰ περὶ τῆς θεολογίας μυθολογούμενα μαθών, ἀπεδήμησε μὲν εἰς Αἴγυπτον, κἀκεῖ πολλὰ προσεπιμαθὼν μέγιστος ἐγένετο τῶν Ἑλλήνων ἔν τε ταῖς θεολογίαις καὶ ταῖς τελεταῖς καὶ ποιήμασι καὶ μελωιδίαις. συνεστρατεύσατο δὲ καὶ τοῖς Ἀργοναύταις, καὶ διὰ τὸν ἔρωτα τὸν πρὸς τὴν γυναῖκα καταβῆναι μὲν εἰς Ἅιδου παραδόξως ἐτόλμησε, τὴν δὲ Φερσεφόνην διὰ τῆς εὐμελείας ψυχαγωγήσας ἔπεισε συνεργῆσαι ταῖς ἐπιθυμίαις καὶ συγχωρῆσαι τὴν γυναῖκα αὐτοῦ τετελευτηκυῖαν ἀναγαγεῖν ἐξ Ἅιδου παραπλησίως τῶι Διονύσωι · καὶ γὰρ ἐκεῖνον μυθολογοῦσιν ἀναγαγεῖν τὴν μητέρα Σεμέλην ἐξ Ἅιδου καὶ μεταδόντα τῆς ἀθανασίας Θυώνην μετονομάσαι.

4 [B 26] (T115 K) Conon fr. 1,45,4 Jacoby (FGrHist I A 207, 24-32)

τελευτᾶι δὲ διασπασαμένων αὐτὸν τῶν Θραικίων καὶ Μακεδόνων γυναικῶν, ὅτι οὐ μετεδίδου αὐταῖς τῶν ὀργίων, τάχα μὲν καὶ κατ' ἄλλας προφάσεις · φασὶ δ' οὖν αὐτὸν δυστυχήσαντα περὶ γυναῖκα πᾶν ἐχθῆραι τὸ γένος. ἐφοίτα μὲν οὖν τακταῖς ἡμέραις ὡπλισμένων πλῆθος Θραικῶν καὶ Μακεδόνων ἐν Λιβήθροις, εἰς οἴκημα ἓν συνερχόμενον μέγα τε καὶ πρὸς τελετὰς εὖ πεποιημένον · ὁπότε δ' ὀργιάζειν εἰσίασι, πρὸ τῶν πυλῶν ἀπετίθεσαν τὰ ὅπλα. ὃ αἱ γυναῖκες ἐπιτηρήσασαι καὶ τὰ ὅπλα ἁρπασάμεναι ὑπ' ὀργῆς τῆς διὰ τὴν ἀτιμίαν τούς τε προσπίπτοντας κατειργάσαντο, καὶ τὸν Ὀρφέα κατὰ μέλη ἔρριψαν εἰς τὴν θάλασσαν σποράδην.

5 τῆι add. Dindorf **7** θέλγειν ... δένδρα cf. **4 [A 2. 10. 21. 22]** **12** συνεστρατεύσατο ... Ἀργοναύταις cf. **4 [A 18. 19]** **13-14** διὰ ... ἐτόλμησε cf. **4 [A 13. 38. 53]** **15** εὐμελείας] ἐμμελείας CF

4 [B 26] – 4 [B 2. 6]

4 ἐχθῆραι τὸ γένος cf. Verg. Georg. 4,516: Ovid. Met. 10,78 sqq.: Phanocl. ap. Stob. Ecl. 4, 20, 47

bien supérieur par la culture, le chant et la poésie, à tous ceux dont on a gardé mémoire. Il composa de fait un poème admiré et excellent pour la mélodie du chant. Sa renommée fut si grande qu'on crut qu'il subjuguait les bêtes et les arbres de ses chants. Après qu'il eut accompli sa propre formation et qu'il eut appris les récits fabuleux sur la théologie, il prit la route de l'Égypte et ayant appris là maintes autres choses, il devint le plus grand de tous les Grecs pour ce qui a trait aux récits sur les dieux, aux initiations, aux poèmes et aux chants. Il prit part également à l'expédition des Argonautes, pour l'amour de sa femme il eut l'incroyable courage de descendre dans l'Hadès et, séduisant Perséphone par sa mélodie, il la persuada de favoriser ses désirs et de lui permettre de ramener de l'Hadès son épouse défunte, pareillement à ce qui avait été accompli pour Dionysos. On conte en effet le mythe d'après lequel Dionysos ramena sa mère Sémélé de chez Hadès et qu'il lui fit don de l'immortalité, en lui donnant le nom de Thyôné. »

4 [B 26] CONON, fr. 45

Et Orphée meurt mis en pièces par les femmes de Thrace et de Macédoine, parce qu'il ne leur avait pas permis de prendre part aux rites secrets, et peut-être aussi pour d'autres prétextes. On dit en effet que par suite de sa mauvaise fortune à l'égard de sa femme, il s'était mis à détester la gent féminine. Aux jours fixés une foule de Thraces et de Macédoniens se rendaient à Leibéthra, pour se réunir dans un vaste édifice bien construit en vue des initiations. Et toutes les fois qu'ils y pénétraient pour célébrer les rites secrets, ils déposaient leurs armes à l'entrée. Les femmes, qui avaient veillé en les attendant, se saisirent de leurs armes, et poussées par la colère en raison du mépris dans lequel on les tenait, tuèrent ceux qui se jetaient sur elles, et déchirèrent Orphée, jetant dans la mer les membres dispersés de son corps.

4 [B 26] — Guthrie *Orph.* 49-50, 60-62; Ziegler *Orph.* 1287

4 [B 27] (T40, 84 K) Strabo, 7, fr. 18 (III 339 H. L. Jones)

ἐνταῦθα τὸν Ὀρφέα διατρῖψαί φασι τὸν Κίκονα, ἄνδρα γόητα ἀπὸ μουσικῆς ἅμα καὶ μαντικῆς καὶ τῶν περὶ τὰς τελετὰς ὀργιασμῶν ἀγυρτεύοντα τὸ πρῶτον, εἶτ᾽ ἤδη καὶ μειζόνων ἀξιοῦντα ἑαυτὸν καὶ ὄχλον καὶ δύναμιν κατασκευαζόμενον.

4 [B 28] (F56 K) Apion ap. Clem. Alex. Rom. homil. 6, 5 sqq. (2, 200 Migne)

Κρόνον οὖν τὸν χρόνον μοι νόει, τὴν δὲ Ῥέαν τὸ ῥέον τῆς ὑγρᾶς οὐσίας, ὅτι χρόνωι φερομένη ἡ ὕλη ἅπασα ὥσπερ ὠιὸν τὸν πάντα περιέχοντα σφαιροειδῆ ἀπεκύησεν οὐρανόν ... ἔνδοθεν γὰρ τῆς περιφερείας ζῶιόν τι ἀρρενόθηλυ εἰδοποιεῖται προνοίαι τοῦ ἐνόντος ἐν αὐτῶι θείου πνεύματος, ὃν Φάνητα Ὀρφεὺς καλεῖ, ὅτι αὐτοῦ φανέντος τὸ πᾶν ἐξ αὐτοῦ ἔλαμψεν, τῶι φέγγει τοῦ διαπρεπεστάτου τῶν στοιχείων πυρὸς ἐν τῶι ὑγρῶι τελεσφορουμένου.

4 [B 29] (T85 K) Apollonius Tyanensis, Epist. 16 (II 422 Conybeare)

μάγους οἴει δεῖν ὀνομάζειν τοὺς ἀπὸ Πυθαγόρου φιλοσόφους, ὧδέ που καὶ τοὺς ἀπὸ Ὀρφέως.

4 [B 27] – 4 [A 14. 17. B 29]: Paus. 6, 20, 18 (ἠξίου δὲ οὗτος ⟨ὁ⟩ Αἰγύπτιος εἶναι μὲν Ἀμφίονα, εἶναι δὲ καὶ τὸν Θρᾶικα Ὀρφέα μαγεῦσαι δεινόν): Ps.-Lucian. De astrol. 10 (Ἕλληνες δὲ οὔτε παρ᾽ Αἰθιόπων οὔτε παρ᾽ Αἰγυπτίων ἀστρολογίης πέρι οὐδὲν ἤκουσαν, ἀλλὰ σφίσιν Ὀρφεὺς ... τάδε ἀπηγήσατο, οὐ μάλα ἐμφανέως ... ἀλλ᾽ ἐς γοητείαν καὶ ἱρολογίην ...)
4 μειζόνων Eust. Jones: μείζονα codd.

4 [B 28] – 4 [A 20. 69,18. B 33. 34]: Apion ap. Clem. Alex. Rom. homil. 6, 3, 4 (καὶ Ὀρφεὺς δὲ τὸ Χάος ὠιῶι παρεικάζει ... ὅπερ Ὀρφεὺς ὠιὸν λέγει γενητόν ... τῆς τετραγενοῦς ὕλης ἐμψύχου οὔσης καὶ ὅλου ἀπείρου τινὸς βυθοῦ ἀεὶ ῥέοντος)
3 ὠιὸν cf. **4 [A 24,3. B 33. 34. 72. 73]** **4** ἀρρενόθηλυ cf. **4 [B 45]**: Plat. Symp. 189 d-e

4 [B 29] – 4 [A 14. 27. B 27]: Paus. 6, 20, 18: Apul. Apol. 27: Ps-Lucian. De astrol. 10

4 [B 27] STRABON, 7, fr. 18

Et on dit qu'ici vécut Orphée le Cicone, un mage qui mendiait en se servant de sa musique, de l'art divinatoire et de la célébration des rites secrets concernant les initiations, mais qui très vite, se sentant digne de choses plus grandes, se procura une multitude d'adeptes et la puissance.

4 [B 28] APION, (in Clément d'Alexandrie, *Homélies romaines* 6, 5)

Tu dois donc considérer Cronos comme le temps, et Rhéa comme l'écoulement de la substance humide, car la matière portée par le temps engendra, tel un œuf, le ciel sphérique qui enveloppe le tout ... En effet de l'intérieur de la circonférence un animal à la fois mâle et femelle est moulé par une forme, grâce à la prévoyance du souffle divin qui en lui est contenu, Orphée lui donne le nom de Phanès, car lorsqu'il apparaît le tout resplendit par son concours, en vertu de l'éclat du plus magnifique des éléments, du feu qui atteint la perfection dans l'humide.

4 [B 29] APOLLONIOS DE THYANE, *Épîtres* 16

Tu penses qu'il convient d'appeler mages les philosophes qui descendent de Pythagore, ainsi que ceux qui descendent d'Orphée.

4 [B 27] — Jones *Strab.* III 338-339; Guthrie *Orph.* 61; Linforth 239

4 [B 28] — Lobeck I 478-479; Abel *Orph.* 161-163; Jülicher PW I 4, 1, (1900), 17-18; Kern OF 133-137; Guthrie *Orph.* 92-100; Nilsson I 684-685; Ziegler OD 1349-1350

4 [B 29] — Kern OF 25; Linforth 280

4 [B 30] (T206 K) Plutarchus, Vit. Alex. 2, 7-9 (II 2, 153, 23 - 154, 6 Ziegler)

ἕτερος δὲ περὶ τούτων ἐστὶ λόγος, ὡς πᾶσαι μὲν αἱ τῇδε γυναῖκες ἔνοχοι τοῖς Ὀρφικοῖς οὖσαι καὶ τοῖς περὶ τὸν Διόνυσον ὀργιασμοῖς ἐκ τοῦ πάνυ παλαιοῦ, Κλώδωνές τε καὶ Μιμαλλόνες ἐπωνυμίαν ἔχουσαι, πολλὰ ταῖς Ἠδωνίσι καὶ ταῖς περὶ τὸν Αἶμον Θρῄσσαις ὅμοια δρῶσιν· ἀφ' ὧν δοκεῖ καὶ τὸ θρησκεύειν ὄνομα ταῖς κατακόροις γενέσθαι καὶ περιέργοις ἱερουργίαις· ἡ δὲ Ὀλυμπιὰς μᾶλλον ἑτέρων ζηλώσασα τὰς κατοχὰς καὶ τοὺς ἐνθουσιασμοὺς ἐξάγουσα βαρβαρικώτερον, ὄφεις μεγάλους χειροήθεις ἐφείλκετο τοῖς θιάσοις, οἳ πολλάκις ἐκ τοῦ κιττοῦ καὶ τῶν μυστικῶν λίκνων παραναδυόμενοι καὶ περιελιττόμενοι τοῖς θύρσοις τῶν γυναικῶν καὶ τοῖς στεφάνοις, ἐξέπληττον τοὺς ἄνδρας.

4 [B 31] (F32 g K) Lamella Romae reperta, saec. II p. Chr. n. (British Museum)

ἔρχεται ἐκ καθαρῶν καθαρά, | χθονίων βασίλεια,
Εὔκλεες Εὐβου|λεῦ τε, Διὸς τέκος. ἀγλαὰ ἔχω δ(ή)
Μνημο|σύνης τόδε δῶρον ἀοίδιμον ἀνθρώ|ποισιν·
Καικιλία Σεκουνδεῖνα, νόμωι | ἴθι θ⟨ε⟩ῖα γεγῶσα.

4 [B 32] (F51 K) Pausanias, I, 14, 3 (Rocha-Pereira)

ἔπη δὲ ᾄδεται Μουσαίου μέν, εἰ δὴ Μουσαίου καὶ ταῦτα, Τριπτόλεμον παῖδα Ὠκεανοῦ καὶ Γῆς εἶναι, Ὀρφέως δέ,

4 [B 31] - 4 [A 65. 66]
2 Εὔκλεες cf. Diels 9   ἀγλαά Comparetti Pugliese-Carratelli: ἀγλά' DK Kern   δή scripsi: δὲ lam. edd.   **4** Σεκουνδεῖνα Comparetti Olivieri Zuntz Pugliese-Carratelli: Σκουνδεῖνα DK Kern (propter metrum)   ἴθι θ⟨ε⟩ῖα γεγῶσα Diels *Totenpass*: αἰεὶ διαγεγῶσα Comparetti: ἴθι δῖα (cf. diva) γεγῶσα DK Olivieri Kern Zuntz: ἀιεὶ θία γεγῶσα Murray

4 [B 32] - Pherecyd. Athen. fr. 53 (FGrHist I 76,13-15): Schol. Aristid. Panathen. 105,11 (53 Dindorf)

4 [B 30] PLUTARQUE, *Vie d'Alexandre* 2

Mais il existe sur ces points un autre discours: toutes les femmes de ces lieux s'adonnent aux rites orphiques et à la célébration des cultes secrets en l'honneur de Dionysos, depuis des temps immémoriaux elles reçoivent le nom de Clodones et de Mimallones, et en maintes choses elles se comportent semblablement aux femmes des Édoniens et des Thraces de la région de l'Hémon, desquelles dérive aussi, semble-t-il, le mot de fanatisme [*threskeuein*] appliqué à ces rites outrés et superstitieux. Olympias pour sa part, animée d'une plus grande ferveur que les autres femmes dans l'exaltation et d'un élan plus violent dans le désir de la possession du dieu, introduisit dans les thiases de grands serpents apprivoisés qui se glissaient souvent hors du lierre et des vans mystiques pour s'enrouler autour des thyrses et des couronnes des femmes, emplissant les hommes d'effroi.

4 [B 31] TABLETTE DÉCOUVERTE A ROME

Pure, elle vient d'entre les purs, ô reine des enfers
O Euclès et Euboulée, fils de Zeus. Radieuse, vois,
je tiens
ce don de Mnémosyne, gloire des chants chez les
hommes.
« Viens, Caecilia Secundina, devenue divine
conformément à la loi ».

4 [B 32] PAUSANIAS, 1, 14, 3

On rapporte par ailleurs des vers de Musée — si toutefois ils sont de Musée — d'après lesquels Triptolème était fils d'Océan et de

4 [B 30] — Guthrie *Orph.* 50, 254; Linforth 226-228

4 [B 31] — *British Museum Catalogue of Jewellery* 380; DK I 17,3-8; Harrisson 672; Diels *Totenpass* 3-11; Comparetti 43 sqq.; Olivieri 18-19; Kern OF 108-109; Guthrie *Orph.* 174, 179-180; Zuntz 333-335; Pugliese-Carratelli 1974, 117, 125-126

4 [B 32] — Abel *Orph.* 242; Kern OF 125-126, 115; Linforth 352

οὐδὲ ταῦτα Ὀρφέως ἐμοὶ δοκεῖν ὄντα, Εὐβουλεῖ καὶ Τριπτολέμωι Δυσαύλην πατέρα εἶναι, μηνύσασι δέ σφισι περὶ τῆς παιδὸς δοθῆναι παρὰ Δήμητρος σπεῖραι τοὺς καρπούς.

4 [B 33] (F57 K) Athenagoras, Pro Christianis 18, 3-6 (38 Schoedel)

Ὀρφέως δέ, ὃς καὶ τὰ ὀνόματα αὐτῶν πρῶτος ἐξηῦρεν καὶ τὰς γενέσεις διεξῆλθεν καὶ ὅσα ἑκάστοις πέπρακται εἶπεν καὶ πεπίστευται παρ' αὐτοῖς ἀληθέστερον θεολογεῖν ... ἦν γὰρ ὕδωρ ἀρχὴ κατ' αὐτὸν τοῖς ὅλοις, ἀπὸ δὲ τοῦ ὕδατος ἰλὺς κατέστη, ἐκ δὲ ἑκατέρων ἐγεννήθη ζῶιον δράκων προσπεφυκυῖαν ἔχων κεφαλὴν λέοντος, διὰ μέσου δὲ αὐτῶν θεοῦ πρόσωπον, ὄνομα Ἡρακλῆς καὶ Χρόνος. οὗτος ὁ Ἡρακλῆς ἐγέννησεν ὑπερμέγεθες ὠιόν, ὃ συμπληρούμενον ὑπὸ βίας τοῦ γεγεννηκότος ἐκ παρατριβῆς εἰς δύο ἐρράγη. τὸ μὲν οὖν κατὰ κορυφὴν αὐτοῦ Οὐρανὸς εἶναι ἐτελέσθη, τὸ δὲ κάτω ἐνεχθὲν Γῆ · προῆλθε δὲ καὶ θεός τις δισώματος. Οὐρανὸς δὲ Γῆι μιχθεὶς γεννᾶι θηλείας μὲν Κλωθώ, Λάχεσιν, Ἄτροπον, ἄνδρας δὲ Ἑκατόγχειρας Κόττον, Γύγην, Βριάρεων καὶ Κύκλωπας, Βρόντην καὶ Στερόπην καὶ Ἄργην · οὓς καὶ δήσας κατεταρτάρωσεν, ἐκπεσεῖσθαι αὐτὸν ὑπὸ τῶν παίδων τῆς ἀρχῆς μαθών. διὸ καὶ ὀργισθεῖσα ἡ Γῆ τοὺς Τιτᾶνας ἐγέννησεν ·

κούρους δ' Οὐρανίωνας ἐγείνατο πότνια Γαῖα,
οὓς δὴ καὶ Τιτῆνας ἐπίκλησιν καλέουσιν,
οὕνεκα τισάσθην μέγαν Οὐρανὸν ἀστερόεντα.

3 Εὐβουλεῖ cf. **4 [A 65,2. 66,2.9. B 31,2]** **4** Δυσαύλην cf. **4 [B 21,42-43]**

4 [B 33] – 4 [B 28. 34. 35. 72]: Hes. Theog. 207 sqq. **8** ὠιόν cf. **4 [A 24,3. B 28. 33. 34. 72. 73]** **10-11** Οὐρανὸς ... Γῆ cf. **4 [A 24. 57. 63,6. 64,8. 70a-f]** **11** κάτω ἐνεχθὲν Schwartz: κάτω κατενεχθὲν A **12** τις δισώματος Lobeck (I 486): πτηνός τις δισώματος Zeller: γῆ διὰ σώματος A: Μῆτις ἀσώματος Kern: τρίτος (γ̄) ἤδη ἀσώματος Th.Gomperz: Γῆ δὲ ἀσώματος Beth: †γη δισώματος Schoedel **13** Ἄτροπον] ἄτραπον A ἄνδρας δὲ] ἄνδρας τε A **14** Κόττον] κόττυν A Γύγην] γύνη A: γύνην a Βρόντην] κροτην A, corr. a **15** Ἄργην] ἄργον A

la Terre, et d'autres attribués ceux-là à Orphée — et je ne crois pas qu'ils le soient — d'après lesquels Dysaulès était le père d'Euboulée et de Triptolème, et que Déméter leur avait accordé le don de semer les fruits de la terre, parce qu'ils lui avaient révélé quelque chose sur le sort de sa fille.

4 [B 33] ATHÉNAGORE, *Supplique au sujet des chrétiens*, 18, 3-6

... selon ce que disait Orphée, qui tout d'abord distingua les noms des dieux, il raconta en détail leur naissance, il dit tout ce que chacun d'eux avait fait et il fut chargé auprès d'eux de faire des discours plus vrais à propos des dieux ... En fait, selon lui, l'eau était le principe de toutes choses, puis de l'eau se forma la boue, et des deux un être vivant fut engendré, un serpent auquel était greffée une tête de lion, avec le visage d'un dieu en plein milieu et qui reçut le nom de Héraclès et Temps. Cet Héraclès engendra un œuf immensément grand, lequel, plein de la violence de celui qui l'avait engendré, se sépara en deux à la suite d'un frottement. La partie supérieure finit par devenir Ciel, tandis que la partie contenue vers le bas devint Terre: mais il en sortit aussi un dieu au corps double. Et Ciel s'étant uni à Terre engendra les filles Clotho, Lachésis, Atropos, puis les mâles dénommés Les Cent-Bras, Cottos, Gygès et Briarée, et les Cyclopes, Brontès, Stéropès et Argès. Puis Ciel enchaîna ces fils mâles et les précipita dans le Tartare, après qu'il eut appris qu'il serait privé du pouvoir par ses fils. C'est pourquoi la Terre, courroucée, engendra les Titans:

> et la Terre puissante engendra les fils mâles de Ciel,
> eux à qui on donne aussi le nom de Titans,
> afin qu'ils punissent le grand Ciel étoilé.

4 [B 33] — Lobeck I 386, 466, 504, 506; Zeller I 1, 127,2; Abel *Orph.* 163-164; Kern OF 137-138; Guthrie *Orph.* 79, 84 sqq., 223-224; Ziegler OD 1349-1350; W. R. Schoedel *Athenag.*, Oxford 1972, 39

4 [B 34] (F58 K) Athenagoras, Pro Christianis 20, 3-4 (Schoedel)

... Κρόνος μὲν ὡς ἐξέτεμεν τὰ αἰδοῖα τοῦ πατρὸς καὶ κατέρριψεν αὐτὸν ἀπὸ τοῦ ἅρματος καὶ ὡς ἐτεκνοκτόνει καταπίνων τῶν παίδων τοὺς ἄρσενας, Ζεὺς δὲ ὅτι τὸν μὲν πατέρα δήσας κατεταρτάρωσεν, καθὰ καὶ τοὺς υἱεῖς ὁ Οὐρανός, καὶ πρὸς Τιτᾶνας περὶ τῆς ἀρχῆς ἐπολέμησεν καὶ ὅτι τὴν μητέρα Ῥέαν ἀπαγορεύουσαν αὐτοῦ τὸν γάμον ἐδίωκε, δρακαίνης δ' αὐτῆς γενομένης καὶ αὐτὸς εἰς δράκοντα μεταβαλὼν ... ἐμίγη — τοῦ σχήματος τῆς μείξεως σύμβολον ἡ τοῦ Ἑρμοῦ ῥάβδος — εἶθ' ὅτι Φερσεφόνηι τῆι θυγατρὶ ἐμίγη βιασάμενος καὶ ταύτην ἐν δράκοντος σχήματι, ἐξ ἧς παῖς Διόνυσος αὐτῶι ...

πρὸς δὲ Φάνης ἄλλην γενεὴν τεκνώσατο δεινὴν
νηδύος ἐξ ἱερῆς, προσιδεῖν φοβερωπὸν Ἔχιδναν,
ἧς χαῖται μὲν ἀπὸ κρατὸς καλόν τε πρόσωπον
ἦν ἐσιδεῖν, τὰ δὲ λοιπὰ μέρη φοβεροῖο δράκοντος
αὐχένος ἐξ ἄκρου

ἢ αὐτὸν τὸν Φάνητα δέξαιτο, θεὸν ὄντα πρωτόγονον ...
ἢ σχῆμα ἔχειν δράκοντος ἢ καταποθῆναι ὑπὸ τοῦ Διός ...

4 [B 35] (F59 K) Athenagoras, Pro Christianis 32, 1 (Schoedel)

καὶ ⟨γὰρ⟩ τὰ πάθη αὐτῶν δεικνύουσι μυστήρια· χρῆν δ' αὐτούς, εἰ δεινὸν τὸ ἐπ' ἀδείας καὶ ἀδιαφόρως μίγνυσθαι

4 [B 34] – 4 [A 27. B 14. 28. 33. 35. 72]: Hes. Theog. 295 sqq. **1** ἐξέτεμεν cf. 4 **[A 27]** **2-3** καταπίνων] καταπεινων A, corr. a: cf. **4 [A 27]** **9-11** cf. Nonn. Dionys. 5,563 sqq. (Fauth) **12** cf. **4 [A 69,18. B 28. 43. 45. 48. 67. 68. 73. 75]** πρὸς δὲ Φάνης Herwerden: ἂν δὲ Φ. codd. Kern Schoedel: αὖτε Φ. vel ἔνθα Φ. Duentzer: σὺν δὲ Φ. Mullach: σὺν δὲ Φάνητ' Schuster γενεὴν cf. Pind. Pyth. 4,136 **14** ἧς ... κρατὸς] ἧς χαῖται μὲν παρθενικῆς Herwerden **17** πρωτόγονον cf. **4 [A 20. 69,18]**

4 [B 35] – 4 [B 28. 33. 34. 72]: Tatian. Or. ad Graec. 8 (9,10 Schwartz) **1** γὰρ add. Wilamowitz **4-5** γυναικὶ ... ἀδελφῆι Schwartz: γυναικὶ διαδελφὴ A

4 [B 34] ATHÉNAGORE, *Supplique au sujet des chrétiens*, 20, 3-4

... que d'une part Cronos mutila le sexe de son père, le jeta à bas du char et tua ses enfants mâles en les dévorant, et que d'autre part Zeus enchaîna son père et le précipita dans le Tartare, ainsi qu'avait procédé Ouranos avec ses propres enfants, et mena une guerre contre les Titans pour l'obtention du pouvoir; que Zeus poursuivit sa mère Rhéa qui se refusait de se laisser épouser, et qu'elle se changea en serpent et que lui-même se métamorphosa en serpent ... pour s'unir à elle. Le caducée d'Hermès est le symbole de cette union. Que, par la suite, Zeus s'unit à sa fille Perséphone, après l'avoir violée elle-aussi sous la forme d'un serpent: c'est d'elle qu'il eut l'enfant Dionysos ...

Et en outre Phanès généra une autre terrible créature
de son sein sacré, Echidna d'aspect redoutable,
dont on pouvait voir la chevelure encadrer
le beau visage tandis que du haut de son cou les autres parties
étaient celles d'un effroyable serpent.

Ou bien qui accepterait ce même Phanès comme dieu né le premier ... ou sous l'aspect d'un serpent, ou étant dévoré par Zeus ... ?

4 [B 35] ATHÉNAGORE, *Supplique au sujet des chrétiens* 32, 1

... car les passions des dieux sont exposées dans les mystères, et il serait concevable que ces gens, s'ils jugeaient vraiment que d'avoir des rapports sexuels sans discrimination et sans peur était chose effroyable, éprouvent de la haine soit à l'égard de

4 [B 34] — Lobeck I 493, 548; Zeller I 1, 126; Abel *Orph.* 164-165; Kern OF 138-140; Guthrie *Orph.* 84 sqq.; Ziegler OD 1349-1350; Fauth *Zagreus* 2270; Schoedel *cit.*, 43

4 [B 35] — Lobeck I 548-549; Abel *Orph.* 167; Kern OF 140; Ziegler OD 1349-1350; Ubaldi *Atenag.* Torino 1947, 147-148; Schoedel *cit.*, 79

κρίνειν ἔμελλον, ἢ τὸν Δία μεμισηκέναι, ἐκ μητρὸς μὲν Ῥέας θυγατρὸς δὲ Κόρης πεπαιδοποιημένον, γυναικὶ δὲ τῆι ἰδίαι ἀδελφῆι χρώμενον, ἢ τὸν τούτων ποιητὴν Ὀρφέα.

4 [B 36] (F52 K) Clemens Alexandrinus, Protrept. 2, 20-21 (I 15,23 - 16,17 Stählin)

ἀλωμένη γὰρ ἡ Δηὼ κατὰ ζήτησιν τῆς θυγατρὸς τῆς Κόρης περὶ τὴν Ἐλευσῖνα — τῆς Ἀττικῆς δέ ἐστι τοῦτο τὸ χωρίον — ἀποκάμνει καὶ φρέατι ἐπικαθίζει λυπουμένη. τοῦτο τοῖς μυουμένοις ἀπαγορεύεται εἰσέτι νῦν, ἵνα μὴ δοκοῖεν οἱ τετελεσμένοι μιμεῖσθαι τὴν ὀδυρομένην. ὤικουν δὲ τηνικάδε τὴν Ἐλευσῖνα οἱ γηγενεῖς · ὀνόματα αὐτοῖς Βαυβὼ καὶ Δυσαύλης καὶ Τριπτόλεμος, ἔτι δὲ Εὔμολπός τε καὶ Εὐβουλεύς. βουκόλος ὁ Τριπτόλεμος ἦν, ποιμὴν δὲ ὁ Εὔμολπος, συβώτης δὲ ὁ Εὐβουλεύς · ἀφ' ὧν τὸ Εὐμολπιδῶν καὶ τὸ Κηρύκων τὸ ἱεροφαντικὸν δὴ τοῦτο Ἀθήνησι γένος ἤνθησεν. καὶ δή — οὐ γὰρ ἀνήσω μὴ οὐχὶ εἰπεῖν — ξενίσασα ἡ Βαυβὼ τὴν Δηὼ ὀρέγει κυκεῶνα αὐτῆι · τῆς δὲ ἀναινομένης λαβεῖν καὶ πιεῖν οὐκ ἐθελούσης — πενθήρης γὰρ ἦν — περιαλγὴς ἡ Βαυβὼ γενομένη, ὡς ὑπεροραθεῖσα δῆθεν, ἀναστέλλεται τὰ αἰδοῖα καὶ ἐπιδεικνύει τῆι θεῶι · ἡ δὲ τέρπεται τῆι ὄψει ἡ Δηὼ καὶ μόλις ποτὲ δέχεται τὸ ποτόν, ἡσθεῖσα τῶι θεάματι. ταῦτ' ἔστι τὰ κρύφια τῶν Ἀθηναίων μυστήρια. ταῦτά τοι καὶ Ὀρφεὺς ἀναγράφει. παραθήσομαι δέ σοι αὐτὰ τοῦ Ὀρφέως τὰ ἔπη, ἵν' ἔχηις μάρτυρα τῆς ἀναισχυντίας τὸν μυσταγωγόν ·

ὣς εἰποῦσα πέπλους ἀνεσύρετο, δεῖξε δὲ πάντα

4 [B 36] - 3 [B 7]: 4 [B 21. 32]: Hom. Hymn. 2: Arnob. Adv. nation. 5, 25-27: Greg. Naz. Or. in Iulian. 1, 141: Schol. Lucian. 219,22: Nonn. Abb. 36, 1028 Migne

1 τῆς θυγατρὸς] del. Cobet **2-3** τῆς ... χωρίον] del. Reinkens, sed habent Eus. et Arnob. **7** Βαυβὼ cf. **4 [B 21,81-89]**: Mich. Psell. ap. Leon. Allat. de Graec. h. quor. opinat. 1645, 140 (ἔνεστι γάρ που τοῖς Ὀρφικοῖς ἔπεσι Βαβώ τις ὀνομαζομένη δαίμων νυκτερινή F53 K): IG XII 5, 227 **10** καὶ τὸ Κηρύκων] del. Maass **22** ἀνεσύρετο PM: ἀνεσύρατο Eus. Hermann δεῖξε] δεῖξαι P (Eus.

Zeus — lequel généra des enfants tantôt avec sa mère Rhéa, tantôt avec sa fille Coré, et prit pour femme sa propre sœur — soit à l'égard d'Orphée, le chantre de ces récits.

4 [B 36] Clément d'Alexandrie, *Protreptique* 2, 20-21

Car Déméter, errant à la recherche de sa fille Coré aux environs d'Éleusis — localité qui appartient à l'Attique — prise de fatigue s'assied en pleurs près d'un puits. Encore aujourd'hui, cela est interdit aux initiés, afin que la déesse en pleurs ne paraisse pas être imitée par ceux qui reçoivent l'initiation. En ce temps-là les fils nés de la terre habitaient Éleusis: ils avaient pour nom Baubô, Dysaulé et Triptolème, et encore Eumolpos et Euboulée. Triptolème gardait les bœufs, Eumolpos était berger et Euboulée gardait les cochons: d'eux sont issus la lignée des Eumolpides et celle des Kérykes, lignées de ces hiérophantes qui fleurirent à Athènes. En vérité Baubô — je n'aurai garde de le taire — voulant montrer son hospitalité à Déméter, lui offrit le cycéon. Mais celle-ci, du fait de son deuil, refuse de le prendre et ne veut pas boire. Baubô, fort indignée, comme si elle était vraiment offensée, découvre son sexe et le montre à la déesse. A sa vue, Déméter se réjouit et, amusée de ce spectacle, elle accepte enfin le breuvage. Tels sont les mystères occultes des Athéniens. Ces choses-là, vois-tu, c'est Orphée encore qui les rappelle. Et je te citerai ces mêmes vers d'Orphée, afin que tu aies en lui, le mystagogue, le témoin du dévergondage:

Et sur ces mots elle souleva sa robe et montra l'endroit

4 [B 36] — Lobeck II 818 sqq.; Abel *Orph.* 240-241; Rohde II 408; Kern OF 126-129; Guthrie *Orph.* 134-136; Nilsson I 657-658; Linforth 194, 248, 250; Kerényi 243-244; Arrighetti 49-50

σώματος οὐδὲ πρέποντα τύπον· παῖς δ' ἦεν Ἴακχος,
χειρί τέ μιν ῥίπτασκε γελῶν Βαυβοῦς ὑπὸ κόλποις·
ἡ δ' ἐπὶ τῶι μείδησε θεά, γήθησ' ἐνὶ θυμῶι,
δέξατο δ' αἰόλον ἄγγος, ἐν ὧι κυκεὼν ἐνέκειτο.

4 [B 37] (F34 K) Clemens Alexandrinus, Protrept. 2, 17-18 (I 14, 7-16 Stählin)

τὰ γὰρ Διονύσου μυστήρια τελέως ἀπάνθρωπα· ὃν εἰσέτι παῖδα ὄντα ἐνόπλωι κινήσει περιχορευόντων Κουρήτων, δόλωι δὲ ὑποδύντων Τιτάνων, ἀπατήσαντες παιδαριώδεσιν ἀθύρμασιν, οὗτοι δὴ οἱ Τιτᾶνες διέσπασαν, ἔτι νηπίαχον ὄντα, ὡς ὁ τῆς τελετῆς ποιητὴς Ὀρφεύς φησιν ὁ Θράικιος·

κῶνος καὶ ῥόμβος καὶ παίγνια καμπεσίγυια,
μῆλά τε χρύσεα καλὰ παρ' Ἑσπερίδων λιγυφώνων.

καὶ τῆσδε ὑμῖν τῆς τελετῆς τὰ ἀχρεῖα σύμβολα οὐκ ἀχρεῖον εἰς κατάγνωσιν παραθέσθαι· ἀστράγαλος, σφαῖρα, στρόβιλος, μῆλα, ῥόμβος, ἔσοπτρον, πόκος.

cod. H) δεῖξε δὲ πάντα] δεῖξε δ' ἄφαντον Herwerden δὲ] τε Lobeck **23** οὐδὲ codd.: οὐχὶ Struve: οὔ τι Hermann παῖς ... Ἴακχος cf. **4 [B 60]** παῖς δ' ἦεν Ἴακχος] παῖς νηπίαχος δὲ Herwerden: ἄνθος παιδήιον Heinsius: παῖς εἶδεν Ἴακχος Struve: πρὸς δ' ἤιεν Ἴακχος Platt: παῖς δ' ἦεν ἴαλλος Ludwich **24** χειρί τέ μιν] χεῖρά τε ἣν Struve: χεῖρ' ἰταμὴν Herwerden ῥίπτασκε] ῥίπτεσκε Gesner: τύπτεσκε Foerster: κατέρεξε Platt Βαυβοῦς] Δηοῦς Holwerda ὑπὸ κόλποις] ὑπὸ Κόλποις Struve: ὑπὸ κόλπους Heinsius: ἐγέλων Βαυβοῦς ὑπὸ κόλποι Ludwich **25** ἡ δ' ἐπὶ τῶι Herwerden: ἡ δ' ἐπεὶ οὖν codd. Stählin μείδησε] ἐνόησε Hermann γήθησ' ἐνὶ Mullach: μείδησ' ἐνὶ codd. Stählin **27** ἐνέκειτο] ἐνεχεῖτο Struve: ἐμέμικτο vel ἐτέτυκτο Herwerden

4 [B 37] – 4 [A 69. B 38. 62]: Arnob. Adv. nation. 5, 19: Epiphan. Cath. et ap. eccl. f. exp. 10
1 τελέως Lobeck: τέλεον codd. Stählin Kern **3** Τιτάνων cf. **4 [A 49. B 18. 33. 34. 38. 55]** **5** νηπίαχον ὄντα] νηπιάζοντα Eus.(H) **7,11** ῥόμβος cf. Archyt. B 1 DK (Guthrie *Orph.* 147) **8** cf. Hes. Theog. 215, 518 **9** ὑμῖν] ἡμῖν Eus.(IO) **11** ἔσοπτρον] εἴσοπτρον Dindorf: cf. **4 [A 69,30. B 40]**

sur son corps, rien moins qu'évident: mais Iacchos était
un enfant
il tendit en riant la main sous les flancs de Baubô.
La déesse en sourit, et son cœur se réjouit,
elle accepta la coupe resplendissante, où était le cycéon.

4 [B 37] Clément d'Alexandrie, *Protreptique* 2, 17-18

Les mystères de Dionysos sont de fait parfaitement inhumains. Autour de lui, encore enfant, s'agitent les Courètes dans une danse armée, mais les Titans s'introduisent par l'astuce: après l'avoir séduit par des jouets d'enfant, voici que ces Titans le mettent en pièces, bien qu'il soit encore tout petit. Selon les paroles du poète de l'initiation, Orphée le Thrace:

La toupie, le rhombe, les poupées articulées
et les belles pommes d'or des Hespérides à la voix
sonore.

Et il n'est pas superflu de vous signaler en signe de réprobation les symboles superflus de cette initiation: un jeu d'osselets, une balle, une toupie, des pommes, un rhombe, un miroir, une toison.

4 [B 37] — Lobeck I 555-556, 699-702; Abel *Orph.* 230; Kern OF 110-111; Linforth 230; Ziegler OD 1365; Fauth *Zagreus* 2273; Arrighetti 39

4 [B 38] (F35 K) Clemens Alexandrinus, Protrept. 2, 18 (I 14, 16-25 Stählin)

Ἀθηνᾶ μὲν οὖν τὴν καρδίαν τοῦ Διονύσου ὑφελομένη Παλλὰς ἐκ τοῦ πάλλειν τὴν καρδίαν προσηγορεύθη· οἱ δὲ Τιτᾶνες, οἱ καὶ διασπάσαντες αὐτόν, λέβητά τινα τρίποδι ἐπιθέντες καὶ τοῦ Διονύσου ἐμβαλόντες τὰ μέλη, καθήψουν πρότερον· ἔπειτα ὀβελίσκοις περιπείραντες ὑπείρεχον Ἡφαίστοιο. Ζεὺς δὲ ὕστερον ἐπιφανεὶς ... κεραυνῶι τοὺς Τιτᾶνας αἰκίζεται καὶ τὰ μέλη τοῦ Διονύσου Ἀπόλλωνι τῶι παιδὶ παρακατατίθεται καταθάψαι. ὃ δέ, οὐ γὰρ ἠπείθησε Διί, εἰς τὸν Παρνασσὸν φέρων κατατίθεται διεσπασμένον τὸν νεκρόν.

4 [B 39] a (F107, 102, 111 K) Alexander Aphrodisiensis, in Aristot. Metaph. 1091 b 4 (821, 11-20 Hayduck)

καὶ ἐπεὶ πρῶτον μὲν κατ' Ὀρφέα τὸ Χάος γέγονεν, εἶθ' ὁ Ὠκεανός, τρίτον Νύξ, τέταρτον ὁ Οὐρανός, εἶτ' ἀθανάτων βασιλεὺς θεῶν ὁ Ζεύς ... πρῶτον μὲν γὰρ βασίλευσε περίκλυτος Ἠρικεπαῖος φησὶν ἡ ποίησις, μεθ' ὃν Νὺξ

σκῆπτρον ἔχουσ' ἐν χερσὶν ἀριπρεπὲς Ἠρικεπαίου

μεθ' ἣν Οὐρανός,

ὃς πρῶτος βασίλευσε θεῶν μετὰ μητέρα Νύκτα.

4 [B 38] – **4 [B 15. 18. 37. 62]**
2-3 Τιτᾶνες cf. **4 [A 49. B 18. 33. 34. 37. 55]** **4** ἐμβαλόντες Eus. (H): ἐκβαλόντες Eus.(O): βαλόντες Eus.(BI): ἐμβάλλοντες P **4-5** καθήψουν] καθήψων Eus.(BI) **5** περιπείραντες] ἀμπείραντες Eus. (H) **5-6** ὑπείρεχον Ἡφαίστοιο cf. Il. 2,426

4 [B 39] – Olympiod. in Plat. Phaed. 61 c (3,9 Norvin): Hermias in Plat. Phaedr. 247 c (152,15 Couvreur): Simpl. in Arist. Phys. I 641,28 (Diels)
4 Ἠρικεπαῖος Brandis: Ἠρικαπαῖος codd.: cf. **4 [A 69, 22]** **5** Ἠρικεπαίου Brandis: Ἠρικαπαίου codd. **10** τὸν τόθ' C: τοῖον Simpl.:

4 [B 38] Clément d'Alexandrie, *Protreptique* 2, 18

Cependant Athéna, ayant soustrait le cœur de Dionysos, fut surnommée Pallas à cause des palpitations de ce cœur. Quant aux Titans qui l'avaient dépecé, après avoir posé un chaudron sur un trépied et y avoir jeté les membres de Dionysos, ils les firent d'abord bouillir puis après les avoir transpercés avec de petites broches, ils les « tinrent au-dessus d'Héphaïstos ». Zeus s'étant manifesté ... frappe de sa foudre les Titans et remet à son fils Apollon les membres de Dionysos pour qu'il les ensevelisse. Et celui-ci n'a garde de désobéir à Zeus: transportant le cadavre démembré sur le Parnasse, il lui donne une sépulture.

4 [B 39] a Alexandre d'Aphrodise, *Commentaire sur la métaphysique d'Aristote*, 1091 b 4

Car en premier lieu, selon Orphée, naquit le Chaos, puis Océan, en troisième lieu Nuit, en quatrième Ouranos, et ensuite Zeus, le roi des dieux immortels ... en premier lieu en effet régna le très illustre Ériképaios — rapportent les vers — puis la Nuit

qui tient dans ses mains le sceptre fameux d'Ériképaios

et après celle-ci Ouranos

qui le premier régna sur les dieux, succédant à Nuit sa mère.

4 [B 38] — Lobeck I 557-560; Abel *Orph.* 232-233; Kern OF 111; Linforth 325

4 [B 39] — Lobeck I 576; Abel *Orph.* 185-187, 183; Kern OF 170-174; Guthrie *Orph.* 103-104

b (F108 K) Syrianus, in Aristot. Metaph. 1091 b 4 (182, 9-13 Kroll)

ἐκεῖνοι γὰρ Νύκτα μὲν καὶ Οὐρανόν φασι βασιλεύειν καὶ πρὸ τούτων τὸν μέγιστον αὐτῶν πατέρα·

τὸν τόθ' ἑλὼν διένειμε θεοῖς θνητοῖσί τε κόσμον,
οὗ πρῶτος βασίλευσε περικλυτὸς Ἠρικεπαῖος.

c (F107 K) Proclus, in Plat. Tim. prooem. (III 168, 17-25 Diehl)

θεῶν βασιλέας παραδέδωκεν Ὀρφεὺς κατὰ τὸν τέλειον ἀριθμὸν τῶν ὅλων προεστηκότας Φάνητα Νύκτα Οὐρανὸν Κρόνον Δία Διόνυσον· πρῶτος γὰρ ὁ Φάνης κατασκευάζει τὸ σκῆπτρον· καὶ πρῶτος βασίλευσε περικλυτὸς Ἠρικεπαῖος· δευτέρα δὲ ἡ Νύξ, δεξαμένη παρὰ τοῦ πατρός, τρίτος δὲ ⟨ὁ⟩ Οὐρανὸς παρὰ τῆς Νυκτός, καὶ τέταρτος ὁ Κρόνος, βιασάμενος, ὥς φασι, τὸν πατέρα, καὶ πέμπτος ὁ Ζεύς, κρατήσας τοῦ πατρός, καὶ μετὰ τοῦτον ἕκτος ὁ Διόνυσος.

4 [B 40] a (F209 K) Plotinus, Ennead. 4, 3, 12, 1-4 (Henry-Schwyzer)

ἀνθρώπων δὲ ψυχαὶ εἴδωλα αὐτῶν ἰδοῦσαι οἷον Διονύσου ἐν κατόπτρωι ἐκεῖ ἐγένοντο ἄνωθεν ὁρμηθεῖσαι, οὐκ ἀποτμηθεῖσαι οὐδ' αὗται τῆς ἑαυτῶν ἀρχῆς τε καὶ νοῦ.

τοῦτό θ' (sc. μέτρον) coni. Usener **11** Ἠρικεπαῖος] ἠρισκεπαῖος C **15** βασίλευσε Syr. Diehl: βασιλεὺς codd. **17** ⟨ὁ⟩ Diehl

4 [B 40] - 4 [A 69,30. B 37. 78]: Plot. Ennead. 1, 1, 8,17-18 (Henry-Schwyzer: μένουσα μὲν αὐτή, εἴδωλα δὲ αὐτῆς διδοῦσα, ὥσπερ πρόσωπον ἐν πολλοῖς κατόπτροις): Procl. in Plat. Tim. 23 d-e (I 142,24 sqq. Diehl: ... ἡ γὰρ τοῦ ἐσόπτρου κατασκευή): Marsilius Ficinus, Comm. in Plat. Conv. 6, 17 (anima inquam sola ita corporalis formae blanditiis delinitur, ut propriam posthabeat speciem, corporis uero formam, quae suae umbra est, sui ipsius oblita sectetur. hinc crudelissimum illud apud Orpheum Narcissi fatum. F362 K)
1 αὐτῶν] αὑτῶν Creuzer **2** ἐκεῖ] ἐκεῖνο U **3** αὗται] αὐταὶ Vitringa ἑαυτῶν] αὐτῶν B **8** Διονυσοδότης cf. Pausan.

b SYRIANOS, *Commentaire sur la Métaphysique d'Aristote*, 1091 b 4

Ils disent en effet que régnèrent Nuit et Ouranos, et avant eux leur père très grand:

> le saisissant, il remit aux dieux et aux mortels l'ordre d'alors
> et le premier régna en tant qu'illustre Ériképaios

c PROCLUS, *Commentaire sur le Timée de Platon*, proème

Orphée a enseigné que les rois des dieux qui ont présidé à toutes choses sont, selon le nombre parfait, les suivants: Phanès, Nuit, Ouranos, Cronos, Zeus, Dionysos. C'est Phanès le premier qui institua le sceptre, et « le premier régna en tant qu'illustre Ériképaios »; en second régna la Nuit, qui avait reçu le sceptre de son père, puis en troisième Ouranos, qui l'avait reçu de Nuit, et en quatrième Cronos qui, à ce qu'on dit, avait fait violence à son père; en cinquième Zeus, qui avait eu le dessus sur son père ; et après lui, en sixième, Dionysos.

4 [B 40] a PLOTIN, *Ennéades*, 4, 3, 12, 1-4

Et les âmes des hommes, quand elles voient leurs images comme dans le miroir de Dionysos, s'élançant des hauteurs arrivent jusqu'à elles, sans pour autant être coupées de leur principe et de l'intuition.

4 [B 40] — Lobeck I 555, II 957; Abel *Orph.* 230; Rohde II 117,1; Kern OF 227-228; Guthrie *Orph.* 122-123; Linforth 315; Colli FE 52-53, DN 195-196, NF 34-35

b Olympiodorus, in Plat. Phaed. 67 c (111, 14-19 Norvin)

ὁ γὰρ Διόνυσος, ὅτε τὸ εἴδωλον ἐνέθηκε τῶι ἐσόπτρωι, τούτωι ἐφέσπετο, καὶ οὕτως εἰς τὸ πᾶν ἐμερίσθη. ὁ δὲ Ἀπόλλων συναγείρει τε αὐτὸν καὶ ἀνάγει καθαρτικὸς ὢν θεὸς καὶ τοῦ Διονύσου σωτὴρ ὡς ἀληθῶς, καὶ διὰ τοῦτο Διονυσοδότης ἀνυμνεῖται.

c Proclus, in Plat. Tim. 33 b (II 80, 19-24 Diehl)

πάλαι δὲ καὶ τοῖς θεολόγοις τὸ ἔσοπτρον ἐπιτηδειότητος παρείληπται σύμβολον πρὸς τὴν νοερὰν ἀποπλήρωσιν τοῦ παντός· διὸ καὶ τὸν Ἥφαιστον ἔσοπτρόν φασι ποιῆσαι τῶι Διονύσωι, εἰς ὃ ἐμβλέψας ὁ θεὸς καὶ εἴδωλον ἑαυτοῦ θεασάμενος προῆλθεν εἰς ὅλην τὴν μεριστὴν δημιουργίαν.

d Proclus, in Plat. Tim. 29 a-b (I 336,29 - 337,1 Diehl)

καθάπερ οὖν Ὀρφεὺς εἴδωλα πλάττει τοῦ Διονύσου τὰ τὴν γένεσιν ἐπιτροπεύοντα καὶ τὸ εἶδος ὅλον ὑποδεξάμενα τοῦ παραδείγματος ...

e Proclus, in Plat. Remp. I 94, 5-8 (Kroll)

ὥσπερ δὴ καὶ Ὀρφεὺς τοῖς Διονυσιακοῖς εἰδώλοις τὰς συνθέσεις καὶ τὰς διαιρέσεις καὶ τοὺς θρήνους προσῆψεν ἀπὸ τῶν προνοουμένων ἅπαντα ταῦτα ἐκείνοις ἀναθείς.

f Nonnus, Dionys. 6, 172-173 (Ludwich)

ταρταρίηι Τιτῆνες ἐδηλήσαντο μαχαίρηι
ἀντιτύπωι νόθον εἶδος ὀπιπεύοντα κατόπτρωι.

I, 31, 4 **9,11** ἔσοπτρον] ἔσοπτορ M **15** ὅλον] ὡς ὅλον NP **18** τοὺς θρήνους cf. Procl. in Plat. Remp. I 125, 20 sqq. (Kroll: ἐπεὶ καὶ Κόρης καὶ Δήμητρος καὶ αὐτῆς τῆς μεγίστης θεᾶς ἱερούς τινας ἐν ἀπορρήτοις θρήνους αἱ τελεταὶ παραδεδώκασιν) **20** ἐδηλήσαντο] ἐδηλώσαντο LΩ

b Olympiodore, *Commentaire sur le Phédon de Platon*, 67 c

Car Dionysos, ayant placé l'image dans le miroir, la pourchassa et fut ainsi pulvérisé dans le tout. Mais Apollon le rassembla et le ramena à la vie, étant en cela un dieu purificateur et véritablement le sauveur de Dionysos, c'est pourquoi on le célèbre en tant que Dionysodote.

c Proclus, *Commentaire sur le Timée de Platon*, 33 b

Dans les temps anciens, le miroir a été proposé aussi par les théologiens comme un symbole de la conformité à la perfection intellective de l'univers. C'est pourquoi il est dit aussi qu'Héphaïstos fit un miroir pour Dionysos, et que le dieu s'étant regardé et ayant contemplé sa propre image, se mit à créer la pluralité.

d Proclus, *Commentaire sur le Timée de Platon*, 29 a-b

De même donc qu'Orphée modèle en tant qu'image de Dionysos les choses qui gouvernent la génération et reçoivent la forme entière du paradigme ...

e Proclus, *Commentaire sur la République de Platon*, I 94, 5

... de même Orphée associa aux images dionysiaques les réunions et les dispersions et les plaintes, rapportant toutes ces choses à ces images sur la base d'intuitions divinatrices.

f Nonnos, *Dionysiaques*, 6, 172-173

> ... d'une épée effroyable les Titans firent violence à Dionysos
> qui regardait fixement l'image altérée dans le miroir déformant.

4 [B 41] a (F192 K) Porphyrius, De antro nymphar. 14 (66, 13-19 Nauck)

καὶ χιτών γε τὸ σῶμα τῆι ψυχῆι ὃ ἠμφίεσται ... οὕτω καὶ παρὰ τῶι Ὀρφεῖ ἡ Κόρη ... ἱστουργοῦσα παραδέδοται, τῶν παλαιῶν καὶ τὸν οὐρανὸν πέπλον εἰρηκότων οἷον θεῶν οὐρανίων περίβλημα.

b Proclus, in Plat. Tim. 41 b-c (III 223, 3-9 Diehl)

καὶ διὰ ταῦτα ἄρα Ὀρφεὺς τὴν τῶν μεριστῶν ζωοποιὸν αἰτίαν ἄνω μένουσαν καὶ ὑφαίνουσαν τὸν διάκοσμον τῶν οὐρανίων νύμφην τε εἶναί φησιν ὡς ἄχραντον καὶ ταῦτα τῶι Διὶ συναφθεῖσαν καὶ μένειν ἐν οἰκείοις ἤθεσι, προελθοῦσαν δὲ ἀπὸ τῶν ἑαυτῆς οἴκων ἀτελεῖς τε καταλείπειν τοὺς ἱστοὺς καὶ ἁρπάζεσθαι καὶ ἀναρπασθεῖσαν γαμεῖσθαι καὶ γαμηθεῖσαν γεννᾶν.

c (F193 K) Tzetzes, Exeges. in Iliad. 26, 18

ἱστὸν ἐποιχομένην ἀτελῆ πόνον ἀνθεμόεντα

d (F192 K) Proclus, in Plat. Tim. 23 d (I 134, 26-29 Diehl)

ὁ πέπλος ... ὃν ἡ θεὸς ὑφαίνει μετὰ τοῦ πατρός.

e Proclus, in Plat. Crat. 387 e (22, 2-3 Pasquali)

καὶ γὰρ αὕτη καὶ πᾶς αὐτῆς ὁ χορὸς ἄνω μενούσης ὑφαίνειν λέγονται τὸν διάκοσμον τῆς ζωῆς.

f Damascius, De princ. 339 (II 200, 14 Ruelle)

... ἀπὸ τῆς παρ' Ὀρφεῖ Κορικῆς ὑπερκοσμίου πεπλοποιίας ὁρμηθέντες ...

4 [B 41] – 4 [B 21. 57]: Pherecyd. Syr. B 2 DK: Eus. De laud. const. 6,728: Procl. in Plat. Remp. II 62,6 sqq. (Kroll): Syrian. in Arist. Met. B2 (26,25 Kroll)

3 παραδέδοται M: παραδίδοται cett. πέπλον codd. (cf. Lobeck I 380): βηλὸν Nauck **7** ἄχραντον καὶ ταῦτα] ἄχραντον καὶ ⟨κατὰ⟩ ταῦτα vel ἄχραντον καὶ ταύτηι Diehl **8** συναφθεῖσαν] συνοφθεῖσαν Holwerda **12** ἀνθεμόεντα Mullach Herwerden (Il. 22, 440-441): ἀνθεμόεσσαν codd. Kern

4 [B 41] a PORPHYRE, *De l'antre des Nymphes* 14

Certes pour l'âme le corps dont elle est revêtue est un vêtement ... De même Coré ... est représentée par Orphée travaillant au métier à tisser, et les anciens disent que le ciel est un *péplos*, comme si c'était le vêtement des dieux célestes.

b PROCLUS, *Commentaire sur le Timée de Platon* 41 b-c

Et c'est pour cela qu'Orphée dit que la cause vivifiante des choses divisibles, qui demeure là-haut et qui tisse l'ordre cosmique des choses célestes, est une enfant, car elle est pure, et qu'en outre, elle est unie à Zeus et conserve son propre caractère: mais quand elle est sortie de sa demeure, elle laisse là ses toiles inachevées et elle est ravie, puis une fois ravie, se marie, et une fois mariée, fait des enfants.

c TZETZÈS, *Exégèse de l'Iliade*, 26, 18

S'agitant autour de la toile ornée de fleurs, effort inachevé.

d PROCLUS, *Commentaire sur le Timée de Platon* 23 d

Le *péplos*... que tisse la déesse avec son père.

e PROCLUS, *Commentaire sur le Cratyle de Platon* 387 e

Car on dit que Coré et tout le chœur dansant qui demeure en haut tissent l'ordre cosmique de la vie.

f DAMASCIUS, *Des premiers principes* 339

... partant peut-être de ce qui, selon Orphée, est le tissage ultramondain du péplos par Coré ...

4 [B 41] — Lobeck I 380, 550-552; Abel *Orph.* 238-239; Kern OF 217-219

4 [B 42] (F154 K) Porphyrius, De antro nymphar. 16 (67, 21 - 68, 6 Nauck)

παρὰ δὲ τῶι 'Ορφεῖ ὁ Κρόνος μέλιτι ὑπὸ Διὸς ἐνεδρεύεται· πλησθεὶς γὰρ μέλιτος μεθύει ... φησὶ γὰρ παρ' 'Ορφεῖ ἡ Νὺξ τῶι Διὶ ὑποτιθεμένη τὸν διὰ μέλιτος δόλον·

εὖτ' ἂν δή μιν ἴδηαι ὑπὸ δρυσὶν ὑψικόμοισιν
ἔργοισιν μεθύοντα μελισσάων ἐριβόμβων,
δῆσον

αὐτόν. ὃ καὶ πάσχει ὁ Κρόνος καὶ δεθεὶς ἐκτέμνεται ὡς ὁ Οὐρανός ...

4 [B 43] (F66, 72 K) Proclus, in Plat. Remp. II 138, 14-18 (Kroll)

Αἰθέρα μὲν Χρόνος οὗτος ἀγήραος, ἀφθιτόμητις
γείνατο καὶ μέγα χάσμα πελώριον ἔνθα καὶ ἔνθα.

καὶ μικρὸν ὕστερον·

χάσμα δ' ὑπ' ἠέριον καὶ νήνεμος ἐρράγη Αἰθὴρ
ὀρνυμένοιο Φάνητος.

4 [B 42] – **4 [A 27]**: Procl. in Plat. Remp. I 138,23 (Kroll: ἔνθα Κρόνος μὲν ἔπειτα φαγὼν δολόεσσαν ἐδωδὴν κεῖτο μέγα ῥέγχων. F148 K): Procl. in Plat. Tim. 35 b (II 208,30 sqq. Diehl)
3 δόλον Nauck: λόγον M **6-7** δῆσον αὐτόν] αὐτίκα μιν δῆσον Barnes

4 [B 43] – Procl. in Plat. Tim. 30 a (I 385,29 Diehl): Procl. in Plat. Crat. 396 b-c (59,11 sqq. Pasquali: ... 'Ορφεὺς τὴν πρώτην πάντων αἰτίαν Χρόνον καλεῖ. F68 K): Syrian. in Arist. Met. 1000 b 14 (43,30 Kroll): Simpl. in Arist. Phys. 208 b 29 (I 528,12 Diels)
1 ἀγήραος cf. Zeller I 1, 292,1; Classen PW Suppl.12 (1970), 37 **2,4** χάσμα cf. Parm. B 1,18 DK **4** ὑπ' ... ἐρράγη cf. Il. 8,558; 16,300 **5** cf. **4 [A 20. 69,18. B 28. 34. 45. 48. 67. 68. 73. 75]**

4 [B 42] PORPHYRE, *De l'antre des nymphes* 16

Et, dans Orphée, Cronos, à cause du miel, est pris au piège par Zeus: en effet, gorgé de miel, il devient ivre ... Car, chez Orphée, la Nuit dit à Zeus, pour lui suggérer la tromperie du miel:

Quand tu le verras sous les chênes aux hautes futaies,
ivre des œuvres des abeilles au bourdonnement sonore,
enchaîne-le.

Tel est précisément le sort de Cronos: une fois attaché, il est châtré comme Ouranos.

4 [B 43] PROCLUS, *Commentaire sur la République de Platon*, II 138, 14

Ce temps qui ne vieillit pas, dont la sagesse ne périt pas,
engendra
Éther et un grand et prodigieux abîme éblouissant,
ici et là.

Et peu après:

Mais en dessous se fendirent l'abîme matinal et l'Éther
sans vent,
tandis que s'étirait Phanès.

4 [B 42] — Lobeck I 516-517; Abel *Orph.* 196-197; Kern OF 193-194

4 [B 43] — Lobeck I 472-474; Kern OF 147-148

4 [B 44] (F71 K) Proclus, in Plat. Tim. 33 b (II 70, 9-14 Diehl)

⟨τὸ δ'⟩ ἀπειρέσιον κατὰ κύκλον
ἀτρύτως ἐφορεῖτο

κατ' ἐκείνην εἴρηται τὴν τάξιν · ἐναργέστερον δὲ ὀφθὲν καὶ ἐν τῶι παντελεῖ ζώιωι · τὸ γὰρ

ὡρμήθη δ' ἀνὰ κύκλον ἀθέσφατον

περὶ ταύτης εἴρηται τῶι θεολόγωι τῆς θεότητος.

4 [B 45] a (F81 K) Proclus, in Plat. Tim. 30 c-d (I 429, 30 Diehl)

θῆλυς καὶ γενέτωρ κρατερὸς θεὸς Ἠρικεπαῖος

b (F80 K) Nonnus Abbas, ad Gregor. Naz. Orat. in Iulian. I, 141, 78 (36, 1028 Migne)

τὸν Φάνητα ... αἰδοῖον ἔχοντα ὀπίσω περὶ τὴν πυγήν

4 [B 46] (F83 K) Proclus, in Plat. I Alcibiad. 103 a (66, 9-15 Westerink)

καί μοι δοκεῖ καὶ ὁ Πλάτων εὑρὼν παρ' Ὀρφεῖ τὸν αὐτὸν τοῦτον θεὸν καὶ Ἔρωτα καὶ δαίμονα μέγαν ἀποκαλούμενον ... ὁ θεολόγος « ἁβρὸς Ἔρως — φησὶ — καὶ Μῆτις ἀτάσθαλος » καὶ πάλιν ·

οἷσιν ἐπεμβεβαὼς δαίμων μέγας ἆεν ἐπ' ἴχνη

4 [B 44] – 4 [B 28. 33]: Plut. Quaest. conviv. 2, 3, 1: Procl. in Plat. Crat. 397 d (74,29 Pasquali): Procl. in Plat. Parm. 138 c (1161,24 Cousin)
1 τὸ δ' add. Procl. in Crat. Kern **1,5** κύκλον cf. **4 [A 65,6. B 65. 66]:** Emp. B 17,13. 26,1. 26,12 DK

4 [B 45] – 4 [A 20. 69,18. B 28. 34. 43. 48. 67. 68. 73. 75]: Suda s. v. Φάνης
1 θῆλυς καὶ γενέτωρ cf. **4 [B 28]:** Plat. Symp. 189 d-e Ἠρικεπαῖος] ἠρισκεπαῖος C: cf. **4 [A 69,22]** **2** αἰδοῖον ... πυγήν cf. Plat. Symp. 191 b-c

4 [B 46] – 4 [B 47]: Parm. B 12,3. 13 DK: Procl. in Plat. Alcibiad. 109 e (509,9 Cousin)
5 ἐπ' ἴχνη Bentley Creuzer: ἐπίσχνη codd.: ἐποιχνεῖ Lobeck

4 [B 44] PROCLUS, *Commentaire sur le Timée de Platon* 33 b

et il était entraîné infatigablement
dans une immense révolution,

ce qui est formulé selon cet ordre, mais on le voit encore de manière plus sensible chez l'animal parfait; en effet

il s'élança en une révolution indicible

dit le théologien au sujet de cette nature divine.

4 [B 45] a PROCLUS, *Commentaire sur le Timée de Platon* 30 c-d

Femelle et géniteur est le puissant dieu Ériképaios.

b NONNUS ABBAS, *Commentaire aux Discours de Grégoire contre Julien*, I, 141, 78

Phanès ... qui a ses organes sexuels derrière, près de l'anus.

4 [B 46] PROCLUS, *Commentaire sur l'Alcibiade I de Platon* 103 a

Et m'est avis aussi que Platon, trouvant chez Orphée le même dieu dénommé Éros et puissant démon ... le théologien dit « Éros délicat et Métis la perverse », et encore:

les traces de ceux que le puissant démon toujours
martèle.

4 [B 44] — Lobeck I 474-476; Abel *Orph.* 174; Kern OF 150-151

4 [B 45] — Lobeck I 490-493; Abel *Orph.* 178-179; Kern OF 154-155

4 [B 46] — Hermann *Orph.* 508,15; Lobeck I 495-496; Abel *Orph.* 180; Kern OF 156-157

4 [B 47] (F85 K) Proclus, in Plat. Tim. 31 a (I 451, 12-13 Diehl); Proclus, in Plat. Crat. 391 d-e (33, 5-6 Pasquali)

δαίμονα σεμνόν,
Μῆτιν σπέρμα φέροντα θεῶν κλυτόν, ὅν τε Φάνητα
πρωτόγονον μάκαρες κάλεον κατὰ μακρὸν Ὄλυμπον

4 [B 48] (F98 K) Proclus, in Plat. Tim. 31 a (I 450, 22-26 Diehl)

ὁ δέ γε Φάνης μόνος τε πρόεισι καὶ ὁ αὐτὸς ἀνυμνεῖται θῆλυς καὶ γενέτωρ, παράγει δὲ τὰς Νύκτας, καὶ τῆι μέσηι σύνεστιν ὡς πατήρ·

αὐτὸς ἑῆς γὰρ παιδὸς ἀφείλετο κούριμον ἄνθος

4 [B 49] (F91 K) Proclus, in Plat. Tim. 32 b (II 48, 17-21 Diehl)

γῆ μὲν γὰρ αἰθερία ἡ σελήνη· τοῦτο μὲν οὖν καὶ ὁ θεολόγος εἴρηκε σαφῶς·

μήσατό τ' ἄλλην γαῖαν ἀπείριτον, ἥν τε σελήνην
ἀθάνατοι κλήιζουσιν, ἐπιχθόνιοι δέ τε μήνην,
ἣ πόλλ' οὔρε' ἔχει, πόλλ' ἄστεα, πολλὰ μέλεθρα.

4 [B 47] - 4 [B 46]: Procl. in Plat. Tim. 28 c, 29 a-b (I 312,5 [F97 K]; 336,15 Diehl): Damasc. De princ. 111 (I 286,15 Ruelle)
1 δαίμονα] ⟨εὐ⟩δαίμονα Lobeck **2** θεῶν κλυτόν Procl. Crat.: θεόκλυτον Procl. Tim.

4 [B 48] - 4 [B 45]: Damasc. De princ. 244 (II 115,24 Ruelle)
4 αὐτὸς ἑῆς γὰρ Gesner: αὐτὸς γὰρ ἑῆς codd.: αὐτῆς γὰρ τεῆς Damasc.: αὐτὸς παιδὸς γὰρ ?Diehl κούριμον CM Damasc.: κούριον Hermann Diehl Kern (coll. Eust. ad Il. 13,433; Orph. Arg. 1339)

4 [B 49] - Plut. De Is. et Osir. 367 c-d (40,16-20 Griffiths): Aet. Plac. 2, 13, 15 (343,12-14 *Dox.*): Procl. in Plat. Tim. 36 d, 40 e (II 282,11; III 172,20 [οὐρανίαν γῆν τὴν σελήνην = F93 K] Diehl)
3 τ'] δ' Q, Procl. in Tim. 40 b-c ἄλλην γαῖαν] αἶαν δ' ἄλλην γαῖαν M: αἶαν ἄλλην P **5** πόλλ' ἄστεα cf. Parm. B 1,3 DK μέλεθρα] μέλαθρα P

4 [B 47] Proclus, *Commentaire sur le Timée de Platon* 31 a

démon auguste,
Métis qui porte la semence glorieuse des dieux: il était appelé
Phanès, le premier né, parmi les bienheureux sur l'Olympe élevé.

4 [B 48] Proclus, *Commentaire sur le Timée de Platon* 31 a

Certes, et Phanès s'avance seul, et il est célébré à la fois comme femelle et géniteur; puis il engendre les Nuits, et en qualité de père, s'unit à celle du milieu:

car il cueillit la fleur virginale de sa propre fille.

4 [B 49] Proclus, *Commentaire sur le Timée de Platon* 32 b

Dans l'Éther, en effet, la lune est une terre en haut; ceci, le théologien l'a dit clairement:

Il médita une autre terre immense, celle que les immortels
honorent comme Séléné, et les hommes sur la terre, comme Méné,
qui contient tant de montagnes, tant de villes, tant de maisons.

4 [B 47] — Lobeck I 481; Abel *Orph.* 177; Kern OF 157-158

4 [B 48] — Hermann *Orph.* 467; Lobeck I 493-494; Abel *Orph.* 181; Kern OF 164-165

4 [B 49] — Hermann *Orph.* 470; Lobeck I 499-500; Abel *Orph.* 184; Kern OF 161-162

4 [B 50] (F95 K) Proclus, in Plat. Tim. 21 d (I 94, 13-15 Diehl)

οὕτω γὰρ καὶ παρ' Ὀρφεῖ τὰ τῆς φύσεως ἔργα κλυτὰ προσαγορεύεται·

καὶ φύσεως κλυτὰ ἔργα μένει καὶ ἀπείριτος αἰών.

4 [B 51] (F126 K) Proclus, in Plat. Remp. II 207, 23-29 (Kroll)

οἶδα μὲν οὖν, ὅτι καὶ Μοίρας ἄλλας Ὀρφεύς ... ἀπ' αὐτῶν προελθεῖν φησιν τῶν πρωτίστων θεῶν, ἐπέκεινα καὶ τῆς Κρόνου βασιλείας καὶ τῶν νοερῶν ὅλως διακόσμων· ἀλλὰ κἀκεῖνος ἄλλην Ἀνάγκην παρήγαγεν πρὸ τῶν Μοιρῶν, « στυγερῶπά τε Ἀνάγκην » λέγων προελθεῖν ἀπ' ἐκείνων.

4 [B 52] (F127, 183 K) Proclus, in Plat. Crat. 406 c-d (110, 15 - 111, 5 Pasquali)

παράγει οὖν αὐτὴν ὁ Οὐρανὸς ἐκ τοῦ ἀφροῦ τῶν γονίμων ἑαυτοῦ μορίων ῥιφέντων εἰς τὴν θάλασσαν, ὥς φησιν Ὀρφεύς·

μήδεα δ' ἐς πέλαγος πέσεν ὑψόθεν, ἀμφὶ δὲ τοῖσι
λευκὸς ἐπιπλώουσιν ἑλίσσετο πάντοθεν ἀφρός·
ἐν δὲ περιπλομέναις ὥραις Ἐνιαυτὸς ἔτικτεν
παρθένον αἰδοίην, ἣν δὴ παλάμαις ὑπέδεκτο
γεινομένην τὸ πρῶτον ὁμοῦ Ζῆλός τ' Ἀπάτη τε.

4 [B 50] - **3** ἔργα cf. Parm. B 10,3 DK μένει codd.: μένηι Lobeck

4 [B 51] - **4 [A 14,4. 44. B 72]**: Parm. B 8,30. 10,6 DK: Emp. B 115,1. 116 DK: Aesch. Prom. 105: Gorg. Hel. 6 (82B11 DK): Eur. Hel. 513-514

4 [B 52] - Hes. Theog. 188-192: Plat. Symp. 180 d-e, 181 b-c: Procl. in Plat. Tim. 29 a, 32 c (I 333,2 [= F182 K]; II 54,19 [= F184 K] Diehl): Lyd. De mens. 4, 4 (116,21 Wünsch)
2 ῥιφέντων Platt: ῥιφέντος codd. **4** ἐς πέλαγος A: εὐπέλαγος B: ἐπέλαγος F: ἐνπέλαγος P **6** περιπλομέναις ὥραις cf. **4 [A 24,4]**: Soph. OT 156 Ἐνιαυτὸς Kern (coll. Procl. in Tim. 37 e: ὡς θεὸν ὑμνήκασιν ... καὶ ἐνιαυτόν): ἐνιαυτὸς codd. Pasquali: ἐνιαυτοῦ Platt **8** Ζῆλος cf. Hes. Theog. 384 Ἀπάτη cf. Hes. Theog. 224 **12** μεγίστωι Werfer: μέγιστοι A: μεγίστη cett.

4 [B 50] Proclus, *Commentaire sur le Timée de Platon* 21 d

C'est ainsi que, chez Orphée aussi, les œuvres de la nature sont dites illustres:

> Durables sont les œuvres de la naissance et de l'éternité
> sans limite.

4 [B 51] Proclus, *Commentaire sur la République de Platon* II 207, 23

Je sais pour ma part que, d'après ce que dit Orphée, d'autres Moires ... précèdent, bien antérieures toutefois aux tout premiers dieux, au-delà même du règne de Cronos et des ordres cosmiques totalement intuitifs; mais Orphée introduisit une autre Ananké encore avant les Moires, en disant qu'« Ananké au regard effroyable » vient avant, bien antérieure à celles-là.

4 [B 52] Proclus, *Commentaire sur le Cratyle de Platon* 406 c-d

Ouranos crée alors Aphrodite du sperme de ses organes génitaux, jetés dans la mer, ainsi que dit Orphée:

> D'en-haut ses parties sexuelles tombèrent dans la mer,
> et autour de celles-ci
> qui flottaient il se fit de tout côté un tourbillon de
> blanche écume:
> puis dans les saisons accomplissant leur révolution
> Année enfanta
> la vierge digne de vénération, qu'une fois née Émulation
> et Tromperie recueillirent avec la paume de leurs mains.

4 [B 50] — Hermann *Orph.* 479; Lobeck I 500; Abel *Orph.* 184; Kern OF 163

4 [B 51] — Kern OF 181-182

4 [B 52] — Lobeck I 542-543; Abel *Orph.* 101-102, 209; Kern OF 182, 214; Nilsson I 521-522; Ziegler OD 1363

τὴν δὲ δευτέραν Ἀφροδίτην παράγει μὲν ὁ Ζεύς ... συμπαράγει δ' αὐτῶι καὶ ἡ Διώνη ... λέγει δ' οὕτως καὶ περὶ ταύτης ὁ αὐτὸς θεολόγος·

τὸν δὲ πόθος πλέον εἷλ', ἀπὸ δ' ἔκθορε πατρὶ μεγίστωι
αἰδοίων ἀφροῖο γονή, ὑπέδεκτο δὲ πόντος
σπέρμα Διὸς μεγάλου· περιτελλομένου δ' ἐνιαυτοῦ
ὥραις καλλιφύτοις τέκ' ἐγερσιγέλωτ' Ἀφροδίτην
ἀφρογενῆ.

4 [B 53] a (F130 K) Proclus, in Hesiod. Op. 113 (II 115, 9 sqq. Gaisford)

καὶ τοῦτο Κρόνιόν ἐστι· καὶ γὰρ τὸν Κρόνον ἀεὶ μελαίνας ἔχειν τὰς ἐπὶ τοῦ γενείου τρίχας φησὶν Ὀρφεύς· Πλάτων δὲ τοὺς ἐπὶ τῆς Κρονίας περιόδου ἀποβάλλειν φησὶ τὸ γῆρας, καὶ ἀεὶ γίνεσθαι νεωτέρους.

b (F142 K) Proclus, Theolog. Plat. 5, 10, 264, 20 sqq.

καὶ γὰρ οὗτος ἀεὶ μελαίνας τὰς τοῦ Κρονίου προσώπου τρίχας μυστικῶς λέγει ... ὁ δέ γε Ὀρφεὺς τὰ τούτοις ὅμοια περὶ τοῦ θεοῦ διατάττεται·

— ᵕ ᵕ — ᵕ ᵕ — ᵕ ὑπὸ Ζηνὶ Κρονίωνι
ἀθάνατον ⟨τ'⟩ αἰῶνα λαχεῖν καθαροῖο γενείου
⟨καὶ⟩ διερὰς χαίτας εὐώδεας, οὐδέ ⟨τι πάμπαν⟩
⟨γήραος⟩ ἠπεδανοῖο μιγήμεναι ἄνθεϊ λευκῶι,
ἀλλ⟨ὰ περὶ κροτάφοισιν ἔχειν⟩ ἐριθηλέα λάχνην.

4 [B 53] – **4 [A 6,15-17]**: Hes. Op. 109-142: Plat. Politic. 270 d-e: Procl. in Plat. Remp. II 74,26 (Kroll = F140 K)

8 ⟨τοῖσι πάλαι πέπρωται⟩ Lobeck: ⟨ἀλλὰ Κρόνον φάσκουσι⟩ Mullach Ζηνὶ Κρονίωνι] Ζηνὸς Κρονίωνος Lobeck **9** ⟨τ'⟩ Duentzer λαχεῖν Hermann: καμεῖν ed. Porti: νέμειν Lobeck **9-10** καθαροῖο ... διερὰς] καθαροῖσι γένειον καὶ διεροῖς Herwerden **10** ⟨καὶ⟩ Hermann ⟨τι πάμπαν⟩ Herwerden Kern: ⟨ποτ' αὐτοῖς⟩ Duentzer: ⟨τι τόν γε⟩ Hermann **11** ⟨γήραος⟩ Gesner **12** ἀλλ⟨ὰ περὶ κροτάφοισιν ἔχειν⟩ Hermann: ἀλλ' ⟨αἰεὶ⟩ Duentzer

La seconde Aphrodite, c'est Zeus qui la crée ... et dans cette tâche Dioné lui prête main ... De celle-ci, voici ce que dit encore le théologien:

Plus violemment le saisit le désir, et au père tout puissant
la semence du sperme jaillit de ses organes, mais la mer recueillit
le sperme du grand Zeus. Et dans les saisons — accomplissant leur révolution
annuelle — qui font naître la beauté, il engendra Aphrodite,
née de l'écume, et qui éveille le rire.

4 [B 53] a PROCLUS, *Scholie de Hésiode, Œuvres* 113

Cela aussi appartient à Cronos, car Orphée dit que Cronos avait les poils de son menton toujours noirs. Et Platon affirme que ceux qui vivaient au temps de Cronos perdaient leur vieillesse et devenaient toujours plus jeunes.

b PROCLUS, *Théologie platonicienne* 5, 10, 264, 20

Car, d'une façon mystique, Orphée qualifie de toujours noirs les poils du visage de Cronos ... Oui, et pareillement à cela, voici ce qu'Orphée détaille à propos du dieu:

sous le règne de Zeus, fils de Cronos
recevoir en partage une vie immortelle avec un menton intact,
et une chevelure parfumée humide de rosée, ne point se mêler
à la fleur blanche de la vieillesse chancelante,
mais montrer un duvet florissant autour des tempes.

4 [B 53] — Lobeck I 510-513; Abel *Orph.* 254-255; Kern OF 183, 187-188

4 [B 54] (F152 K) Proclus, Theolog. Plat. 4, 16, 206, 4 sqq.

τῶι δὲ τῆς Ἀδραστείας θεσμῶι πάντα ὑπήκοα ... παρ' Ὀρφεῖ δὲ καὶ φρουρεῖν λέγεται τὸν ὅλον δημιουργόν, καὶ

χάλκεα ῥόπτρα λαβοῦσα
καὶ τύπανον αἴγηκες

οὕτως ἠχεῖν, ὥστε πάντας ἐπιστρέφειν εἰς αὐτὴν τοὺς θεούς.

4 [B 55] (F158 K) Proclus, in Plat. Remp. II 144,29 - 145,3 (Kroll)

διὸ καὶ τῶι Διὶ τοῖς Τιτᾶσιν τὰς ἐγκοσμίους διανέμειν παρασκευαζομένωι λήξεις ἕπεσθαι τὴν Δίκην ὁ Ὀρφεύς φησιν·

τῶι δὲ Δίκη πολύποινος ἐφέσπετο πᾶσιν ἀρωγός.

4 [B 56] (F194 K) Proclus, in Plat. Cratyl. 404 e (96, 13-23 Pasquali)

πολλὴ γάρ ἐστιν ἡ κοινωνία τῶν δύο τούτων σειρῶν, τῆς Κορικῆς λέγω καὶ τῆς Ἀπολλωνιακῆς ... διὸ καὶ παρ'

4 [B 54] – 4 [A 40. B 51. 70. 72]: Emp. B 115,1 DK: Aesch. Prom. 936: Plat. Resp. 451 a: [Demosth.] 25, 37: Procl. in Plat. Tim. 41 e (III 274,17 Diehl: ὁ δημιουργός ... τρέφεται μὲν ἀπὸ τῆς Ἀδραστείας, σύνεστι δὲ τῆι Ἀνάγκηι, γεννᾶι δὲ τὴν Εἱμαρμένην = F162 K) **2** ὅλον] τῶν ὅλων Abel (Kern autem confert Procl. in Tim. 28 c: τὴν Δίκην ὅλην ὀπαδὸν αὐτοῦ) **3** χάλκεα] χάλκια Wilamowitz **4** τύπανον αἴγηκες codd. (ed. Porti vertit *tympano ex pelle caprina facto*): τύμπανα ἠχήεντα Lobeck (coll. Nonn. Dionys. 44,189): τύπανον λιγύηχες Wilamowitz

4 [B 55] – 4 [A 50. B 19]: Anaximand. B 1 DK: Heracl. B 23, 28, 94 DK: Parm. B 1,14. 8,14 DK: Soph. OC 1381: Critias B 25,6 DK: Plot. Ennead. 5, 8, 4,38-42 (Henry-Schwyzer): Hermias in Plat. Phaedr. 247 d (154,14; 162,9 Couvreur = F159 K): Procl. Theol. plat. 6, 8, 363,15: Procl. in Plat. Alcibiad. 109 c (499,2 Cousin = F160 K) **4** πολύποινος ἐφέσπετο] πολύπονος ἐφέπετο cod. Gottorp. Theol.: πολύποινος ἐφείπετο Portus

4 [B 56] – 4 [B 21. 41. 57. 58]

4 [B 54] PROCLUS, *Théologie platonicienne* 4, 16, 206, 4

Mais toutes choses sont soumises au décret d'Adrastée ... Et, il est dit, chez Orphée, qu'Adrastée surveille l'entière nature démiurgique, et

> ayant saisi ses cymbales de bronze
> et son tambourin en peau de chèvre

elle les fait résonner si fort que tous les dieux se tournent vers elle.

4 [B 55] PROCLUS, *Commentaire sur la République de Platon*, II 144, 29

C'est pour cette raison qu'Orphée déclare que Diké suit encore Zeus, quand celui-ci se prépare à distribuer les sphères mondaines assignées aux Titans:

> et à ses côtés se tint Diké aux multiples châtiments,
> secourable envers tous.

4 [B 56] PROCLUS, *Commentaire sur le Cratyle de Platon* 404 e

Grande, en effet, est la communauté entre ces deux séries,

4 [B 54] — Lobeck I 514-515; Abel *Orph.* 195; Kern OF 192-193

4 [B 55] — Lobeck I 396; Abel *Orph.* 204; Kern OF 195-196; Ziegler OD 1360

4 [B 56] — Lobeck I 543-544; Abel *Orph.* 261; Kern OF 219-220

'Ορφεῖ ἡ Δημήτηρ ἐγχειρίζουσα τῆι Κόρηι τὴν βασιλείαν φησίν·

αὐτὰρ 'Απόλλωνος θαλερὸν λέχος εἰσαναβᾶσα
τέξεαι ἀγλαὰ τέκνα πυρὶ φλεγέθοντα προσώποις.

4 [B 57] a (F195 K) Proclus, in Plat. Cratyl. 402 d (85, 22-23 Pasquali)

διὸ καὶ φασὶν τὴν Κόρην ὑπὸ μὲν τοῦ Διὸς βιάζεσθαι, ὑπὸ δὲ τοῦ Πλούτωνος ἁρπάζεσθαι.

b Proclus, Theolog. Plat. 6, 11, 371, 11 sqq.

καὶ γὰρ ἡ τῶν θεολόγων φήμη τῶν τὰς ἁγιωτάτας ἡμῖν ἐν 'Ελευσῖνι τελετὰς παραδεδωκότων ἄνω μὲν αὐτὴν ἐν τοῖς μητρὸς οἴκοις μένειν φησίν ... κάτω δὲ μετὰ Πλούτωνος τῶν χθονίων ἐπάρχειν ... ἡ Κόρη Διὶ μὲν καὶ Πλούτωνι σύνεστι, τῶι μὲν ... βιασαμένωι, τῶι δὲ ἁρπάσαντι τὴν θεόν.

4 [B 58] a (F197 K) Proclus, in Plat. Cratyl. 406 b (106, 5-9 Pasquali)

ὅθεν δὴ καὶ ἡ Κόρη κατὰ μὲν τὴν Ἄρτεμιν τὴν ἐν ἑαυτῆι καὶ τὴν 'Αθηνᾶν παρθένος λέγεται μένειν, κατὰ δὲ τὴν τῆς Περσεφόνης γόνιμον δύναμιν καὶ προσιέναι καὶ συνάπτεσθαι τῶι τρίτωι δημιουργῶι καὶ τίκτειν, ὥς φησιν 'Ορφεύς·

ἐννέα θυγατέρας γλαυκώπιδας ἀνθεσιουργούς.

5 cf. Hes. Theog. 939 **6** πυρὶ φλεγέθοντα ABF: πυριφλεγέθοντα P

4 [B 57] - 4 [B 21. 41. 56. 58. 78]: Procl. Theol. plat. 6, 11, 370,43 (= F198 K): Procl. in Plat. Remp. II 62,6 (Kroll = F196 K) **3-4** καὶ ... παραδεδωκότων cf. **4 [B 19,3-4]:** Procl. in Plat. Remp. II 312,16 (Kroll = F102 K) **5** κάτω δὲ Portus: κατὰ δὲ codd.

4 [B 58] - 4 [B 13. 21. 41. 56. 57. 62]: Orph. Hymn. 29,6; 70,2-3 (24, 49 Quandt)

je veux dire entre celle de Coré et celle d'Apollon ... C'est pourquoi, chez Orphée encore, Déméter dit, remettant le règne à Coré:

> Mais montant dans la couche fleurie d'Apollon,
> j'engendrai des fils resplendissants, au visage ardent de feu.

4 [B 57] a PROCLUS, *Commentaire sur le Cratyle de Platon* 402 d

C'est pourquoi il est dit aussi que Coré fut violée par Zeus et enlevée par Pluton.

b PROCLUS, *Théologie platonicienne* 6, 11, 371, 11

Car le récit des théologiens, que nous ont transmis les rites d'initiation les plus sacrés à Éleusis, rapporte que Coré demeure en haut dans le séjour de sa mère ... et qu'en bas elle règne sur les enfers aux côtés de Pluton ... Coré s'unit à Zeus et à Pluton, au premier ... en tant qu'il fait violence à la déesse, et au second en tant qu'il la ravit.

4 [B 58] a PROCLUS, *Commentaire sur le Cratyle de Platon* 406 b

Ainsi donc on dit que Coré, selon l'Artémis et l'Athéna qu'elle porte en elle, reste vierge, mais que, selon la puissance génératrice de Perséphone, elle s'associe et s'unit au troisième démiurge, et enfante, comme dit Orphée:

> neuf filles aux yeux scintillants, créatrices de fleurs.

4 [B 57] — Lobeck I 549-550; Abel *Orph.* 227, 238; Kern OF 220

4 [B 58] — Lobeck I 544; Abel *Orph.* 242; Kern OF 221

b Proclus, in Plat. Cratyl. 404 d (95, 10-15 Pasquali)

διὸ καὶ Περσεφόνη καλεῖται μάλιστα τῶι Πλούτωνι συνοῦσα ... ζεύγνυσθαι τῶι Ἅιδηι καὶ συναπογεννᾶν τὰς ἐν τοῖς ὑποχθονίοις Εὐμενίδας.

4 [B 59] (F199 K) Proclus, in Plat. Tim. 30 b (I 407, 24 - 408, 10 Diehl)

ἡ μὲν γὰρ Ἵπτα ... λίκνον ἐπὶ τῆς κεφαλῆς θεμένη καὶ δράκοντι αὐτὸ περιστέψασα τὸ⟨ν⟩ κραδιαῖον ὑποδέχεται Διόνυσον ... ὃ δὲ ἀπὸ τοῦ μηροῦ τοῦ Διὸς πρόεισιν εἰς αὐτήν ... ἐπείγεται γὰρ πρὸς τὴν μητέρα τῶν θεῶν καὶ τὴν Ἴδην ... διὸ καὶ συλλαμβάνειν ἡ Ἵπτα λέγεται τίκτοντι τῶι Διί ...

γλυκερὸν δὲ τέκος Διὸς ἐξεκαλεῖτο.

4 [B 60] a (F207 K) Proclus, in Plat. Tim. 42 d (III 310, 32 - 311, 3 Diehl)

ὁ γὰρ Ζεὺς βασιλέα τίθησι αὐτὸν ἁπάντων τῶν ἐγκοσμίων θεῶν καὶ πρωτίστας αὐτῶι νέμει τιμάς·

καίπερ ἐόντι νέωι καὶ νηπίωι εἰλαπιναστῆι.

b Proclus, in Plat. Parm. 127 b (686,36-687,1 Cousin)

καὶ γὰρ αὐτὸν τὸν Δία καὶ τὸν Διόνυσον παῖδας καὶ νέους ἡ θεολογία καλεῖ· «καίπερ ὄντε νέω» φησὶν ὁ Ὀρφεύς.

4 [B 59] - 4 [B 70]: Strab. 10, 3, 14-15: Orph. Hymn. 48,4; 49 (35-36 Quandt)
1 Ἵπτα MP Kern: Ἵππα vulg. Diehl   λίκνον Schneider Diehl: λίκιον M: λύκιον N   λίκνον ... θεμένη cf. Procl. in Tim. 35b: ἐπὶ τὴν κεφαλὴν φέρουσαν τὸν θεόν   **2** περιστέψασα Lobeck: περιστρέψασα MP   τὸ⟨ν⟩ κραδιαῖον Diehl Kern: τὸ κραδιαῖον vulg. (Gesner *e ficulneis foliis plexum*): τὸ κραδιαῖον = τὸ κράδιον Lobeck (*craticulam sive vannum qua recens nati excipiebantur*), cf. Procl. Hymn. 1, 6: τὸ ποδιαῖον N   **5** Ἵπτα M Kern: Ἵππα vulg. Diehl

4 [B 60] - 4 [B 61. 63]: Ioann. Diacon. ad Hes. Theog. 943
3 cf. **4 [B 36,24]**

b Proclus, *Commentaire sur le Cratyle de Platon* 404 d

C'est pourquoi on l'appelle aussi Perséphone, précisément en ce qu'elle s'unit à Pluton ... elle est l'épouse d'Hadès et de lui elle enfante les Euménides qui se trouvent dans les enfers.

4 [B 59] Proclus, *Commentaire sur le Timée de Platon* 30 b

De fait, Hipta ... après avoir placé sur sa tête un van autour duquel elle a enroulé un serpent, y reçoit Dionysos qui appartient au cœur ... Celui-ci cependant bondit vers elle de la cuisse de Zeus ... Dionysos s'élance en effet vers la mère des dieux et Ida ... C'est pourquoi on dit aussi qu'Hipta assiste Zeus tandis qu'il enfante ...

et le doux fils de Zeus fut expulsé.

4 [B 60] a Proclus, *Commentaire sur le Timée de Platon* 42 d

Zeus en effet fait Dionysos roi de tous les dieux qui sont dans l'univers et il lui attribue les plus grands honneurs:

bien qu'il fût jeune, encore un enfant qui ne pense qu'au plaisir.

b Proclus, *Commentaire sur le Parménide de Platon* 127 b

Parce que le poème du théologien appelle enfants et jeunes gens Zeus lui-même et Dionysos: « bien qu'ils fussent tous les deux des jeunes gens » dit Orphée.

4 [B 59] — Hermann *Orph.* 483, 498; Lobeck I 581-584; Abel *Orph.* 236-237; Kern OF 221-223; Keil-De Premerstein, *Denkschr. Akad. Wien* 54 (1911), 85, 169; 96, 188; Nilsson I 579

4 [B 60] — Lobeck I 552-553; Abel *Orph.* 228-229; Kern OF 226

4 [B 61] (F208 K) Proclus, in Plat. Cratyl. 396 b (55, 5-9 Pasquali)

καὶ ὁ Διόνυσος ⟨ὁ⟩ τελευταῖος θεῶν βασιλεὺς παρὰ τοῦ Διός· ὁ γὰρ πατὴρ ἱδρύει τε αὐτὸν ἐν τῶι βασιλείωι θρόνωι ...

κλῦτε, θεοί· τόνδ' ὔμμιν ἐγὼ βασιλῆα τίθημι.

4 [B 62] (F210 K) Proclus, in Plat. Tim. 35 a (II 145,18 - 146, 13 Diehl)

ἀλλὰ τὰ μὲν ἄλλα δημιουργήματα αὐτοῦ πάντα μεμερίσθαι φησὶν ὑπὸ τῶν διαιρετικῶν θεῶν, μόνην δὲ τὴν καρδίαν ἀμέριστον εἶναι προνοίαι τῆς 'Αθηνᾶς ...

μούνην γὰρ κραδίην νοερὴν λίπον
... ἑπτὰ δὲ πάντα μέλη κούρου διεμοιρήσαντο,

φησὶν ὁ θεολόγος περὶ τῶν Τιτάνων ...

4 [B 63] (F218 K) Proclus, in Plat. Tim. 42 e (III 316, 5-6 Diehl)

κραῖνε μὲν οὖν Ζεὺς πάντα πατήρ, Βάκχος δ' ἐπέκραινε

4 [B 61] – 4 [B 60. 63]: Olympiod. in Plat. Phaed. (85,9 Norvin)
1 ⟨ὁ⟩ Kroll **4** τίθημι Procl.: δίδωμι Olympiod.

4 [B 62] – 4 [B 1. 15. 18. 37. 38]: Diod. 5, 75, 4: Lucian. De salt. 39: Procl. in Plat. Tim. 35 b (II 197,24 Diehl): Procl. in Plat. Parm. 130 b (808,25 Cousin): Procl. in Plat. Alcibiad. 103 a (344,31 Cousin): Procl. in Plat. Crat. 406 b-c (109,19 Pasquali): Procl. Hymn. 7,11 sqq.: Damasc. De princ. 94 (I 236,1 Ruelle): Nonn. Abb. Or. in Iulian. 2, 35 (36, 1053 Migne)
4 μούνην] μόνην Q λίπον Lobeck: λεῖπον codd. **5** πάντα om. P

4 [B 63] – 4 [B 60. 61]: Damasc. De princ. 245 (II 117,2 Ruelle: ὁ Διόνυσος ἐπικραίνει τὰ τοῦ Διὸς ἔργα, φησὶν 'Ορφεύς)

4 [B 61] PROCLUS, *Commentaire sur le Cratyle de Platon* 396 b

Dionysos est le dernier roi des dieux, après Zeus: son père, en effet, l'installe sur le trône royal ...

Ecoutez, ô dieux; voici celui que je vous donne pour roi.

4 [B 62] PROCLUS, *Commentaire sur le Timée de Platon* 35 a

Mais toutes les autres parties créées de Dionysos furent morcelées, dit Orphée, par les dieux diviseurs, seul le cœur demeura indivis grâce à la prévoyance d'Athéna ...

seul ils laissèrent le cœur qui voit
... et en sept déchirèrent tous les membres de l'enfant,

dit le théologien en parlant des Titans ...

4 [B 63] PROCLUS, *Commentaire sur le Timée de Platon* 42 e

Vraiment Zeus fut le maître de toutes choses, mais
Bacchos accomplit sa maîtrise

4 [B 61] — Lobeck I 552; Abel *Orph.* 228; Kern OF 226-227

4 [B 62] — Hermann *Orph.* 469; Lobeck I 557-559, 710-714; Abel *Orph.* 231-232; Rohde II 117; Kern OF 228-232; Guthrie *Orph.* 82; Linforth 322-323

4 [B 63] — Hermann *Orph.* 485; Lobeck I 552-553; Abel *Orph.* 229, 268; Kern OF 237; Fauth *Zagreus* 2272

4 [B 64] (F223 K) Proclus, in Plat. Remp. II 339, 20-27 (Kroll)

αἱ μὲν δὴ θηρῶν τε καὶ οἰωνῶν πτεροέντων
ψυχαὶ ὅτ' ἀίξωσι, λίπηι δέ μιν ἱερὸς αἰών,
τῶν οὔ τις ψυχὴν παράγει δόμον εἰς 'Αίδαο,
ἀλλ' αὐτοῦ πεπότηται ἐτώσιον, εἰς ὅ κεν αὐτὴν
ἄλλο ἀφαρπάζηι μίγδην ἀνέμοιο πνοῆισιν·
ὁππότε δ' ἄνθρωπος προλίπηι φάος ἠελίοιο,
ψυχὰς ἀθανάτας κατάγει Κυλλήνιος 'Ερμῆς
γαίης ἐς κευθμῶνα πελώριον.

4 [B 65] a (F224 K) Proclus, in Plat. Remp. II 338, 17-339, 9 (Kroll)

ἦ οὐχὶ καὶ 'Ορφεὺς τὰ τοιαῦτα σαφῶς παραδίδωσιν, ὅταν ... λέγηι πρῶτον μέν, ὅτι τοὺς βίους ἀμείβουσιν αἱ ψυχαὶ κατὰ δή τινας περιόδους ...

οἱ δ' αὐτοὶ πατέρες τε καὶ υἱέες ἐν μεγάροισιν
εὔκοσμοί τ' ἄλοχοι καὶ μητέρες ἠδὲ θύγατρες
γίνοντ' ἀλλήλων μεταμειβομένηισι γενέθλαις.
... οὕνεκ' ἀμειβομένη ψυχὴ κατὰ κύκλα χρόνοιο
ἀνθρώπων ζώιοισι μετέρχεται ἄλλοθεν ἄλλοις·
ἄλλοτε μέν θ' ἵππος, τότε γίνεται — ⏑ ⏑ — ⏓

4 [B 64] – **2** ἀίξωσι Schoell: αἰίζωσι cod.: cf. Emp. B 29,1; 134,2 DK δέ μιν] τέ μιν Preller **3** παράγει] κατάγει Abel **4** πεπότηται Schoell: πεπότηνται cod. εἰς ὅ κεν αὐτὴν] εἰσόκ' ἀΰτμὴν Vári **5** ἄλλο] ἄλλος Schoell: ἄλλοσ' Vári **6** cf. **4 [A 67, 1]** **8** cf. Hes. Theog. 158

4 [B 65] - 4 [B 66]
2 λέγηι Kroll: λέγει cod. **4** cf. v. 13 ἐν μεγάροισιν cf. Emp. B 137,4 DK **6** γίνοντ' Kroll: γίνονται cod. **6-7** cf. Emp. B 125,1 DK **7** κύκλα cf. **4 [A 65,6]**: Emp. B 17,13. 26,1. 26,12. 37,10. 47 DK χρόνοιο Herwerden: χρόνοισι (σι in ras.) cod. **7-8** cf. Emp. B 115,7-8 DK **8** cf. Xenophan. B 26,2 DK **9** ἵππος, τότε Usener: ἵππος ὅδε cod.: ἵπποις, ὁ δὲ Preller: ἵππωι τότε Vári ⟨ἀμφικέρως βοῦς⟩ Usener **10** τότε ... ἰδέσθαι cf. Emp. B 117,2 DK **13** cf. v. 4 **14** ἠδ'] εἰ δ' M

4 [B 64] PROCLUS, *Commentaire sur la République de Platon*, II 339, 20

Certes, lorsque s'élancent au dehors les âmes des bêtes
et des oiseaux ailés, et que la vie sacrée les abandonne
nul ne vient introduire leur âme dans la maison d'Hadès,
et celle-ci volète çà et là sans but au même endroit,
jusqu'à ce que quelque chose d'autre ne la brise en la mêlant aux rafales du vent;
mais quand un homme abandonne la lumière du soleil,
Hermès Killénios guide en bas les âmes immortelles
vers l'effroyable caverne celée de la terre.

4 [B 65] a PROCLUS, *Commentaire sur la République de Platon*, II 338, 17

Assurément Orphée enseigne clairement ces choses, quand ... il dit tout d'abord que selon certaines périodes les âmes changent les vies ...

Mais les mêmes sont les pères et les fils dans les entrées,
et les dignes épouses et les mères et les filles;
ils naissent les uns des autres au cours des générations.
... Car l'âme des hommes, selon les cycles du temps,
arrive de façon alternée chez les animaux, tantôt l'un et tantôt l'autre;
autrefois cheval, puis devient ...

4 [B 64] — Abel *Orph.* 245; Rohde II 122; Dieterich 135; Kern OF 240-241; Ziegler OD 1394

4 [B 65] — Lobeck II 795-797; Abel *Orph.* 244; Rohde II 223-224; Kern OF 241-242; Linforth 326; Ziegler OD 1394

ἄλλοτε δὲ πρόβατον, τότε δ' ὄρνεον αἰνὸν ἰδέσθαι,
ἄλλοτε δ' αὖ κύνεόν τε δέμας φωνή τε βαρεῖα,
καὶ ψυχρῶν ὀφίων ἕρπει γένος ἐν χθονὶ δίηι.

b Olympiodorus, in Plat. Phaed. 70 c (58, 11-12 Norvin)

οἱ δ' αὐτοὶ πατέρες τε καὶ υἱέες ἐν μεγάροισιν
ἠδ' ἄλοχοι σεμναὶ κεδναί τε θύγατρες.

4 [B 66] (F229 K) Proclus, in Plat. Tim. 42 c-d (III 297, 6-10 Diehl)

... τὴν εὐδαίμονα ... ζωὴν ἀπὸ τῆς περὶ τὴν γένεσιν πλάνης, ἧς καὶ οἱ παρ' Ὀρφεῖ τῶι Διονύσωι καὶ τῆι Κόρηι τελούμενοι τυχεῖν εὔχονται·

κύκλου τε λῆξαι καὶ ἀναπνεῦσαι κακότητος.

4 [B 67] (F78 K) Hermias, in Plat. Phaedr. 246 e (142, 13 sqq. Couvreur)

πρώτωι γὰρ τούτωι ἡ θεολογία παρέχει τοὺς ἵππους ... αὐτῶι δὲ τούτωι πρώτωι τῶι δεσπότηι Φάνητι καὶ πτέρυγας δίδωσι·

χρυσείαις πτερύγεσσι φορεύμενος ἔνθα καὶ ἔνθα.

4 [B 66] – 4 [A 65,6. B 65]: Il. 11,382: Emp. B 17,13. 26,1. 26,12. 35,10 DK: Procl. in Plat. Tim. 42 c-d (III 296,7 sqq. Diehl: τοῦ κύκλου τῆς γενέσεως ἀπαλλάττουσα): Simpl. in Arist. De caelo 284 a 14 (377,18 Heiberg = F230 K)
4 τε λῆξαι Rohde: τ' ἂν λῆξαι Procl. Diehl Kern: τ' αὖ λῆξαι Gale Lobeck: τ' ἀλλῆξαι Simpl. A: τ' ἀλῦσαι Simpl. F: τ' ἀλλῦσαι Simpl. c ἀναπνεῦσαι Procl.: ἀναψῦξαι Simpl. Fc: ἀμψῦξαι Simpl. A

4 [B 67] – Orph. Hymn. 6,2 (6 Quandt): Hermias in Plat. Phaedr. 246 a (122,19 Couvreur): Ioann. Malal. Chronogr. 4, 88 (72,16 Dindorf)
1 τοὺς ἵππους cf. **4 [B 21,39. 21,115]:** Parm. B 1,1, 6, 19, 25 DK
4 χρυσείαις Lobeck: χρυσέαις codd. χρυσείαις πτερύγεσσι cf. **4 [A 24,5]** (πτερύγοιν χρυσαῖν)

à un moment chèvre et à un autre oiseau terrible à voir;
à un autre encore le corps d'un chien à l'aboiement sinistre
et race de froids serpents qui glissent sur la terre merveilleuse.

b Olympiodore, *Commentaire sur le Phédon de Platon* 70 c

Mais les mêmes sont les pères et les fils dans les entrées,
et les épouses augustes et les filles dévouées.

4 [B 66] Proclus, *Commentaire sur le Timée de Platon* 42 c-d

... la vie bienheureuse, loin de la pérégrination de la génération, cette vie que, chez Orphée, les initiés à Dionysos et à Coré se targuent d'obtenir:

cesser le cycle et reprendre souffle de la misère.

4 [B 67] Hermias, *Commentaire sur le Phèdre de Platon* 246 e

Car à Phanès, le premier, la poésie théologique attribue les chevaux ... et à ce même seigneur Phanès, le premier, elle confère aussi les ailes:

se déplaçant ici et là de ses ailes d'or.

4 [B 66] — Lobeck II 797-800; Rohde II 124,1; Kern OF 244; Ziegler OD 1394

4 [B 67] — Hermann *Orph.* 505,4; Lobeck I 491; Abel *Orph.* 179; Kern OF 153

4 [B 68] (F86 K) Hermias, in Plat. Phaedr. 247 c (148, 25 sqq. Couvreur)

Πρωτόγονόν γε μὲν οὔτις ἐσέδρακεν ὀφθαλμοῖσιν,
εἰ μὴ Νὺξ ἱερὴ μούνη· τοὶ δ' ἄλλοι ἅπαντες
θαύμαζον καθορῶντες ἐν αἰθέρι φέγγος ἄελπτον
τοῖον ἀπέστραπτε χροὸς ἀθανάτοιο Φάνητος.

4 [B 69] (F103 K) Hermias, in Plat. Phaedr. 247 c (147, 20 sqq. Couvreur)

ὁ γάρ τοι 'Ορφεὺς περὶ τῆς Νυκτὸς λέγων « θεῶν γὰρ ἔχει [proxima exciderunt] » φησὶ καὶ

μαντοσύνην δ' οἱ δῶκεν ἔχειν ἀψευδέα πάντηι.

4 [B 70] (F105 K) Hermias, in Plat. Phaedr. 248 c (161, 15 sqq. Couvreur)

... γέγονεν ἡ 'Αδράστεια, ἥτις ἀδελφή ἐστι τῆς Ἴδης·

Ἴδη τ' εὐειδὴς καὶ ὁμόσπορος 'Αδρήστεια

4 [B 68] - 4 [A 20]: Orph. Hymn. 6 (6-7 Quandt = F87 K): Procl. in Plat. Tim. 30 d, 39 b (I 435,3; III 82,31 Diehl): Procl. Theol. plat. 3, 21, 161,46: Damasc. De princ. 133 (II 12,13 Ruelle)
1 οὔτις codd.: ὅστις Gesner: εἴ τις Schneider **2** τοὶ δ' codd.: οἱ δ' M Gesner ἅπαντες om. Gesner, unde οἱ δέ τοι ἄλλοι Schneider **3** θαύμαζον codd.: ἐθαύμαζον Gesner ἄελπτον codd. Bentley: ἄληπτον Gesner: ἄληκτον Schneider **4** ἀπέστραπτε codd.: ἀπέστραπται Gesner: ἀπαστράπτει Schneider: ἀπέστιλβε Procl. Damasc. (cf. **4 [A 24, 5]**)

4 [B 69] - 4 [B 70]: Hermias in Plat. Phaedr. 247 c-d (150,9; 151,5; 154,15 Couvreur)
2 ἔχει codd.: ἄρχει Kern (*Hermes* 23 [1888], 484,1) ⟨βασιληΐδα τιμήν⟩ Abel **3** δ' οἱ Kern: δέ οἱ codd.: οἱ Abel

4 [B 70] - 4 [A 40. B 54. 59. 69. 72]: Aesch. Prom. 936: Plat. Resp. 451 a: [Demosth.] 25, 37: Procl. in Plat. Tim. 41 e (III 274,17 Diehl)
2 Ἴδη Abel Kern: Εἴδη vulg. 'Αδρήστεια] 'Αδράστεια M schol.

4 [B 68] HERMIAS, *Commentaire sur le Phèdre de Platon* 247 c

Certes nul ne posa le regard sur Protogonos,
hormis, seule, la Nuit sacrée; mais tous les autres
furent frappés d'étonnement en apercevant dans l'Éther
un éclat inattendu:
cette clarté étincelait du corps de l'immortel Phanès.

4 [B 69] HERMIAS, *Commentaire sur le Phèdre de Platon* 247 c

En effet Orphée, se référant à la Nuit, déclare: « car des dieux elle a [*lacune*] » et

il lui fut octroyé de posséder la divination, exempte de
mensonge en tous points.

4 [B 70] HERMIAS, *Commentaire sur le Phèdre de Platon* 248 c

... naquit Adrastée, qui est sœur de Ida:

Ida aux belles formes et la germaine Adrastée.

4 [B 68] — Hermann *Orph.* 506,7; Lobeck I 480-481; Abel *Orph.* 176; Kern OF 158-159

4 [B 69] — Hermann *Orph.* 506,6; Lobeck I 502; Abel *Orph.* 187; Kern OF 167

4 [B 70] — Hermann *Orph.* 506,9; Lobeck I 514-515; Abel *Orph.* 194-195; Kern OF 168-169

... διὸ καὶ πρὸ τοῦ ἄντρου τῆς Νυκτὸς ἠχεῖν λέγεται·

παλάμηισι δὲ χάλκεα ῥόπτρα
δῶκεν Ἀδρηστείαι.

ἐν τοῖς προθύροις γὰρ τοῦ ἄντρου τῆς Νυκτὸς ἠχεῖν λέγεται τοῖς κυμβάλοις ... ἔνδον μὲν γὰρ ἐν τῶι ἀδύτωι τῆς Νυκτὸς κάθηται ὁ Φάνης· ἐν μέσωι δὲ ἡ Νὺξ μαντεύουσα τοῖς θεοῖς· ἡ δὲ Ἀδράστεια ἐν τοῖς προθύροις πᾶσι νομοθετοῦσα τοὺς θείους θεσμούς.

4 [B 71] (F109 K) Hermias, in Plat. Phaedr. 247 d (154, 23 sqq. Couvreur)

πρὸς δὴ τοῦτο εἶπεν ὅτι γεννήματά ἐστι ταῦτα τῆς Νυκτὸς μένοντα ἐν αὐτῆι ...

ἣ δὲ πάλιν Γαῖάν τε καὶ Οὐρανὸν εὐρὺν ἔτικτε·
δεῖξέν τ' ἐξ ἀφανῶν φανεροὺς οἵ τ' εἰσὶ γενέθλην.

4 [B 72] a (F54 K) Damascius, De princ. 123 bis (I 317, 15 sqq. Ruelle)

ἡ δὲ κατὰ τὸν Ἱερώνυμον φερομένη καὶ Ἑλλάνικον, εἴπερ μὴ καὶ ὁ αὐτός ἐστιν, οὕτως ἔχει· ὕδωρ ἦν, φησίν, ἐξ

5 δῶκεν Lobeck Kern: δῶκ' A Ἀδρηστείαι] Ἀδραστείαι M: Ἀδραστείηι schol.: Ἀδρηστείηι Gesner

4 [B 71] – Iamblich. De myster. 8, 3 (263,6 Parthey: τὴν ἀφανῆ τῶν κεκρυμμένων λόγων δύναμιν εἰς φῶς ἄγων): Hermias in Plat. Phaedr. 247 c (148,17 Couvreur): Procl. in Plat. Tim. 30 c-d, 31 a, 41 a (I 430,11 sqq. [ὁ Φάνης ... δείκνυσιν ἐξ ἀφανῶν φανερούς]; 450,15; III 192,17 Diehl)

3 Γαῖαν ... Οὐρανὸν cf. **4 [A 24,9-10. 63,6. 64,8. 70a-f]** **4** cf. Heracl. B 54, 56 DK δεῖξέν τ'] δεῖξαι τ' MA

4 [B 72] – **4 [A 20. 24. 40. 44. 59. B 28. 33-35. 51. 54. 70. 73. 75]**: Emp. B 115,1 DK: Aesch. Prom. 936: Gorg. Hel. 6 (82B11 DK): Plat. Symp. 189 e, 190 e; Resp. 451 a, 616 c: [Demosth.] 25,37: Apion ap. Clem. Alex. Rom. hom. 6, 3, 4: Plut. De sera num. vind. 22, 564 e-f: Orph. Hymn. 11,11 (12 Quandt)

... C'est pourquoi on dit encore qu'elle fit du vacarme devant l'antre de la Nuit:

> elle mit dans les mains d'Adrastée
> des cymbales de bronze.

Sur la porte de l'antre de la Nuit, on dit en effet qu'Adrastée fait du vacarme avec ses cymbales ... A l'intérieur, dans le sanctuaire de la Nuit, siège Phanès, et Nuit se tient au centre et prophétise pour les dieux. Devant l'entrée se tient Adrastée, qui fixe pour tous les lois divines.

4 [B 71] HERMIAS, *Commentaire sur le Phèdre de Platon* 247 d

Il ajouta encore que ce sont des créatures de la Nuit, qui demeurent en son sein ...

> Et Nuit à son tour engendra la Terre et le vaste Ciel,
> elle les rendit manifestes, de cachés qu'ils étaient,
> et tels qu'ils sont par naissance.

4 [B 72] a DAMASCIUS, *Des premiers principes* 123 bis

Quant à la théologie telle qu'elle est transmise d'après Hiéronyme et Hellanicos — si toutefois il ne s'agit pas de la même

4 [B 71] — Lobeck I 502-503; Abel *Orph.* 187-188; Kern OF 174-175

4 [B 72] — Lobeck I 484-487; Zeller I 1, 126; Abel *Orph.* 158-160; DK I 11,22-12,17; Kern OF 130-132; Guthrie *Orph.* 85 sqq.; Ziegler OD 1349

ἀρχῆς, καὶ ὕλη, ἐξ ἧς ἐπάγη ἡ γῆ ... τὴν δὲ τρίτην ἀρχὴν μετὰ τὰς δύο γεννηθῆναι μὲν ἐκ τούτων, ὕδατός φημι καὶ γῆς, δράκοντα δὲ εἶναι κεφαλὰς ἔχοντα προσπεφυκυίας ταύρου καὶ λέοντος, ἐν μέσωι δὲ θεοῦ πρόσωπον, ἔχειν δὲ καὶ ἐπὶ τῶν ὤμων πτερά, ὠνομάσθαι δὲ Χρόνον ἀγήραον καὶ Ἡρακλῆα τὸν αὐτόν · συνεῖναι δὲ αὐτῶι τὴν Ἀνάγκην, φύσιν οὖσαν τὴν αὐτὴν καὶ Ἀδράστειαν, ἀσώματον διωργυιωμένην ἐν παντὶ τῶι κόσμωι, τῶν περάτων αὐτοῦ ἐφαπτομένην ... καὶ ὑπολαμβάνω τὴν ἐν ταῖς ῥαψωιδίαις θεολογίαν, ἀφεῖσαν τὰς δύο πρώτας ἀρχὰς μετὰ τῆς μιᾶς πρὸ τῶν δυεῖν τῆς σιγῆι παραδοθείσης, ἀπὸ τῆς τρίτης μετὰ τὰς δύο ταύτης ἐνστήσασθαι τὴν ἀρχήν, ὡς πρώτης ῥητόν τι ἐχούσης καὶ σύμμετρον πρὸς ἀνθρώπων ἀκοάς. οὗτος γὰρ ἦν ὁ πολυτίμητος ἐν ἐκείνηι Χρόνος ἀγήραος Αἰθέρος καὶ Χάους πατήρ · ἀμέλει καὶ κατὰ ταύτην ὁ Χρόνος οὗτος ὁ δράκων γεννᾶται τριπλῆν γονήν · Αἰθέρα, φησί, νοτερὸν καὶ Χάος ἄπειρον, καὶ τρίτον ἐπὶ τούτοις Ἔρεβος ὁμιχλῶδες, τὴν δευτέραν ταύτην τριάδα ἀνάλογον τῆι πρώτηι παραδίδωσι ... ἀλλὰ μὴν ἐν τούτοις, ὡς λέγει, ὁ Χρόνος ὠιὸν ἐγέννησεν, τοῦ Χρόνου ποιοῦσα γέννημα καὶ αὕτη ἡ παράδοσις, καὶ ἐν τούτοις τικτόμενον, ὅτι καὶ ἀπὸ τούτων ἡ τρίτη πρόεισι νοητὴ τριάς ... τὸ ὠιόν, ἡ δυὰς τῶν ἐν αὐτῶι φύσεων, ἄρρενος καὶ θηλείας, καὶ τῶν ἐν μέσωι παντοίων σπερμάτων τὸ πλῆθος · καὶ τρίτον ἐπὶ τούτοις θεὸν ἀσώματον, πτέρυγας ἐπὶ τῶν ὤμων ἔχοντα χρυσᾶς, ὃς ἐν μὲν ταῖς λαγόσι προσπεφυκυίας εἶχε ταύρων κεφαλάς, ἐπὶ δὲ τῆς κεφαλῆς δράκοντα πελώριον παντοδαπαῖς μορφαῖς θηρίων ἰνδαλλόμενον ... καὶ ἥδ' ἡ θεολογία Πρωτόγονον ἀνυμνεῖ καὶ Δία καλεῖ πάντων διατάκτορα καὶ ὅλου τοῦ κόσμου, διὸ καὶ Πᾶνα καλεῖσθαι.

3 ὕλη M: ἰλύς Zoega **8** ἀγήραον Lobeck (cf. **4 [B 43]**): ἀγήρατον M **9-10** ἀσώματον M: δισώματον Gruppe (cf. Lobeck I 486, Zeller I 1, 127,2): εὐσώματον ?Ruelle **13** σιγῆι ex σιγῆς corr. M, Lobeck Kroll Kern **18-19** τριπλῆν γονήν M, Zoega Kern **19** φησί] φημί Lobeck νοτερὸν M, Lobeck: νοερὸν apogr. Kroll **27-28** θεὸν ἀσώματον ... ἔχοντα M, Kern: θεὸς δισώματος ... ἔχων Lobeck Zeller: εὐσώματος ?Ruelle **31** ἥδ' ἡ θεολογία Kern: ἧδε ἡ θεολογία apogr.B, Lobeck: ἦδε ἡ θεολογία M

personne — elle s'exprime en ces termes: au commencement — dit-elle — était l'eau et la matière à partir de laquelle la terre s'est solidifiée ... Quant au troisième principe venant après les deux, il tient son origine de ceux-là, je parle de l'eau et de la terre, et il fut un serpent qui portait une tête de taureau et une tête de lion, et au milieu le visage d'un dieu; il avait sur ses épaules des ailes, et il s'appelait Temps-qui-ne-vieillit-pas et aussi Héraclès. Avec lui était associée Ananké, identique par nature à Adrastée, incorporelle, et dont les bras s'étendaient sur le monde entier et touchaient à ses limites extrêmes ... Et je pense que la théologie rhapsodique, laissant de côté les deux premiers principes — en même temps que le principe antérieur aux deux et transmis secrètement — a commencé par ce troisième principe qui vient après les deux, parce qu'il serait le premier à comporter quelque chose qui puisse être dit et qui soit adapté aux traditions des hommes. Ce troisième principe est bien ce Temps-qui-ne-vieillit-pas — tellement révéré dans la théologie rhapsodique — père de l'Éther et du Chaos. D'après la théologie dont nous parlons, ce Temps était bien ce serpent qui engendre une triple descendance: L'Éther humide — ainsi qu'elle le rapporte — et le Chaos illimité, et venant en troisième après eux, l'Érèbe nébuleux; la théologie enseigne que cette seconde triade est analogue à la première ... Cependant, elle rapporte qu'en ceux-ci le Temps a engendré un œuf, qui est représenté de même par la tradition dont nous parlons en tant que création de Temps, et il est engendré en eux, puisque c'est d'eux que procède la troisième triade intelligible ... L'œuf; la dyade des deux natures, mâle et femelle, qui sont en lui et la pluralité des semences de toute sorte qui se tiennent en position intermédiaire; enfin, en troisième lieu après eux, un dieu incorporel, portant sur ses épaules des ailes d'or, sur ses flancs des têtes de taureau, et sur la tête un serpent monstrueux qui montrait l'éclat des formes les plus diverses d'animaux ... Cette théologie célèbre Protogonos, et l'appelle Zeus qui assigne une place à toutes choses, l'ordonnateur du cosmos entier. C'est pourquoi on l'appelle aussi Pan.

b (F70 K) Damascius, De princ. 55 (I 111, 17 Ruelle)

καὶ γὰρ Ὀρφεύς·

ἔπειτα δ' ἔτευξε μέγας Χρόνος Αἰθέρι δίωι
ὠεὸν ἀργύφεον.

4 [B 73] (F60 K) Damascius, De princ. 123 (I 316, 18 sqq. Ruelle)

ἐν μὲν τοίνυν ταῖς φερομέναις ταύταις ῥαψωιδίαις Ὀρφικαῖς ἡ θεολογία ἥδε ... ἣν καὶ οἱ φιλόσοφοι διερμηνεύουσιν ἀντὶ μὲν τῆς μιᾶς τῶν ὅλων ἀρχῆς τὸν Χρόνον τιθέντες, ἀντὶ δὲ τοῖν δυεῖν Αἰθέρα καὶ Χάος, ἀντὶ δὲ τοῦ ὄντος ἁπλῶς τὸ ὠιὸν ἀπολογιζόμενοι, καὶ τριάδα ταύτην πρώτην ποιοῦντες· εἰς δὲ τὴν δευτέραν τελεῖν ἤτοι τὸ κυούμενον καὶ τὸ κύον ὠιὸν τὸν θεόν, ἢ τὸν ἀργῆτα χιτῶνα, ἢ τὴν νεφέλην, ὅτι ἐκ τούτων ἐκθρώσκει ὁ Φάνης ... τὴν δὲ τρίτην τὸν Μῆτιν ⟨ὡς νοῦν⟩, τὸν Ἠρικεπαῖον ὡς δύναμιν, τὸν Φάνητα αὐτὸν ὡς πατέρα ... τοιαύτη μὲν ἡ συνήθης Ὀρφικὴ θεολογία.

4 [B 74] a (F204 K) Simplicius, in Aristot. Phys. 196 b 5 (I 333, 15-17 Diels)

ἐν Δελφοῖς δὲ καὶ προκατῆρχεν ἐν ταῖς ἐρωτήσεσιν « ὦ Τύχη καὶ Λοξία, τῶιδέ τινι θεμιστεύεις; » καὶ παρ' Ὀρφεῖ δὲ μνήμης τετύχηκεν.

b Ioannes Diaconus, ad Hesiod. Theog. 411 (330 Flach)

εὑρίσκω δὲ τὸν αὐτὸν Ὀρφέα καὶ τὴν Τύχην Ἄρτεμιν προσαγορεύοντα ...

4 [B 73] – 4 [A 59. B 28. 33. 34. 39. 45. 47. 70. 72. 75]
7 ἀργῆτα V: ῥαγέντα Bentley (cf. Damasc. I 253,12 Ruelle: ἀπὸ ... τῆς νεφέλης ῥαγείσης) 8 νεφέλην] κελύφην Schuster 9 ⟨ὡς νοῦν⟩ M in marg., Lobeck Ἠρικεπαῖον cf. **4 [A 69,22]**

4 [B 74] – 4 [A 68. B 21,23]: Orph. Hymn. 72 (50-51 Quandt)

b DAMASCIUS, *Des premiers principes* 55

Car Orphée dit:

> Par la suite le Temps magnifique construisit pour l'Éther excellent un œuf d'argent.

4 [B 73] DAMASCIUS, *Des premiers principes*, 123

Dans ces rhapsodies orphiques transmises par la tradition se trouve la théologie suivante ... attestée aussi par les philosophes, lesquels assignent au Temps la place du principe unique de tout, posent Éther et Chaos à la place des deux principes, et mettent l'œuf à la place de ce qui est absolument et proposent cette première triade. Et dans la seconde triade, ils posent soit l'œuf créé et ce qui porte en soi le dieu, soit la tunique éclatante, soit la nuée parce que c'est d'eux que jaillit Phanès ... Quant à la troisième triade elle est formée par Métis <comme intuition>, par Ériképaios comme puissance, et par Phanès lui-même comme père ... Telle est, en vérité, la théologie orphique habituellement connue.

4 [B 74] a SIMPLICIUS, *Commentaire sur la physique d'Aristote* 196 b 5

A Delphes on demande dès le préambule aux questions: « O Fortune et Oblique, donneras-tu la réponse oraculaire à celui-ci? ». Et il arrive que la Fortune soit rappelée aussi chez Orphée.

b JEAN DIACONUS, *Interprétation allégorique de la théogonie d'Hésiode* 411

Et je découvre que ce même Orphée donne le nom de Fortune également à Artémis ...

4 [B 73] — Lobeck I 482-484; Abel *Orph.* 168-169; DK I 11,7-17; Kern OF 143-144; Arrighetti 53-54
4 [B 74] — Lobeck I 595; Abel *Orph.* 262, 270; Kern OF 224-225

4 [B 75] (F65 K) Ioannes Malalas, Chronogr. 4, 89 (74 Dindorf)

ὅτι ἐξ ἀρχῆς ἀνεδείχθη τῶι Χρόνωι ὁ Αἰθὴρ ἀπὸ τοῦ θεοῦ δημιουργηθεὶς καὶ ἐντεῦθεν κἀκεῖθεν τοῦ Αἰθέρος ἦν Χάος καὶ Νὺξ ζοφερὰ πάντα κατεῖχε καὶ ἐκάλυπτε τὰ ὑπὸ τὸν Αἰθέρα ... τὴν δὲ Γῆν εἶπεν ὑπὸ τοῦ σκότους ἀόρατον οὖσαν ... εἰπὼν ἐκεῖνο εἶναι τὸ φῶς τὸ ῥῆξαν τὸν Αἰθέρα ... τὸ ὑπέρτατον πάντων, οὗ ὄνομα ὁ αὐτὸς Ὀρφεὺς ἀκούσας ἐκ τῆς μαντείας ἐξεῖπε Μῆτιν Φάνητα Ἠρικεπαῖον.

4 [B 76] (F233 K) Ioannes Malalas, Chronogr. 4, 91 (74 Dindorf)

περὶ δὲ τοῦ ταλαιπώρου γένους τῶν ἀνθρώπων ὁ αὐτὸς Ὀρφεὺς ἐξέθετο ποιητικῶς στίχους πολλούς, ὧν μέρος εἰσὶν οὗτοι·

θῆρές τε οἰωνοί τε βροτῶν τ' ἀετώσια φῦλα,
... ἄχθεα γῆς, εἴδωλα τετυγμένα, μηδαμὰ μηδὲν
... εἰδότες, οὔτε κακοῖο προσερχομένοιο νοῆσαι
... φράδμονες, οὔτ' ἄποθεν μάλ' ἀποστρέψαι κακότητος
... οὔτ' ἀγαθοῦ παρεόντος ἐπιστρέψαι ⟨τε⟩ καὶ ἔρξαι
... ἴδριες, ἀλλὰ μάτην ἀδαήμονες, ἀπρονόητοι.

4 [B 75] – 4 [A 69,22. B 28. 33. 34. 39. 45. 47. 72. 73]: Ioann. Malal. Chronogr. 4,88-92 (72,16 Dindorf): Suda s. v. Ὀρφεύς
3 Νὺξ ... κατεῖχε cf. Od. 13,269 **7** Μῆτιν Φάνητα Ἠρικεπαῖον Bentley: μή τινα φᾶναι τὰ ἐρικεπεῶ Oxon.: Φάνητα Ἠρικεπαῖον om. Cedr. Suda

4 [B 76] – 1 cf. Emp. B 21,11. 117,2. 130,2 DK **5** εἴδωλα cf. **4 [B 40]** μηδαμὰ μηδὲν Bentley: μὴ διὰ μηδὲν Malal.: om. Cedr.: μήτε τι ἐσθλὸν Scaliger **5-6** μηδαμὰ ... εἰδότες cf. Parm. B 6,4 DK (εἰδότες οὐδέν) **6-8** οὔτε ... ἀγαθοῦ cf. **4 [B 21,96-97]**: Hom. Hymn. 2,256-257 **7** οὔτ' ἄποθεν μάλ' ἀποστρέψαι Bentley: οὔτε ποῖον μάλλα προτρέψαι Malal. **8** ⟨τε⟩ Bentley ἔρξαι Bentley: εἶρξαι Malal. **9** ἴδριες om. Cedr. ἀδαήμονες Cedr.: ἀδήμονες Malal.

4 [B 75] JEAN MALALAS, *Chronographie* 4, 89

Au commencement l'Éther, créé par le dieu, se révéla au Temps; et de part et d'autre de l'Éther était Chaos; et Nuit ténébreuse couvrait toute chose et dissimulait ce qu'il y avait sous l'Éther ... Et Orphée déclara que la terre était invisible à cause des ténèbres ... affirmant que la lumière qui avait crevé l'Éther était cet être ... le plus haut de tous, dont le nom, selon les dires d'Orphée qui l'avait appris de l'oracle était Métis, Phanès, Ériképaios.

4 [B 76] JEAN MALALAS, *Chronographie* 4, 91

De la race misérable des hommes Orphée donne une expression poétique en de nombreux vers, dont voici une partie:

Bêtes et oiseaux et races inutiles des hommes mortels
... fardeau pour la terre, images artificieuses, ne sachant
... rien à rien, ni, quand s'approche le mal, habiles
... à le voir, ni experts à éviter de loin la misère,
... ni prompts, quand le bien est présent, à se tourner vers lui
... et s'en saisir, mais sottement ignorants, imprévoyants.

4 [B 75] — Lobeck I 479-480; Abel *Orph.* 174; Kern OF 146-147; Guthrie *Orph.* 98; Arrighetti 56-57

4 [B 76] — Hermann *Orph.* 490-491; Lobeck I 580-581; Abel *Orph.* 182-183; Kern OF 246-247

4 [B 77] (F220 K) Olympiodorus, in Plat. Phaed. 61 c (2, 21 - 3, 3 Norvin)

παρὰ τῶι Ὀρφεῖ τέσσαρες βασιλεῖαι παραδίδονται· πρώτη μὲν ἡ τοῦ Οὐρανοῦ, ἣν ὁ Κρόνος διεδέξατο ... μετὰ δὲ τὸν Κρόνον ὁ Ζεὺς ἐβασίλευσε ... εἶτα τὸν Δία διεδέξατο ὁ Διόνυσος, ὅν φασι κατ' ἐπιβουλὴν τῆς Ἥρας τοὺς περὶ αὐτὸν Τιτᾶνας σπαράττειν καὶ τῶν σαρκῶν αὐτοῦ ἀπογεύεσθαι. καὶ τούτους ὀργισθεὶς ὁ Ζεὺς ἐκεραύνωσε, καὶ ἐκ τῆς αἰθάλης τῶν ἀτμῶν τῶν ἀναδοθέντων ἐξ αὐτῶν ὕλης γενομένης γενέσθαι τοὺς ἀνθρώπους ... μέρος γὰρ αὐτοῦ ἐσμεν ...

4 [B 78] (F211 K) Olympiodorus, in Plat. Phaed. 67 c (43, 15-20 Norvin)

... ὅτι ὁ Διόνυσος σπαράττεται μὲν ὑπὸ τῶν Τιτάνων, ἑνοῦται δὲ ὑπὸ τοῦ Ἀπόλλωνος; διὸ « συναγείρεσθαι καὶ ἀθροίζεσθαι », τουτέστιν ἀπὸ τῆς Τιτανικῆς ζωῆς ἐπὶ τὴν ἑνοειδῆ. καὶ ἡ Κόρη δὲ κατάγεται μὲν εἰς Ἅδου, ἀνάγεται δὲ πάλιν καὶ οἰκεῖ ἔνθα πάλαι ἦν, ὑπὸ τῆς Δήμητρος.

4 [B 79] (F232 K) Olympiodorus, in Plat. Phaed. 82 d (87, 13-19 Norvin)

ὅτι ὁ Διόνυσος λύσεώς ἐστιν αἴτιος· διὸ καὶ Λυσεὺς ὁ θεός, καὶ ὁ Ὀρφεύς φησιν·

ἄνθρωποι δὲ τεληέσσας ἑκατόμβας

4 [B 77] – **4 [B 15. 18. 37-39. 60. 61. 63]**: Orph. Hymn. 37 (29-30 Quandt)

4 [B 78] – **4 [B 15. 37. 38. 40. 57]**: Procl. in Plat. Tim. 35 b (II 198,2 Diehl): Procl. in Plat. Alcibiad. 103 a (391,9 Cousin): Procl. Theol. plat. 6, 12, 376,21 (ὥσπερ Ὀρφεὺς τὸν ἥλιον εἰς ταὐτόν πως ἄγει τῶι Ἀπόλλωνι = F172 K): Olympiod. in Plat. Phaed. 88,5 sqq. (Norvin: τὸν Ἥλιον, ὃς πολλὴν ἔχει πρὸς τὸν Διόνυσον κοινωνίαν διὰ μέσου τοῦ Ἀπόλλωνος κατ' Ὀρφέα = F212 K)
2-3 συναγείρεσθαι καὶ ἀθροίζεσθαι Olympiod.: συναγείρεσθαί τε καὶ ἀθροίζεσθαι Plat.

4 [B 79] – Iambl. De myster. 3, 10 (121,11 Parthey): Orph. Hymn. 52,2 (37 Quandt)
3 τεληέσσας ἑκατόμβας cf. Il. 1,315; 2,306: Od. 4,352; 17,50 etc.

4 [B 77] Olympiodore, *Commentaire sur le Phédon de Platon* 61 c

Quatre règnes sont attestés chez Orphée: en premier c'est le règne d'Ouranos, auquel succéda Cronos ... après Cronos règna Zeus ... par la suite, Dionysos succéda à Zeus: on rapporte que par une machination d'Héra, les Titans qui l'entouraient le démembrèrent et goûtèrent à sa chair. Zeus, courroucé, les foudroya, et de la suie solidifiée des vapeurs qui s'en exhala, naquirent les hommes ... nous sommes ainsi une partie de Dionysos ...

4 [B 78] Olympiodore, *Commentaire sur le Phédon de Platon* 67 c

Ici Platon ne fait-il pas allusion à ces récits orphiques, selon lesquels Dionysos est démembré par les Titans et rassemblé par Apollon? C'est pourquoi il dit « se rassembler et se réunir », autrement dit de la vie titanique à la vie unitaire. De même Coré est conduite dans les profondeurs de l'Hadès, mais elle est de nouveau ramenée en haut par Déméter, et elle demeure là où elle séjournait autrefois.

4 [B 79] Olympiodore, *Commentaire sur le Phédon de Platon*, 82 d

... Dionysos est cause de la libération: c'est pourquoi le dieu est aussi le Libérateur, et Orphée déclare:

et les hommes porteront en procession

4 [B 77] — Lobeck I 579; Abel *Orph.* 186-187; Rohde II 121; Kern OF 238; Linforth 327; Fauth *Zagreus* 2277

4 [B 78] — Kern OF 232; Linforth 315

4 [B 79] — Hermann *Orph.* 509,23; Lobeck I 584-585; Abel *Orph.* 237; Rohde II 128,5; Kern OF 245-246; Guthrtie *Orph.* 214; Linforth 81-82

πέμψουσιν πάσῃσι ἐν ὥραις ἀμφιέτῃσιν
ὄργια τ' ἐκτελέσουσι λύσιν προγόνων ἀθεμίστων
μαιόμενοι · σὺ δὲ τοῖσιν ἔχων κράτος, οὓς κ' ἐθέλῃσθα,
λύσεις ἔκ τε πόνων χαλεπῶν καὶ ἀπείρονος οἴστρου.

4 ἀμφιέτῃσιν] ἀμφιέτεσσιν Lobeck **5** λύσιν ... ἀθεμίστων cf. **4 [A 69,4]** **7** cf. **4 [A 5,1. 65,6]**

des hécatombes parfaites, chaque année en toutes saisons
et ils accompliront des rites secrets, aspirant à la libération
des ancêtres
scélérats: mais toi qui assure sur eux ton emprise, ceux que
tu choisiras
tu les délivreras des âpres tourments et de la passion
effrénée.

MUSAEUS

A

5 [A 1] ὡς αἰεὶ τέχνη μέγ' ἀμείνων ἰσχύος ἐστίν

(2B4 DK) Clemens Alexandrinus, Strom. 6, 5, 5 (II 424, 26-27 Stählin: γράψαντός τε Μουσαίου· « ὡς ... ἐστίν »)

5 [A 2] ὡς δ' αὔτως καὶ φύλλα φύει ζείδωρος ἄρουρα·
ἄλλα μὲν ἐν μελίῃσιν ἀποφθίνει, ἄλλα δὲ φύει·
ὣς δὲ καὶ ἀνθρώπων γενεὴ καὶ φῦλον ἑλίσσει.

(2B5 DK) Clemens Alexandrinus, Strom. 6, 5, 7 (II 425, 3-6 Stählin: πάλιν τοῦ Μουσαίου ποιήσαντος· « ὡς ... ἑλίσσει »)

5 [A 3] ἡδὺ δὲ καὶ τὸ πυθέσθαι, ὅσα θνητοῖσιν ἔδειμαν
ἀθάνατοι, δειλῶν τε καὶ ἐσθλῶν τέκμαρ ἐναργές.

(2B7 DK) Clemens Alexandrinus, Strom. 6, 26, 3 (II 442, 16-19 Stählin: Ἡσίοδός τε ἐπὶ τοῦ Μελάμποδος [fr. 273 Merkelbach-West] ποιεῖ· « ἡδὺ ... ἐναργές », καὶ τὰ ἑξῆς παρὰ Μουσαίου λαβὼν τοῦ ποιητοῦ κατὰ λέξιν)

5 [A 1] - Il. 23,315

5 [A 2] - Il. 6,146-149

1 ζείδωρος Dindorf: ζήδωρος L **3** ἀνθρώπων Heyne: ἀνθρώπου L γενεὴ L Diels: γενεὴν Heyne Stählin φῦλον Heyne Stählin Diels: φῦλλον L

5 [A 3] - 5 [A 11]

1 τὸ L: τὰ Schneider πυθέσθαι Sylburg: πείθεσθαι L ἔδειμαν L Stählin Diels: ἔδειξαν Göttling: ἔνειμαν Schneider Marckscheffel Merkelbach-West

A

5 [A 1] ... comme toujours l'adresse l'emporte sur la force.

CLÉMENT D'ALEXANDRIE, *Stromate* 6, 5

5 [A 2] pareille à la terre qui produit la nourriture et fait croître les feuilles;
faisant mourir les unes sur les frênes, tandis qu'elle en fait pousser d'autres:
ainsi évolue la lignée et la race des hommes.

CLÉMENT D'ALEXANDRIE, *Stromate* 6, 5

5 [A 3] Il est doux d'apprendre tout ce que les immortels ménagèrent
aux mortels, gage manifeste de la misère et de la bonne fortune.

CLÉMENT D'ALEXANDRIE, *Stromate* 6, 26 (Et Hésiode fait référence à Mélampous pour les vers « Il est doux ... fortune », avec ce qui suit, en les empruntant à la lettre au poète Musée).

5 [A 1] — Kinkel 230; DK I 22,21-24; Freeman 22, 25; Giannantoni *Pres.* I 27

5 [A 2] — Kinkel 230; DK I 23,8-12; Wilamowitz *Glaube* I 190; Freeman 25; Giannantoni *Pres.* I 27

5 [A 3] — Kinkel 230; DK I 23,8-12; Freeman 22; Fränkel DPH 292; Giannantoni *Pres.* I 28

5 [A 4] ὃς τρία μὲν τίκτει, δύο ⟨δ'⟩ ἐκλέπει, ἓν δ' ἀλεγίζει.

(2B3 DK) Aristoteles, Hist. anim. 563 a 17-19 (Louis: ὁ δ' ἀετὸς ᾠὰ μὲν τίκτει τρία, ἐκλέπει δὲ τούτων τὰ δύο, ὥσπερ ἐστὶ καὶ ἐν τοῖς Μουσαίου λεγομένοις ἔπεσιν, « ὃς ... ἀλεγίζει »)

5 [A 5] αὐτίκα δὲ Χθονίης φωνὴ πινυτὸν φάτο μῦθον·
σὺν δέ τε Πύρκων ἀμφίπολος κλυτοῦ Ἐννοσιγαίου.

(2B11 DK) Pausanias, 10, 5, 6 (W. H. S. Jones: ἔστι δὲ ἐν Ἕλλησι ποίησις, ὄνομα μὲν τοῖς ἔπεσίν ἐστιν Εὐμολπία, Μουσαίωι δὲ τῶι Ἀντιοφήμου προσποιοῦσι τὰ ἔπη. πεποιημένον οὖν ἐστιν ἐν τούτοις Ποσειδῶνος ἐν κοινῶι καὶ Γῆς εἶναι τὸ μαντεῖον καὶ τὴν μὲν χρᾶν αὐτήν, Ποσειδῶνι δὲ ὑπηρέτην ἐς τὰ μαντεύματα εἶναι Πύρκωνα. καὶ οὕτως ἔχει τὰ ἔπη· « αὐτίκα ... Ἐννοσιγαίου »)

5 [A 6] καὶ γὰρ Ἀθηναίοισιν ἐπέρχεται ἄγριος ὄμβρος
ἡγεμόνων κακότητι, παραιφασίη δέ τις ἔσται·
ἥ τ[ε] ἅλις ἡμύσουσι πόλιν, τείσουσι δὲ ποινήν.

(2B22 DK) Pausanias, 10, 9, 11 (W. H. S. Jones: τὴν δὲ πληγὴν Ἀθηναῖοι τὴν ἐν Αἰγὸς ποταμοῖς οὐ μετὰ τοῦ δικαίου συμβῆναί σφισιν ὁμολογοῦσι. προδοθῆναι γὰρ ἐπὶ χρήμασιν ὑπὸ τῶν στρατηγησάντων, Τυδέα δὲ εἶναι καὶ Ἀδείμαντον οἳ τὰ δῶρα ἐδέξαντο παρὰ Λυσάνδρου.

5 [A 4] – Plut. Marius 36: Horapollo 2, 99

1 ⟨δ'⟩ Plut.   δ' ἀλεγίζει $A^aC^aD^a$: δὲ λεπίζει P: ἀλυβάζει Plut.

5 [A 5] – 5 [A 6. 8-10. 12]

1 φωνὴ Lobeck: σφῶν vel σφῶν δὴ codd.

5 [A 6] – 5 [A 5. 8-10. 12]: Clem. Alex. Strom. 1, 131 (II 81,7 Stählin)

3 ἥ τ[ε] ἅλις ἡμύσουσι Diels: ἧγ' ἄλλις ἡμύσουσι L^1: ἡτταλοις ἡμουσουσι cett. codd.: ἥττης· οὐ λήσουσι Emperius Jones

5 [A 4] L'aigle pond trois œufs, il en couve deux et n'a cure
que d'un seul.

ARISTOTE, *Histoires des animaux* 563 a 17-19

5 [A 5] Mais bientôt la voix de Chtonia prononça un sage
discours,
et avec elle Pyrcon, disciple du glorieux Ébranleur de la
terre.

PAUSANIAS, 10, 5, 6 (Et il existe chez les Grecs une œuvre poétique, dont le nom est « Eumolpia » et qui est attribuée à Musée, fils d'Antiophémos. Dans ces vers, il est dit que l'oracle appartenait en commun à Poséidon et à la Terre, et que la Terre rendait elle-même les oracles, mais que Pyrcon était le ministre de Poséidon pour les divinations. Et les vers disent ainsi: « Mais bientôt ... Ébranleur de la terre »)

5 [A 6] Car sur les Athéniens arrive une pluie violente
à cause de la bassesse de leurs chefs, mais il y aura un
réconfort:
il est vrai qu'ils apporteront tout ce qu'il faut à la ruine
de la cité, mais ils en paieront le tribut.

PAUSANIAS, 10, 9, 11 (Les Athéniens refuse d'admettre que leur défaite à Aigos-Potamos leur a été infligée avec justice. Ils prétendent en effet qu'ils ont été trahis pour de l'argent par Tydée et Adimante, leurs généraux, qui avaient accepté les présents de Lysandre. Pour trouver le bien fondé de leur affirmation,

5 **[A 4]** — Kinkel 229; DK I 22,17-20; Freeman 23; Giannantoni *Pres.* I 27

5 **[A 5]** — Kinkel 223; DK I 24,13-20; Jones *Paus.* IV 392-393; Freeman 22, 25; Giannantoni *Pres.* I 28-29

5 **[A 6]** — Kinkel 224-225; DK I 27,10-18; Jones *Paus.* IV 418-421; Freeman 25; Giannantoni *Pres.* I 31

καὶ ἐς ἀπόδειξιν τοῦ λόγου Σιβύλλης παρέχονται τὸν χρησμόν ... τὰ δὲ ἕτερα ἐκ Μουσαίου χρησμῶν μνημονεύουσι· « καὶ ... ποινήν »)

5 [A 7] a Μίμνερμος δὲ ἐλεγεῖα εἰς τὴν μάχην ποιήσας τῆς Σμυρναίων πρὸς Γύγην τε καὶ Λυδούς, φησὶν ἐν τῶι προοιμίωι θυγατέρας Οὐρανοῦ τὰς ἀρχαιοτέρας Μούσας, τούτων δὲ ἄλλας νεωτέρας εἶναι Διὸς παῖδας.

b ἐν δὲ τοῖς εἰς Μουσαῖον ἀναφερομένοις δύο ἱστοροῦνται γενέσεις Μουσῶν, πρεσβυτέρων μὲν κατὰ Κρόνον, νεωτέρων δὲ τῶν ἐκ Διὸς καὶ Μνημοσύνης.

a (—) Mimnermus, fr. 13 West (Paus. 9, 29, 4)
b (2B15 DK) Scholia Apoll. Rhod. 3, 1 (449, 19-22 Keil)

5 [A 8] (2B20a DK) = Onom. **[A 1]**

5 [A 9] τὸν Μουσαῖον παῖδα Σελήνης καὶ Εὐμόλπου Φιλόχορός φησιν. οὗτος δὲ λύσεις καὶ τελετὰς καὶ καθαρμοὺς συνέθηκεν. ὁ δὲ Σοφοκλῆς χρησμολόγον αὐτόν φησι.

(2A6 DK) Philochorus, fr. 208 Jacoby (FGrHist III B 156, 17-19); Sophocles, fr. 1116 Pearson (Scholia Aristoph. Ran. 1033)

5 [A 7] – Alcman fr. 119 Bergk
6 ἐν ... ἀναφερομένοις cf. **5 [B 14,4. 28]**

7-8 κατὰ Κρόνον Diels: μετὰ Κρόνον L: μετὰ Κρόνου P Keil

5 [A 9] ∸ **4 [B 21,4-5]**: **5 [A 5. 6. 8. 10. 12. B 4. 6. 29]**

2 λύσεις Dindorf: παραλύσεις vulg.: περιλύσεις RVΘ: ἀπολύσεις ?Jacoby: παρακλήσεις ?Diels: cf. Plat. Remp. 364 e: ἄρα λύσεις τε ... (= **4 [A 41]**: cf. Kern OF 26)

ils font valoir l'oracle de la Sibylle ... Et rappellent, en second lieu, les vers tirés des oracles de Musée: « Car ... le tribut »).

5 [A 7] a Et Mimnerme qui composa des vers élégiaques sur la bataille des habitants de Smyrne contre Gygès et les Lydiens, dit dans son proème que les Muses les plus anciennes sont filles d'Ouranos, mais qu'il existe d'autres Muses plus jeunes, qui sont filles de Zeus.

b Et il est question dans les vers attribués à Musée de deux générations de Muses, les unes, plus anciennes, remontent aux temps de Cronos, les autres, plus jeunes, sont filles de Zeus et de Mnémosyne.

a MIMNERME, fr. 13
b SCHOLIE D'APOLLONIOS DE RHODES, 3, 1

5 [A 8] = ONOMACRITE [A 1]

5 [A 9] Philochoros rapporte que Musée était le fils de Séléné et d'Eumolpos, et qu'il formula les libérations, les initiations et les purifications. Sophocle pour sa part dit qu'il était un devin.

PHILOCHOROS, fr. 208 ; SOPHOCLE, fr. 1116

5 [A 7] — Kinkel 226; DK I 25,14-16; Jones *Paus.* IV 294-295; Kern II 161; Ziegler OD 1353-1354; Freeman 24; Fränkel DPH 291; Giannantoni *Pres.* I 29; *Iamb. et Elegi Gr.* ed. M. L. West, Oxford 1972, 87

5 [A 9] — DK I 12,22-24; Kern OF 26; Wilamowitz *Glaube* II 58-59; Freeman 19, 21; Giannantoni *Pres.* I 26

5 [A 10] τῶν δὲ ναυηγίων πολλὰ ὑπολαβὼν ἄνεμος Ζέφυρος ἔφερε τῆς Ἀττικῆς ἐπὶ τὴν ἠιόνα τὴν καλεομένην Κωλιάδα, ὥστε ἀποπλησθῆναι τὸν χρησμὸν τόν τε ἄλλον πάντα τὸν περὶ τῆς ναυμαχίης ταύτης εἰρημένον Βάκιδι καὶ Μουσαίωι ...

(2B21 DK) Herodotus 8, 96 (Hude)

5 [A 11] Ἑλλάνικος δὲ καὶ Δαμάστης καὶ Φερεκύδης εἰς Ὀρφέα τό γένος ἀνάγουσιν αὐτοῦ ... Γοργίας δὲ ὁ Λεοντῖνος εἰς Μουσαῖον αὐτὸν ἀνάγει.

(—) Gorgias, B 25 DK (Procl. Vit. Hom. 26, 14-20 [Wilamowitz])

5 [A 12] (—) = **4 [A 25]**

5 [A 13] (—) = **4 [A 26]**

5 [A 14] (—) = **4 [A 28]**

5 [A 15] (—) = **4 [A 30]**

5 [A 16] Μουσαῖος δὲ τούτων νεανικώτερα τἀγαθὰ καὶ ὁ ὑὸς αὐτοῦ παρὰ θεῶν διδόασιν τοῖς δικαίοις· εἰς Ἅιδου γὰρ ἀγαγόντες τῶι λόγωι καὶ κατακλίναντες καὶ συμπόσιον τῶν ὁσίων κατασκευάσαντες

5 [A 10] - 5 [A 5. 6. 8. 9. 12]: Clem. Alex. Strom. 1, 131 (II 81,7 Stählin)

1 ὑπολαβὼν] ὑποβαλὼν C **2** ἔφερε] ἐξέφερε Lex. Vind. 181 **3** ἀποπλησθῆναι Hude: ἀποπλῆσαι codd.: ut impletum sit Valla: ἀποπλῆσθαι Buttmann: ἀποπεπλῆσθαι Abicht

5 [A 11] - 5 [A 3]
1 Ἑλλάνικος cf. 4F5b FGrHist 1 109,10-11 Δαμάστης cf. 5F11b FGrHist Φερεκύδης cf. 3F167 FGrHist

5 [A 16] - Plut. Comp. Cim. et Luc. 1

5 [A 10] Et le vent Zéphyr souleva un grand nombre d'épaves qu'il repoussa sur la côte qu'on appelle Colias, en Attique, de telle sorte que s'accomplit entièrement l'oracle, tant celui prononcé par Bakis et Musée concernant cette bataille, que ...

HÉRODOTE, 8, 96

5 [A 11] Hellanicos, Damastès et Phérécyde font remonter la généalogie d'Homère à Orphée ... Gorgias de Leontium la fait remonter à Musée.

GORGIAS, fr. 25 DK

5 [A 12] = 4 [A 25]

5 [A 13] = 4 [A 26]

5 [A 14] = 4 [A 28]

5 [A 15] = 4 [A 30]

5 [A 16] Puis Musée et son fils accordent aux justes des dons plus magnifiques encore que ceux-ci, car ils les tiennent des dieux: par leurs paroles ils les guident en effet, ils les introduisent au festin, ils apprêtent le banquet des purs, ils leur font désormais

5 [A 10] — Kinkel 224; DK I 27,5-9; Freeman 21; Giannantoni *Pres.* I 31

5 [A 11] — DK II 306,6-9; FGrHist. I 434

5 [A 16] — Lobeck II 806; Kinkel 229; DK I 7,12-22; 21,15-21; Dieterich 72; Kern OF 83; Nilsson I 688,4; Freeman 20-22, 25; Giannantoni *Pres.* I 13, 26

ἐστεφανωμένους ποιοῦσιν τὸν ἅπαντα χρόνον ἤδη διάγειν μεθύοντας, ἡγησάμενοι κάλλιστον ἀρετῆς μισθὸν μέθην αἰώνιον. οἱ δ' ἔτι τούτων μακροτέρους ἀποτίνουσιν μισθοὺς παρὰ θεῶν · παῖδας γὰρ παίδων φασὶ καὶ γένος κατόπισθεν λείπεσθαι τοῦ ὁσίου καὶ εὐόρκου. ταῦτα δὴ καὶ ἄλλα τοιαῦτα ἐγκωμιάζουσιν δικαιοσύνην · τοὺς δὲ ἀνοσίους αὖ καὶ ἀδίκους εἰς πηλόν τινα κατορύττουσιν ἐν Ἅδου καὶ κοσκίνωι ὕδωρ ἀναγκάζουσι φέρειν ἔτι τε ζῶντας εἰς κακὰς δόξας ἄγοντες.

(2A5 a DK) Plato, Resp. 363 c-d (Burnet)

5 [A 17] (—) = **4 [A 41]**

5 [A 18] φησὶ γοῦν καὶ Μουσαῖος εἶναι βροτοῖς ἥδιστον ἀείδειν.

(2B3 a DK) Aristoteles, Pol. 1339 b 21-22 (Ross)

8-9 παῖδας ... κατόπισθεν cf. Il. 20,308: Hes. Op. 285 **13** κοσκίνωι ... φέρειν cf. Plat. Gorg. 493 b

6 μεθύοντας] secl. Cobet **8** ἀποτίνουσιν Monac. B, Diels (= ἀποτίνεσθαί φασιν) Kern: ἀποτείνουσιν A Burnet

5 [A 18] – 1 γοῦν Π^2: γὰρ $\Pi^1\Pi^3$

passer tout le temps couronnés, à s'enivrer, et considèrent que la plus belle récompense de la vertu est une ivresse éternelle. D'autres octroyent de la part des dieux des récompenses plus grandes encore que celles-ci: ils disent en effet qu'un homme pur et fidèle à ses serments laisse derrière lui les enfants de ses enfants et sa descendance. C'est par ces éloges, et par d'autres semblables qu'ils louent la justice; par contre, ils plongent les impurs et les injustes dans l'Hadès, dans un bourbier gluant, et les condamnent à porter de l'eau dans un tamis, et pendant leur vie ils les vouent à l'infamie.

PLATON, *République* 363 c-d

5 [A 17] = 4 [A 41]

5 [A 18] Quoi qu'il en soit Musée affirme lui aussi que pour les mortels chanter est la chose la plus douce.

ARISTOTE, *Politique* 1339 b 21-22

5 [A 18] — Kinkel 230; Freeman 23

B

5 [B 1] (—) = **4 [B 3]**

5 [B 2] (—) = **4 [B 5]**

5 [B 3] (2B19 DK) Theophrastus, Hist. plant. 9, 19, 2 (Hort)

καὶ ὡς δή φασι τὸ τριπόλιον καθ' Ἡσίοδον καὶ Μουσαῖον εἰς πᾶν πρᾶγμα σπουδαῖον χρήσιμον εἶναι, δι' ὃ καὶ ὀρύττουσιν αὐτὸ νύκτωρ σκηνὴν πηξάμενοι.

5 [B 4] (2A1 a DK) Harpocratio, s. v. Μουσαῖος (1 207, 10-13 Dindorf)

περὶ δὲ Μουσαίου Ἀριστόξενος ἐν τοῖς Πραξιδαμαντείοις φησίν, ὅτι οἱ μὲν ἐκ Θράικης εἰρήκασι τὸν ἄνδρα εἶναι, οἱ δὲ αὐτόχθονα ἐξ Ἐλευσῖνος. εἰρήκασι δὲ περὶ αὐτοῦ ἄλλοι τε καὶ Γλαῦκος.

5 [B 5] (2A3 a DK) Scholia Soph. Oed. Col. 1053 (446, 10-18 Papageorgios)

τινὲς δέ φασι καὶ τὸν Εὔμολπον εὑρεῖν τὴν μύησιν τὴν συντελουμένην κατ' ἐνιαυτὸν ἐν Ἐλευσῖνι Δήμητρι καὶ Κόρηι. Ἄνδρων μὲν οὖν γράφει οὐ ⟨τοῦτον⟩ τὸν Εὔμολπον εὑρεῖν ⟨τὴν⟩ μύησιν, ἀλλ' ἀπὸ τούτου Εὔμολπον πέμπτον γεγονότα· Εὐμόλπου γὰρ γενέσθαι Κήρυκα, τοῦ δὲ Εὐμολ-

5 [B 3] – 1 τριπόλιον UMU* Ald.: polium G (Plin. 21,44) Ἡσίοδον cf. fr. 229 Rzach

5 [B 4] – 5 [A 9. B 5-8. 15. 29.]: Suda (Μουσαῖος Ἐλευσίνιος ... υἱὸς Ἀντιφήμου ... καὶ Σελήνης [ἑλήνης V: ἑλένης AGFM] γυναικός ... μαθητὴς Ὀρφέως, μᾶλλον δὲ πρεσβύτερος ... ἔγραψεν Ὑποθήκας Εὐμόλπωι τῶι υἱῶι)
1 Ἀριστόξενος cf. fr. 91 Wehrli (33, 7-9) **2** [1]οἱ om. C

5 [B 5] – 5 [A 12. B 4. 6-8. 15]
3 Ἄνδρων cf. 10F13 FGrHist I 163 ⟨τοῦτον⟩ Diels τὸν] τοῦτον Müller **4** ⟨τὴν⟩ Lascaris **5** Κήρυκα cf. Freeman 19

B

5 [B 1] = 4 [B 3]

5 [B 2] = 4 [B 5]

5 [B 3] Théophraste, *Recherche sur les plantes* 9, 19, 2

Ainsi affirme-t-on précisément que l'aster, selon Hésiode et Musée, est utile pour chaque chose d'importance. C'est pourquoi ils le déterrent de nuit, et plantent une tente sur son emplacement.

5 [B 4] Harpocration, *Musée*

Et Aristoxène, dans ses écrits sur Praxidamas, rapporte que Musée vient de Thrace selon certains, et qu'il est originaire d'Éleusis selon d'autres. Glaucon, entre autres, a parlé de lui.

5 [B 5] Scholie de l'Œdipe a Colone de Sophocle, 1053

Et certains disent encore qu'Eumolpos introduisit l'initiation célébrée chaque année à Éleusis en l'honneur de Déméter et de Coré. Andron écrit pour sa part que < cet > Eumolpos n'a pas introduit l'initiation, mais qu'il s'agit d'un autre Eumolpos, un de ses descendants à la cinquième génération. Car d'Eumolpos

5 [B 3] — DK I 26,8-10; Hort *Theophra.* II 312-313; Freeman 25; Giannantoni *Pres.* I 30

5 [B 4] — *Harpocr. Lex.* ed. G. Dindorf, Oxford 1969 (1853), II 340; DK I 20,18-24; Kern OF 50; Freeman 19-21; Giannantoni *Pres.* I 24

5 [B 5] — DK I 21,1-6; FGrHist I 480; Freeman 19-21; Giannantoni *Pres.* I 25

πον, τοῦ δὲ 'Αντίφημον, τοῦ δὲ Μουσαῖον τὸν ποιητήν, τοῦ δὲ Εὔμολπον τὸν καταδείξαντα τὴν μύησιν καὶ ἱεροφάντην γεγονότα.

5 [B 6] (2A2 DK) Hermesianax, Leontion 15-20 Giarratano (Athen. 13, 597 d)

οὐ μὴν οὐδ' υἱὸς Μήνης ἀγέραστον ἔθηκεν
Μουσαῖος Χαρίτων ἤρανος 'Αντιόπην·
ἥ τε πολὺν μύστηισιν 'Ελευσῖνος παρὰ πέζαν
εὐασμὸν κρυφίων ἐξεφόρει λογίων,
'Ράριον ὀργειῶνι νόμωι διαποιπνύουσα
Δήμητρα· γνωστὴ δ' ἐστὶ καὶ εἰν 'Αίδηι.

5 [B 7] (2A3 DK) Pseudo-Aristoteles, Mirabil. 131, 843 b 1-5 (Apelt)

φασὶν οἰκοδομούντων 'Αθηναίων τὸ τῆς Δήμητρος ἱερὸν τῆς ἐν 'Ελευσῖνι περιεχομένην στήλην πέτραις εὑρεθῆναι χαλκῆν, ἐφ' ἧς ἐπεγέγραπτο « Δηϊόπης τόδε σῆμα », ἣν οἱ μὲν λέγουσι Μουσαίου εἶναι γυναῖκα, τινὲς δὲ Τριπτολέμου μητέρα γενέσθαι.

7 τὸν καταδείξαντα τὴν μύησιν cf. **5 [A 12]** = **4 [A 25]** (τελετάς ... κατέδειξε)

5 [B 6] - 5 [A 9. B 4. 5. 7. 8. 15. 29]
3 πολὺν μύστηισιν Bloomfield: πολυμνήστηισιν codd. Giarratano
5 ὀργειῶνι νόμωι Hermann: οργιωνανεμωι codd.

5 [B 7] - 5 [B 4-6. 8. 15]
2 τῆς] τὴν N^a 'Ελευσῖνι] ἐλευσίνη B^aN^a περιεχομένην] παρεχομένην B^a **3** ἧς] ἣ B^aR^a Δηϊόπης ... ἣν] διϊόπης τόδε σῆμα δήμητρος ἣν N^a **4** γυναῖκα] γλαῦκα B^aR^a

naquit Céryx, de Céryx Eumolpos, d'Eumolpos Antiphémos, d'Antiphémos le poète Musée, et de celui-ci l'Eumolpos qui transmit l'initiation et devint hiérophante.

5 [B 6] HERMÉSIANAX, *Leontion* 15-20

Et d'autre part le fils de la Lune, Musée gardien des Charites,
ne refusa pas de rendre hommage à Antiopé:
à celle qui le long de la pente d'Éleusis dévoila aux initiés
par maints cris bachiques les discours oraculaires secrets,
et se démena avec les prêtres pour Déméter Rharienne selon l'usage:
à celle qui est connue aussi dans l'Hadès.

5 [B 7] PSEUDO-ARISTOTE, *Mirabilia* 131, 843 b 1-15

Alors que les Athéniens construisaient le temple de la Déméter d'Éleusis, on dit qu'ils trouvèrent une stèle de bronze, coincée entre les rochers, sur laquelle était inscrit: « Voici la tombe de Déiopé ». Certains prétendent qu'elle fut la femme de Musée, mais d'autres affirment qu'elle fut la mère de Triptolème.

5 [B 6] — Kinkel 219-220; DK I 20,25-31; Freeman 19-20; Giannantoni *Pres.* I 24

5 [B 7] — Kinkel 219; DK I 20,32-35; Freeman 20, 22; Giannantoni *Pres.* I 24-25

5 [B 8] (2A8 DK) Marmor Parium, 239A15 Jacoby (FGrHist II B 995, 9-11)

[ἀφ' οὗ Εὔμολπος ὁ Μουσαίου τοῦ ὑπ' Ὀρφέως τετελεσμέ]νου τὰ μυστήρια ἀνέφηνεν ἐν Ἐλευσῖνι καὶ τὰς τοῦ [πατρὸς Μ]ουσαίου ποιήσ[ει]ς ἐξέθηκ[εν ἔτη ΧΗΔ, βασιλεύοντος Ἀθηνῶν Ἐρεχθέ]ως τοῦ Πανδίονος.

5 [B 9] (2A4 DK) Diogenes Laertius, pr. 1, 3 (Long)

παρὰ μὲν Ἀθηναίοις γέγονε Μουσαῖος, παρὰ δὲ Θηβαίοις Λίνος. καὶ τὸν μὲν Εὐμόλπου παῖδά φασι, ποιῆσαι δὲ Θεογονίαν· καὶ Σφαῖραν πρῶτον, φάναι τε ἐξ ἑνὸς τὰ πάντα γίνεσθαι καὶ εἰς ταὐτὸν ἀναλύεσθαι.

5 [B 10] a = 4 [B 21, 3-5]

ἔνθεος γενόμενος [ἐποίησεν τοὺς ὕμνους,] οὓς ὀλίγα Μουσαῖος ἐπα[νορθώσας κατέγρ]αψεν

b = 4 [B 21, 56-58]

... χρείας δ' ἕν[εκ]ά τινος αὐτὴν παραγεγονένα[ι] ὁ Μ[ουσα]ῖο[ς] διὰ τῶν ἐπῶν αὐτοῦ λέγων ἐστίν

5 [B 8] - 3 [B 5]: 4 [B 17. 21,4-9]: 5 [A 16. B 4-7. 15]: Procl. in Plat. Remp. II 312,16 sqq. (Kroll: δηλοῖ δὲ τὰ ἐν Ἀπολογίαι ῥηθέντα παρὰ τοῦ Σωκράτους, ὡς ἄρα πολλοῦ ἂν τιμήσαι, τὸ ἐν Ἅιδου συγγενέσθαι τοῖς Ὀρφεῦσιν, τοῖς Μουσαίοις, τοῖς Αἴασιν· ἤκουεν γάρ που καὶ τῶν ἐν Ἐλευσῖνι μυστηρίων ἐξυμνούντων τὸν τὰς ἁγιωτάτας ἐκφήναντα τελετάς)
1-2 suppl. Diels: ὁ Δηιόπης τῆς Τριπτολέ]μου ?Jacoby **3** suppl. Prideaux **3-4** suppl. Palmerius ἔτη ... Πανδίονος] 1373 a. Chr. n.

5 [B 9] - 1-4 cf. Lobon. fr. 5 Crönert **4** γίνεσθαι P: γενέσθαι F

5 [B 10] - 5 [B 20. 29. 30]: Tatian. 41 (42,4 Schwartz = 1B11 DK: ... τοῦ δὲ Ὀρφέως Μουσαῖος μαθητής)

5 [B 8] Marbre de Paros, A 15

1110 années se sont écoulées, depuis qu'Eumolpos, le fils de ce Musée qui avait été initié par Orphée, institua les mystères à Éleusis et divulga les poèmes de son père Musée: régnait alors à Athènes Érechthée, fils de Pandion.

5 [B 9] Diogène Laërce, pr. 1, 3

C'est parmi les Athéniens qu'est né Musée, et parmi les Thébains qu'est né Linos. On rapporte que Musée, lequel était le fils d'Eumolpos, a composé une « Théogonie » et une « Sphère », et qu'il a affirmé que toutes choses naissent de l'un et dans l'un se résolvent.

5 [B 10] a = 4 [B 21, 3-5]

... lors possédé du dieu,
il composa les hymnes que Musée mit par écrit
après avoir corrigé certaines choses.

b = 4 [B 21, 56-58]

... alors qu'elle s'était approchée
d'eux pour leur prêter la main: ainsi que Musée
le dit dans son poème.

5 [B 8] — DK I 21,29-32; FGrHist II B Komm. 677; Kern OF 49, 30; Nilsson I 688,4; Freeman 20-22; Giannantoni *Pres.* I 26

5 [B 9] — Kinkel 218-219; DK I 21,7-9; Hicks DL I 4-5; Kern II 173-174; Zeller-Mondolfo I 184,3; Freeman 19, 22-23; Guthrie I 69, 115; Giannantoni *Pres.* I 25; Gigante DL (UL) I 3-4, II 457

5 [B 10] — DK I 26,11-17; *Papyrus Berolinensis* 44 (Buecheler, Schubart, Diels), Berlin 1905, I sqq.; Kern OF 50; Kern II 175; Freeman 22; Giannantoni *Pres.* I 30

c (2B19 a DK) Aristides, Orat. 41, 2 (II 330, 16-18 Keil)

τοὺς μὲν οὖν τελέους ὕμνους τε καὶ λόγους περὶ Διονύσου Ὀρφεῖ καὶ Μουσαίωι παρῶμεν καὶ τοῖς ἀρχαίοις τῶν νομοθετῶν.

5 [B 11] (—) Alexander Polyhistor (Eus. Praep. ev. 9, 27, 3-4 [I 499, 8-12 Dindorf])

ὑπὸ δὲ τῶν Ἑλλήνων αὐτὸν ἀνδρωθέντα Μουσαῖον προσαγορευθῆναι. γενέσθαι δὲ τὸν Μώϋσον τοῦτον Ὀρφέως διδάσκαλον. ἀνδρωθέντα δ' αὐτὸν πολλὰ τοῖς ἀνθρώποις εὔχρηστα παραδοῦναι ...

5 [B 12] a (2B12 DK) Philodemus, De piet. 1 (Henrichs *CronErc* 5 (1975), 21)

ἀλ]λ' ὁ Ζεύ[ς, ὥς φασι]ν, τὴν κεφ[αλὴ]ν ὑπὸ Ἡφαίστου [δ]ιαιρεῖται, κατὰ [δὲ] τὸν Εὔμολπ[ον ἢ τὸν συν]θέντα [ταῦ]τα πο[ιητὴ]ν ὑπὸ Παλαμάο[ν]ος.

b Scholia Pind. Olymp. 7, 66 (Drachmann)

ἐν τοῖς Μουσαίου Παλαμάων λέγεται πλῆξαι τοῦ Διὸς τὴν κεφαλήν, ὅτε τὴν Ἀθηνᾶν ἐγέννα.

5 [B 13] (2B13 DK) Philodemus, De piet. 97, 18 sqq. (47 Gomperz)

ἐστὶ τέτταρας ἔχων ὀφθαλμούς. Μουσαῖος δὲ τὸν [Ἄργον] φησὶ « τέτταρας Αἰθί[οπ]ας » καὶ « βασιλεῖς [μερ]όπων » ἐκ Κελαινοῦς γεννῆσαι τῆς Ἄτλαντος.

5-7 cf. Plat. Leg. 665 a

5 [B 12] – **3** ταῦτα Philippson: αὐτὰ Henrichs

5 [B 13] – Aesch. Prom. 851
1 Ἄργον suppl. Diels **2** [μερ]όπων Gomperz: [ἐλλ]όπων Kern

c ARISTIDE, *Discours* 41

Quant aux hymnes et aux discours parfaits sur Dionysos, concédons-les à Orphée et à Musée et aux législateurs antiques.

5 [B 11] ALEXANDRE POLYSTOR (in Eusèbe, *Préparation évangélique* 9, 27, 3-4)

Devenu homme, il fut appelé Musée par les Grecs. Ce Mouso devint par la suite le maître d'Orphée. Et dans sa maturité il enseigna aux hommes maintes choses utiles ...

5 [B 12] a PHILODÈME, *De la piété* 1

Mais, selon la tradition, Héphaïstos fendit la tête de Zeus; selon Eumolpos, en revanche, ou selon le poète qui traita ce thème, ce fut Palamaon.

b SCHOLIE DES OLYMPIQUES DE PINDARE, 7, 66

Dans les poèmes de Musée, il est dit que Palamaon frappa la tête de Zeus, au moment où celui-ci engendra Athéna.

5 [B 13] PHILODÈME, *De la piété* 97, 18

Il a quatre yeux. Et Musée déclare qu'Argo engendra, avec Célaeno, fille d'Atlas, « quatre Éthiopiens » et des « rois des mortels ».

5 [B 11] — Kern OF 14

5 [B 12] — Kinkel 225; DK I 24,21-25; Philippson *Hermes* 55 (1920), 266; Rose 129; Freeman 22, 24; Giannantoni *Pres.* I 29

5 [B 13] — Kinkel 227; DK I 25,1-4; Freeman 24; Giannantoni *Pres.* I 29

5 [B 14] (2B14 DK) Philodemus, De piet. 137, 5 sqq. (Henrichs *GRBS* 13 (1972), 77)

ἐμ μέν [τισι]ν ἐκ Νυκτὸς καὶ [Ταρ]τάρου λέγεται [τὰ π]άντα, ἐν δέ τι[σιν ἐ]κ Ἅιδου καὶ Αἰ[θέρ]ος· ὁ δὲ τὴν Τι[τανο]μαχίαν γρά[ψας ἐξ] Αἰθέρος φη[σίν,] Ἀκουσί[λ]αος [δ' ἐκ] Χάους πρώτου [τἆ]λλα· ἐν δὲ τοῖς [ἀνα]φερομένοις εἰς [Μο]υσαῖον γέγραπται [Τάρ]ταρον πρῶτον [καὶ Ν]ύκτα καὶ [τρίτον] Ἀέρα γεγο[νέναι].

5 [B 15] (2A9 DK) Diodorus, 4, 25, 1 (Dindorf-Vogel)

παρῆλθεν εἰς τὰς Ἀθήνας καὶ μετέσχε τῶν ἐν Ἐλευσῖνι μυστηρίων, Μουσαίου τοῦ Ὀρφέως υἱοῦ τότε προεστηκότος τῆς τελετῆς.

5 [B 16] (2B10 DK) = **4[B 32]**

5 [B 17] (2A5 DK) Pausanias, 1, 22, 7 (Rocha-Pereira)

ἔτι δὲ τῶν γραφῶν ... ἔστι Μουσαῖος· ἐγὼ δὲ ἔπη μὲν ἐπελεξάμην ἐν οἷς ἔστι πέτεσθαι Μουσαῖον, [ὑπὸ] Βορέου δῶρον, δοκεῖν δέ μοι πεποίηκεν αὐτὰ Ὀνομάκριτος· καὶ ἔστιν οὐδὲν Μουσαίου βεβαίως ὅτι μὴ μόνον ἐς Δήμητρα ὕμνος Λυκομίδαις.

5 [B 18] (—) Pausanias, 1, 25, 8 (Rocha-Pereira)

... τὸ Μουσεῖον καλούμενον τειχίσας. ἔστι δὲ ἐντὸς τοῦ περιβόλου τοῦ ἀρχαίου τὸ Μουσεῖον ἀπαντικρὺ τῆς ἀκρο-

5 [B 14] – Philod. De piet. 13-14 (Henrichs *CronErc* 4 (1974), 17-18: ἐν δὲ τῶ[ι] δευτέρ[ωι] τά τε εἰς Ὀρφέα [καὶ] Μουσαῖον ἀναφερ[όμ]ενα ... [πει]ρᾶται σ[υ]νοικειοῦ[ν] ταῖς δόξ[αι]ς αὐτῶ[ν] ... κἀν τῶι πρώτ[{ιστ}ω]ι [Petersen: δευτέρωι suppl. Diels] τὴν Νύκ[τ]α θεάν φησιν [εἶ]να[ι] πρωτίστην)
3 Ἀκουσίλαος cf. 8B1 DK **4-5** ἐν ... Μουσαῖον cf. **5 [A 7,6. B 28]**
5 [καὶ Ν]ύκτα Zeller: [τὴν Ν]ύκτα Gomperz

5 [B 15] – **4 [B 25]: 5 [B 4-8. 29]**

5 [B 17] – **1** ἔτι Hermann: ἐπὶ codd. δὲ] δὴ Matrit. **2** ὑπὸ secl. Herwerden DK: Ὑπερβορέων Kern **4** Δήμητρα Dindorf: δημήτερα β

5 [B 14] Philodème, *De la piété* 137, 5

Selon certaines sources il est dit que toutes choses viennent de Nuit et de Tartare, selon d'autres, au contraire, qu'elles sont issues d'Hadès et d'Éther. L'auteur de la « Titanomachie » rapporte que les autres choses descendent d'Éther, tandis qu'Akousilaos déclare que Chaos est le premier dont elles sont issues. Dans les poèmes attribués à Musée, il est écrit qu'il y eut tout d'abord Tartare et Nuit, et en troisième Air.

5 [B 15] Diodore de Sicile, 4, 25, 1

Il arriva à Athènes et participa aux mystères d'Éleusis, à l'époque où l'initiation était présidée par Musée, le fils d'Orphée.

5 [B 16] = 4 [B 32]

5 [B 17] Pausanias, 1, 22, 7

En outre parmi ces peintures ... il en est une représentant Musée. J'ai lu quant à moi des vers où l'on parle du pouvoir propre à Musée de voler, grâce au don de Borée. Mais il me semble que ces vers ont été composés par Onomacrite: et il n'y a rien qui soit sûrement de Musée à l'exception de l'hymne à Déméter, destiné aux Lycomides.

5 [B 18] Pausanias, 1, 25, 8

... après avoir fortifié la localité appelée Mouséion. Le Mouséion est une colline en face de l'Acropole, située à l'intérieur

5 [B 14] — Zeller I 1, 101; *Dox.* 547-548; Kinkel 225; DK I 25,5-13; Kern II 174; Freeman 21-33; Fränkel DPH 291; Kirk-Raven 21-23; Giannantoni *Pres.* I 29

5 [B 15] — DK I 22,1-3; Kern OF 28-29; Freeman 20; Giannantoni *Pres.* I 26

5 [B 17] — Kinkel 222; DK I 21,10-14; Jones *Paus.* I 112; Kern II 115-116; Nilsson I 617,6; Linforth 198-199, 352; Freeman 21-23

5 [B 18] — Kinkel 220; Jones *Paus.* I 132-133; Freeman 21

πόλεως λόφος, ἔνθα Μουσαῖον ᾄδειν καὶ ἀποθανόντα γήραι ταφῆναι λέγουσιν.

5 [B 19] (2B20 DK) Pausanias, 4, 1, 5 (Rocha-Pereira)

πρῶτοι δ' οὖν βασιλεύουσιν ἐν τῆι χώραι ταύτηι Πολυκάων τε ὁ Λέλεγος καὶ Μεσσήνη γυνὴ τοῦ Πολυκάονος. παρὰ ταύτην τὴν Μεσσήνην τὰ ὄργια κομίζων τῶν Μεγάλων θεῶν Καύκων ἦλθεν ἐξ Ἐλευσῖνος ὁ Κελαινοῦ τοῦ Φλύου. Φλῦον δὲ αὐτὸν Ἀθηναῖοι λέγουσι παῖδα εἶναι Γῆς. ὁμολογεῖ δέ σφισι καὶ ὕμνος Μυσαίου Λυκομίδαις ποιηθεὶς ἐς Δήμητρα.

5 [B 20] (—) Pausanias, 10, 7, 2-3 (W. H. S. Jones)

Ὀρφέα δὲ σεμνολογίαι τῆι ἐπὶ τελεταῖς καὶ ὑπὸ φρονήματος τοῦ ἄλλου καὶ Μουσαῖον τῆι ἐς πάντα μιμήσει τοῦ Ὀρφέως οὐκ ἐθελῆσαί φασιν αὐτοὺς ἐπὶ ἀγῶνι μουσικῆς ἐξετάζεσθαι.

5 [B 21] (2B9 DK) Harpocratio, s. v. Μελίτη (1 202, 7-10 Dindorf)

Μελίτη ... δῆμός ἐστι τῆς Κεκροπίδος. κεκλῆσθαι δέ φησι τὸν δῆμον Φιλόχορος ἐν γ̄ ἀπὸ Μελίτης θυγατρὸς κατὰ μὲν Ἡσίοδον Μύρμηκος, κατὰ δὲ Μουσαῖον Δίου τοῦ Ἀπόλλωνος.

5 [B 19] - 3 [B 5]: 5 [B 17]
4 Κελαινοῦ] Κολαίνου Müller Siebelis (coll. Paus. 4, 34, 8): Κελαίνου Jones

5 [B 20] – 5 [B 10. 29. 30]

5 [B 21] – 2 Φιλόχορος ... cf. fr. 74 FHG 1 396 θυγατρὸς om. C
3 Ἡσίοδον cf. fr. 106 Rzach

de l'enceinte de l'antique cité, où l'on dit que Musée chantait, et où il fut enterré après être mort de vieillesse.

5 [B 19] PAUSANIAS, 4, 1, 5

Sur cette région, donc, régnèrent d'abord Polycaon, fils de Lélex, et Messéné, la femme de Polycaon. Auprès d'elle arriva d'Éleusis, apportant les rites secrets des Grandes Déesses, Caucon, fils de ce Célaenos lequel était fils de Phlyos. Quant à ce même Phlyos, les Athéniens rapportent qu'il était le fils de la Terre. L'hymne de Musée à Déméter, composé pour les Lycomides, est d'accord avec eux.

5 [B 20] PAUSANIAS, 10, 7, 2-3

Mais on dit qu'Orphée — par vanité à cause de ses mystères et par une fierté de reste — et Musée — parce qu'il imitait Orphée en tout — refusèrent de se mesurer à la compétition musicale pythique.

5 [B 21] HARPOCRATION, *Mélité*

Mélité est un dème de la Cécropide. Et Philochoros dans son troisième livre rapporte que le dème tient son nom de la Mélité qui, selon Hésiode était fille de Myrmex, et selon Musée de Dios, fils d'Apollon.

5 [B 19] — Kinkel 223; DK I 13n, 26,19-25; Harrison 640 sqq.; Jones *Paus.* II 174-175; Guthrie *Orph.* 123-124; Nilsson I 669, 709; Linforth 198-199; Freeman 22-24; Giannantoni *Pres.* I 30

5 [B 20] — Jones *Paus.* IV 402-403; Kern OF 51; Linforth 247; Freeman 23

5 [B 21] — Kinkel 228; DK I 24,6-9; PW I 5,1, 1080; Freeman 24; Giannantoni *Pres.* I 28; KP III 1521

5 [B 22] (2B6 DK) Clemens Alexandrinus, Strom. 6, 25, 2 (II 442, 3-5 Stählin)

αὐτοτελῶς γὰρ τὰ ἑτέρων ὑφελόμενοι ὡς ἴδια ἐξήνεγκαν, καθάπερ Εὐγάμων ὁ Κυρηναῖος ἐκ Μουσαίου τὸ περὶ Θεσπρωτῶν βιβλίον ὁλόκληρον ...

5 [B 23] a (2B18 DK) Scholia Arat. 172 (369, 24-27 Maass)

Θαλῆς μὲν οὖν δύο αὐτὰς εἶπεν εἶναι ... Μουσαῖος ε̄.

b Servius, in Verg. Georg. 1, 138 (III 2, 228, 1-3 Hagen)

Hyadas ... nutrices Liberi patris, ut Musaeus scripsit, ab Hya fratre, quem in uenatione interemptum fleuerunt, unde Hyades dictae.

c Scholia Germ. Arat. 75, 10 sqq. (136 Breysig)

Musaeus ita refert: Aethra ex Oceano procreauit filias duodecim, ex quibus quinque stellis figuratas Hyadas, septem autem Pliadas. his unus fuit frater Hyas, quem omnes sorores dilexere. quem in uenatu alii ab leone, alii ab apro interfectum dicunt. quae flentes eum obierunt, Hyadas nuncupatas, alias Pliadas ...

5 [B 24] (2B8 DK) Pseudo-Eratosthenes, Catast. 13 (17, 5-23 Olivieri)

ἐσχημάτισται δ' ἐν τούτωι ἡ Αἲξ καὶ οἱ Ἔριφοι. Μουσαῖος γάρ φησι Δία γεννώμενον ἐγχειρισθῆναι ὑπὸ Ῥέας Θέμιδι,

5 [B 22] – **1** γὰρ] δὲ Eus. **2** Εὐγάμων L: εὐγράμμων Eus.: Εὐγάμμων Dindorf

5 [B 23] – Schol. Arat. 254 (386,13 Maass): Hygin. Astron. 2, 21
1 Μουσαῖος ε̄ om. A Ald. **5** Aethra Muncker: haec tibi (thia) codd. **6-7** Hyadas ... Pliadas Robert: Pliadas ... Hyadas codd.

5 [B 24] – Epimen. **[B 19]**: Lact. Inst. div. 1, 21, 39 (huius capellae corio usum esse pro scuto Iouem contra Titanas dimicantem Musaeus auctor est, unde a poetis αἰγίοχος nominatur)

5 [B 22] CLÉMENT D'ALEXANDRIE, *Stromate* 6, 25, 2

En effet, en s'octroyant arbitrairement les écrits des autres, ils les divulguèrent comme leur appartenant en propre; c'est ce que fit Eugamon de Cyrène, qui prit de Musée tout le livre sur les Thesprôtes.

5 [B 23] a SCHOLIE D'ARATOS, 172

Thalès a dit que les Hyades sont deux ... Musée cinq.

b SERVIUS, *Commentaire sur les Géorgiques de Virgile* I, 138

... les Hyades ... nourrices de Liber Pater, comme l'écrit Musée, appelées Hyades en relation à leur frère Hyas, tué au cours d'une chasse et pleuré par elles.

c SCHOLIE DE GERMANICUS, 75, 10

Voici ce que raconte Musée: Aethra engendra douze filles issues d'Océan, parmi lesquelles cinq Hyades représentées par des étoiles, et sept Pléiades. Elles n'eurent qu'un frère, Hyas, chéri par ses sœurs. Celui-ci, au cours d'une chasse, fut tué par un lion, aux dires de certains, ou par un sanglier, selon d'autres. Elles le pleurèrent tant qu'elles en moururent, ces sœurs qu'on appellent les Hyades, et les autres qu'on appelle les Pléiades.

5 [B 24] PSEUDO-ERATOSTHÈNE, *Catastérismes* 13

Et la Chèvre et les Chevreaux sont ici revêtus d'une forme. Zeus, une fois né — nous dit Musée — fut confiée par Rhéa à

5 [B 22] — DK I 23, 5-7; Freeman 22; Giannantoni *Pres.* I 27

5 [B 23] — DK I 25,25-26-7; Freeman 23-24; Giannantoni *Pres.* I 30

5 [B 24] — Kinkel 225; DK I 23,13-24,5; Freeman 24; Giannantoni *Pres.* I 28; KP I 211, 287

Θέμιν δὲ Ἀμαλθείαι δοῦναι τὸ βρέφος, τὴν δὲ ἔχουσαν αἶγα ὑποθεῖναι, τὴν δ' ἐκθρέψαι Δία· τὴν δὲ Αἶγα εἶναι Ἡλίου θυγατέρα φοβερὰν οὕτως ὥστε τοὺς κατὰ Κρόνον θεούς, βδελυττομένους τὴν μορφὴν τῆς παιδός, ἀξιῶσαι ⟨τὴν⟩ Γῆν κρύψαι αὐτὴν ἔν τινι τῶν κατὰ Κρήτην ἄντρων· καὶ ἀποκρυψαμένην ἐπιμέλειαν αὐτῆς τῆι Ἀμαλθείαι ἐγχειρίσαι, τὴν δὲ τῶι ἐκείνης γάλακτι τὸν Δία ἐκθρέψαι· ἐλθόντος δὲ τοῦ παιδὸς εἰς ἡλικίαν καὶ μέλλοντος Τιτᾶσι πολεμεῖν, οὐκ ἔχοντος δὲ ὅπλα, θεσπισθῆναι αὐτῶι τῆς αἰγὸς τῆι δορᾶι ὅπλωι χρήσασθαι διά τε τὸ ἄτρωτον αὐτῆς καὶ φοβερὸν καὶ διὰ τὸ εἰς μέσην τὴν ῥάχιν Γοργόνος πρόσωπον ἔχειν· ποιήσαντος δὲ ταῦτα τοῦ Διὸς καὶ τῆι τέχνηι φανέντος διπλασίονος, τὰ ὀστᾶ δὲ τῆς αἰγὸς καλύψαντος ἄλληι δορᾶι καὶ ἔμψυχον αὐτὴν καὶ ἀθάνατον κατασκευάσαντος, αὐτὴν μέν φασιν ἄστρον οὐράνιον [κατασκευάσαι] ⟨γενέσθαι, τὸν δὲ Δία αἰγίοχον κληθῆναι⟩.

5 [B 25] (2B16 DK) Scholia Apollon. Rhod. 3, 1035 (474, 18-19 Keil)

Μουσαῖος ἱστορεῖ Δία ἐρασθέντα Ἀστερίας μιγῆναι καὶ μιγέντα δοῦναι αὐτὴν τῶι Περσεῖ, ἐξ ἧς τεχθῆναι αὐτῶι τὴν Ἑκάτην.

5 [B 26] (2B1 DK) Scholia Apollon. Rhod. 3, 1179 (477, 23-24 Keil)

ἐν δὲ τῶι ᾱ ⟨τῆς⟩ Μουσαίου Τιτανομαχίας λέγεται ὡς Κάδμος ἐκ τοῦ Δελφικοῦ ἐπορεύετο προκαθηγουμένης αὐτῶι τῆς βοός.

7 ⟨τὴν⟩ Robert **10** Τιτᾶσι Robert: γίγασι codd. **17-18** κατασκευάσαι secl. Diels **18** γενέσθαι ... κληθῆναι suppl. Diels (cf. Schol. Arat. 156)

5 [B 25] – Schol. Apollon. Rhod. 3, 467 (Μουσαῖος Ἀστερίας καὶ Διὸς [θυγατέρα εἶναι τὴν Ἑκάτην])
2 αὐτὴν P: αὐτὸν L Περσεῖ] Περσῆι L^{ac}

5 [B 26] 1 τῶι ᾱ P: τῆι γ̄ L Keil ⟨τῆς⟩ ... Τιτανομαχίας Passow: Μουσαῖος Τιτανογραφίαι L Keil DK: Μουσαίου Τιτανο⟨μαχίαι ἐπι⟩γραφείσηι ? Diels

Thémis, et Thémis donna le nouveau né à Amalthée, laquelle avait une chèvre; elle le fit allaiter et éleva Zeus. Quant à la Chèvre, c'était une fille d'Hélios, à ce point effrayante que les dieux de la période de Cronos, exécrant l'aspect de cette jeune créature, prièrent la Terre de la cacher dans une des cavernes de Crète. Et la Terre, l'ayant cachée, confia à Amalthée la tâche d'en prendre soin, celle-ci éleva Zeus avec le lait de la Chèvre. Mais lorsque l'enfant eût atteint l'âge viril et dut combattre les Titans, sans pour autant posséder d'armes, il lui fut prédit qu'il se servirait de la peau de la Chèvre ainsi que d'une arme, soit pour l'invulnérabilité de celle-ci et pour son aspect redoutable, soit pour le fait qu'au milieu de l'échine elle présentait le visage de la Gorgone. Et Zeus accomplit ces choses et, par cet artifice, apparut sous un double aspect; ensuite, couvrant d'une autre peau les os de la Chèvre, il lui redonna vie et la rendit immortelle: on dit qu'elle < est devenue> une étoile du ciel < et que Zeus a été appelé « celui qui tient l'égide »> [= la peau de la chèvre].

5 [B 25] SCHOLIE D'APOLLONIUS DE RHODES, 3, 1035

Musée raconte que Zeus, s'étant épris d'Astéria, s'unit à elle, et qu'après s'être uni la donna à Persès, avec lequel elle enfanta Hécate.

5 [B 26] SCHOLIE D'APOLLONIUS DE RHODES, 3, 1179

Et dans le premier livre de la « Titanomachie » de Musée, il est dit que Cadmos quitta le territoire delphique précédé et guidé par une vache.

5 [B 25] — Kinkel 226; DK I 25,17-20; Freeman 24; Giannantoni *Pres.* I 29

5 [B 26] — DK I 22,10-12; Freeman 22; Giannantoni *Pres.* I 27

5 [B 27] (2B17 DK) Scholia Apollon. Rhod. 3, 1377 (482, 23-26 Keil)

τὰς δὲ τοιαύτας φαντασίας ὁ Μουσαῖος ἀναφερομένας φησὶν ἐκ τοῦ ὠκεανοῦ κατὰ τὸν αἰθέρα ἀποσβέννυσθαι. τοὺς δὲ ὑπὸ Μουσαίου ἀστέρας εἰρημένους Ἀπολλώνιος πιθανῶς μαρμαρυγὰς εἴρηκε.

5 [B 28] (2B2 DK) Scholia Apollon. Rhod. 4, 156 (491, 1-2 Keil)

... ἡ δὲ ἄρκευθος δένδρον τι ἀκανθῶδες Ἀπόλλωνος ἴδιον, ὡς ἱστορεῖται ἐν γ̄ τῶν εἰς Μουσαῖον ἀναφερομένων.

5 [B 29] (2A7 DK) Servius, in Verg. Aen. 6, 667 (II 93, 18-21 Thilo)

theologus fuit iste post Orpheum. et sunt uariae de hoc opiniones: nam eum alii Lunae filium, alii Orphei uolunt, cuius eum constat fuisse discipulum: nam ad ipsum primum carmen scripsit, quod appellatur Crater.

5 [B 30] (—) Hermias, in Plat. Phaedr. 244 a (88, 24 sqq. Couvreur)

ἐρωτικώτατός τέ ἐστιν ὡς αὐτὸς λέγων φαίνεται πρὸς τὸν Μουσαῖον καὶ προτείνων αὐτῶι τὰ θεῖα ἀγαθὰ καὶ τελειῶν αὐτόν.

5 [B 28] – 2 ἐν ... ἀναφερομένων cf. 5 [A 7,6. B 14,4]

5 [B 29] – 5 [A 9. B 4. 6. 10. 30]
1 iste om. MC 2 eum] cum R

5 [B 30] – 5 [B 10. 20. 29]

5 [B 27] SCHOLIE D'APOLLONIUS DE RHODES, 3, 1377

Et de telles apparitions Musée dit qu'elles se soulèvent de l'océan et disparaissent dans la région de l'éther. Et celles auxquelles Musée donne le nom d'astres sont appelées de façon éloquente scintillements par Apollonius.

5 [B 28] SCHOLIE D'APOLLONIUS DE RHODES, 4, 156

... Le genévrier est un arbuste épineux, propre à Apollon, ainsi qu'il est dit dans le troisième livre des poèmes attribués à Musée.

5 [B 29] SERVIUS, *Commentaire sur l'Énéide de Virgile* 6, 667

Il fut théologien après Orphée, et les opinions sont diverses à son sujet: en effet certains soutiennent qu'il était fils de la Lune, d'autres d'Orphée, dont il s'avère qu'il a été le disciple. Car c'est à son intention qu'Orphée composa sa première œuvre poétique, qu'on appelle « Cratère ».

5 [B 30] HERMIAS, *Commentaire sur le Phèdre de Platon* 244 a

Orphée est celui que l'amour inspire le plus, en tant qu'il le déclare manifestement à Musée et il lui offre les biens divins et le conduit à la perfection.

5 [B 27] — Kinkel 227-228; DK I 25,21-24; Giannantoni *Pres.* I 29

5 [B 28] — Kinkel 228; DK I 22,13-16; Freeman 25; Fränkel DPH 291; Giannantoni *Pres.* I 27

5 [B 29] — Lobeck I 375 sqq.; Kinkel 219; DK I 21,25-28; Freeman 19-20, 22; Giannantoni *Pres.* I 26

5 [B 30] — Abel *Orph.* 262; Kern OF 51; Linforth 257

HYPERBOREI

A

6 [A 1] θαῦμ' ἡμῖν καὶ τοῦτο μέγα φρεσὶν ἡμετέρῃσιν·
ἄνδρες ὕδωρ ναίουσιν ἀπὸ χθονὸς ἐν πελάγεσσι·
δύστηνοί τινές εἰσιν, ἔχουσι γὰρ ἔργα πονηρά,
ὄμματ' ἐν ἄστροισι, ψυχὴν δ' ἐνὶ πόντωι ἔχουσιν.
ἦ που πολλὰ θεοῖσι φίλας ἀνὰ χεῖρας ἔχοντες
εὔχονται σπλάγχνοισι κακῶς ἀναβαλλομένοισι.

[Longinus,] De subl. 10, 4 (Russell: ὁ μὲν γὰρ τὰ 'Αριμάσπεια ποιήσας ἐκεῖνα οἴεται δεινά· « θαῦμ' ... ἀναβαλλομένοισι »)

6 [A 2] 'Ισσηδοὶ χαίτῃσιν ἀγαλλόμενοι ταναῇσι·
καί φασ' ἀνθρώπους εἶναι καθύπερθεν ὁμούρους
πρὸς Βορέω, πολλούς τε καὶ ἐσθλοὺς κάρτα μαχητάς,
ἀφνειοὺς ἵπποισι, πολύρρηνας, πολυβούτας.
ὀφθαλμὸν δ' ἕν' ἕκαστος ἔχει χαρίεντι μετώπωι.
χαίτῃσιν λάσιοι, πάντων στιβαρώτατοι ἀνδρῶν.

Tzetzes, Chil. 7, 678-684 (Leone: καὶ 'Αριστέας δέ φησιν ἐν τοῖς 'Αριμασπείοις· « 'Ισσηδοὶ ... ἀνδρῶν »)

6 [A 3] περὶ τὸν Προκοννήσιον 'Αριστέαν

Pindarus, fr. 271 Snell (Origen. C. Cels. 3, 26 [Koetschau I 222, 6]: ἀπὸ Πινδάρου)

6 [A 1] – 1 ἡμῖν] ἦ μὴν Faber Wilamowitz **6** ἀναβαλλομένοισι] ἀναπαλλομένοισι

6 [A 2] – 6 [A 5]: Hecat. Mil. frr. 193-194 Jacoby (FGrHist I A 29-30, I a 351): Aesch. Prom. 803-804: Hellanicus fr. 187 Jacoby (FGrHist I A 150, I a 474)

2 καί φασ' Fränkel (coll. Herod. 4, 13, 1; 16, 1): καὶ σφᾶς codd. Leone: καί σφεας Koechly

A

6 [A 1] De même en nous l'émerveillement est suscité par ceci:
des hommes vivent sur l'eau, loin de la terre, dans les flots marins;
créatures malheureuses, car leur tâche est pénible,
ils ont les yeux dans les étoiles et l'âme dans la mer.
Je crois que souvent, levant leurs chères mains vers les dieux,
ils prient, de toutes leurs entrailles misérablement tournées vers les cieux.

Pseudo-Longin, *Du sublime* 10, 4

6 [A 2] Les Issédons, qui se vantent de leurs longues chevelures ondoyantes;
et on dit qu'il y a des hommes au nord, leurs proches voisins, du côté
de Borée, fort nombreux et guerriers très valeureux,
possédant chevaux en abondance, et agneaux et bœufs.
Chacun d'eux a un œil unique sur leur front aimable;
leurs cheveux sont embrousaillés, et ce sont les plus vaillants des hommes.

Tzetzès, *Chiliades* 7, 678

6 [A 3] ... à propos d'Aristéas de Proconnèse

Pindare, fr. 271

6 [A 1] — Kinkel 245; Fränkel DPH 278

6 [A 2] — Kinkel 245; Rohde II 93,1; Kern II 145; Nilsson I 617; Dodds *Irr.* 141; Fränkel DPH 278-279; KP I 555, II 1473-1474

6 [A 3] — Rohde II 91; Bowra *Pind.* fr. 284; Nilsson I 671,5; Turyn *Pind.* 390

6 [A 4] Ἄβαριν παραγενέσθαι κατὰ Κροῖσον τὸν Λυδῶν βασιλέα

Pindarus, fr. 270 Snell (Harpocratio s. v. Ἄβαρις [Dindorf p. 1])

6 [A 5] ἔφη δὲ Ἀριστέης ὁ Καϋστροβίου ἀνὴρ Προκοννήσιος, ποιέων ἔπεα, ἀπικέσθαι ἐς Ἰσσηδόνας φοιβόλαμπτος γενόμενος, Ἰσσηδόνων δὲ ὑπεροικέειν Ἀριμασποὺς ἄνδρας μουνοφθάλμους, ὑπὲρ δὲ τούτων τοὺς χρυσοφύλακας γρῦπας, τούτων δὲ τοὺς Ὑπερβορέους κατήκοντας ἐπὶ θάλασσαν. τούτους ὦν πάντας πλὴν Ὑπερβορέων ἀρξάντων Ἀριμασπῶν αἰεὶ τοῖσι πλησιοχώροισι ἐπιτίθεσθαι, καὶ ὑπὸ μὲν Ἀριμασπῶν ἐξωθέεσθαι ἐκ τῆς χώρης Ἰσσηδόνας, ὑπὸ δὲ Ἰσσηδόνων Σκύθας, Κιμμερίους δὲ οἰκέοντας ἐπὶ τῆι νοτίηι θαλάσσηι ὑπὸ Σκυθέων πιεζομένους ἐκλιπεῖν τὴν χώρην. οὕτω οὐδὲ οὗτος συμφέρεται περὶ τῆς χώρης ταύτης Σκύθηισι. [14] καὶ ὅθεν μὲν ἦν Ἀριστέης ὁ ταῦτα ποιήσας, εἴρηκα· τὸν δὲ περὶ αὐτοῦ ἤκουον λόγον ἐν Προκοννήσωι καὶ Κυζίκωι, λέξω. Ἀριστέην γὰρ λέγουσι, ἐόντα τῶν ἀστῶν οὐδενὸς γένος ὑποδεέστερον, ἐσελθόντα ἐς κναφήϊον ἐν Προκοννήσωι ἀποθανεῖν, καὶ τὸν κναφέα κατακληίσαντα τὸ ἐργαστήριον οἴχεσθαι ἀγγελέοντα τοῖσι προσήκουσι τῶι νεκρῶι. ἐσκεδασμένου δὲ ἤδη τοῦ λόγου ἀνὰ τὴν πόλιν ὡς τεθνεὼς εἴη ὁ Ἀριστέης, ἐς ἀμφισβασίας τοῖσι λέ-

6 [A 4] – 6 [B 4]

6 [A 5] – 6 [A 2. B 1-4]: Hecat. Mil. frr. 193-194 Jacoby (FGrHist 1 A 29-30, 1 a 351): Aesch. Prom. 803-806: Hellanicus fr. 187 Jacoby (FGrHist 1 A 150, 1 a 474)
12-13 cf. Herod. 4, 5

2-3 φοιβόλαμπτος] φοιβόληπτος DRSV **3** δὲ om. AB[1] **4-5** τούτων] τουτέων DRSVCP **12** ἐκλιπεῖν] ἐκλείπειν ABCP οὐδὲ] δὲ C: δὲ (δὴ S) οὐδὲ DRSV **14** Ἀριστέης ὁ] ὁ Ἀριστέης ὁ DRSV ποιήσας] εἴπας DRSVP[t] Orig. εἴρηκα ABC Orig.: εἴρηται DRSVP **22** τεθνεὼς DRSV Orig.: τεθνηὼς AB: τεθνηκὼς CP

6 [A 4] ... Abaris survint au temps de Crésus, roi des Lydiens.

PINDARE, fr. 270

6 [A 5] De son côté, Aristéas, fils de Caÿstrobios, originaire de Proconnèse et auteur de poèmes, raconte que, possédé de Phébus, il alla chez les Issédons. Et qu'au-delà du pays des Issédons habitent les Arimaspes, hommes qui n'ont qu'un œil unique; au-delà d'eux, les griffons, gardiens de l'or; au-delà de ces derniers, habitent les Hyperboréens qui s'étendent jusqu'à la mer. Que tous ces peuples — à l'exception des Hyperboréens, dominés par les Arimaspes — font constamment la guerre à leurs voisins; et que les Issédons ont été chassés de leur terre par les Arimaspes, les Scythes par les Issédons, et que les Cimmériens, qui habitaient la côte de la mer du Sud, sous la pression des Scythes ont abandonné leur territoire. Ainsi, concernant ce pays, Aristéas, lui non plus, n'est pas d'accord avec les Scythes. [14] J'ai dit d'où était Aristéas, l'auteur de ces poèmes; je vais dire ce que j'ai entendu raconter à son sujet à Proconnèse et à Cysique. On dit qu'Aristéas, qui ne le cédait à aucun de ses citoyens par sa naissance, entra dans la boutique d'un foulon à Proconnèse et y mourut, et que le foulon, ayant fermé sa boutique, s'en alla porter la nouvelle aux parents du défunt. Le bruit de la mort

6 [A 4] — Rohde II 91,1; Bowra *Pind.* fr. 283; Nilsson I 616; Turyn *Pind.* 390; Slater 1

6 [A 5] — Kinkel 243, 245-246; Rohde II 92-93; Kern II 145-146; Nilsson I 617-618, 694; Fränkel DPH 279; Cornford PS 89, 104; KP I 555

γουσι ἀπικνέεσθαι ἄνδρα Κυζικηνὸν ἥκοντα ἐξ Ἀρτάκης πόλιος, φάντα συντυχεῖν τέ οἱ ἰόντι ἐπὶ Κυζίκου καὶ ἐς λόγους ἀπικέσθαι. καὶ τοῦτον μὲν ἐντεταμένως ἀμφισβατέειν, τοὺς δὲ προσήκοντας τῶι νεκρῶι ἐπὶ τὸ κναφήϊον παρεῖναι ἔχοντας τὰ πρόσφορα ὡς ἀναιρησομένους. ἀνοιχθέντος δὲ τοῦ οἰκήματος οὔτε τεθνεῶτα οὔτε ζῶντα φαίνεσθαι Ἀριστέην. μετὰ δὲ ἑβδόμωι ἔτεϊ φανέντα αὐτὸν ἐς Προκόννησον ποιῆσαι τὰ ἔπεα ταῦτα τὰ νῦν ὑπ' Ἑλλήνων Ἀριμάσπεα καλέεται, ποιήσαντα δὲ ἀφανισθῆναι τὸ δεύτερον. [15] ταῦτα μὲν αἱ πόλιες αὗται λέγουσι, τάδε δὲ οἶδα Μεταποντίνοισι τοῖσι ἐν Ἰταλίηι συγκυρήσαντα μετὰ τὴν ἀφάνισιν τὴν δευτέρην Ἀριστέω ἔτεσι τεσσεράκοντα καὶ διηκοσίοισι, ὡς ἐγὼ συμβαλλόμενος ἐν Προκοννήσωι τε καὶ Μεταποντίωι εὕρισκον. Μεταποντῖνοί φασι αὐτὸν Ἀριστέην φανέντα σφι ἐς τὴν χώρην κελεῦσαι βωμὸν Ἀπόλλωνος ἱδρύσασθαι καὶ Ἀριστέω τοῦ Προκοννησίου ἐπωνυμίην ἔχοντα ἀνδριάντα παρ' αὐτὸν στῆσαι· φάναι γάρ σφι τὸν Ἀπόλλωνα Ἰταλιωτέων μούνοισι δὴ ἀπικέσθαι ἐς τὴν χώρην, καὶ αὐτός οἱ ἕπεσθαι ὁ νῦν ἐὼν Ἀριστέης· τότε δέ, ὅτε εἵπετο τῶι θεῶι, εἶναι κόραξ. καὶ τὸν μὲν εἰπόντα ταῦτα ἀφανισθῆναι, σφέας δὲ Μεταποντῖνοι λέγουσι ἐς Δελφοὺς πέμψαντας τὸν θεὸν ἐπειρωτᾶν ὅ τι τὸ φάσμα τοῦ ἀνθρώπου εἴη. τὴν δὲ

ἀμφισβασίας CP: ἀμφιβασίας DRV **23** ἀπικνέεσθαι] ἀπικέεσθαι R: ἀπικέσθαι DPSV **23-24** Ἀρτάκης] Ἀρτακίης DRSV Eustath. **24** ἰόντι] ὄντι DRV: ἐόντι S **26**] ἀμφισβατέειν Orig.: ἀμφισβητέειν ABCP: ἀμφισβητεῖν DRSV **30** ἐς] ἐν RP¹ **33** τὸ δεύτερον om. ABC **34** αὗται] αἵδε DRSV δὲ om. ABCDP **36-37** διηκοσίοισι] τριηκοσίοισι DRSVP **37** συμβαλλόμενος] συμβαλόμενος R ἐν] τὰ ἐν Reiske **38** Μεταποντίωι] Μεταποντίνοισι DRSV φασι] δέ φασι Orig. **40** Ἀπόλλωνος DRSVP¹ Orig.: Ἀπόλλωνι ABCPᶜ Ἀριστέω Ἀριστέου ABC τοῦ om. ABC **41** ἀνδριάντα] καὶ ἀνδριάντα DRV **41-42** παρ' αὐτὸν στῆσαι DRSV: παραστῆναι Orig.: παρ' αὐτὸν ἱστάναι ABCP **43** δὴ om. CP **45** δέ ABCP: δέ οἱ DRSV μὲν om. ABCP **46** εἰπόντα ABCDP:

d'Aristéas s'était déjà répandu dans la ville, quand un homme de Cysique, qui venait de la ville d'Atarké, entra en contestation avec ceux qui le propageaient: il avait, disait-il, rencontré Aristéas alors qu'il se rendait à Cysique, et conversé avec lui. Comme il protestait avec force, les parents du défunt se présentèrent à la boutique du foulon, avec ce qu'il fallait pour la levée du corps. Mais une fois la pièce ouverte, on n'y aperçut Aristéas ni mort ni vif. Toutefois, au bout de sept années, il reparut dans le Proconnèse et composa ce poème que les Grecs appellent *Arimaspées*, et le poème composé, il disparut pour la seconde fois. [15] Voilà ce qu'on raconte dans ces deux villes; et voici ce que je sais être arrivé aux Métapontins, qui vivent en Italie, deux cent quarante ans après la seconde disparition d'Aristéas, ainsi que mes calculs à Proconnèse et à Métaponte m'ont permis de l'établir. Les Métapontins racontent qu'Aristéas en personne leur apparut dans leur pays, qu'il leur ordonna d'élever un autel à Apollon et de dresser une statue auprès de cet autel sous le nom d'Aristéas de Proconnèse. Aristéas leur dit en effet qu'ils étaient les seuls italiotes chez qui Apollon était venu jusqu'alors; et que lui, qui était présentement Aristéas, avait suivi Apollon. Mais qu'en ce temps-là, quand il avait accompagné le dieu, il était un corbeau. Et celui qui avait dit cela avait disparu; et les Métapontins, à ce qu'ils disent, avaient envoyé à Delphes demander au dieu ce qu'il fallait penser de l'appari-

Πυθίην σφέας κελεύειν πείθεσθαι τῶι φάσματι, πειθομένοισι δὲ ἄμεινον συνοίσεσθαι. καὶ σφέας δεξαμένους ταῦτα ποιῆσαι ἐπιτελέα. καὶ νῦν ἕστηκε ἀνδριὰς ἐπωνυμίην ἔχων Ἀριστέω παρ᾽ αὐτῶι τῶι ἀγάλματι τοῦ Ἀπόλλωνος, πέριξ δὲ αὐτὸν δάφναι ἑστᾶσι· τὸ δὲ ἄγαλμα ἐν τῆι ἀγορῆι ἵδρυται. Ἀριστέω μέν νυν πέρι τοσαῦτα εἰρήσθω.

Herodotus, 4, 13-15 (Hude)

6 [A 6] τὸν γὰρ περὶ Ἀβάριος λόγον τοῦ λεγομένου εἶναι Ὑπερβορέου οὐ λέγω, [λέγων] ὡς τὸν ὀϊστὸν περιέφερε κατὰ πᾶσαν γῆν οὐδὲν σιτεόμενος.

Herodotus, 4, 36 (Hude)

6 [A 7] εἰ μέν σοι ἤδη πάρεστιν, ὡς λέγει Κριτίας ὅδε, σωφροσύνη καὶ εἶ σώφρων ἱκανῶς, οὐδὲν ἔτι σοι ἔδει οὔτε τῶν Ζαλμόξιδος οὔτε τῶν Ἀβάριδος τοῦ Ὑπερβορέου ἐπωιδῶν ...

Plato, Charm. 158 b (Burnet)

6 [A 8] Ἄβαρις ἔνθους γενόμενος κύκλωι περιήιει μετὰ βέλους τὴν Ἑλλάδα καὶ χρησμούς τινας ἔλεγε καὶ

εἴπαντα RSV **50** καὶ σφέας] καί σφεα RV: σφέας δὲ S **53** πέριξ] περὶ ABC αὐτὸν] αὐτῶν DRSV

6 [A 6] – 2 [A 2]: 6 [A 8]: Herod. 4, 32-35: Iambl. V. Pythag. 141

1 περὶ Ἀβάριδος in marg. R[1] **2** Ὑπερβορέου] Ὑπερβορέω ABC λέγων secl. Reiske **3** γῆν] τὴν γῆν P

6 [A 7] – 1 ὡς BW (sed suprascr. ὃ W): ὃ T λέγει T: λέγοι B: εἰ λέγοι W **3** ἔδει] δεῖ coni. Cobet ζαλμόξιδος B: ζαμόλξιδος T

6 [A 8] – 6 [A 6. B 5]: Harpocrat. s. v. Ἄβαρις: Schol. Aristoph. Equ. 729

tion de cet homme. La pythie leur avait conseillé d'obéir à l'apparition: s'ils obéissaient, ils s'en trouveraient mieux. Et eux, consentant à cela, s'y conformèrent. De fait, une statue qui porte le nom d'Aristéas se dresse aujourd'hui près de la statue élevée en l'honneur d'Apollon, et tout autour se profilent des lauriers: la statue consacrée au dieu est érigée sur l'*agora*. Mais en voilà assez sur Aristéas.

HÉRODOTE, 4, 13-15

6 [A 6] Car je ne relate pas les propos concernant Abaris, dont on dit qu'il serait Hyperboréen, selon lesquels il promena par toute la terre la flèche, sans prendre aucune nourriture.

HÉRODOTE, 4, 36

6 [A 7] Si tu es déjà en possession de ta propre maîtrise, comme l'affirme Critias ici présent, et si tu as à suffisance ce contrôle, alors tu n'as nul besoin des incantations de Zalmoxis ni de celles d'Abaris l'Hyperboréen.

PLATON, *Charmide* 158 b

6 [A 8] Abaris, après qu'il eut été possédé du dieu, parcourut la Grèce avec une flèche, et prononça des oracles et des discours

6 [A 6] — Lobeck I 313-314; Burnet EGPH 81; Rohde II 91,1; Kern II 116, 145; Nilsson I 616; Dodds *Irr.* 141, 161; Cornford PS 89; KP I 3

6 [A 7] — Nilsson I 616; KP I 3

6 [A 8] — Lobeck I 314; Kinkel 242; Rohde II 91,1; Nilsson I 616,4; Conomis *Klio* 39 (1961), 72 sqq.; KP I 3

μαντείας· ὁ δὲ ῥήτωρ Λυκοῦργος ἐν τῶι κατὰ Μενεσαίχμου φησὶν ὅτι λοιμοῦ γενομένου ἐν τοῖς Ὑπερβορέοις ἐλθὼν ὁ Ἄβαρις ἐμισθώτευσε τῶι Ἀπόλλωνι, καὶ μαθὼν χρησμοὺς παρ' αὐτοῦ, σύμβολον ἔχων τὸ βέλος τοῦ Ἀπόλλωνος, περιήιει ἐν τῆι Ἑλλάδι μαντευόμενος.

Lycurgus, fr. 5 a Blass-Conomis (Schol. Greg. Naz. in Catal. Bibl. Bodl. p. 51)

6 [A 9] ... κατὰ τὴν Ἀριστέα τοῦ Προκοννησίου ἐπιδημίαν, ὅτ' ἔφησεν ἐξ Ὑπερβορέων παραγεγονέναι.

Theopompus, fr. 248 Jacoby (FGrHist II B 589, 11-12 = Athen. 13, 605 c)

4 Μενεσαίχμου Wyttenbach Lobeck: μενεσχι Greg. Naz.: μὲν εὔχου Nonn.

6 [A 9] – 6 [A 5. B 5]

divinatoires. L'orateur Lycurgue rapporte, dans le discours contre Ménésaekhmos, qu'Abaris, lors d'une famine chez les Hyperboréens, partit et devint le mercenaire d'Apollon. Après qu'il eut appris de lui les réponses oraculaires, il parcourut la Grèce, tenant la flèche, symbole d'Apollon, et rendit des oracles.

LYCURGUE, fr. 5 a

6 [A 9] ... au temps de la visite d'Aristéas de Proconnèse, quand il prétendait qu'il était arrivé ici après avoir quitté les Hyperboréens.

THÉOPOMPE, fr. 248

6 [A 9] — Rohde II 93,1

B

6 [B 1] Apollonius Paradoxographus, Hist. mirab. 2, 44 (Keller)

Ἀριστέαν δὲ ἱστορεῖται τὸν Προκοννήσιον ἔν τινι γναφείωι τῆς Προκοννήσου τελευτήσαντα ἐν τῆι αὐτῆι ἡμέραι καὶ ὥραι ἐν Σικελίαι ὑπὸ πολλῶν θεωρηθῆναι γράμματα διδάσκοντα, ὅθεν πολλάκις αὐτῶι τοῦ τοιούτου συμβαίνοντος καὶ περιφανοῦς γιγνομένου διὰ πολλῶν ἐτῶν καὶ πυκνότερον ἐν τῆι Σικελίαι φανταζομένου οἱ Σικελοὶ ἱερόν τε καθιδρύσαντο αὐτῶι καὶ ἔθυσαν ὡς ἥρωι.

6 [B 2] a Strabo, 1, 2, 10 (I 40,19 - 41,2 Sbordone)

τάχα δὲ καὶ τοὺς μονομμάτους Κύκλωπας ἐκ τῆς Σκυθικῆς ἱστορίας μετενήνοχε· τοιούτους γάρ τινας τοὺς Ἀριμασπούς φασιν, οὓς ἐν τοῖς Ἀριμασπείοις ἔπεσιν ἐνδέδωκεν Ἀριστέας ὁ Προκοννήσιος.

b Strabo, 13, 1, 16 (H. L. Jones)

ἐντεῦθέν ἐστιν Ἀριστέας, ὁ ποιητὴς τῶν Ἀριμασπείων καλουμένων ἐπῶν, ἀνὴρ γόης, εἴ τις ἄλλος.

c Strabo, 14, 1, 18 (H. L. Jones)

τινὲς δὲ διδάσκαλον Ὁμήρου τοῦτόν φασιν, οἱ δ' οὐ τοῦτον, ἀλλ' Ἀριστέαν τὸν Προκοννήσιον.

6 [B 3] a Pausanias, 1, 24, 6 (Rocha-Pereira)

τούτους τοὺς γρῦπας ἐν τοῖς ἔπεσιν Ἀριστέας ὁ Προκοννήσιος μάχεσθαι περὶ τοῦ χρυσοῦ φησιν Ἀριμασποῖς

6 [B 1] - 6 [A 5]

6 [B 2] - 6 [A 2. 5. B 3]
3-4 ἐνδέδωκεν Kramer: ἐκδέδωκεν codd. **4** Ἀριστέας Casaubon.: Ἀρισταῖος codd.

6 [B 3] - 6 [A 2. 5. B 2]: Herod. 4, 32-35

B

6 [B 1] Apollonios Paradoxographe, *Histoires merveilleuses* 2, 44

On rapporte qu'Aristéas de Proconnèse, alors qu'il gisait mort dans la boutique d'un foulon, fut aperçu par de nombreuses personnes, le même jour et à la même heure en Sicile, dispensant son enseignement. C'est pourquoi, devenu fameux pendant de nombreuses années parce que la même chose s'était maintes fois reproduites et qu' il était apparu le plus souvent en Sicile, les Siciliens lui élevèrent un temple et lui rendirent des sacrifices comme à un héros.

6 [B 2] a Strabon, 1, 2, 10

Il se peut qu'Homère ait puisé de même à l'histoire des Scythes pour ce qui regarde les Cyclopes pourvus d'un œil unique: on rapporte en effet que les Arimaspes n'ont qu'un œil unique, et Aristéas de Proconnèse les a décrits dans son poème « Arimaspées ».

b Strabon, 13, 1, 16

Aristéas est originaire du Proconnèse, le poète des fameuses « Arimaspées », un sorcier imposteur, si jamais il en fut.

c Strabon, 14, 1, 18

D'aucuns prétendent que Créophile fut le maître d'Homère; d'autres soutiennent en revanche que ce ne fut pas lui, mais Aristéas de Proconnèse.

6 [B 3] a Pausanias, 1, 24, 6

Dans son poème, Aristéas de Proconnèse rapporte que les griffons combattent contre les Arimaspes qui habitent au delà du pays

6 [B 1] — Kinkel 244

6 [B 2] — Kinkel 243-244, 247; Rohde II 94

6 [B 3] — Kinkel 246-247

⟨τοῖς⟩ ὑπὲρ Ἰσσηδόνων· τὸν δὲ χρυσόν, ὃν φυλάσσουσιν οἱ γρῦπες, ἀνιέναι τὴν γῆν· εἶναι δὲ Ἀριμασποὺς μὲν ἄνδρας μονοφθάλμους πάντας ἐκ γενετῆς, γρῦπας δὲ θηρία λέουσιν εἰκασμένα, πτερὰ δὲ ἔχειν καὶ στόμα ἀετοῦ.

b Pausanias, 5, 7, 8-9 (W. H. S. Jones)

ἔπειτα δὲ ᾠδὴν Μελάνωπος Κυμαῖος ἐς Ὦπιν καὶ Ἑκαέργην ᾖσεν, ὡς ἐκ τῶν Ὑπερβορέων καὶ αὗται πρότερον ἔτι τῆς Ἀχαιίας ἀφίκοντο ἐς Δῆλον· Ἀριστέας δὲ ὁ Προκοννήσιος — μνήμην γὰρ ἐποιήσατο Ὑπερβορέων καὶ οὗτος — τάχα τι καὶ πλέον περὶ αὐτῶν πεπυσμένος ἂν εἴη παρὰ Ἰσσηδόνων, ἐς οὓς ἀφικέσθαι φησὶν ἐν τοῖς ἔπεσιν.

6 [B 4] a Suda, s. v. Ἀριστέας (I 353, 15-16 Adler)

τούτου φασὶ τὴν ψυχήν, ὅταν ἐβούλετο, ἐξιέναι καὶ ἐπανιέναι πάλιν. γέγονε δὲ κατὰ Κροῖσον καὶ Κῦρον, ὀλυμπιάδι ν' ...

b Maximus Tyrius 10, 2 e; 38, 3 d (113, 6-7; 440, 3-5 Hobein)

... ἡ δὲ ψυχὴ ἐκδῦσα τοῦ σώματος ἐπλανᾶτο ἐν τῶι αἰθέρι, ὄρνιθος δίκην ... ἔφασκεν τὴν ψυχὴν αὐτῶι καταλιποῦσαν τὸ σῶμα, ἀναπτᾶσαν εὐθὺ τοῦ αἰθέρος, περιπολῆσαι τὴν γῆν ...

6 [B 5] Suda, s. v. Ἄβαρις (I 3,23 - 4,5 Adler)

Σκύθης, Σεύθου υἱός ... φασὶ δὲ ὅτι λοιμοῦ κατὰ πᾶσαν τὴν οἰκουμένην γεγονότος ἀνεῖλεν ὁ Ἀπόλλων μαντευο-

3 τοῖς suppl. Clavier **6** λέουσιν Xylander: λέγουσιν β

6 [B 4] – 6 [A 4. 5. B 1]: Plin. Nat. hist. 7, 174
1 ὅταν] ὅτε M **3** ν'] η' F: ὀγδόηι V: νη' Rohde

6 [B 5] – 6 [A 8]: Harpocrat. s. v. Ἄβαρις: Schol. Aristoph. Equ. 729: Suda s. v. προηροσίαι

des Issédons pour leur or; cet or gardé par les griffons sort de terre. Et que les Arimaspes sont des hommes qui naissent tous avec un seul œil, tandis que les griffons sont des bêtes semblables aux lions, mais avec des ailes et le bec d'un aigle.

b Pausanias, 5, 7, 8-9

Par la suite Mélanopos de Cyme composa une ode pour Opis et Hécaërge, où il déclare que celles-ci, après avoir quitté les Hyperboréens, étaient arrivées à Délos, bien avant Achaïa. Et Aristéas de Proconnèse — qui mentionne lui-aussi les Hyperboréens — avait peut-être appris à leur sujet maintes choses des Issédons, chez qui, comme il l'affirme dans son poème, il avait abordé.

6 [B 4] a Souda, *Aristéas*

... Il vécut aux temps de Crésus et de Cyrus, au cours de la cinquantième olympiade [580-577] ...
On rapporte que son âme, à volonté, s'échappait et revenait à nouveau.

b Maxime de Tyr, 10, 2 e; 38, 3 d

... Et son âme, sortie de son corps, errait dans l'éther, telle un oiseau ... Il affirmait que son âme, après avoir quitté son corps, s'envolant tout droit vers l'éther, traversait la terre ...

6 [B 5] Souda, *Abaris*

Scythès, fils de Seuthès ... on rapporte qu'au moment où une épidémie ravageait l'ensemble de la terre habitée, Apollon, aux

6 [B 4] — Lobeck I 314; Kinkel 243-244; Rohde II 92,1; Nilsson I 617

6 [B 5] — Kinkel 242; Rohde II 91,1

μένοις Ἕλλησι καὶ βαρβάροις, τὸν Ἀθηναίων δῆμον ὑπὲρ πάντων εὐχὰς ποιήσασθαι. πρεσβευομένων δὲ πολλῶν ἐθνῶν πρὸς αὐτούς, καὶ Ἄβαριν ἐξ Ὑπερβορέων πρεσβευτὴν ἀφικέσθαι λέγουσι κατὰ τὴν *νγ'* ὀλυμπιάδα.

6 *νγ'* GT Harp.: *γ'* AMB Phot. Harp. ep. Adler: κγ' S

Grecs et aux barbares venus consulter l'oracle, répondit que le peuple athénien devait faire un vœu au nom de tous. Et comme de nombreux peuples envoyaient des ambassadeurs auprès des Athéniens, on dit qu'Abaris fut l'envoyé des Hyperboréens, au cours de la cinquante-troisième olympiade [568-565].

AENIGMATA

A

7 [A 1] θαῦμά μ' ἔχει κατὰ θυμόν, ὅσους ἐρινειὸς ὀλύνθους
οὗτος ἔχει, μικρός περ ἐών · εἴποις ἂν ἀριθμόν;
μύριοί εἰσιν ἀριθμόν, ἀτὰρ μέτρον γε μέδιμνος ·
εἷς δὲ περισσεύει, τὸν ἐπενθέμεν οὔ κε δύναιο.
ὣς φάτο · καί σφιν ἀριθμὸς ἐτήτυμος εἴδετο μέτρου.
καὶ τότε δὴ Κάλχανθ' ὕπνος θανάτοιο κάλυψεν.

Hesiodus, fr. 278 Merkelbach-West (Strab. 14, 1, 27: λέγεται δὲ Κάλχας ὁ μάντις μετ' Ἀμφιλόχου τοῦ Ἀμφιαράου κατὰ τὴν ἐκ Τροίας ἐπάνοδον πεζῆι δεῦρο ἀφικέσθαι, περιτυχὼν δ' ἑαυτοῦ κρείττονι μάντει κατὰ τὴν Κλάρον, Μόψωι τῶι Μαντοῦς τῆς Τειρεσίου θυγατρός, διὰ λύπην ἀποθανεῖν. Ἡσίοδος μὲν οὖν οὕτω πως διασκευάζει τὸν μῦθον · προτεῖναι γάρ τι τοιοῦτο τῶι Μόψωι τὸν Κάλχαντα · « θαῦμά μ' ... ἀριθμόν; » τὸν δ' ἀποκρίνασθαι · « μύριοί εἰσιν ... κάλυψεν »)

7 [A 2] εἷς ὁ πατήρ, παῖδες δὲ δυώδεκα τῶν δὲ ἑκάστωι
κοῦραι ἑξήκοντα διάνδιχα εἶδος ἔχουσαι ·

7 [A 1] – 2 [A 1]: Pherec. Athen. fr. 142 Jacoby (FGrHist 1 A 97,2-4): Soph. fr. 181 TGF

1 ὅσους ἐρινειὸς ὀλύνθους Tzschucke: ἐρινεὸς ὅσους ὀλύνθους codd.: ἐρινεὸς ὅσσον ὀλύνθων Xylander Merkelbach-West **2** μικρός] σμικρός Sittl **4** ἐπενθέμεν Spohn: ἐπελθέμεν codd.

7 [A 2] – Suda s. v. Κλεοβουλίνη

1 ¹δὲ om. Stob. FP¹, A. P. δυώδεκα] δυοκαίδεκα A. P. **2** κοῦραι Canter Diehl: κᾶρα Stob.: παῖδες Diog. Suda A. P. ἑξήκοντα Stob.: τριήκοντα (τριάκοντα) Diog. Suda: δὶς τριήκοντα A. P. διάνδιχα] διάνδιχη Stob. (FP) **3** αὖτε] αὗται Stob. (FP)

A

7 [A 1] Mon cœur est émerveillé de voir le grand nombre de fruits
que porte ce figuier sauvage, qui est pourtant si petit: peux-tu m'en dire le nombre?
— Leur nombre est de dix mille, et leur mesure est un médimne:
une figue croît que pourtant tu ne pourras ajouter.
Ainsi parla-t-il, et le nombre comme la mesure se révéla exact.
Alors le sommeil de la mort enténébra Calchas.

HÉSIODE, fr. 278 (On raconte que Calchas le devin — avec Amphiloque fils d'Amphiaraos — s'y rendit à pied à son retour de Troie, et qu'ayant rencontré près de Claros un devin qui lui était supérieur, Mopsos fils de Manto — qui était la fille de Tirésias — il en mourut de douleur. Hésiode arrange le récit de la façon suivante: « Mon cœur ... le nombre? ». Et Mopsos répond: « Leur nombre est de dix mille ... Calchas »)

7 [A 2] Un seul est le père, et les fils sont au nombre de douze;
chacun d'eux a soixante filles au double aspect:

7 [A 1] — Jones *Strab.* VI 232-235; Colli NF 51-53

7 [A 2] — Wilamowitz *Textgesch. d. gr. Lyr.* 40,3; Schultz *Rätsel* 95

αἳ μὲν λευκαὶ ἔασιν ἰδεῖν, αἳ δ' αὖτε μέλαιναι·
ἀθάνατοι δέ τ' ἐοῦσαι ἀποφθινύθουσιν ἅπασαι.

Cleobulus, 1, 129-130 Diehl (Diog. Laert. 1 90-91 [φέρεται δ' αὐτοῦ ... καὶ αἴνιγμα τοῖον]; Stob. Ecl. 1, 8, 37; A. P. 14, 101)

7 [A 3] ἄνδρ' εἶδον πυρὶ χαλκὸν ἐπ' ἀνέρι κολλήσαντα
οὕτω συγκόλλως ὥστε σύναιμα ποιεῖν.

Cleobulina, fr. 1 West (Athen. 10, 452 b: τοῦτο δὲ σημαίνει σικύας προσβολήν)

7 [A 4] ἄνδρ' εἶδον κλέπτοντα καὶ ἐξαπατῶντα βιαίως,
καὶ τὸ βίαι ῥέξαι τοῦτο δικαιότατον.

Cleobulina, fr. 2 West (Δισσοὶ λόγοι II 411, 2-6 DK)

7 [A 5] κνήμηι νεκρὸς ὄνος με κερασφόρωι οὖας ἔκρουσεν.

Cleobulina, fr. 3 West (Plut. Conviv. sept. sap. 5, 150 e: διὸ καὶ Κλεοβουλίνη πρὸς τὸν Φρύγιον αὐλὸν ἠινίξατο)

4 ἀποφθινύθουσιν cf. Il. 5,643

4 ἀθάνατοι] ἀθάναται Stob.

7 [A 3] – 7 [A 26-28]: Arist. Rhet. 1405 a 37 - b 4: Plut. Conv. sept. sap. 10, 154 b

2 συγκόλλως cf. Aesch. Suppl. 310, Choeph. 542

1 εἶδον πυρὶ] εἶδον ἐγὼ πυρὶ Syr. Io. Siceliot. **2** secl. Diehl

7 [A 4] – Plat. Gorg. 456 d-e: 22C1,24 DK

1 βιαίως Matthaeus de Varis (Vatic. gr. 1338): βία· ὡς codd. **2** βίαι] βίηι Hudson-Williams

7 [A 5] – 7 [A 8]: Plin. Nat. hist. 11, 215; 16, 172

1 νεκρὸς ὄνος με Bernardakis: νεβρογόνος αιμε codd.

Les unes offrent un visage blanc, les autres un visage
noir;
et bien qu'immortelles, toutes périssent.

CLÉOBULE DE LINDOS, 1, 129-130

7 [A 3] J'ai vu un homme qui, avec du feu, collait du bronze
sur un homme
si étroitement qu'il se mêlait à son sang.

CLÉOBULINE, fr. 1

7 [A 4] J'ai vu un homme voler et tromper avec violence
mais user de la violence est chose fort juste.

CLÉOBULINE, fr. 2

7 [A 5] Un âne mort me heurta l'oreille d'une patte cornue.

CLÉOBULINE, fr. 3

7 [A 3] — Wilamowitz *Hermes* 34 (1899), 219; Hudson-Willimas *Early Greek Elegy* 70, 132

7 [A 4] — Wilamowitz *Hermes* 34 (1899), 219; DK II 411,2-6; Nestle *Philologus* 67 (1908), 580; Schultz *Rätsel* 95

7 [A 5] — Wilamowitz *Hermes* 25 (1890), 202,1

7 [A 6] οὔ μοι πίνεται οἶνος, ἐπεὶ παρὰ παιδὶ τερείνηι
ἄλλος ἀνὴρ κατέχει πολλὸν ἐμεῦ κακίων.
ψυχρόν μοι παρὰ τῆιδε φίλοι πίνουσι τοκῆες,
ὥσθ' ἅμα θ' ὑδρεύει καί με γοῶσα φέρει,
ἔνθα μέσην περὶ παῖδα βαλὼν ἀγκῶν' ἐφίλησα
δειρήν, ἣ δὲ τέρεν φθέγγετ' ἀπὸ στόματος.

Theognis, 261-266 Diehl-Young

7 [A 7] φορτηγοὶ δ' ἄρχουσι, κακοὶ δ' ἀγαθῶν καθύπερθεν.
δειμαίνω, μή πως ναῦν κατὰ κῦμα πίηι.
ταῦτά μοι ἠινίχθω κεκρυμμένα τοῖσ' ἀγαθοῖσιν·
γινώσκοι δ' ἄν τις καὶ κακός, ἂν σοφὸς ἦι.

Theognis, 679-682 Diehl-Young

7 [A 8] ἤδη γάρ με κέκληκε θαλάσσιος οἴκαδε νεκρός,
τεθνηκὼς ζωιῶι φθεγγόμενος στόματι.

Theognis, 1229-1230 Diehl-Young (Athen. 457 a-b [γρῖφος])

7 [A 6] – Theogn. 257-260, 457-460, 1097-1100, 1249-1252, 1267-1270

2 κατέχει] καταχεῖ coni. Hermann: κάλ' ἔχει West post κακίων lacunam statuit Schneidewin **3** μοι] που West τῆιδε] τῆσδε ? Boelte **4** ὥσθ' ἅμα] ὡσθαμα AO: ὡς θαμά Carrière γοῶσα φέρει] γοῶσα ποθεῖ Hiller: γοῶσα ἀφορᾶι Boelte **5** βαλὼν Hermann Diehl: λαβὼν codd. Young West

7 [A 7] – **2 [A 3]** **3** cf. Xenophan. B 35 DK

4 κακός Brunck Diehl West: κακόν codd. Young ἂν] ἦν Schneidewin

7 [A 8] – **7 [A 5]**: A. P. 5, 135; 7, 12; 7, 193: Hesych. s. v. κόχλος

7 [A 6] Je ne fais pas boire de vin, quand auprès de la tendre enfant
domine un autre homme, bien plus grossier que moi.
C'est de l'eau fraîche qu'à sa table je fais boire à ses chers parents,
car elle va la puiser et me la porte en gémissant,
dans ce lieu où étreignant de mon bras la fillette à la taille,
je baisai naguère son cou tandis que de ses lèvres s'échappait un doux murmure.

Théognis, 261-266

7 [A 7] Mais les faquins commandent, et les vilains dominent les nobles.
Je crains que le vaisseau ne sombre dans les flots.
Puissent ces paroles secrètes être une allusion énigmatique pour les nobles:
mais même un vilain saura comprendre, s'il est sage.

Théognis, 679-682

7 [A 8] Oui, voilà qu'un cadavre marin m'a rappelé chez lui,
un mort qui fait résonner une bouche vivante.

Théognis, 1229-1230

7 [A 6] — Hudson-Williams *Theogn.* 193-194; Carrière *Theogn.* 105

7 [A 7] — Crusius PW I 1, 1029-1030; Hudson-Williams *Theogn.* 219; Carrière *Theogn.* 114-116

7 [A 8] — Hudson-Williams *Theogn.* 245; Schultz *Rätsel* 91; Carrière *Theogn.* 134

7 [A 9] μειξονόμου τε πατὴρ ἐρίφου καὶ σχέτλιος ἰχθὺς
πλησίον ἠρείσαντο καρήατα· παῖδα δὲ νυκτὸς
δεξάμενοι βλεφάροισι Διωνύσοιο ἄνακτος
βουφόνον οὐκ ἐθέλουσι τιθηνεῖσθαι θεράποντα.

Simonides, fr. 69 Diehl (Athen. 10, 456 c: γριφώδη δ' ἐστὶ καὶ Σιμωνίδηι ταῦτα ...)

7 [A 10] αἴνιγμα παρθένοι' ἐξ ἀγριᾶν γνάθων.

Pindarus, fr. 177 d Snell (Priscian. De metr. Terent. [Gramm. Lat. 3, 427 K.])

7 [A 11] ... ἐπηρώτα τὸν θεόν, τίνων τε εἴη γονέων καὶ πόθεν· ὁ δ' ἀνεῖλεν οὕτως·

ἔστιν Ἴος νῆσος μητρὸς πατρίς, ἥ σε θανόντα
δέξεται· ἀλλὰ νέων ἀνδρῶν αἴνιγμα φύλαξαι.

... ἦλθεν εἰς Ἴον· ἔνθα ἐπὶ πέτρας καθεζόμενος ἐθεάσατο ἁλιεῖς προσπλέοντας, ὧν ἐπύθετο εἴ τι ἔχοιεν.

7 [A 9] – 7 [A 23]: Simon. fr. 70 Diehl

1 τε πατὴρ] πατήρ τ' A, corr. C

7 [A 10] – 7 [A 15. 16]: Aesch. Prom. 368 (ποταμοὶ πυρὸς δάπτοντες ἀγρίαις γνάθοις)

1 παρθένοι' Snell: παρθένου Turyn (fr. 206) Bowra (fr. 164): ιταρεενου codd. γνάθων Boeckh: γενύων codd. (cf. Slater 111)

7 [A 11] – Heracl. B 56 DK (ἐκεῖνόν τε γὰρ παῖδες φθεῖρας κατακτείνοντες ἐξηπάτησαν εἰπόντες· ὅσα εἴδομεν καὶ ἐλάβομεν, ταῦτα ἀπολείπομεν, ὅσα δὲ οὔτε εἴδομεν οὔτ' ἐλάβομεν, ταῦτα φέρομεν): Certamen Hom. et Hes. 59-60, 323-333 (v 237-238 Allen): [Herodot.] Vit. Hom. 492-506 (v 215-216 Allen): Procl. Chrest. B (v 100,13-101,1 Allen): Vit. Hom. IV 17-22 (v 246 Allen): Vit. Hom. V 37-47 (v 249-250 Allen): Vit. Hom. VI 57-61 (v 253 Allen): Paus. 10, 24, 2: Gell. 3, 11, 7: Suda in Hom. 197-217 (v 266-267 Allen)

1 εἴη] ἦν P^2P^{14} **3** ἥ σε] ἧδε $GP^{13}U^4$ **4** ἀνδρῶν] παίδων Paus. Cert. Stephanus, cf. Heracl. B 56 DK **6** ἐπύθετο] ἐπυνθάνετο P^{13} **7** τῶι] τὸ GP^{13} θηρᾶσαι] θηράσειν $GP^5P^{13}U^4$ μη-

7 [A 9] Le père du chevreau au pâturage changeant et le poisson funeste
s'étreignirent de près appuyant leur tête; mais recueillant
sur leurs paupières le fils de la nuit, ils ne veulent pas
prendre soin du ministre — tueur de bœufs — de Dionysos le maître.

SIMONIDE, fr. 69

7 [A 10] ... l'énigme qui résonne des mâchoires féroces de la vierge.

PINDARE, fr. 177 d

7 [A 11] ... Homère interrogea le dieu afin d'apprendre qui étaient ses parents et quelle était sa patrie ; et le dieu répondit ainsi:

> L'île d'Ios est la patrie de ta mère ; mort, elle t'accueillera; mais garde-toi de l'énigme des jeunes gens.

... il arriva à Ios. Là, assis sur un rocher, il vit des pêcheurs s'approcher du rivage et il leur demanda s'ils avaient pris quelque

7 [A 9] — Schultz *Rätsel* 91; Edmonds *Lyra Graeca* II 346-347

7 [A 10] — Crusius PW I 1, 1029-1030; Schultz *Rätsel* 92; Colli DN 168, NF 50-51

7 [A 11] — Schultz *Rätsel* 95; Colli DN 167-169, NF 61-69

οἱ δὲ ἐπὶ τῶι θηρᾶσαι μὲν μηδέν, φθειρίζεσθαι δέ, διὰ τὴν ἀπορίαν τῆς θήρας οὕτως ἀπεκρίναντο·

ὅσσ' ἕλομεν λιπόμεσθ', ὅσσ' οὐχ ἕλομεν φερόμεσθα,

αἰνισσόμενοι ὡς ἄρα οὓς μὲν ἔλαβον τῶν φθειρῶν ἀποκτείναντες κατέλιπον, οὓς δ' οὐκ ἔλαβον ἐν τῆι ἐσθῆτι φέροιεν. ὅπερ οὐ δυνηθεὶς συμβαλεῖν Ὅμηρος διὰ τὴν ἀθυμίαν ἐτελεύτησε.

Aristoteles, De poet., fr. 8 Ross (v 241-242 Allen = Ps.-Plut. Vit. Hom. 46-49, 62-71)

7 [A 12] λέξω τορῶς σοι πᾶν ὅπερ χρῄζεις μαθεῖν,
οὐκ ἐμπλέκων αἰνίγματ', ἀλλ' ἁπλῶι λόγωι,
ὥσπερ δίκαιον πρὸς φίλους οἴγειν στόμα.

Aeschylus, Prom. 609-611 (Page)

7 [A 13] οὔπω ξυνῆκα· νῦν γὰρ ἐξ αἰνιγμάτων
ἐπαργέμοισι θεσφάτοις ἀμηχανῶ.

Aeschylus, Agam. 1112-1113 (Page)

δέν] οὐδέν P^5 φθειρίζεσθαι] φθειρίσασθαι P^8 **8** ἀπορίαν] ἀπειρίαν (suprascr. ο) P^5: ἀπειρίαν G **9** ¹ὅσσ' Plut. Vit. IV, V: οὓς Procl.: ἅσσ' Ps.-Her. (ἃς $Bm^2LiM^2O^2P^{16}$) Suda λιπόμεσθ' ὅσσ' Plut. (λιπόμεθα GU^4): λιπόμεσθ' οὓς Procl.: λιπόμεσθ' ὅσα δ' Vit. IV, V: λιπόμεσθα ὅσ' Cert.: λιπόμεσθα· ἃ δ' Ps.-Her. Suda **12** συμβαλεῖν] συλλαβεῖν $GP^5P^{13}U^4$

7 [A 12] – 7 [A 19,4. 28,2]

1 ὅπερ Porson (ex Etym. Mag. s. v. τορός): ὅσον Y: ὃ XWNYaF: ὅτι rell.

7 [A 13] – 7 [A 22]

2 ἐπαργέμοισι] ἐπ' ἀργέμοισι FGTr ἀμηχανῶ] ἀμνημονῶ G

chose. Comme ils n'avaient rien pris, mais qu'ils étaient en train de s'épouiller, ceux-ci lui répondirent :

> Ce que nous avons pris, nous l'avons laissé,
> ce que nous n'avons pas pris, nous le portons,

faisant allusion par une énigme au fait qu'ils s'étaient débarrassés, après les avoir tués, des poux qu'ils avaient attrapés, et que ceux qu'ils n'avaient pas attrapés, ils les portaient sur eux, dans leurs vêtements. Homère, qui n'avait pu résoudre l'énigme, en mourut d'abattement.

ARISTOTE, *Sur les poètes*, fr. 8.

7 [A 12] Je te dirai clairement tout ce que tu désires savoir,
sans énigmes embrouillées, mais en un franc langage,
ainsi qu'il sied d'ouvrir la bouche en présence d'amis.

ESCHYLE, *Prométhée* 609-611

7 [A 13] Je n'ai pas encore compris: les énigmes en effet
m'embrouillent de leurs oracles obscurs.

ESCHYLE, *Agamemnon* 1112-1113

7 [A 12] — Schultz *Rätsel* 88; Colli NF 49

7 [A 13] — Crusius PW I 1 1029-1030; Fraenkel *Agam.* I 159, III 501-502

7 [A 14] ΟΙΚ. τὸν ζῶντα καίνειν τοὺς τεθνηκότας λέγω.
ΚΛ. οἴ' γώ, ξυνῆκα τοὔπος ἐξ αἰνιγμάτων.

Aeschylus, Choeph. 886-887 (Page)

7 [A 15] ὅστις σοφῆς αἴνιγμα παρθένου μάθοι,
τούτωι ξυνάψειν λέκτρα. τυγχάνει δέ πως
μούσας ἐμὸς παῖς Οἰδίπους Σφιγγὸς μαθών.

Euripides, Phoen. 48-50 (Murray)

7 [A 16] τᾶς ἀγρίας ὅτε
δυσξυνέτου ξυνετὸν μέλος ἔγνω
Σφιγγὸς ἀοιδοῦ σῶμα φονεύσας.

Euripides, Phoen. 1505-1507 (Murray)

7 [A 17] οὐδὲν ἄρα γρίφου διαφέρει Κλεώνυμος.

Aristophanes, Vesp. 20 (Coulon)

7 [A 18] ὅμως γε μέντοι σοι δι' αἰνιγμῶν ἐρῶ.
ἤδη ποτ' ἐπεθύμησας ἐξαίφνης ἔτνους;

Aristophanes, Ran. 61-62 (Coulon)

7 [A 14] – 2 οἴ' γώ: οἱ ἐγώ M (idem 893, 928)

7 [A 15] – 7 [A 10. 16]

2 ξυνάψειν] ξυνάπτειν L **3** μούσας schol. (τινὲς γράφουσι μούσας ἐμὸς παῖς, ὃ καὶ βέλτιον): αἴνιγμ' codd.

7 [A 16] – 7 [A 10. 15]

2 δυσξυνέτου codd. (ἀ supra ου scr. M): δυσξύνετον Σ ξυνετὸν codd. et Σ: ξυνετὸς recc.

7 [A 17] – 1 ἆρα V: ἄρα R

7 [A 14] SERVITEUR Je dis que les morts tuent le vivant.
CLYTEMNESTRE Hélas! j'ai compris les mots de l'énigme.

ESCHYLE, *Choéphores* 886-887

7 [A 15] ... de s'unir par le mariage à qui comprendrait
l'énigme de la vierge sage. Or c'est à mon fils Œdipe
qu'il échut de comprendre le chant de la Sphinx.

EURIPIDE, *Les Phéniciennes* 48-50

7 [A 16] ... quand il déchiffra le chant
de sagesse de la Sphinx féroce, difficile à comprendre,
et qu'il tua le corps de celle qui chantait.

EURIPIDE, *Les Phéniciennes* 1505-1507

7 [A 17] Il n'y a donc aucune différence entre Cléonyme et une énigme.

ARISTOPHANE, *Les Guêpes* 20

7 [A 18] Toutefois je te parlerai par énigmes.
N'as-tu jamais ressenti l'envie soudaine d'une soupe de haricots?

ARISTOPHANE, *Les Grenouilles* 61-62

7 [A 14] — Fraenkel *Agam.* III 502

7 [A 17] — Schultz *Rätsel* 88-89

7 [A 18] — Schultz *Rätsel* 88

7 [A 19] ἔοικεν γὰρ ὥσπερ αἴνιγμα συντιθέντι διαπειρωμένωι· ἆρα γνώσεται Σωκράτης ὁ σοφὸς δὴ ἐμοῦ χαριεντιζομένου καὶ ἐναντί' ἐμαυτῶι λέγοντος, ἢ ἐξαπατήσω αὐτὸν καὶ τοὺς ἄλλους τοὺς ἀκούοντας; οὗτος γὰρ ἐμοὶ φαίνεται τὰ ἐναντία λέγειν αὐτὸς ἑαυτῶι ἐν τῆι γραφῆι, ὥσπερ ἂν εἰ εἴποι· ἀδικεῖ Σωκράτης θεοὺς οὐ νομίζων, ἀλλὰ θεοὺς νομίζων. καίτοι τοῦτό ἐστι παίζοντος.

Plato, Apol. 27 a (Burnet)

7 [A 20] ἀλλ' εἰ καὶ εὑρήσομεν αὐτὸ ὅπηι γε ἔχει, θαυμάζοιμ' ἄν· αἰνίγματι γάρ τινι ἔοικεν.
ὅτι δὴ τί γε; ἔφη.
ὅτι οὐ δήπου, ἦν δ' ἐγώ, ἧι τὰ ῥήματα ἐφθέγξατο, ταύτηι καὶ ἐνόει, λέγων σωφροσύνην εἶναι τὸ τὰ αὑτοῦ πράττειν.

Plato, Charm. 161 c-d (Burnet)

7 [A 21] καὶ κινδυνεύουσι καὶ οἱ τὰς τελετὰς ἡμῖν οὗτοι καταστήσαντες οὐ φαῦλοι εἶναι, ἀλλὰ τῶι ὄντι πάλαι αἰνίττεσθαι ὅτι ὃς ἂν ἀμύητος καὶ ἀτέλεστος εἰς Ἅιδου ἀφίκηται ἐν βορβόρωι κείσεται, ὁ δὲ

7 [A 19] – **4** ἐξαπατήσω cf. **7 [A 12. 28,2]**: Heracl. B 56 DK (ἐξηπάτηνται ... ἐξηπάτησαν)

1 συντιθέντι BWY: συντιθέντι ἢ T **6** ἂν εἰ B²TWY: ἂν B

7 [A 20] – **7 [A 28,5-6]**: Plat. Charm. 162 a

3 ὅτι δὴ T: εἰ δὴ BW (sed suprascr. ὅτι W) **4** ἧι W: ἢ B: om. T
5 ὁ ante λέγων add. corr. Coisl.

7 [A 21] – **4 [A 32. B 7]**: Olympiod. in Plat. Phaed. 69 c (48,20 Norvin = F235 K)
4 ἐν βορβόρωι cf. **5 [A 16]**: Heracl. B 13 DK: Aristoph. Ran. 145, 273

1 καὶ κινδυνεύουσι Iambl. Olympiod.: καὶ κινδυνεύωσι codd.: καὶ ὡς κινδυνεύουσι Stob. **2** φαῦλοι B (et Iambl. Stob.): φαῦλοί τινες B²TYW Burnet **4** κείσεται (et Iambl. Theod.): κείσεσθαι Stob.

7 **[A 19]** Mélétos a tout l'air d'avoir voulu me mettre à l'épreuve en me proposant une énigme: « Voyons si Socrate le sage s'apercevra que je me joue de lui et que je me contredis moi-même? Ou si je l'attraperai, lui et ceux qui nous écoutent? ». Il me paraît en effet qu'il se contredit dans son acte d'accusation; c'est comme s'il disait: « Socrate est coupable de ne pas croire aux dieux, mais de croire aux dieux ». C'est ce qui s'appelle jouer.

PLATON, *Apologie de Socrate* 27 a

7 **[A 20]** Mais si nous parvenons aussi à découvrir de quoi il s'agit, j'en serai surpris: car cela ressemble à une énigme.
En quoi? — dit-il.
En ceci — répliquai-je — que pour celui qui affirme que la sagesse est faire ce qui nous regarde, l'objet de la pensée n'est assurément pas exprimé par le son des paroles.

PLATON, *Charmide* 161 c-d

7 **[A 21]** Il y a bien des chances pour que ceux qui ont institué pour nous les mystères n'aient pas été des hommes ordinaires, mais qu'ils se soient réellement exprimés depuis longtemps par des énigmes, indiquant que celui qui n'a pas connu l'initiation et n'a pas connu les mystères, lorsqu'il parviendra dans l'Hadès,

7 **[A 19]** — Colli NF 54-55

7 **[A 20]** — Colli NF 53

7 **[A 21]** — Lobeck II 808-809; Rohde II 279,1; Kern OF 83-84; Guthrie *Orph.* 243; Colli PHK 197, NF 53-54; Hackforth *Phaed.* 55

κεκαθαρμένος τε καὶ τετελεσμένος ἐκεῖσε ἀφικόμενος μετὰ θεῶν οἰκήσει. εἰσὶν γὰρ δή, ὥς φασιν οἱ περὶ τὰς τελετάς, ναρθηκοφόροι μὲν πολλοί, βάκχοι δέ τε παῦροι.

Plato, Phaed. 69 c-d (Burnet)

7 [A 22] καὶ οἱ διατελοῦντες μετ' ἀλλήλων διὰ βίου οὗτοί εἰσιν, οἳ οὐδ' ἂν ἔχοιεν εἰπεῖν ὅτι βούλονται σφίσι παρ' ἀλλήλων γίγνεσθαι. οὐδενὶ γὰρ ἂν δόξειεν τοῦτ' εἶναι ἡ τῶν ἀφροδισίων συνουσία, ὡς ἄρα τούτου ἕνεκα ἕτερος ἑτέρωι χαίρει συνὼν οὕτως ἐπὶ μεγάλης σπουδῆς· ἀλλ' ἄλλο τι βουλομένη ἑκατέρου ἡ ψυχὴ δήλη ἐστίν, ὃ οὐ δύναται εἰπεῖν, ἀλλὰ μαντεύεται ὃ βούλεται, καὶ αἰνίττεται.

Plato, Symp. 192 c-d (Burnet)

7 [A 23] ᾐνίξατο ἄρα, ἦν δ' ἐγώ, ὡς ἔοικεν, ὁ Σιμωνίδης ποιητικῶς τὸ δίκαιον ὃ εἴη. διενοεῖτο μὲν γάρ, ὡς φαίνεται, ὅτι τοῦτ' εἴη δίκαιον, τὸ προσῆκον ἑκάστωι ἀποδιδόναι, τοῦτο δὲ ὠνόμασεν ὀφειλόμενον.

Plato, Resp. 332 b-c (Burnet)

5 τε (et Iambl. Theod. Stob.): om. W **6** οἰκήσει (et Clem. Iambl. Theod.): οἰκήσεται Stob. ὥς B (et Clem. Stob.): om. TY Iambl.: secl. Burnet

7 [A 22] – 8 ἀλλὰ ... αἰνίττεται cf. **7 [A 13]**

3 οὐδενὶ Stob.: οὐδὲν BTW: οὐδὲ Paris. 1810, Iahn Schanz **4** συνουσία] ξυνουσία Stob. **5** ἑτέρωι] ἑκατέρωι Stob. χαίρει TW: χαίρειν BY συνὼν Stob.: ξυνὼν codd. **7** ἑκατέρου ἡ ψυχὴ] ἡ ψυχὴ ἑκατέρου Stob.

7 [A 23] – 7 [A 9]

sera couché dans la fange, mais que celui qui aura été purifié et qui aura été initié aux mystères, une fois là-bas, demeurera parmi les dieux. En effet, comme le disent ceux qui ont institué les mystères, « nombreux sont les porteurs de thyrse, mais rares sont les possédés de Dionysos ».

PLATON, *Phédon* 69 c-d

7 [A 22] Ceux qui passent ensemble toute leur vie sont des individus qui ne sauraient même pas dire ce qu'ils veulent obtenir l'un de l'autre. Nul en vérité ne peut croire qu'il s'agisse du contact des plaisirs amoureux, de sorte que dans cette visée l'un se réjouit de se trouver auprès de l'autre: il est évident, au contraire, que leur âme à tous deux veut quelque chose d'autre qu'elle n'est pas en mesure d'exprimer; elle a plutôt de ce qu'elle veut une vision divinatoire et parle par énigme.

PLATON, *Le Banquet* 192 c-d

7 [A 23] Donc Simonide — dis-je — paraît avoir poétiquement exprimé la définition du juste par une énigme. Car il estimait — semble-t-il — que le juste consiste à rendre à chacun ce qu'il lui appartient, et cela il l'appelait ce qui est dû.

PLATON, *République* 332 b-c

7 [A 22] — Colli DN 158, NF 50

7 [A 24] τοῖς ἐν ταῖς ἑστιάσεσιν, ἔφη, ἐπαμφοτερίζουσιν ἔοικεν, καὶ τῶι τῶν παίδων αἰνίγματι τῶι περὶ τοῦ εὐνούχου, τῆς βολῆς πέρι τῆς νυκτερίδος, ὧι καὶ ἐφ' οὗ αὐτὸν αὐτὴν αἰνίττονται βαλεῖν· καὶ γὰρ ταῦτα ἐπαμφοτερίζειν, καὶ οὔτ' εἶναι οὔτε μὴ εἶναι οὐδὲν αὐτῶν δυνατὸν παγίως νοῆσαι, οὔτε ἀμφότερα οὔτε οὐδέτερον.

Plato, Resp. 479 b-c (Burnet)

7 [A 25] ὅθεν δὴ καὶ τὸ τῶν προφητῶν γένος ἐπὶ ταῖς ἐνθέοις μαντείαις κριτὰς ἐπικαθιστάναι νόμος· οὓς μάντεις αὐτοὺς ὀνομάζουσίν τινες, τὸ πᾶν ἠγνοηκότες ὅτι τῆς δι' αἰνιγμῶν οὗτοι φήμης καὶ φαντάσεως ὑποκριταί, καὶ οὔτι μάντεις, προφῆται δὲ μαντευομένων δικαιότατα ὀνομάζοιντ' ἄν.

Plato, Tim. 72 a-b (Burnet)

7 [A 26] αἰνίγματός τε γὰρ ἰδέα αὕτη ἐστί, τὸ λέγοντα ὑπάρχοντα ἀδύνατα συνάψαι. κατὰ μὲν οὖν τὴν

7 [A 24] – [Panarces] frr. adesp. 17 a-b (3, 76 Diehl): Schol. ad Plat. Remp. 479 c-d (235 Greene)

2 ἔοικεν] ἐοικέναι Athenaeus 3 πέρι] περὶ F ὧι AF Athenaeus: ὧ M: ω pr. D: ὡς d vulg. 4 ἐφ' οὗ AFDM: ἀφ' οὗ Athenaeus 6 αὐτῶν] αὐτὸ F

7 [A 25] – 2 [A 13]: Pind. fr. 150 Snell

3 αὐτοὺς AF: om. PYW Paris. 1812 ὀνομάζουσίν A: ἐπονομάζουσί WY Paris. 1812 4-5 φαντάσεως AY: φαντασίας FP et fecit A[2]

7 [A 26] – 7 [A 3. 27. 28]: Arist. Rhet. 1405 a 37 - b 4

2 ὑπάρχοντα A: τὰ ὑπάρχοντα B 3 τῶν] τῶν ⟨ἄλλων⟩ Twining

7 [A 24] Cela ressemble — dit-il — à ces propos ambigus que l'on tient dans les banquets, et à l'énigme destinée aux enfants qui parle de l'eunuque et du coup porté à la chauve-souris, où il est dit de façon énigmatique avec quoi et sur quoi l'eunuque frappa la chauve-souris. Car nos propos semblent tout aussi ambigus, et aucun de ces objets ne se peut fermement concevoir comme étant et n'étant pas, ou ensemble l'un et l'autre, ou bien ni l'un ni l'autre.

PLATON, *République* 479 b-c

7 [A 25] De là vient la loi qui a institué la race des prophètes comme interprètes des visions divinatoires inspirées par le dieu. Ces prophètes, certains les appellent devins, ignorant totalement qu'ils sont les interprètes des paroles proférées sous forme d'énigmes et des visions, mais non pas des devins. Le nom qui leur convient le mieux est celui de prophètes, c'est-à-dire d'interprètes de ce qui a été révélé par divination.

PLATON, *Timée* 72 a-b

7 [A 26] En effet, la nature de l'énigme est celle-ci: tout en disant des choses réelles, y joindre des choses impossibles. Or il n'est pas

7 [A 24] — Schultz *Rätsel* 96; Greene *Scholia plat.* 235

7 [A 25] — Rohde II 20-21; A. E. Taylor *Comm. Tim.* 513; Rivaud *Timée* 199; Colli DN 42-43, NF 42-43

7 [A 26] — Colli NF 55-56

τῶν ὀνομάτων σύνθεσιν οὐχ οἷόν τε τοῦτο ποιῆσαι, κατὰ δὲ τὴν μεταφορὰν ἐνδέχεται, οἷον « ἄνδρ' εἶδον πυρὶ χαλκὸν ἐπ' ἀνέρι κολλήσαντα », καὶ τὰ τοιαῦτα.

Aristoteles, Poet. 1458 a 26-30 (Kassel)

7 [A 27] καὶ ὅλως ἐκ τῶν εὖ ᾐνιγμένων ἔστι μεταφορὰς λαβεῖν ἐπιεικεῖς · μεταφοραὶ γὰρ αἰνίττονται, ὥστε δῆλον ὅτι εὖ μετενήνεκται.

Aristoteles, Rhet. 1405 b 3-5 (Ross)

7 [A 28] ἔστιν δὲ καὶ τὰ ἀστεῖα τὰ πλεῖστα διὰ μεταφορᾶς καὶ ἐκ τοῦ προσεξαπατᾶν · μᾶλλον γὰρ γίγνεται δῆλον ὅτι ἔμαθε παρὰ τὸ ἐναντίως ἔχειν, καὶ ἔοικε λέγειν ἡ ψυχὴ « ὡς ἀληθῶς, ἐγὼ δὲ ἥμαρτον ». καὶ τῶν ἀποφθεγμάτων δὲ τὰ ἀστεῖά ἐστιν ἐκ τοῦ μὴ ὅ φησι λέγειν, οἷον τὸ Στησιχόρου, ὅτι οἱ τέττιγες ἑαυτοῖς χαμόθεν ᾄσονται. καὶ τὰ εὖ ᾐνιγμένα διὰ τὸ αὐτὸ ἡδέα · μάθησις γάρ, καὶ λέγεται μεταφορά.

Aristoteles, Rhet. 1412 a 19-26 (Ross)

ex Piccolominii versione, Kassel **4** δὲ om. B μεταφορὰν] μεταφορῶν Bywater Kassel **4-5** ἄνδρ' εἶδον] ἄνδρ' ἴδον A: ἄνδρες εἶδον B **5** πυρὶ χαλκὸν Robortellus: πυρίχαλκον codd.

7 [A 27] – 7 [A 3. 26. 28]

7 [A 28] – 7 [A 26. 27]: Arist. Rhet. 1394 b 33 - 1395 a 2 (ἁρμόττει δ' ἐν τοῖς τοιούτοις καὶ τὰ Λακωνικὰ ἀποφθέγματα καὶ τὰ αἰνιγματώδη, οἷον εἴ τις λέγει ὅπερ Στησίχορος ἐν Λοκροῖς εἶπεν, ὅτι οὐ δεῖ ὑβριστὰς εἶναι, ὅπως μὴ οἱ τέττιγες χαμόθεν ᾄδωσιν)
2 προσεξαπατᾶν cf. **7 [A 12. 19,4]:** Heracl. B56 DK: Arist. Rhet. 1412 a 29-35 **5-6** ἐκ τοῦ ... λέγειν cf. **7 [A 20]**

3 ὅτι] ὅ τι Ross **6** τὸ] τὸ τοῦ ΘΠ **7** ᾄσονται] ἔσονται A **8-9** καὶ ... μεταφορά] ἔστι καὶ μεταφορὰ Ross

possible de le faire quand on assemble des noms, mais c'est possible avec la métaphore, par exemple: « J'ai vu un homme qui, avec du feu, collait du bronze sur un homme ».

ARISTOTE, *Poétique* 1458 a 26-30

7 [A 27] Et, en général, on peut tirer de bonnes métaphores d'expressions énigmatiques bien faites; car les métaphores laissent entendre par énigmes, il est donc clair que la transposition vers une signification nouvelle a été bien faite.

ARISTOTE, *Rhétorique* 1405 b 3-5

7 [A 28] De même la plupart des mots d'esprit se servent de la métaphore et se fondent sur la tromperie. Il devient plus manifeste en effet qu'on apprend à partir d'une situation d'opposition, et l'esprit semble dire: « C'est la vérité, mais je m'étais trompé ». De même, les apophtegmes subtils sont tels parce qu'ils ne veulent pas dire ce qu'ils disent, ainsi par exemple celui de Stésichore, selon lequel les cigales chantent pour elles seules. De même encore les bonnes énigmes sont agréables pour la même raison, car elles contiennent un enseignement, et l'on prononce une métaphore.

ARISTOTE, *Rhétorique* 1412 a 19-26

7 [A 27] — Colli NF 55-56

7 [A 28] — Crusius PW I 1, 1029-1030; Colli NF 55-56

B

7 [B 1] a I Plato, Charm. 162 b (Burnet)

παντὸς τοίνυν μᾶλλον, ὡς ἐμοὶ δοκεῖ, αἴνιγμα αὐτὸ προύβαλεν, ὡς ὂν χαλεπὸν τὸ τὰ αὑτοῦ πράττειν γνῶναι ὅτι ποτε ἔστιν.

a II Certamen Homeri et Hesiodi, 140-145 (v 231 Allen)

τοῦτό τι δή μοι μοῦνον ἐειρομένωι κατάλεξον,
πόσσοι ἅμ' Ἀτρεΐδηισιν ἐς Ἴλιον ἦλθον Ἀχαιοί;

ὁ δὲ διὰ λογιστικοῦ προβλήματος ἀποκρίνεται οὕτως·

πεντήκοντ' ὀβελοί, περὶ δὲ κρέα πεντήκοντα·
τρὶς δὲ τριηκόσιοι περὶ ἓν κρέας ἦσαν Ἀχαιοί.

a III Athenaeus, 7, 1, 276 a (I 111, 14 Kaibel)

πρόβλημα

a IV Iosephus, Ant. Iud. v 8, 6 (I 348, 14-16 Niese)

λόγον ... τὴν ζήτησιν

a V Hesychius, s. v. αἴνιγμα (71,88 Latte)

πρόβλημα ζήτημα

a VI Scholia in Dionys. Thrac. Art. gramm. I 3, 11, 15 (Hilgard)

τὰ ζητήματα τὰ δεινά

a VII Plutarchus, Conviv. sept. sap. 153 e (I 315,13 Paton-Wegehaupt)

ἀπορίας προβάλλειν

7 [B 1] – 7 [A 1. 20]: Arist. Top. 101 b 17, 105 b 20, 110 a 10 (Ross): Anal. pr. 43 a 18, 47 b 10, 48 b 34 (Ross): Plut. De Homer. poes. 92, 1131: Paus. 8, 8, 3

B

7 [B 1] a I PLATON, *Charmide* 162 b

Il me semble donc bien qu'il te proposait une énigme, en tant qu'il est difficile de savoir ce que signifie l'expression: s'occuper de ses propres affaires.

a II DÉBAT ENTRE HOMÈRE ET HÉSIODE, 140-145

Eh bien, à ma question répond donc seulement en énumérant
combien d'Achéens abordèrent à Ilion avec les Atrides.
Et il répondit par une énigme arithmétique comme suit:
Cinquante broches, et cinquante autour des chairs;
mais trois fois trois cents autour d'une seule chair étaient les Achéens.

a III ATHÉNÉE, 7, 1, 276 a

proposition énigmatique.

a IV FLAVIUS JOSÈPHE, *Antiquités juives* 5, 8, 6

Discours ... recherche.

a V HÉSYCHIOS, *Énigme*

proposition énigmatique, recherche.

a VI SCHOLIE DE DIONYSOS LE THRACE, 1 3, 11, 15

Objets redoutables de recherche.

a VII PLUTARQUE, *Banquet des sept sages* 153 e

Proposer des apories.

7 [B 1] — Schultz *Rätsel* 88-89; Colli *Organon* 411, 420, 1048-1049; DN 47-49; NF 73-79

a VIII Plutarchus, Vit. Alex. 64 (II 2, 237, 4-5 Ziegler)

ἄπορα ἐρωτήμενα

b I Aristoph. Nub. 757-760 (Coulon)

ΣΩ. εὖ γ'. ἀλλ' ἕτερον αὖ σοι προβαλῶ τι δεξιόν.
εἴ σοι γράφοιτο πεντετάλαντός τις δίκη,
ὅπως ἂν αὐτὴν ἀφανίσειας εἰπέ μοι.
ΣΤ. ὅπως; ὅπως; οὐκ οἶδ'· ἀτὰρ ζητητέον.

b II Plato, Resp. 536 d (Burnet)

τὰ μὲν τοίνυν λογισμῶν τε καὶ γεωμετριῶν καὶ πάσης τῆς προπαιδείας, ἣν τῆς διαλεκτικῆς δεῖ προπαιδευθῆναι, παισὶν οὖσι χρὴ προβάλλειν, οὐχ ὡς ἐπάναγκες μαθεῖν τὸ σχῆμα τῆς διδαχῆς ποιουμένους.

b III Aristoteles, Meteor. 355 b 20-25 (Fobes)

τὸ δὲ ζητεῖν τὴν ἀρχαίαν ἀπορίαν, διὰ τί τοσοῦτον πλῆθος ὕδατος οὐδαμοῦ φαίνεται (καθ' ἑκάστην γὰρ ἡμέραν ποταμῶν ῥεόντων ἀναρίθμων καὶ τὸ μέγεθος ἀπλέτων οὐδὲν ἡ θάλαττα γίγνεται πλείων), τοῦτο οὐδὲν μὲν ἄτοπον ἀπορῆσαί τινας, οὐ μὴν ἐπιβλέψαντί γε χαλεπὸν ἰδεῖν.

b IV Aristoteles, Pol. 1283 b 35-39 (Ross)

διὸ καὶ πρὸς τὴν ἀπορίαν, ἣν ζητοῦσι καὶ προβάλλουσί τινες, ἐνδέχεται τοῦτον τὸν τρόπον ἀπαντᾶν. ἀποροῦσι γάρ τινες πότερον τῶι νομοθέτηι νομοθετητέον, βουλομένωι τίθεσθαι τοὺς ὀρθοτάτους νόμους, πρὸς τὸ τῶν βελτιόνων συμφέρον ἢ πρὸς τὸ τῶν πλειόνων, ὅταν συμβαίνηι τὸ λεχθέν.

16 πεντετάλαντός τις δίκη] πεντετάλαντος τις δίκη RVΦ: πεντετάλαντον τις δίκην Blaydes et sic Σ[RV] legisse supic. Rutherford **17** αὐτὴν RΦ: om. V **20** προπαιδευθῆναι] προσπαιδευθῆναι F **25** ἀναρίθμων] ἀναριθμήτων EWM **26** οὐδὲν μὲν] μὲν οὐδὲν F **27** ἐπιβλέψαντί WE: ἐπιβλέψαντά FHN Fobes **30** νομοθετητέον] νομοθετέον H[a]: νομοθητέον M[s]

a VIII PLUTARQUE, *Vie d'Alexandre* 64

Questions auxquelles il est difficile de répondre.

b I ARISTOPHANE, *Les Nuées* 757-760

SOCRATE Fort bien. Mais à mon tour je vais te proposer une autre subtilité.
Si on t'intentait un procès pour la récupération de cinq talents,
comment ferais-tu pour l'annuler, dis-moi?
STREPSIADE Comment? Comment? Je ne sais pas; mais c'est à chercher.

b II PLATON, *République* 536 d

L'arithmétique, la géométrie et toutes les sciences qui doivent servir de préparation à la dialectique, seront donc enseignées aux élèves dès l'enfance, mais cet enseignement sera donné sous une forme exempte de contrainte.

b III ARISTOTE, *Météorologiques* 355 b 20-25

Quand au vieux problème de savoir pourquoi une telle quantité d'eau n'a nulle part d'effet visible (en dépit du fait que chaque jour courent des fleuves innombrables et immensément grands, la mer n'augmente pas de niveau), il n'est pas étonnant qu'il ait embarrassé certains, mais si l'on considère à fond la question, il n'est pas difficile de voir comment vont les choses.

b IV ARISTOTE, *Politique* 1283 b 35-39

C'est pourquoi on peut aborder le problème, que d'aucuns explorent et mettent en avant, de la façon suivante: en effet certains sont dans le doute quant au fait de savoir si le législateur, cherchant à établir les lois les plus droites, doit légiférer en vue de l'intérêt des meilleurs, ou bien en vue de l'intérêt du plus grand nombre, quand se présente le cas évoqué.

c I Philostratus, V. Soph. I, I (II 3, 20-24 Kayser); cf. 82A1a DK

παρελθὼν γὰρ οὗτος ἐς τὸ 'Αθηναίων θέατρον ἐθάρρησεν εἰπεῖν « προβάλλετε » καὶ τὸ κινδύνευμα τοῦτο πρῶτος ἀνεφθέγξατο, ἐνδεικνύμενος δήπου πάντα μὲν εἰδέναι, περὶ παντὸς δ' ἂν εἰπεῖν ἐφιεὶς τῶι καιρῶι.

c II Plato, Soph. 245 b (Burnet)

ΞΕ. πότερον δὴ πάθος ἔχον τὸ ὂν τοῦ ἑνὸς οὕτως ἕν τε ἔσται καὶ ὅλον, ἢ παντάπασι μὴ λέγωμεν ὅλον εἶναι τὸ ὄν; ΘΕΑΙ. χαλεπὴν προβέβληκας αἵρεσιν. ΞΕ. ἀληθέστατα μέντοι λέγεις. πεπονθός τε γὰρ τὸ ὂν ἓν εἶναί πως, οὐ ταὐτὸν ὂν τῶι ἑνὶ φαίνεται, καὶ πλέονα δὴ τὰ πάντα ἑνὸς ἔσται.

c III Plato, Phil. 65 d (Burnet)

ΣΩ. οὐκοῦν τὸ μετὰ τοῦτο τὴν μετριότητα ὡσαύτως σκέψαι, πότερον ἡδονὴ φρονήσεως, ἢ φρόνησις ἡδονῆς πλείω κέκτηται; ΠΡΩ. εὔσκεπτόν γε καὶ ταύτην σκέψιν προβέβληκας.

c IV Aristoteles, Top. 101 b 28-36 (Ross)

διαφέρει δὲ τὸ πρόβλημα καὶ ἡ πρότασις τῶι τρόπωι. οὕτω μὲν γὰρ ῥηθέντος, « ἆρά γε τὸ ζῶιον πεζὸν δίπουν ὁρισμός ἐστιν ἀνθρώπου; » καὶ « ἆρά γε τὸ ζῶιον γένος τοῦ ἀνθρώπου; », πρότασις γίνεται · ἐὰν δὲ « πότερον τὸ ζῶιον πεζὸν δίπουν ὁρισμός ἐστιν ἀνθρώπου ἢ οὔ; », πρόβλημα γίνεται · ὁμοίως δὲ καὶ ἐπὶ τῶν ἄλλων. ὥστ' εἰκότως ἴσα τῶι ἀριθμῶι τὰ προβλήματα καὶ αἱ προτάσεις εἰσίν · ἀπὸ πάσης γὰρ προτάσεως πρόβλημα ποιήσεις μεταβάλλων τῶι τρόπωι.

38 ὂν Schleiermacher: ὅλον BTYW Simpl. **42** φαίνεται BTYW: φανεῖται Simpl. Diès πλέονα] πλέον ἃ B **44** ὡσαύτως B Stob.: ὡς οὕτως T **50** γένος CuD Alex.: γένος ἐστὶ AB Boeth. **52** ἐστιν] ἐστι τῶ u οὔ] add. καὶ πότερον τὸ ζῶιον γένος ἐστίν C **52-53** πρόβλημα] πρόβλημα τι u **54** τὰ] καὶ τὰ C **56** μεταβάλλων] μεταβαλὼν C: μεταλαμβάνων ABDc: *transsumpto* Boeth.

c I PHILOSTRATE *Vie des sophistes* 1, 1

Car Gorgias, s'étant présenté au théâtre des Athéniens, eut le courage de s'écrier « Proposez! », et prononça le premier cette parole risquée, montrant ainsi qu'il pouvait parler sur tout en s'en remettant à l'occasion du moment.

c II PLATON, *Sophiste* 245 b

L'ÉTRANGER. Mais alors ce qui est, étant affecté de l'un, sera-t-il un être un et un tout, ou bien nierons-nous absolument que ce qui est soit un tout? THÉÉTHÈTE. C'est un choix difficile que tu proposes là. L'ÉTRANGER. Ce que tu dis est parfaitement vrai. Il semble en effet que ce qui est, étant affecté de quelque manière de l'être un, ne soit pas la même chose que l'un, et que dès lors la totalité sera plus qu'un.

c III PLATON, *Philèbe* 65 d

SOCRATE. Après cela, considère de même la mesure, et vois si le plaisir en possède davantage que la sagesse, ou la sagesse plus que le plaisir. PROTARQUE. L'examen que tu me proposes là est facile à résoudre.

c IV ARISTOTE, *Topiques* 101 b 28-36

La formulation d'une recherche et la proposition ne diffèrent que par la forme sous laquelle elles se présentent. Si l'on dit en effet: « Est-ce qu'un animal terrestre bipède est la définition de l'homme? », et encore: « Est-ce qu'animal est le genre de l'homme? », on a une prémisse; mais si l'on dit: « animal terrestre bipède est-elle ou non la définition de l'homme? », on obtient la formulation d'une recherche; il en est de même dans tous les autres cas. De sorte que les formulations d'une recherche et les propositions sont tout naturellement en nombre égal: car de toute proposition on pourra tirer, en en modifiant la forme, la formulation d'une recherche.

c V Aristoteles, Top. 104 b 1-5 (Ross)

πρόβλημα δ' ἐστὶ διαλεκτικὸν θεώρημα τὸ συντεῖνον ἢ πρὸς αἵρεσιν καὶ φυγὴν ἢ πρὸς ἀλήθειαν καὶ γνῶσιν, ἢ αὐτὸ ἢ ὡς συνεργὸν πρός τι ἕτερον τῶν τοιούτων, περὶ οὗ ἢ οὐδετέρως δοξάζουσιν ἢ ἐναντίως οἱ πολλοὶ τοῖς σοφοῖς ἢ οἱ σοφοὶ τοῖς πολλοῖς ἢ ἑκάτεροι αὐτοὶ ἑαυτοῖς.

7 [B 2] Diogenes Laertius, 9, 6 (Long)

τοῦτον δὲ καὶ ὁ Τίμων ὑπογράφει λέγων· « τοῖς δ' ἔνι κοκκυστὴς ὀχλολοίδορος Ἡράκλειτος αἰνικτὴς ἀνόρουσε ».

7 [B 3] Proclus, in Plat. Tim. 23 c (I 129, 15-16 Diehl)

ἡ Πλάτωνος παράδοσις οὐκ ἔστι τοιαύτη αἰνιγματώδης, οἵα ἡ Φερεκύδου ...

7 [B 4] Simplicius, in Arist. Phys. 184 b 15 (36, 25-31 Diels)

ἐπειδὴ δὲ καὶ Ἀριστοτέλους ἐλέγχοντος ἀκουσόμεθα τὰς τῶν προτέρων φιλοσόφων δόξας καὶ πρὸ τοῦ Ἀριστοτέλους ὁ Πλάτων τοῦτο φαίνεται ποιῶν καὶ πρὸ ἀμφοῖν ὅ τε Παρμενίδης καὶ Ξενοφάνης, ἰστέον ὅτι τῶν ἐπιπο-

60 οὐδετέρως] μηδετέρως CD Alex. **60-61** οἱ ... [1]ἢ ABD Boeth. u Alex.: om. C Alex. paraphr.: secl. Ross **61** αὐτοὶ om. D

7 [B 2] – **1** ὁ Τίμων cf. fr. 43 Diels (PPhF)

7 [B 3] – Pherecyd. B 4, 6 DK: Arist. Met. 1091 b 8

7 [B 4] – **3** δ] καὶ DE **6** αἰνιγματωδῶς] καὶ αἰνιγματωδῶς DE

c V ARISTOTE, *Topiques* 104 b 1-5

La formulation d'une recherche dialectique est quant à elle une spéculation qui tend soit vers une préférence et un rejet, soit vers la vérité et la connaissance; soit cette spéculation se suffit à elle-même, soit elle n'est qu'un instrument destiné à atteindre l'un de ces deux résultats, à propos duquel la majorité des personnes soit n'a pas d'opinion pour aucun des deux sens de la question, soit pense différemment des sages, ou encore soit ce sont les sages qui pensent différemment de la grande majorité, soit enfin le désaccord se retrouve aussi bien entre les sages eux-mêmes que parmi la plus grande majorité des personnes.

7 [B 2] DIOGÈNE LAËRCE, 9, 6

Timon en brosse lui aussi le portrait quand il déclare: « Parmi eux se dressa Héraclite à la voix suraiguë, contempteur de la foule, énigmatique ».

7 [B 3] PROCLUS, *Commentaire sur le Timée de Platon* 23 c

L'exposition de Platon n'est guère plus énigmatique que celle de Phérécyde.

7 [B 4] SIMPLICIUS, *Commentaire sur la Physique d'Aristote* 36, 25

Et puisque nous suivrons Aristote qui réfute les opinions des philosophes qui l'ont précédé, et puisqu'avant Aristote Platon déjà semble faire la même chose, et qu'il en va de même avant eux pour Parménide et Xénophane, il convient de savoir que

7 [B 2] — DK I 141,3-4; Colli NF 61-69

7 [B 3] — DK I 46,27-28

7 [B 4] — DK I 221,1-6

λαιότερον ἀκροωμένων οὗτοι κηδόμενοι τὸ φαινόμενον ἄτοπον ἐν τοῖς λόγοις αὐτῶν διελέγχουσιν, αἰνιγματωδῶς εἰωθότων τῶν παλαιῶν τὰς ἑαυτῶν ἀποφαίνεσθαι γνώμας.

7 [B 5] Scholia in Plat. Phaed. 61 d (9 Greene) [Philolaus]

ὃς καὶ δι' αἰνιγμάτων ἐδίδασκεν, καθάπερ ἦν ἔθος αὐτοῖς.

7 [B 6] Suda, s. v. Ἐπιμενίδης (II 370, 11-12 Adler)

... ἔγραψε δὲ πολλὰ ἐπικῶς· καὶ καταλογάδην μυστήριά τινα καὶ καθαρμοὺς καὶ ἄλλα αἰνιγματώδη.

7 [B 5] – **1** δι' αἰνιγμάτων γὰρ ἐδίδασκε Scholia Clarkiana min. litt. adscr.

7 [B 6] – **1** πολλὰ ... καταλογάδην om. V **2** καθαρμοὺς AV: καθαρμὰ δὲ GITM

tous ceux-là soucieux des auditeurs les plus superficiels, réfutent ce qui apparaît absurde dans les discours de leurs prédécesseurs, lors même que les anciens avaient coutume de manifester leurs jugements de façon énigmatique.

7 [B 5] Scholie du Phédon de Platon, 61 d

Philolaos enseignait lui aussi par énigmes, ainsi qu'il était d'usage chez les Pythagoriciens.

7 [B 6] Souda, *Épiménide*

... Épiménide a écrit de nombreuses œuvres en vers, et en prose quelques doctrines mystiques, des purifications et d'autres œuvres énigmatiques.

7 [B 5] — DK I 398,25-26

7 [B 6] — DK I 29,22-23

COMMENTAIRE

DIONYSOS

1 [A 1] — D'après Rohde ce fragment témoigne d'une trace du culte âpre et primitif de Dionysos (allusion à la lionne). Si l'on excepte les allusions fugitives de Homère et de Hésiode, qui ne font qu'effleurer Dionysos et son mythe, c'est là le texte littéraire le plus ancien attestant du culte orgiaque du dieu (en ce cas précis à Sparte).

1 [A 2] — Rohde a estimé que ce passage était capital pour ce qui concerne le rapport entre musique et culte orgiaque de Dionysos (considéré ici essentiellement comme thrace). Le délire est placé au premier plan en tant qu'élément essentiel du dieu (il en est déjà ainsi chez Homère, cf. Il. 6,132); en ce sens qu'il signale un traumatisme de la connaissance — et on se réfère ici à son conditionnement par le biais de la musique et de la fiction dramatique (μῖμοι), autrement dit par la médiation d'éléments artistiques. Surgit une vision nouvelle de la réalité sur la base d'une rupture de la conscience quotidienne: telle est la *mania* en ce sens positif (révélation de la nature divine et de sa connaissance, cf. **2 [A 11. 12]**). La nature cognitive de cette *mania* est attestée par la terreur qui précède son surgissement (ὁμοκλάν ... φοβεροὶ ... βαρυταρβής), par la manifestation d'un violent écart de conscience par rapport à l'existence quotidienne. La musique est l'instrument par lequel le dieu se manifeste. (Ces thèmes sont traités superficiellement par Dodds *Irr.* 75-77, 273 [tf 85-87, 270]).

1 [A 3] — A propos de ce passage Lobeck parle d'un bouleversement des astres et des dieux dans l'ivresse de Dionysos; Kerényi pense en revanche au Dionysos enfant des mystères, invoqué comme une étoile (voir le passage des *Grenouilles* cité dans l'apparat). Ces deux observations sont justes, mais la partie finale du passage semble confirmer que Sophocle se réfère ici surtout au culte orgiaque. Et il faut noter que c'est précisément dans un tel contexte que l'identification Dionysos-Iacchos est établie. Une telle identification subsiste également en dehors des mystères. C'est en cela que réside l'intérêt principal de ce passage.

1 [A 4] — Ce vers, associé aux extraits cités, témoigne de l'extension à Dionysos de la capacité divinatoire, et contribue d'une part à la confirmation de l'unité de fond entre Apollon et Dionysos, et d'autre part à l'importance de Dionysos dans la sphère de la sagesse.

1 [A 5] — Deux passages sur l'union animal-dieu chez Dionysos, qui renvoie à l'origine la plus ancienne de son culte, probablement en direction de la Crète (Cf. Colli NF 28-33 [tf 28-33]). Voir à ce sujet Eur. *Bacch.* 121-122. Un autre thème est abordé aux vv. 1020-1023. Dionysos est le chasseur qui tue le chasseur des Bacchantes. On retrouve là encore le cadre de la violence animale: même dans ce contexte sexuel, Dionysos protège les bacchantes de cette dernière. Mais c'est en recourant à la violence mortelle (θανάσιμον) que Dionysos protège de la violence: et Dionysos tue « d'un visage qui rit ». En lui douceur et cruauté, allégresse et lutte se réalisent d'un même mouvement. Il n'est pas exclu que le Zarathoustra qui rit de Nietzsche ait été influencé, de façon plus ou moins inconsciente, par ce vers.

1 [A 6] — Trois passages sur des comportements différents par rapport à l'état orgiastique. Le premier confirme l'ambiguïté que soulignait la note précédente et apporte des éléments nouveaux — en particulier l'omophagie — sur le caractère animal et cruel du culte (cf. **1 [A 1. 2. 5]**). Le troisième passage concerne un autre aspect de l'ivresse cognitive, entendue ici comme joie des inventions fantaisistes de la danse, de la légèreté créative des mouvements, sur fond de musique poignante.
J'interprète le v. 135 en suivant Dodds: « *dulcis est ille* ».

1 [A 7] — Ce qu'on a dit à propos de **1 [A 4]** est ici confirmé. Toutefois dans ce passage la sagesse est paradoxalement associée à la cruauté du chasseur. On se reportera sur ce point à la note à **1 [A 5]** et à Colli DN 103-104 [tf 76-77].
Au v. 1190 Dodds propose en note de supprimer θῆρα, suivant en cela Wilamowitz.

1 [A 8] — L'état orgiastique procure des hallucinations. Cela confirme ce qu'on a dit dans la note à **1 [A 2]**. La *mania* dionysiaque consiste en une nouvelle capacité de connaissance, qui s'oppose à la connaissance quotidienne.

1 [A 9] — L'intérêt de ce passage tient dans la connexion entre la sphère mystérique et la sphère orgiastique, que les interprètes opposent d'ordinaire. Dionysos est le dieu de chacune des deux sphères: l'emportement dans les montagnes est une sainte purification, de même l'immersion dans la vitalité animale est un détachement contemplatif de la vie même (v. 73: τελετὰς ... εἰδώς).

1 [A 10] — Le début de ce passage rappelle textuellement **2 [A 11]**. Il s'agit là d'un autre témoignage de l'unité entre Apollon et Dionysos venant confirmer l'implication de Dionysos dans les différents aspects de la sagesse.

1 [A 12] — Je rapporte ici certains passages dans lesquels Penthée calomnie les bacchantes en leur reprochant de ne pas être incitées par le culte du dieu, mais par la luxure. On se reportera également aux vv. 260-262, 486-487. Le jugement d'Euripide face à ces accusations est clair: l'attitude de Penthée est sacrilège, et sa ruine sera provoquée aussi à cause de ces propos.

1 [A 13] — Ces vers, prononcés par le messager, répètent le thème de la chasteté des bacchantes. On peut citer également un troisième passage, les vv. 314-318, où le v. 314 pose cependant des difficultés d'interprétation. Les vv. 317-318 dans la bouche de Tirésias sont en tous cas explicites: καὶ γὰρ ἐν βακχεύμασιν | οὖσ' ἥ γε σώφρων οὐ διαφθαρήσεται. Les vv. 729-735 attirent particulièrement notre attention: Agavé par une violence instantanée réagit à l'agression sexuelle, et incite les bacchantes à s'attaquer aux hommes. Nous assistons là à une illustration de la coïncidence des rôles de la proie et du chasseur dans la passion dionysiaque (cf. Fauth *Zagreus*

2280-2282, Colli DN 104 [tf 77]). La bacchante, pour ne pas être une proie sexuelle, devient une chasseresse qui tue. Les démembrements des hommes dûs aux bacchantes, attestés à plusieurs reprises dans les mythes dionysiaques, sont la réaction de la proie qui saisit le chasseur dans ses crocs, ils expriment la haine pour le mâle auquel on ne saurait succomber sans offenser le dieu, sans briser son exaltation (de même qu'Orphée, qui hait les femmes, succombe au dépècement).
On peut s'interroger ici sur la raison pour laquelle Dionysos refuse l'acte sexuel. Et surtout comment cela peut se concilier avec l'universelle sacralité du phallus en Grèce, et en particulier avec le fait que le culte phallique est intrinséquement lié au culte de Dionysos (cf. Nilsson I, 118-119, 590 sqq.). Il paraît évident en effet que l'excitation sexuelle devrait être considérée comme incluse, en tant que facteur primaire, dans l'ivresse dionysiaque. Le problème est ardu, mais peut-être est-ce là un des points sur lesquels on peut se risquer à conjecturer une des sources de la sagesse grecque. En bref mon hypothèse est, comme je l'ai déjà montré, que l'excitation obsessionnelle, suscitée par la musique et intensifiée par le déchaînement moteur, se libère ensuite dans l'art (cf. le moment de l'exténuation aux vv. 685-686) et surtout dans la connaissance.

1 [A 14] — Cette description des cortèges religieux en l'honneur d'Osiris — l'équivalent égyptien de Dionysos, d'après Hérodote — est jugée historiquement correcte par des spécialistes récents (cf. Griffiths 299-300). Le culte est pratiqué par des femmes et la flûte est présente; les ἀγάλματα νευρόσπαστα se présentent comme un symbole ludique, ce qui rappelle une des caractéristiques dominantes du mythe de Dionysos dans l'orphisme. Le phénomène parallèle en Grèce est fourni par les phallophories, dont le rite égyptien se distingue par l'absence d'une représentation ithyphallique. En contrepartie, en Égypte, des phallus de dimensions inhabituelles sont représentés ludiquement. Par quoi l'on peut noter le signe d'une ambiguïté à l'égard du domaine sexuel parallèle à celle que l'on observait dans la note précédente.

1 [A 15] — Ce passage ne se réfère pas au culte de Dionysos en particulier, mais renvoie à une norme religieuse générale. Toutefois il intéresse la recherche sur l'ambiguïté grecque par rapport à la sphère sexuelle qui apparaît sous une nuance encore plus primitive et universelle, par une allusion à un sentiment radicalement pessimiste, avant même que dans l'émergence d'un instinct artistico-cognitif.

1 [A 16] — Les barbares se moquent des Grecs « parce que le dieu nous possède ». Mysticisme total et folie en tant qu'expression d'une civilisation plus haute (un surcroît de connaissance).

1 [A 18] — Autre passage important sur le caractère essentiel de la musique en tant qu'instrument de la possession dionysiaque. Marsyas est un satyre et un joueur de flûte, et par conséquent ouvertement un ministre de Dionysos. La mélodie est l'élément qui déclenche la possession, μόνα κατέχεσθαι ποιεῖ.

1 [B 1] — Remarquable témoignage, bien que tardif, sur le renversement visionnaire de l'orgiasme dionysiaque.

1 [B 3] — Ce fragment, qui vient s'ajouter au précédent et aux autres passages cités en vue de documenter l'activité divinatoire de Dionysos, est fort intéressant en ce qu'il témoigne de la présence dans un même lieu d'un Dionysos orgiaque, devin et guérisseur.

2 [A 1] — Ce passage est important à double titre. Tout d'abord il situe chronologiquement un moment où Apollon était déjà reconnu comme le dieu dominant dans la sphère de la divination, et en second lieu il définit la divination au v. 70: « il connaissait ce qui est et ce qui sera et ce qui a été ». Ce qui détermine le sens strict de « sagesse » et le distingue des emplois antiques plus génériques au sens de « sagesse [*sagezza*] pratique » ou bien d'« habileté artistique ou artisanale ». Le σοφός comme μάντις est celui qui « connaît » tout, présent, passé et avenir. Par conséquent son excellence est la connaissance pure, et l'objet d'une telle connaissance n'est pas seulement l'avenir, selon une référence plus limitée de la divination, mais bien τά τ' ἐόντα τά τ' ἐσσόμενα πρό τ' ἐόντα, à savoir toutes les choses passées et présentes, cachées et manifestes, autrement dit tout le monde. On notera que le terme τ' ἐόντα, « les choses qui sont », demeurera inchangé chez Héraclite, Empédocle, Platon et Aristote.

2 [A 2] — Contre la thèse de Wilamowitz — partagée par Nilsson (MMR 516) —, qui établissait l'origine d'Apollon en Asie Mineure (Lycie) on a par la suite retenu la thèse d'une dérivation nordique du dieu. Une telle origine, dont le partisan le plus autorisé est Rose (mais qui est aussi acceptée par Guthrie), est appuyée de manière consistante par les sources qui relient Apollon aux Hyperboréens (« ceux qui vivent au delà du vent du nord »). Ce témoignage d'Alcée est le texte le plus ancien à ce sujet. Les autres passages importants sont cités ou reportés par la suite. Ce que j'entends soutenir toutefois, ce n'est pas tant que l'origine première d'Apollon soit à chercher auprès de ce peuple fabuleux, mais bien plutôt que cette origine hyperboréenne concerne Apollon en tant que dieu de la sagesse (cf. la note précédente). Cette thèse est abondamment étayée par une série de passages dans lesquels le rapport avec les Hyperboréens concerne des personnages apolliniens, tels qu'Abaris et Aristéas, lesquels se distinguent par leurs dons chamaniques, divinatoires, extatiques (voir en particulier le chapitre « Hyperboréens »). Un autre point très important concerne la nature de la connaissance mantique. La référence mythique aux Hyperboréens est, à mon avis, l'indice le plus convaincant en faveur du fait que la mantique de la possession, de l'enthousiasme et de l'extase révèle un caractère essentiel et primitif d'Apollon. C'était du reste déjà le point de vue de Platon (cf. **2 [A 11. 12]**). La thèse de Rohde selon laquelle la mantique apollinienne, étrangère à l'extase au cours de la période homérique (cf. **2 [A 1,1]**), devint par la suite mantique de l'enthousiasme à travers la pénétration de Dionysos à Delphes doit donc être rejetée (cf. Rohde II 56-61 [tf 308-313]). En recourant à d'autres arguments Dodds (*Irr.* 68-71 [tf 76-80]) avait déjà réfuté cette thèse.

2 [A 3] — Ce passage a trait à la fois au lien Apollon-sagesse et à la nature de cette sagesse. Les vv. 83-84 comparent les paroles du poète à des traits, c'est-à-dire au symbole le plus transparent d'Apollon (cf. **6 [A 6. 8]**). En effet l'instrument expressif d'Apollon — qui est aussi une arme — dans la sphère de la sagesse est la parole (comme dans la divination). Ces traits « s'adressent à ceux qui comprennent », en vertu de l'obscurité de la parole d'Apollon et de la nature aristocratique de la sagesse. Mais « il faut des interprètes » pour transmettre universellement les paroles sages. Cela vient rappeler aussi la sphère de la divination, où la médiation d'un interprète est indispensable (cf. **2 [A 13]**, **7 [A 25]**). Je comprends ἐς ... τὸ πὰν dans le sens de « à l'égard du tout » (cf. Emp. B 13. 14. 17,32. 26,7 DK), contre les interprétations de Slater 516: *on the whole*, et de Puech *Pind.* 1 47: *pour atteindre la foule*. Suit la définition de σοφός, constituée de deux éléments: puissance cognitive (cf. **2 [A 1]**) et don inné. Que Pindare entende par sagesse la possession native de capacités intuitives, et non une acquisition médiatisée et rationnelle, est confirmé du reste par les mots suivants, où le sage est opposé à « ceux qui ont appris », et c'est la raison pour laquelle ceux-là sont rejetés avec un mépris péremptoire.

2 [A 5] — Apollon conduit Crésus chez les Hyperboréens.

2 [A 6] — La convergence de nature entre Apollon et Dionysos, que l'on a soulignée, devient ici identification totale, avec permutation des noms et des attributs, et la source en est plutôt ancienne. Apollon reçoit un attribut de Dionysos, le lierre, et il est désigné par le nom de Bacchos.

2 [A 7] — Qu'il soit ici question de la terre des Hyperboréens est déjà suggéré par le contexte de Strabon, qui transmet le fragment. Sur l'« antique jardin », cf. Dodds *Irr.* 162 [tf 165,36].

2 [A 8] — Fragment parallèle à **2 [A 6]**. Ici c'est Dionysos qui reçoit un attribut d'Apollon, le laurier, et qui est invoqué en tant que Péan Apollon. Les deux fragments sont cités en un contexte unique par Macrobe (*Sat.* I, 18, 6): Euripides in Licymnio Apollinem Liberumque unum eundemque deum esse significans scribit... En ce qui concerne la convergence Apollon-Dionysos on peut rappeler le personnage semi-légendaire de Mélampous (cf. Herodot. 2, 49), lequel est interprété dans cette perspective par Nilsson I 615 (cf. également Rohde II 51-52 [tf 305-306]). Voir l'introduction, p. 24, n.7.

2 [A 9] — Voici un exemple extrême de l'obscurité et de l'ambiguïté de l'oracle delphique. On a déjà souligné l'importance de cet élément dans le langage divinatoire. Le passage cité est intéressant en outre pour un autre aspect, en ce qu'il nous renseigne sur le passage de la sphère divine de l'expression oraculaire à celle humaine de l'énigme (cf. le chapitre « Énigme »). En effet l'élément contradictoire, qui caractérise l'énigme, apparaît dans le troisième vers de cet oracle: τύπος ἀντίτυπος est une expression contradictoire formelle. La solution de l'énigme est: forge (cf. Herod. 1, 68).

2 [A 10] — Le passage confirme, contre la thèse de Rohde (cf. la note à **2 [A 2]**), que la divination — associée naturellement, selon Platon, à la possession — appartient depuis l'origine à Apollon.

2 [A 11] — J'ai déjà souligné dans l'introduction et ailleurs (cf. DN 39-40 [tf

29-30]; NF 19-21 [tf 19-22]), la grande importance de ce passage pour la reconstruction d'un archétype de la sagesse en Grèce. Il s'agit de l'indication d'un délire positif, entendu comme condition de la connaissance la plus haute, et de la perspective selon laquelle Apollon et Dionysos apparaissent proches en profondeur. En effet ce délire dans son sens le plus élevé, c'est-à-dire en tant que mantique telle que Platon la présente, est à l'évidence apollinien, tandis que le second aspect de la *mania*, traité brièvement — et de façon quelque peu obscure — dans le texte suivant du *Phèdre*, appartient sans doute possible à Dionysos, et concerne « les purifications et les initiations » (cf. **3 [A 11]**). Un passage plus ancien sur la mantique de la possession se trouve dans le fragment 92 d'Héraclite, dans lequel par le biais du nom de la Sibylle on a accès à la référence delphico-éleusienne. Rohde a contesté cette référence (II 69,1 [tf 319,1]), mais contre cette thèse on peut faire valoir en premier lieu la suite immédiate de **2 [A 11]**, où Platon semble identifier la Pythie à la Sibylle, et en second lieu les autres allusions d'Héraclite concernant Apollon (explicitement dans le fr. 93 — même s'il évite, comme dans le fragment 92, d'employer le nom du dieu — et indirectement dans les frr. 48 et 51 [à propos desquels cf. Colli DN 44-45 (tf 33-34), NF 41 (tf 42)]). Il faut toutefois admettre que dans le fr. 92 la référence à Apollon n'est pas certaine.

2 [A 12] — Ce passage est important car il attribue explicitement le délire divinatoire à Apollon et à Dionysos celui initiatique, tandis que dans **2 [A 11]** les noms des dieux n'étaient pas mentionnés.

2 [A 13] — J'ai déjà eu l'occasion ailleurs (cf. DN 42-43 [tf 32], NF 42-43 [tf 43-44]) de commenter ce passage, en même temps que celui qui suit — cf. **7 [A 25]**. Il s'agit pour ainsi dire d'une théorie synthétique de la connaissance à l'époque des sages. La connaissance divine se communique à travers la possession du devin et se traduit immédiatement dans la parole de la réponse de l'oracle. Mais la parole est un instrument expressif humain, par conséquent elle est l'instant où la sagesse divine vient au contact de la sphère humaine. La parole de l'oracle est l'empreinte du divin, elle ne naît pas d'un besoin de l'homme, elle n'est humaine qu'en tant que son privé de signification. C'est là la raison de l'obscurité et de l'ambiguïté de la réponse oraculaire. Ainsi naît la nécessité d'une interprétation, de la part de ceux que Platon appelle « prophètes » dans **7 [A 25]**. Autrement dit pour que le divin puisse se déployer dans l'homme, le recours à la raison, à l'explication, à l'argumentation et à l'application est nécessaire. Tel est le rapport naturel entre le délire et la raison, dans lequel la seconde est subordonnée au premier, où elle n'est que la condition de sa complète manifestation. Et tel est le rapport entre l'insensé et le sensé: ce dernier rend opérante la parole du premier, éclaircit son obscurité, la dévoile en tant que vérité.

2 [A 14] — Ce passage renvoie le phénomène enthousiastico-mantique à la nature divine de l'âme, saisie en elle-même: ... καθ' αὐτὴν γένηται ἡ ψυχή (cf. Platon. *Phaed.* 65 c, 67 c-d, 70 a, à propos desquels voir Colli PHK 194-197).

Cela préfigure la doctrine aristotélicienne du νοῦς, dont le lointain archétype est à rechercher également dans la sphère de la mantique extatique.

2 **[A 15]** — Ce passage présente un certain nombre de difficultés textuelles et interprétatives, mais il apparaît clair dans ses grandes lignes. Ici toutefois la sphère du divin semble distincte de celle du νοῦς (même si l'addition de καὶ νοῦ in 1248 a 28 reste problématique). On retrouve en quelque sorte un écho de la formulation de **2 [A 13]** et **7 [A 25]**, et l'état enthousiastico-divinatoire est opposé au discours rationnel. De même le second est déclaré inférieur au premier, mais il n'est pas considéré en tant qu'interprétation, manifestation du premier, et les deux sphères restent isolées.

2 **[B 2]** — Ce passage permet de contester la thèse de Rohde évoquée dans la note à **2 [A 2]**.

2 **[B 3]** — Témoignage remarquable concernant l'extension à Apollon du culte orgiaque, traditionnellement rapporté à Dionysos uniquement; il vient confirmer par conséquent l'affinité entre les deux dieux.

2 **[B 4]** — Sur la connexion musique-délire-sagesse on verra en outre les notes à **1 [A 2]** et à **1 [A 18]**. En ce cas le lien concerne Apollon. Il est permis de supposer que la distinction d'origine entre les deux dieux — dans leur fondamentale identité de nature — correspond à une manifestation différente du rapport musique-folie.

ÉLEUSIS

3 **[A 1]** — Il s'agit du plus ancien texte littéraire sur les mystères éleusiens (la datation la plus vraisemblable de l'*Hymne à Déméter* remonte à la fin du VIIe siècle, comme le proposent Nilsson I 655 et Fränkel DPH 288). Il est étonnant de constater que, déjà dans ce passage, l'accent est mis sur la conclusion extatico-visionnaire des rites mystériques. On notera l'immédiateté intuitive de l'ὄπωπεν, et en revanche le caractère abstrait du τάδ', suivant la désignation habituelle de l'objet mystique (il en va de même dans les Upanishads moyennant des termes abstraits différents, de même que chez Parménide, Platon et Plotin). La béatitude coïncide avec la connaissance, avec la vision (et cette possession outrepasse la mort). Un autre élément important consiste dans le secret rigoureux qui protège tout le rituel. Il n'est pas possible d'« apprendre » ces choses (πυθέσθαι est une leçon du XVIe siècle, mais elle est acceptée par les éditeurs), c'est-à-dire d'en recevoir une connaissance indirecte (étant donné que leur nature requiert l'immédiateté), ni de les « proférer » : leur réalité est étrangère à la parole. Il s'agit là aussi d'une donnée qui se retrouve souvent dans les sphères du mysticisme cognitif: que ce soit dans les Upanishads, chez les Pythagoriciens ou même chez Platon (cf. la septième lettre).

3 **[A 2]** — Autre passage ancien où l'on se réfère à la connaissance mystérique dans des termes quasiment identiques à ceux employés dans **3 [A 1]**. De plus, après la traditionnelle désignation abstraite, on tente un éclaircissement de l'objet cognitif en recourant à l'expression « la fin et le principe de la vie », qui est une référence métaphysique explicite.

3 **[A 3]** — C'est là le passage le plus ancien portant témoignage de la présence de Dionysos à Éleusis. En effet le lien Dionysos-Déméter ne saurait être situé ailleurs (la référence à Thèbes de Graf 52, 10 est sans fondement). Sans entrer dans les détails de cette question, ni de celle concernant l'identification Dionysos-Iacchos (cf. note à **1 [A 3]**), question liée à la première dans la mesure où Iacchos est une divinité éleusienne parfaitement attestée, je me limiterai à rappeler que, à l'encontre de la réticence dominante des érudits à admettre une présence originelle et fondamentale de Dionysos à Éleusis, les argumentations autorisées visant à soutenir cette présence n'ont pas manqué. La plus consistante reste celle de Foucart (445-455), fondée sur un ensemble de sources dignes de foi, et qui n'est en rien affaiblie par la thèse de base, aujourd'hui insoutenable, d'une dérivation des mystères éleusiens de l'Égypte. L'affirmation de Foucart (444) tout particulièrement me semble très valable. Il soutient en effet que Dionysos doit être considéré comme le dieu qui préside à l'ἐποπτεία, à savoir le degré suprême et contemplatif des mystères, tandis que Déméter serait la divinité principale dans la phase précédente du rituel. Ce qui pourrait expliquer entre autres choses — en raison du caractère absolument secret de l'ἐποπτεία — le peu de poids de Dionysos (cf. par ex. Nilsson I, 318) dans la documentation du culte éleusien (ce qui à l'évidence a été invoqué en

tant qu'argument contraire quant à une présence substantielle de Dionysos à Éleusis). Kerényi (274) identifie aussi pleinement Iacchos à Dionysos. L'étude plus récente de Fritz Graf sur Éleusis adopte une position intermédiaire sur la question, distinguant à l'origine Dionysos et Iacchos, pour les associer par la suite en admettant une pénétration de Dionysos à Éleusis à partir du Ve siècle.

3 **[A 4]** — Encore un passage assez ancien qui présente une formulation presque identique (ταῦτα δερχθέντες τέλη), à la fois abstraite et concrète, pour désigner la connaissance mystérique. Un autre élément formel qui se répète est le τρισόλβιοι, rappelant l'ὄλβιος de **3 [A 1,5]** et l'ὄλβιος de **3 [A 2,1]**: il s'agit selon Norden (100,1) d'une antique formule reprise dans le langage mystérique.

3 **[A 5]** — Alors que **3 [A 3]** ne saurait être considéré comme un témoignage de la présence de Dionysos à Éleusis que sur la base d'une conjecture acquise, nous nous trouvons ici en présence d'une déclaration explicite. La date de composition de l'*Antigone* tombe peu avant 440 av. J.-C: il serait futile d'avancer que ce passage fait allusion à un déplacement de Dionysos à Éleusis, advenu quelques décennies auparavant, et plus futile encore de prétendre que ce déplacement serait une invention de Sophocle. De plus on note que la présence de Dionysos est présentée comme dominante (μέδεις).

3 **[A 6]** — La désignation de Déméter et de Coré comme πότνιαι — « Maîtresses » — nous reporte à une origine crétoise, à travers la médiation de l'Arcadie. En divers endroits de l'Arcadie est attesté le culte de Despoina (= « Maîtresse », à savoir la même chose que Potnia, cf. Plat. Lois 796 b: ἡ δὲ αὖ παρ' ἡμῖν κόρη καὶ δέσποινα), fille de Poséidon et de Déméter, lesquels s'étaient accouplés sous la forme de chevaux (cf. Nilsson I 29, 477-481; MMR 504). Ce culte de Déméter-Despoina, des « Grandes Déesses », dans la mesure où il atteste une étroite corrélation religieuse entre sphère divine et sphère animale, semble trouver son origine dans le culte de la « Maîtresse des animaux » (cf. Nilsson MMR 339, 352-353, 395 sqq.) de Crète: importée de là en Arcadie, il aurait constitué une phase primitive et âpre de religiosité, qui se serait mêlée par la suite au culte d'Artémis en tant que πότνια θηρῶν (cf. Nilsson I 497). D'autre part le culte arcadien de Déméter-Despoina se rattache au culte éleusien de Déméter-Coré, non seulement en vertu du parallèle mère-fille et de l'usage des termes Despoina-Potnia (cf. le long passage de Pausanias, 8, 37, 1-10, dans lequel il est question, à propos du couple arcadien, de la κίστη, ce qui rappelle aussitôt le passage éleusien **3 [B 7]**). Voir également **4 [A 65,8]** et la note correspondante.
Mais il y a plus, à propos du lien Crète-Arcadie-Éleusis. Nous lisons chez Pausanias, 8, 37, 9-10: τῆς δὲ Δεσποίνης τὸ ὄνομα ἔδεισα ἐς τοὺς ἀτελέστους γράφειν. En sorte que le nom de Despoina ne saurait être proféré, de la même façon qu'on ne peut nommer Coré-Perséphone (cf. **3 [A 8]**). Et ce passage, de manière quelque peu contournée, exprime substantiellement la même chose (**3 [A 6,3-5]**). A propos du caractère secret des mystères et de celui indicible de Coré, on peut formuler une hypothèse qui soit à même de nous permettre d'aller au-delà de ce qu'on a dit de l'ἐποπτεία,

dans la note à **3 [A 1]**, sur le principe de la nature de la vision suprême à Éleusis. La cause de l' ἄρρητον peut prendre racine dans un certain caractère du mythe qui est à son fondement. Or il est un élément commun aux mythes fondamentaux sur lesquels s'étaye le lien Crète-Arcadie-Éleusis: à savoir l'accouplement sous diverses formes du dieu avec l'animal. Taureau-Pasiphaé en Crète; Poséidon-Déméter en Arcadie; Zeus-Coré à Éleusis (cf. **4 [B 14. 34]** et note à **3 [B 8]**). Zeus revêt la forme d'un serpent. Mais le lien est encore plus profond, selon une hypothèse ultérieure. S'il est permis de supposer l'identification Dionysos-Minotaure (cf. Kerényi 269-270, KP II 79-82), il sera licite d'affirmer que la fille de l'accouplement arcadien, Despoina-Coré, s'unissant au Zeus-serpent, dans l'accouplement éleusien, fera naître le même fils qui déjà naissait de l'accouplement primordial crétois dans la brutale forme conjointe du dieu-animal, c'est-à-dire Dionysos, le dieu « aux noms multiples ». C'est pourquoi, à Éleusis, la présence de Dionysos était voilée.

3 [A 7] — Héraclès vient d'apprendre à Amphitrion qu'il a tué Cerbère.

3 [A 8] — Cf. la note à **3 [A 6]**.

3 [A 9] — Pour l'interprétation du v. 455, cf. L.-S et Aristoph. Les Grenouilles 34, 351. Van Daele comprend de manière différente (Aristoph. IV 407): ... *le soleil brille répandant une gaie lumière.*

3 [A 10] — Les deux passages ne constituent certes pas un témoignage direct sur les mystères éleusiens, mais ils contribuent indirectement à les documenter ne serait-ce que parce que l'expérience décrite ici — la connaissance de l'idée du beau et le chemin pour y parvenir — est assimilée de façon explicite par Platon à l'événement éleusien (... κἂν σὺ μυηθείης· τὰ δὲ τέλεα καὶ ἐποπτικά ...). Le second passage étend ce parallèle jusqu'à articuler le point culminant de la connaissance de l'idée selon les mêmes éléments attestés par une autre source concernant les dernières étapes du rituel éleusien. Cette source est Plutarque (**3 [B 4a]**), postérieure de plusieurs siècles à Platon: toutefois c'est justement à partir de ce parallélisme que cette source se trouve nettement renforcée. Voici les divers éléments du passage platonicien: instantanéité (ἐξαίφνης κατόψεταί τι ...) de la connaissance suprême (Plutarque: φῶς τι ... ἀπήντησεν); souffrances nécessaires (οὗ δὴ ἕνεκενκαὶ καὶ οἱ ἔμπροσθεν πάντες πόνοι ἦσαν) afin de pouvoir parvenir à une telle connaissance (Plutarque: τὰ δεινὰ πάντα); en général toute la phase préparatoire (ὧν ἕνεκα καὶ ταῦτα ἐστιν in 210 a, et πρὸς τελος ἤδη ἰὼν τῶν ἐρωτικῶν in 210 e) de l'initiation (Plutarque: πλάναι τὰ πρῶτα καὶ περιδρομαὶ ...).

3 [A 11] — Ce passage associé à **2 [A 12]**, qui attribuait explicitement la folie des initiations à Dionysos, constitue un des témoignages les plus importants — avec **3 [A 3]** et **3 [A 5]** — en faveur d'une présence décisive de Dionysos à Éleusis. Il s'agit de la seconde *mania* du *Phèdre*. Étant établi que selon Platon celle-ci est inspirée par Dionysos, et étant donné que le contexte exclut la possibilité d'une référence au culte orgiaque de Dionysos (καθαρμῶν τε καὶ τελετῶν ... ἐξάντη ... καὶ τὸν ἔπειτα χρόνον), il ne reste plus que de penser à une indication des mystères éleusiens.

3 [A 12] — Dans ce passage Platon renvoie de façon moins directe à l'expérience éleusienne : toutefois le rapprochement avec **3 [B 4]** confirme là encore l'intention platonicienne d'assimiler la connaissance des idées à l'événement mystérique. Dans ce passage aussi se retrouvent en effet les trois phases dont témoigne Plutarque à propos d'Éleusis : (a) πολλαὶ ... καὶ μακάριαι θέαι τε καὶ διέξοδοι ... (b) ἔνθα δὴ πόνος τε καὶ ἀγὼν ἔσχατος ... (c) ἔξω ... ἔστησαν ... αἱ δὲ θεωροῦσι ...

3 [A 13] — Ce passage est intéressant en tant qu'indice de l'aspect obsédant de l'initiation (cf. **3 [B 4a]** : πολὺν ἔχουσαι πόνον ... οὗ δ' ἕνεχ' ἡ πολλὴ σπουδή. La terminologie éleusienne revient : ... ἀτελεῖς ... ἰδεῖν πεδίον ... ἐκ τοῦ ἐκαῖ λειμῶνος (cf. **3 [A 9,2]**, **4 [A 67,6]**).

3 [A 14] — De nouveau une terminologie mystique : τελέους ... τελούμενος ... ἐξιστάμενος ... Il est permis de penser que ce passage s'inspire du modèle éleusien : dans son aspect cognitif culminant, l'enthousiasme est réservé à un petit nombre (cf. **3 [A 1. 2. 4.]**).

3 [A 15] — Ce passage est entièrement calqué sur les termes mystériques, et il est inutile de répéter ce qu'on a dit dans les notes précédentes. Quant à l'expression φάσματα ... ἐν αὐγῆι καθαρᾶι, on se reportera à **3 [B 4b-c]** ainsi qu'au passage de Plutarque déjà cité.

3 [A 16] — A propos des expériences athéniennes de son ami Dion, Platon fait ici allusion aux mystères éleusiens, qui — de quelque façon qu'on l'interprète — n'apparaît guère respectueuse. On peut avancer, comme simple hypothèse, que le niveau aristocratique de la connaissance éleusienne s'était fort dégradé durant la première moitié du IVᵉ siècle (la septième lettre platonicienne est écrite peu avant 350 av. J.-C), et que Platon considérait sa connaissance philosophique suprême comme une restauration de l'ancienne vision éleusienne.

3 [A 17] — Encore un passage sur la connaissance suprême, au caractère ouvertement mystico-visionnaire.
Sur l'expression ἐκ πολλῆς συνουσίας ... cf. Plat. Polit. 285 c.

3 [A 18] — Je comprends τοῦ σύμπαντος ἀιῶνος en suivant Foucart et Graf.

3 [A 19] — En ce qui concerne les questions textuelles je suis Griffiths.
Déclaration explicite de la nature mystico-éleusienne de la connaissance suprême chez Platon et chez le jeune Aristote (ici le νοῦς et la sphère du divin coïncident de nouveau, cf. la note à **2 [A 15]**). On notera le θιγόντες à la fin du passage : Aristote parle de « toucher » en un sens non sensoriel pour indiquer l'immédiateté de la connaissance supérieure, dans des contextes décisifs (cf. Mét. 1051 b 24, 1072 b 21). On peut hasarder une hypothèse : le choix aristotélicien du terme « toucher » aurait-il subi la suggestion de l'acte mystique concernant la corbeille (cf. **3 [B 7]**)?

3 [A 20] — Initiation comme joie.

3 [A 21] — Plus explicitement que dans tous les autres passages platoniciens et aristotéliciens rapportés, on voit s'établir ici une quasi identification entre l'expérience cognitive d'Éleusis et la fulguration noétique. L'opposition οὐ μαθεῖν... ἀλλὰ παθεῖν rappelle l'οὔτε πυθέσθαι de **3 [A 1,3]** (cf. la note à **3 [A 1]**). L'expérience ne concerne pas l'individu, car celui-ci n'« apprend » pas, mais elle le domine, le modèle, l'assimile à la vision, qu'il « subit ».

3 [A 22] — Selon les détails fournis par le scholiaste d'Aristote, Eschyle fut accusé d'avoir divulgué les mystères éleusiens par certaines déclarations de ses tragédies.

3 [B 1] — Dans ce passage du péan à Dionysos de Philodème (poète du IVe siècle av. J.-C), découvert à la fin du siècle dernier dans les fouilles de Delphes on trouve également un appui (sous-estimé à tort par Rohde) à la thèse de la présence essentielle de Dionysos à Éleusis, ainsi qu'une allusion au lien Dionysos-ἐποπτεία (cf. la note à **3 [A 3]**).

3 [B 2] — Sur l'expression *principia vitae cognovimus*, cf. la note à **3 [A 2]**, en plus de à **3 [A 1]** et **3 [A 10-15]**.

3 [B 4] — La valeur remarquable de ces passages en tant que documentation historique de l'événement éleusien est établie par le parallèle avec **3 [A 10. 12-15. 17. 19. 21]**: cf. les notes correspondantes.

3 [B 5] — Le culte des mystères de Phlyées était confié à l'importante lignée attique des Lycomides. Ce passage atteste la participation de la poésie orphique dans le milieu mystérique.

3 [B 7] — La formule que rappelle ce célèbre passage de Clément était prononcée lors de la phase pré-contemplative du rituel éleusien. Sur le *cycéon* — mélange d'orge pilé, d'eau et de menthe — cf. Hom. Hymn. 2, 210; **4 [B 36]**. D'après les autres propos, il semble qu'il soit fait allusion au fait que l'initié devait « toucher » la reproduction d'un organe sexuel féminin (cf. la note à **3 [A 19]**). Les érudits les plus autorisés semblent s'être rangés désormais à cette interprétation de Körte. La limitation de cette exégèse du σύνθημα éleusien paraîtrait consister uniquement dans le fait qu'elle s'appuie sur des sources tardives et partiales, en l'absence de sources anciennes sur la question. Mais une source ancienne existe peut-être si nous prenons la peine de rapporter un passage énigmatique d'Héraclite aux mystères éleusiens. En effet, l'expression la plus obscure du témoignage de Clément d'Alexandrie (ἔλαβον ἐκ κίστης, ἐργασάμενος ἀπεθέμην εἰς κάλαθον καὶ ἐκ καλαθου εἰς κίστην) peut trouver une correspondance dans le texte héraclitéen (fr. 15 DK) (εἰ μὴ γὰρ Διονύσωι πομπὴν ἐποιοῦντο καὶ ὕμνεον ᾆισμα ἀιδοίοισιν ἀναιδέστατα εἴργαστ' ἀν· ὡυτὸς δὲ Αἴδης καὶ Διόνυσος, ὅτεωι μαίνονται καὶ ληναΐζουσιν). Il convient naturellement d'entendre de façon nouvelle ce fragment d'Héraclite. L'exégèse habituelle est en effet celle de Diels-Kranz: « Denn wenn es nicht Dionysos wäre, dem sie die Prozession veranstalten und das lied singen für das Schamglied, so wär's ein

ganz schamloses Treiben ». Cette interprétation a toujours été faible en raison du moralisme bigot qui est attribué à Héraclite, sans nul soutien historique. Mais rien ne s'était encore présenté de mieux. Toutefois, eu égard à la construction du fragment, Nilsson a fait l'intéressante proposition de relier αἰδοίοισιν au verbe εἴργαστ' ἄν, plutôt qu'à ᾆσμα, même si ce qu'il ajoutait à propos de l'exégèse n'apparaît guère convaincant (cf. I 591, 3). En revanche, si nous comprenons l'ἐργασάμενος du texte de Clément (modifié sans raison en ἐγγευσάμενος par Lobeck 1 25) dans le sens suggéré par Des Places (« après avoir manié »), et que nous maintenons la même signification chez Héraclite, le résultat apparaîtra sans conteste meilleur. Tout d'abord stylistiquement, en vertu de la conjonction et de l'opposition αἰδοίοισιν ἀναιδέστατα tout à fait dans le style d'Héraclite, et ensuite en raison de l'usage non moraliste de ἀναιδέστατα au sens de « sans aucune honte », « sans aucun scrupule ». Et ce n'est pas seulement le fragment héraclitéen qui trouve là une interprétation meilleure, mais c'est la signification symbolique du σύνθημα, selon la thèse exposée ci-dessus, qui se trouve étayée par un témoignage fort ancien.

3 [B 8] — La seconde partie du passage d'Hippolyte est habituellement rapportée au ἱερος γάμος entre le hiérophante d'Éleusis et la prêtresse de Déméter, qui symbolisait une union divine et culminait dans la proclamation: ἱερὸν ἔτεκε πότνια κοῦρον Βριμὼ Βριμόν. L'expression « qui a été rendu impuissant par la ciguë » est digne d'intérêt: cf. mon hypothèse in **4 [A 69,4]** et les notes à **1 [A 13-15]**. Il est possible que l'ambiguïté sexuelle de Dionysos ait été rappelée aussi dans le rituel éleusien. Il existe une notable confusion dans les sources et chez les interprètes modernes quant à l'identification du couple divin et du fils qui en est issu. Clément d'Alexandrie (2, 14) identifie Βριμώ à Déméter et parle de son union avec Zeus, à quoi feraient allusion les mystères: cette opinion est reprise par certains chercheurs modernes (cf. Smyly in *Greek Papyri from Gurob, Ritual of the mysteries*, Dublin, 1921, pp. 1-4; Des Places, 212). Mais d'autres ont observé avec justesse que Βριμώ est la désignation de Perséphone (cf. Kerényi, 1741, tandis que Kern, I 108, et Rose, 149, soutiennent une identification avec Artémis) selon une indication plus large des sources: cf. Propret. 2, 2, 11; Apoll. Rohd. 3, 861; Tzetz. in Hés. Op. 144 (Βριμὼ δὲ καὶ 'Οβριμὼ κυρίως ἡ Περσεφόνη). Il semble toutefois plus naturel de penser à une union de Zeus avec Perséphone, à laquelle renverrait le ἱερὸς γάμος. Telle a été en effet l'opinion de Foucart (478-479). Reste le problème du κοῦρος identifié par la presque totalité des interprètes à Ploutos, sans aucune base sérieuse dans les sources. Rohde (I 285,1 [tf 234,4]) fait une observation plus subtile lorsqu'à propos de ce passage il parle de la naissance de Iacchos; il établit toutefois une nette distinction entre Iacchos et Dionysos, en soutenant une opinion encore aujourd'hui très audacieuse. Mais j'ai déjà souligné que divers textes anciens supposent l'identité entre Iacchos et Dionysos (cf. **1 [A 3,7]**; **3 [A 3. 5. 11]**; Soph. fr. 874 Nauck; Eur. Bacch. 725), et du reste la thèse la plus vraisemblable, selon laquelle l'union entre Zeus et Perséphone était mimée symboliquement, suggère aussitôt l'idée que Dionysos est un fils de cette union (cf. **4 [B 13. 14. 15]**). Dès lors comment accorder cette thèse avec la lettre de la proclamation du hiérophante? Est-il possible d'identi-

fier Dionysos à Βριμός? Il s'agit d'un adjectif qui signifie μέγας, χαλεπός (Hésychios), ἰσχυρός (Hippolyte), et selon Rohde il doit être compris aussi dans le texte d'Hippolyte en tant qu'adjectif et non comme nom propre. Quoi qu'il en soit, les significations attestées conviendraient bien davantage à Dionysos qu'à Ploutos; cf. en outre Orph. Argon. 17, 429, qui semblent se référer à Dionysos (Abel OF 4, 18, où l'on peut proposer la correction Βριμοῦ). La question ne se peut trancher nettement, mais des motifs de contenus viennent conforter aussi le titre de Βριμόν à propos de Dionysos. La présence dominante de Dionysos à Éleusis a déjà été évoquée, même si elle est dissimulée sous le voile mystique, et qu'elle n'est donc probablement révélée que dans le stade final de l'initiation. Nous avons ici une indication de plus dans ce sens, et l'obscure désignation Βριμόν convient à ce contexte. De même, du reste, qu'il est naturel que l'allusion secrète et voilée à l'origine incestueuse et semi-bestiale de Dionysos appartienne au stade ultime de l'ἄρρητον (cf. les notes à **3 [A 1. 3. 6]**).
La signification symbolique du rite décrit dans la première partie du passage d'Hippolyte est obscure. Sur cette question cf. Foucart, 433 sqq.

ORPHÉE

4 [A 1] — Source du VIe siècle av. J.-C. Je propose **4 [A 1 b]** comme nouveau fragment, parce que dans les vers 5-6 apparaît l'expression ἐν ὠέωι ἀργυρέωι, que l'on retrouvera de façon presque identique (ὠεὸν ἀργύφεον) douze siècles plus tard dans un texte manifestement orphique — **4 [B 72 b 2]** — attesté par Damascius (cf. aussi Simpl. in Arist. *Phys.* 187 a 1 [1 147,1 Diels]). Au sujet de l'œuf cosmique orphique, cf. **4 [A 24,3. B 28. 33. 72a. 73]**. En ce qui concerne l'interprétation de **4 [A 1 b]**, cf. Page PMG 148. On pourrait objecter que le fragment d'Ibycos ne semble pas lié aux mythes orphiques: il a trait au meurtre des jumeaux Eurytos et Ctéatos par Héraclès (cf. Rose 219, 229). A l'encontre de quoi je ferai remarquer tout d'abord que le rapport Héraclès-Orphée est diversement attesté par les sources (cf. par exemple **4 [B 6]**, Orph. Argon. 24; Claudian. De raptu Proserp. Praef. libri II). Il y a en outre quelque chose de plus important: Héraclès est mentionné dans le contexte de mythes orphiques — in **4 [B 33]**, **4 [B 72a]** et dans le passage d'Athénagore qui précède immédiatement le fragment **4 [B 34]** — et il est identifié à Cronos (Temps). Mais c'est justement dans ces passages qu'il est *aussi* fait mention de la doctrine de l'œuf cosmique. Ainsi Héraclès et l'« œuf argenté » sont en relation dans le fragment d'Ibycos, comme ils le seront encore bien des siècles plus tard dans certains témoignages sur les doctrines orphiques, même si le contexte précis du mythe ne saurait être reconstruit. Sur Héraclès et l'orphisme on verra également Creuzer *Dion.* 142 sqq.

4 [A 2] — Fragment sur la puissance de la musique apollinienne, de même que **1 [A 2]** témoignait de la puissance de la musique dionysiaque (cf. note à **1 [A 2]**).

4 [A 3] — Témoignage sur la nature apollinienne d'Orphée: χρυσάωρ est une des épithètes d'Apollon (cf. Il. 5,509; 15,256; Pind. Pyth. 5,104).

4 [A 4] — On discute sur le fait de savoir si le sens est « envoyé par Apollon » (selon Kern, Nilsson, Guthrie *Orph.* 42 [tf 54]), ou bien « fils d'Apollon » (selon Ziegler). Je suis d'accord avec Linforth pour laisser la question ouverte. La tradition qui considérait Orphée en tant que fils d'Apollon était de toute façon ancienne: cela est dit clairement en **4 [B 10]**, dont la source remonte au IVe siècle av. J.-C.

4 [A 5] — Dans une excellente analyse, Rohde avait soutenu (II 204-222 [tf 434-435]) que ce passage de Pindare et les suivants remontent à des sources probablement orphiques. Diels et Kern le nièrent obstinément, et de fait ces fragments n'apparaissent pas dans leurs éditions. Rohde avait conforté sa thèse en établissant une comparaison avec les tablettes orphiques, et sa thèse de base parut convaincante tant à Guthrie (*Orph.* 170 [tf 184]) qu'à Nilsson (I 692-694).
Rose accomplit un pas en avant dans l'exégèse de ce fragment en suggé-

rant de comprendre le παλαιοῦ πένθεος du vers 1 comme une allusion à la douleur de Perséphone face à la mort de Dionysos-Zagreus, mis en pièces par les Titans. Ceci renforce à l'évidence la dérivation orphique du fragment; la thèse de Rose a même été acceptée, avec quelque réserve, par Linforth (348-350). J'insisterais davantage encore sur la résonance orphico-mystérique de l'« antique douleur », en y voyant mêlé le souvenir angoissé de Perséphone, à propos de la violence qu'elle subit de la part de son père Zeus. Cf. les notes à **3 [A 6]** et **3 [B 8]**.
Pour la construction des vv. 4-5, cf. Slater 51.

4 [A 6] — Ce célèbre passage sur la vie supraterrestre est d'inspiration orphique. Sur le φράσαις du v. 5, cf. Kühner I, 1, 132-133; Slater 535.
Quant à la formule « à trois reprises » au v. 14 et au passage correspondant chez Plat. Phaedr. 249 a, cf. Guthrie *Orph.* 184-185 [tf 204-205]; Hackforth *Phaedr.* 85; KP III 909.

4 [A 7] — Pour ce qui est de la disposition de ce fragment et des deux suivants je suis Turyn (332-334) et Bowra (frr. 114-116). Il résulte des propos de Plutarque qui accompagnent la citation des frr. 129 et 130 Snell, que le premier concerne la vie supraterrestre des bienheureux, et le second celle des impies.

4 [A 8] — Il s'agit peut-être d'une allusion orphique, et non pas seulement strictement mystérique.

4 [A 9] — Le concept d'une image, d'une apparence de la vie qui constitue chez l'homme la seule part divine, a non seulement immédiatement une résonance orphique, mais s'exprime sous une forme qui convient parfaitement pour caractériser la ψυχή en tant qu'elle est ensevelie dans le corps. Et on retrouve quelque chose de semblable dans la doctrine orphique selon laquelle l'homme est constitué d'une part dionysiaque et d'une part titanesque (cf. **4 [B 77]**).
Les vv. 3-4 présentent quelque affinité avec certains fragments d'Héraclite (en premier lieu B26 DK, et B1. 21. 88. 89 DK). Ils rappellent avec plus de netteté **2 [A 14]** et c'est la raison pour laquelle ils s'adaptent à l'un des aspects apolliniens d'Orphée, à la mantique extatique et à la sagesse de la divination (cf. le chapitre « Hyperboréens »).

4 [A 10] — Rappelle **4 [A 2]**: la puissance de la musique apollinienne se manifeste par la joie.

4 [A 11] — Dans ce qui précède Hérodote dit qu'Homère et Hésiode ne vécurent pas plus de quatre cents ans avant lui. Suit le passage rapporté, dans lequel on s'accorde à voir une allusion à Orphée et à Musée.

4 [A 12] — J'accepte l'expurgation de Βαχχικοῖσι ... καὶ, proposée par Wilamowitz (s'appuyant sur les mss. les plus anciens) et également acceptée par la suite par Nilsson. On ne saurait parvenir autrement à un contexte plausible. En ce qui concerne l'interprétation, la suggestion de Rohde de comprendre τοῖσι 'Ορφικοῖσι et Πυθαγορείοισι comme neutres reste acquise, mais quant au sens de ces neutres il est préférable de songer aux « rites » plutôt qu'aux « doctrines ». Pour ces deux questions on trouvera un appui dans Paus. 1, 37, 4.

4 [A 13] — Ces vers, prononcés par Admétos, ont trait à la descente d'Orphée dans l'Hadès pour y reprendre Eurydice. C'est le plus ancien témoignage sur ce mythe. Je ne partage pas l'avis de Guthrie et de Linforth qui considèrent qu'Euripide suppose ici une issue favorable à l'entreprise d'Orphée.

4 [A 14] — La personnification 'Ανάγκας au v. 4, bien qu'apparemment en contradiction avec le rappel des vv. 5-8 aux écrits orphiques, est, à mon sens, déjà en elle-même une allusion orphique. 'Αναγκη personnifiée n'apparaît pas chez Homère ni chez Hésiode, et elle se présente pour la première fois chez Parménide (cf. Parm. B8,30. 10,6 DK; Emp. B115,1. 116 DK; Gorg. B11 DK), où on a tout lieu de croire à une influence orphique. Dans les fragments de cette section on trouvera une vaste documentation de l'emploi orphique de 'Αναγκη et des divinités qui lui sont associées (ou identiques), Δίκη et 'Αδράστεια. Dans la mesure où ils déclarent qu'en Thrace existaient des tablettes contenant les écrits d'Orphée, les vers 5-7 annoncent qu'à la moitié du Ve siècle av. J.-C était déjà répandue une littérature orphique écrite, ce qui constitue également un remarquable indice en faveur de l'ancienneté d'un orphisme non écrit.

4 [A 15] — Ces vers, placés dans la bouche de Minos, appartiennent à un fragment d'une tragédie perdue d'Euripide, les *Crétois*, centrée sur la passion de Pasiphaé pour le Taureau (cf. TGF 505). Ce passage a suscité maintes discussions, surtout parce qu'y apparaît le nom de Zagreus dont le rapport avec Dionysos est très controversé. Outre ce fragment d'Euripide, les témoignages les plus anciens sur Zagreus sont: Alcmaeonis fr. 3 (77 Kinkel) et Aeschyl. Sisyph. fr. 228 Nauck (74-75 TGF). Jusqu'au IIIe siècle av. J.-C il n'existe aucune source qui identifierait explicitement Zagreus à Dionysos (cf. **4 [B 14]**). Le point acquis demeure l'origine crétoise de Zagreus: en revanche le problème reste ouvert quant au fait d'établir s'il a été, dès l'origine, associé à Dionysos, ou si l'identification ne s'est produite que plus tard, et probablement sous l'influence orphique. La plupart des chercheurs penchent encore aujourd'hui en faveur de la séparation (cf. par exemple Nilsson MMR 578-581), mais la thèse contraire est soutenue par l'autorité de Guthrie. Je suis moi aussi d'avis que le fragment des *Crétois* suppose une identification Zeus Idaeos-Zagreus-Bacchos (= Dionysos). A l'appui de cette thèse, qui étend l'identification au moins jusqu'au Ve siècle av. J.-C., on peut faire valoir d'autres éléments tirés du fragment d'Euripide: en premier lieu le νυκτιπόλου, référé à Zagreus au v. 8, est un terme déjà utilisé par Héraclite (B14 DK) dans un contexte vraisemblablement dionysiaque; en second lieu l'allusion à l'omophagie du v. 9 renvoie assez nettement à Dionysos; enfin l'expression des vv. 13-14 φεύγω γένεσίν τε βροτῶν (en ce qui concerne la position de τε cf. Denniston 517-518) a trait à cet aspect pessimiste de Dionysos que nous avons déjà fait valoir (cf. notes à **1 [A 13-15]**). Mais en réalité je pense que l'identification Zeus Idaeos-

Zagreus-Dionysos à une origine bien plus ancienne. A l'appui de cela je rappelerai ce que j'ai dit sur la position centrale de Dionysos à Éleusis (cf. note à **3 [A 3. 5. B 1]**) et sur le fait que dans le rituel éleusien on évoquait la naissance incestueuse de Dionysos de Perséphone (cf. note à **3 [B 8]**): or la source du IIIe siècle av. J.-C. qui identifie Dionysos à Zagreus, à savoir Callimaque (cf. **4 [B 14]**), le déclare justement fils de Perséphone. En outre je mentionnerai le lien Éleusis-Arcadie-Crète que j'ai indiqué précédemment et qui se focalisait précisément sur Dionysos (cf. note à **3 [A 6]**). La critique du texte de ce fragment présente un certain nombre de difficultés, que l'on n'a pas entièrement résolues. A propos de στεγανοὺς au v. 3, cf. Fraenkel *Agam.* II 189. Au v. 8 je lis βοτὰς d'accord avec Cantarella; outre la leçon de Porphyre βροντὰς, adoptée par Nauck et par Kerényi, il est bon de se rappeler du βούτης de Willamowitz. Au v. 9 Cantarella lit δαῖτας, en tant que nominatif singulier en position prédicative du sujet sous-entendu.

4 [A 16] — Ce passage est ironique à l'égard de la diète végétarienne prêchée par l'orphisme et de la diffusion de la littérature orphique qui, dans la seconde moitié du Ve siècle, était déjà perçue comme livresque et non authentique.
Traduction de Barrett: *Now you may plume yourself, now by a vegetable diet play the showman with your food, and with Orpheus for your lord hold your covens and honour all your vaporous screed — for you are caught!*

4 [A 17] — Passage badin, placé dans la bouche d'un satyre qui ne veut pas aider Odyssée à planter le pieu ardent dans l'œil du cyclope.

4 [A 18] — Ce fragment et les deux suivants sont extraits de l'Hypsipyle, tragédie d'Euripide dont nous n'avons que des fragments.
Hypsipyle, reine de Lemnos, avait donné deux jumeaux à Jason, Eunéos et Thoas. Jason les enleva à leur mère et les emmena avec lui; après la mort de Jason, les enfants furent confiés à Orphée, qui les éleva en Thrace. Devenus hommes ils retrouvèrent leur mère à Némée.
Le document le plus ancien sur la participation d'Orphée à l'expédition des Argonautes est la métope du Trésor de Sycione à Delphes, du VIe siècle av. J.-C., où le poète est représenté tenant la lyre, auprès du navire Argos (cf. Guthrie *Orph.*21 [tf 32]).
Traduction Grenfell-Hunt: ... *and by the mast amidships Orpheus' Thracian lyre of Asia sounded a dirge of invocation, playing a measure for the rowers of the long-shafted oars, now a swift stroke, now easying the blade of pine.*

4 [A 19] — Cf. la note à **4 [A 18]**.

4 [A 20] — Ici le passage est très lacunaire, mais le substrat orphique (et peut-être même éleusien) est manifeste. Plusieurs références sont données dans l'apparat. Quant au πότνια du v. 1, cf. la note à **3 [A 6]**. Si nous acceptons l'identification orphique Éros-Phanès (cf. **4 [B 46]**, [F 74. 82. 167 K]), confirmée par la présence dans ce fragment de l'attribut habituel (ou de l'un des noms) de Phanès, πρωτόγονος, le fragment de l'*Hypsipyle* serait le témoignage le plus ancien sur Phanès — mais on ne saurait faire la preuve de cette priorité — considérant le fr. 13 DK de Parménide, où Éros est considéré justement en tant que premier-né (πρώτιστον μὲν Ἔρωτα θεῶν μητίσατο [cf. **4 [B 46. 47. 73 75]**] πάντων). Il n'en reste pas moins que le fr. 13 de Parménide est rappelé par ce fragment d'Euripide, dans lequel une autre allusion parménidienne réside peut-être dans le ἄσκοπον du v. 2 (que Guthrie *Orph.* 97 [tf 113] traduit par « lumière brillante » , et Bond 121 par « (source de la lumière) invisible », tandis que in Parm. B7,4 l'ἄσκοπον ὄμμα est compris par Diels comme *Blick den ziellosen* et par DK comme *das blicklose Auge*).

4 [A 21] — Cf. **4 [A 2. 10. 13]** et les notes correspondantes.

4 [A 22] — Paroles que le chœur adresse à Dionysos. La musique apollinienne agit également dans un milieu dionysiaque (v. 5: σύναγεν θῆρας ἀγρώτας).

4 [A 23] — Cette déclaration générale de pessimisme (qui est un pessimisme cognitif puisqu'il considère la vie comme apparence) a une coloration orphique, du fait de l'échange de la sphère de la vie pour celle de la mort. Que l'on ne tienne pas seulement compte des passages platoniciens cités dans l'apparat (parmi lesquels **4 [A 34]** présente une référence explicite à Orphée), mais également du fragment de Pindare **4 [A 9]** (cf. la note correspondante).

4 [A 24] — Ainsi qu'il résulte de l'apparat, les nombreuses références de ce passage en direction d'autres fragments contenus dans cette section ne laissent aucun doute sur le fait qu'Aristophane entend se rapporter aux mythes orphiques. Sur l'ancienneté de la conception orphique de l'œuf cosmique, attestée ici, cf. la note à **4 [A 1]**. Sur Éros — vv. 4-8 — et ce qui s'y rapporte, cf. la note à **4 [A 20]**.
On ne saurait être trop surpris de trouver quelques divergences dans la génération des premiers dieux entre ce passage et la théogonie orphique attestée par les néoplatoniciens, car il est difficile d'imaginer qu'Aristophane ait ici pour propos de suivre fidèlement ses sources.
Au v. 3 ὑπηνέμιον a également le second sens de « non fécondé », dans les intentions d'Aristophane (cf. Guthrie *Orph.* 92-94 [tf 110]).

4 [A 25] — Un certain nombre d'éléments apolliniens et dionysiaques, qui relèvent conjointement de l'orphisme, sont ici séparés: les caractères dionysiaques sont attribués à Orphée (mais il est vrai que s'abstenir du meurtre est un élément originellement orphique, qui accentue l'aspect pessimiste de Dionysos, cf. notes à **1 [A 9. 13-15]**, **4 [A 15]**), tandis que les traits apolliniens sont attribués à Musée. L'expression « il nous enseigna les initiations » a trait à la sphère mystérique athénienne: par conséquent il ne suffit pas d'accentuer la position centrale de Dionysos dans cette sphère (cf. **2 [A 12]**, **3 [A 11]** et les notes correspondantes), mais il convient d'ajouter que la poésie orphique y pénétra aussi dans le sillage de Dionysos et qu'elle y tint une position importante. Et non seulement dans les mystères de Phlyées (cf. la note à **3 [B 5]**), mais vraisemblablement aussi dans ceux d'Éleusis.

4 [A 26] — Dans son dernier discours à ses juges, Socrate déclare mourir volontiers, puisque dans l'Hadès il pourra rencontrer les sages et les héros.

4 [A 29] — Socrate arrive chez Callias, qui a hébergé Protagoras, et décrit l'ambiance qui entoure le sophiste. Il évoque la puissance musicale apollinienne d'Orphée.

4 [A 30] — L'allusion à Orphée et à Musée est parallèle à celle de **4 [A 25]**: cf. la note correspondante à ce fragment. Il semblerait que Platon, de façon non explicite toutefois, rapporte les initiations à Orphée et les réponses oraculaires à Musée.

4 [A 31] — La référence à une doctrine orphique semble certaine, en raison de l'affinité avec **4 [A 34]**. Cf. les notes à **4 [A 9. 23]**.

4 [A 33] — L'affinité entre ce passage et **4 [A 5]** confirme l'hypothèse d'une doctrine orphique en tant que source commune. De même le fragment de Pindare suppose que les âmes parvenues dans l'Hadès reviennent sur cette terre.

4 [A 34] — Ce passage (que nous avons évoqué dans les notes à **4 [A 23. 31]**) est très important, car il attribue explicitement à l'orphisme une conception pessimiste radicale sur le rapport âme-corps. Auquel cas la dérivation Dionysos-Orphée présente une fracture, étant donné que l'élément pessimiste inhérent à Dionysos s'approfondit, se radicalise et se détache totalement de l'élément vitaliste complémentaire.

4 [A 35] — C'est la citation textuelle la plus ancienne de la poésie orphique, avec **4 [A 45]** et **4 [A 48]**. **4 [A 39]** ne l'est que partiellement.

4 [A 36] — Ce passage qui suit immédiatement la citation de **4 [A 23]** dans le texte de Platon, rappelle de près **4 [A 34]**. En revanche je ne considère pas comme orphique ce qui suit chez Platon (en dépit de l'opinion contraire de Guthrie), car la paternité de cette doctrine semble devoir être attribuée à Σικελός τις ἢ Ἰταλικός. Si toutefois on prétend également trouver une allusion à l'orphisme dans la suite du passage de Platon, on se référera alors à un aspect non ancien de l'orphisme, c'est-à-dire à cette nouvelle configuration du phénomène entier, qui se produit en même temps que la diffusion, au cours des Vᵉ et IVᵉ siècles, d'une vaste littérature orphique écrite (cf. la note à **4 [A 16]**). Sous le couvert d'une hypothèse on peut considérer comme une caractéristique de cette nouvelle littérature et praxis — à laquelle se réfère probablement la dénomination d'Orphéotélestes qui apparaît en **4 [B 8]** — l'insistance sur les punitions qui attendent les non-initiés dans l'au-delà (en plus des caractères décadents de charlatanerie qui se présenteront dans divers fragments). Cela se vérifie dans la suite de ce passage du *Gorgias*, et aussi par exemple dans la seconde partie de **5 [A 16]**, où revient le même terme κόσκινος (la première partie de **5 [A 16]** est un témoignage sur Musée.)

4 [A 37] — Ainsi qu'il est indiqué dans l'apparat, cette évocation platonicienne des « deux routes » trouve un parallèle dans la source à droite et dans celle à gauche dont parlent les tablettes d'or. Dans celles-ci le passage le plus proche du contexte platonicien se trouve en **4 [A 67,5-6]**.

4 [A 38] — Allusion au mythe de la descente d'Orphée dans l'Hadès (cf. **4 [A 13]** et la note correspondante — en remarquant qu'Euripide comme Platon relient ce mythe avec celui d'Alceste), et au dépècement d'Orphée par les femmes de Thrace. La source la plus ancienne concernant cette mort d'Orphée remonte à Eschyle (cf. **4 [B 2]**).

4 [A 39] — La fin de ce passage renvoie presque textuellement à un vers orphique ancien. Il n'est pas possible de reconstituer exactement l'original: toutefois deux fragments de la littérature orphique tardive concordent sur les termes θύπας δ'ἐπίθεσθε βέβηλοι.

4 [A 40] — Dans ce passage platonicien apparaissent aussi divers indices d'une influence orphique, comme nous l'avons indiqué dans l'apparat. En premier lieu la référence à 'Αδράστεια, explicitement identifiée à Ananké dans l'important témoignage orphique de **4 [B 72]** (cf. également la note à **4 [A 14]** et la documentation in KP I 74-75). En second lieu, dans ses grandes lignes, on peut considérer comme orphique le thème de la métempsycose (cf. **4 [A 5. 33]** et les notes correspondantes): en revanche on peut présumer que les détails sur cette doctrine sont une adjonction platonicienne. Il est toutefois permis de supposer un écho mystico-éleusien dans le fait que le cours de la métempsycose dépend de la possession ou non de la vision de la vérité (l'ἐποπτεία a en effet une influence sur la vie supraterrestre, cf. **3 [A 1. 2. 4]**), peut-être également à travers une médiation orphique (cf. la note à **4 [A 25]**). Enfin il faut noter comme un élément orphique le λήθης τε ... πλησθεῖσα: l'antithèse mémoire-oubli est en effet centrale dans les tablettes d'or.

4 [A 41] — Ce passage confirme clairement ce que l'on a signalé à propos de la décadence de l'orphisme entre le Ve et le IVe siècle (cf. **4 [16. 36]** et les notes correspondantes). Là aussi l'orphisme est présenté comme culture livresque (et l'étendue de cette littérature est considérée comme un symptôme négatif), qui est à la base d'une pratique pseudo-religieuse. On retrouve aussi le thème des punitions dans l'au-delà.
Au début je lis ὁρμαθόν, suivant en cela la conjecture de Lobeck, non seulement en fonction de la comparaison avec le passage de Théophraste, mais parce qu'un emploi métaphorique de ὅμαδος ne semble pas être attesté (on notera aussi que ὁμαδός est utilisé in Ion 533 a, 536 a — cf. Ast II 473 — alors que ὅμαδος n'apparaît pas ailleurs chez Platon).

4 [A 42] — Comme le montre l'apparat, l'opposition entre une route vers la droite pour les justes et une autre vers la gauche pour les injustes rappelle une opposition analogue présente dans les tablettes orphiques, de façon identique à celle que l'on a signalé à propos de l'antithèse mémoire-oubli (cf. les notes à **4[A 37.40]**).

4 [A 43] — Autre rappel du mythe sur la mort d'Orphée perpétrée par les femmes de Thrace: cf. **4 [A 38]** et la note correspondante.

4 [A 44] — Ce passage qui apparaît justement dans la dernière page de la *République*, s'associe à **4 [A 40. 42]** (cf.les notes correspondantes) en tant que document attestant le parallélisme avec les tablettes orphiques. Il est aussi question ici non seulement de l'oubli (« la plaine du Léthé »), mais on trouve des parallèles plus ponctuels tels que le thème de la brûlure des âmes (cf. **4 [A 62,11. 63,8. 70 a-f]** et de l'eau courante qui les désaltère (cf.**4 [A 62,6. 62,12-14. 63,3-4. 63,9-10. 64,3-4. 64,9-10. 64,3-4. 64,9-10. 70 a-f]**). Cependant Platon insiste sur l'eau qui procure l'oubli, alors que les tablettes parlent de l'eau — froide par antithèse à la brûlure de l'âme — « qui s'écoule du marais de Mnémosyne ».

4 [A 45] — Ce fragment a été l'objet de nombreuses discussions des interprètes. En admettant que l'on s'attache aux générations des dieux, il apparaît dans le contexte du *Philèbe* (dans la mesure où la citation intervient après que Platon ait parlé de cinq sortes de plaisir, comme l'a observé Lobeck) qu'Orphée aurait distingué six générations de dieux, mais n'en aurait traité que cinq. Or les sources orphiques s'accordent sur le nombre des générations, lorsque chacune d'elles prend le nom de son roi (ainsi dans les trois textes de **4 [B 39]** est-il question de Phanès, Nuit, Ouranos, Cronos, Zeus, Dionysos en tant que rois), et le fait qu'Orphée n'en ait traité que cinq pourrait s'avérer plausible, puisque le dernier règne, celui de Dionysos, est notre monde actuel. J'accepte κόσμον, à la lumière des codd. platoniciens (contre Kern qui suit la leçon θυμὸν de Plutarque). Le κόσμον a été déjà défendu par Ziegler et par Linforth, qui précise ainsi l'interprétation de κόσμον ἀοιδῆς: *a song in which art governs the choice and combination of words*.

4 [A 46] — Le fait que Platon entende ici se référer à la poésie orphique est confirmé par l'expression « il est impossible de ne pas donner créance à des fils de dieux » et par un parallèle avec le début de **4 [A 41]**. Et les sources qui attribuent des parents divins à Orphée et à Musée ne manquent pas, même en dehors de **4 [A 41]**: on dit qu'Orphée est fils de la Muse Calliopé (cf. Pausanias 9, 30, 4) et peut-être même d'Apollon (cf. la note à **4 [A 4]**), tandis que Musée est considéré comme le fils de Séléné (cf. **5 [A 9]**). La généalogie des dieux que propose ce passage par Platon est plutôt sommaire et montre quelques divergences par rapport aux sources indiquées dans l'apparat.

4 [A 47] — Sur ces « discours sacrés » plus anciens on verra **4 [A 12]** et les passages cités dans Kern OF 143. Toutefois dans ce passage aussi la mention des peines supraterrestres fait penser à une contamination de l'orphisme contemporain de Platon.

4 [A 48] — Dans le contexte des *Lois*, l'hôte athénien reproche aux poètes d'embrouiller et de confondre entre eux les divers éléments des compositions, parole, rythme, mélodie, chant. cf. la note à **4 [A 35]**.

4 [A 49] — Ce passage s'ajoute à **4 [A 5]** en tant que témoignage ancien — même s'il est fort indirect dans les deux cas — du démembrement de Dionysos par les Titans. En effet l'expression « la fameuse nature primitive des Titans », à savoir la partie violente et outrecuidante de l'homme, serait difficile à expliquer, si Platon ne cherchait à rappeler par ces paroles le mythe du démembrement.

4 [A 50] — La référence à la poésie orphique — comme le suggère la scholie platonicienne citée en apparat — est indiscutable, en raison du parallèle avec **4 [A 71]**, dont l'ancienneté orphique a été confirmée récemment (cf. la note correspondante). Quant à la figure de Diké, définie ici par Platon en tant que « châtiant ceux qui s'écartent de la loi divine », on peut bien entendu comparer les sources orphiques citées en apparat et la note à **4 [A 14]**, mais il est utile d'en noter l'affinité avec la déesse homonyme qui apparaît chez Héraclite et chez Parménide, ainsi qu'avec le concept de justice que nous présente Anaximandre.

4 [A 51] — Ici une vision de la vie nettement pessimiste est qualifiée d'orphique. L'abstinence de la viande est un caractère qui relevait probablement déjà de l'orphisme ancien (malgré **4 [A 16]**, où Euripide se réfère à une dégradation du mouvement, intervenue dès le Ve siècle), et l'on peut penser qu'en **4 [A 25]**, où Aristophane semble en appeler à un lointain passé, le φόνων τ' ἀπέχεσθαι ait trait au fait de tuer en général, en plus de la signification immédiate du meurtre. Sur le caractère pessimiste de l'orphisme on verra en outre la note à **4 [A 25]**, de même que celle à **4 [A 34]**.

4 [A 53] — Ce passage s'ajoute à **4 [A 13]** et à **4 [A 38]**, en tant que témoignage ancien sur la descente d'Orphée dans l'Hadès. Linforth ne nous paraît guère convaincant, lorsqu'il prétend que par « morts » Isocrate ne fait que se référer à Eurydice. Il est permis de penser également à une variante du mythe qui ne nous aurait pas été transmise.

4 [A 54] — Attitude polémique à l'égard des théogonies orphiques, analogue à celle de **4 [A 27]**. On y trouve aussi une allusion à la mort d'Orphée par dépècement, et donc un autre témoignage ancien sur ce mythe qui vient s'ajouter à **4 [A 38. 43. B 2]**.

4 [A 55] — Autre fragment sur le pessimisme orphique. Ici la perspective de la métempsycose interprète notre vie terrestre comme punition des fautes antérieures, et cette expression du pessimisme orphique était peut-être déjà connue de Pindare (cf. **4 [A 6,2-3]**). En outre la comparaison avec les pillards étrusques rappelle immédiatement, et avec une grande vigueur, la doctrine orphique du corps-sépulcre: cf. les notes à **4 [A 9. 23. 31. 34. 36]**.

4 [A 56] — Ce passage témoigne de la première divulgation homogène, et peut-être unifiée d'une poésie orphique à la fin du VIe siècle, entreprise par Onomacrite (sur Onomacrite cf. le second volume de cette édition). On discute sur le fait d'attribuer à Aristote la totalité du passage: l'opinion qui prévaut, soutenue fort lucidement par Guthrie, limite le témoignage d'Aristote à la première partie du passage de Philopon et à la mention d'Onomacrite dans la deuxième partie, et il affirme que le témoignage de Cicéron (cité dans l'apparat) n'a d'autre source qu'Aristote. A mon avis on ne peut qu'attribuer l'intégralité du passage à Aristote (et la question de la source de Cicéron reste ouverte). L'origine de l'orphisme, en tant que vision du monde, était jugée fort ancienne par Aristote. Sur Cercops, mentionné par Cicéron, cf. DK I 105,29-106,8.

4 [A 57] — Il semble que ce soit là l'indication la plus ancienne d'une théogonie orphique qui s'élabore à partir de la Nuit, autrement dit de la théogonie d'après Eudème (cf. **4 [A 9a]** et Ziegler OD 1347-1349). Toutefois l'attribution n'est pas explicite. Un témoignage encore plus ancien, bien que plus ambigu cependant et plus imprécis pourrait se dessiner en **4 [A 24,1]**.

4 [A 58] — Guthrie soutient, fort justement à mon sens, la résonance orphique de ce passage, en faisant noter le parallèle avec **4 [A 35]**. La même thèse se trouve en DK I 9 n, à laquelle vient s'ajouter la référence à **4 [B 72]**.

4 [A 59] — Ce passage vient étayer, sous une forme plus générique, les témoignages **4 [A 57. 58]**. Cf. les notes correspondantes.

4 [A 60] — Dans ce qui précède Aristote développe une critique — dont cette allusion à la poésie orphique est un exemple — à l'encontre de certains philosophes qui, selon lui, n'avaient pas su fournir une explication valable pour chaque âme, ni pour la totalité d'une certaine âme. La doctrine citée dans ce passage en tant qu'orphique est attestée ailleurs par la suite, et par Aristote lui-même, en tant que pythagoricienne (cf. 58B30 DK). On ne saurait établir laquelle des deux origines est la plus ancienne par manque de preuves.

4 [A 62] — Cette tablette, la dernière que l'on ait retrouvée et aussi la plus ancienne, a été magistralement éditée par Pugliese Carratelli en 1974. Le déchiffrement ne laisse pas de questions en suspens; l'exégèse du texte est riche en références et éclairante sur la datation. L'interprétation qui a trait au contenu est intéressante, en ce qu'elle est centrée sur Mnémosyne, divinité orphique, qui apparaît dès le début du texte (et c'est aussi, sur le plan formel, la nouveauté la plus remarquable de cette tablette, puisque ce n'est qu'à partir d'elle que Pugliese Carratelli a pu montrer que la même formule apparaissait déjà à la fin de la tablette de Pételie). D'après Pugliese Carratelli, la prééminence de la déesse de la mémoire revêt une signification profonde: « c'est en vertu de la mémoire de ses expériences mystiques et de la doctrine qu'il a fait sienne qu'il est donné au *mystes* de se soustraire pour toujours au cycle des renaissances ». La tablette est dédiée à Mnémosyne, « à la déesse qui lui assure la pérennité de ce savoir vital qui l'a affranchi de la répétition des naissances et des morts, du destin commun aux autres mortels ». Pugliese Carratelli critique à juste titre les précédentes interprétations qui tendent à banaliser Mnémosyne. Mais sa perspective doit être ultérieurement approfondie: Mnémosyne ne renvoie pas seulement à une conception mystico-pessimiste, mais elle révèle une des intuitions archaïques qui sont à l'origine de toute la pensée présocratique. La

reconnaissance pessimiste du caractère illusoire du monde qui nous entoure trouve une compensation théorique dans son interprétation comme trace, reflet, expression, souvenir d'une vie divine antérieure, immuable, soustraite au temps, que Mnémosyne nous aide à retrouver. Nous avons déjà parlé de ce thème et de ce qui s'y rattache dans l'introduction (on verra en outre FE 35-38 [tf 41-43], DN 62-63, 74 [tf 46-47, 55-57], NF 34-35 [tf 36-37]). Voir également Pugliese Carratelli 1976, 240 sqq.
Par contre je ne suis pas d'accord avec Pugliese Carratelli pour considérer comme originelle la disposition à droite de la source du Léthé, comme il est dit dans cette tablette. En **4 [A 64]** cette source est également disposée à droite, mais en **4 [A 63]** elle est placée à gauche. L'élément décisif qui nous permettra de résoudre cette divergence ne doit pas être cherché dans les détails du texte des différentes tablettes, mais nous est offert par le parallèle avec le passage platonicien **4 [A 42]** (cf. les notes à **4 [A 40. 42. 44]**), où il est question d'une route vers la droite pour les justes (et il serait étrange de supposer que l'initié de **4 [A 62]** puisse boire à la source de gauche pour se diriger ensuite vers la droite [comme il est dit également en **4 [A 67,5]**]). A quoi vient s'ajouter le fait que en **4 [A 70]** il est dit explicitement que l'âme doit boire à droite. Il me semble par conséquent que sur ce point le témoignage d'une tradition plus ancienne est à rechercher plutôt en **4 [A 63]** (tandis que **4 [A 62. 64]** ou leurs sources auraient subi une altération). Qu'à l'origine de cette tablette et d'autres, il faille conjecturer une élaboration pythagoricienne, c'est là une autre thèse de Pugliese Carratelli que je ne partage pas. Les arguments qu'il adopte (143-144), à savoir le substrat orphico-pythagoricien de certains passages de Platon et le caractère livresque de l'orphisme attesté par Euripide et par Platon, ne sont pas décisifs dans la mesure où ils se réfèrent à une époque — seconde moitié du Ve siècle — où l'orphisme subit une transformation radicale (cf. les notes à **4 [A 16. 36. 41]**). En revanche on a de bonnes raisons de penser que les doctrines orphiques sont antérieures — du moins quant à leur origine — à la fin du VIe siècle (cf. par exemple les notes à **4 [A 1. 56]**), autrement dit qu'elles sont plus anciennes que le début du pythagorisme. Ce que l'on ne saurait affirmer c'est que l'origine doctrinale des tablettes appartient à la couche la plus ancienne de l'orphisme. Toutefois, le terme βάκχοι employé en **4 [A 62, 16]** met en évidence le lien essentiel avec Dionysos (alors que ce dieu apparaît étranger au pythagorisme) et l'identification de l'initié avec Dionysos.

4 [A 63] — Cette tablette, destinée à la tombe d'une femme (cf. αὔη au v. 8) présente une tradition orphique très ancienne, et c'est au moins sur ce point la seule tablette de ce groupe à la conserver (cf. la note à **4 [A 62]**). Cette tablette présente en commun avec **4 [A 62. 64. 70]** d'autres aspects remarquables concernant la tradition antique, à savoir la désignation de l'initié comme fils de Terre et de Ciel, ainsi que le thème de la brûlure et de la soif. On pourrait ajouter également le thème des gardiens, évoqué au v. 5 (commun aux tablettes **4 [A 62. 64]**), qui trouve un soutien ancien dans les passages cités dans l'apparat de **4 [A 62]**; Chez Hésiode, *Théog.* 106, les fils de Terre et de Ciel ce sont les dieux: c'est pourquoi il me paraît clair que les tablettes ont trait à l'identification de l'origine de la nature humaine avec celle des dieux. Cette identité perdue est précisément reconquise par le biais de l'initiation. Le thème de la brûlure est spéculativement encore plus intéressant, en ce qu'il présente une certaine analogie avec la « volonté de vivre » schopenhauerienne et avec le *karma* (et le *kama*) indien. Ce thème repris également dans le papyrus mystique **4 [A 69]**, est répété aussi par Platon (cf. **4 [A 44]** et la note correspondante). Mais tandis que Schopenhauer et la pensée indienne imaginent dissiper la soif en supprimant la brûlure, la sagesse orphique calme la brûlure en la rafraîchissant grâce à de l'eau fraîche. Oubli et mémoire sont les deux instruments du rafraîchissement. Si l'on boit à la source de l'oubli (ainsi qu'il est attesté par **4 [A 44]**) on oublie tout et l'on renaît à une nouvelle vie, en sorte que la soif est seulement trompée et que la brûlure ne tarde pas à se présenter à nouveau dans une nouvelle individuation. Mais si l'on boit à la source de Mnémosyne, comme en témoignent ces tablettes, la mémoire fait retrouver la connaissance du passé et de l'immuable, l'homme reconnaît son origine divine et s'identifie à Dionysos, et la brûlure n'est pas éteinte, mais rafraîchie, au contact d'une connaissance glacée, divine et impétueuse. La vie n'est pas niée, et n'est point non plus remplacée par une autre brûlure, mais elle est happée par une vie différente, par la vie dionysiaque.

4 [A 64] — A propos de cette tablette cf. les notes à **4 [A 62. 63]**. Le nom 'Αστέριος, qui apparaît au v. 9, n'indique pas un nom individuel, mais il désigne l'origine et la destination de l'âme libérée, elle rappelle l'« étoilé » du v. 8 (cf. Zuntz 367; Pugliese Carratelli 121).

4 [A 65] — Cette tablette, associée à **4 [A 66. 67]**, s'oppose selon Pugliese Carratelli (123-125, 142) à celles examinées précédemment (et à **4 [A 70]**), ce dernier la jugeant d'inspiration profondément différente. Ici nous assisterions à une identification homme-dieu qui ne serait pas attestée ailleurs, et il s'agirait d'une prééminence de Perséphone sur Hadès: en conclusion seul cet autre groupe aurait droit au titre d'orphique, alors que celle-ci serait plutôt d'inspiration éleusienne et crétoise. Je suis d'accord avec l'observation concernant Hadès et Perséphone, et il est indéniable qu'il existe une certaine différence d'atmosphère entre les deux groupes de tablettes. Toutefois je conteste que cette différence soit radicale, et en particulier que dans les tablettes déjà abordées l'identification homme-dieu n'ait pas été reconnue. En effet, le βάκχοι de **4 [A 62,16]** signifiait précisément « hommes identifiés à Dionysos ». Même en reconnaissant que ces tablettes soient affectées d'une coloration éleusienne, l'élément qui les relie aux autres — et qui autorise à les considérer toutes ensemble comme orphiques — est justement la référence à Dionysos, référence radicale même si elle est voilée. Dans cette tablette, au v. 2, Euclès désigne vraisemblablement Hadès (qu'on se rappelle l'identification héraclitéenne Hadès-Dionysos, cf. 22B15 DK) et Euboulée désigne Dionysos (cf. Olivieri 5). De même le Δεσσποίνας δὲ ὑπὸ κόλπον ἔδυν du v. 8 peut avoir trait à la violence dont Zeus, sous la forme d'un serpent, usa à l'égard de Coré, et dont Dionysos est issu (cf. **4 [A 69,24. B 34]**), et enfin l'expression ἔριφος ἐς γάλ' ἔπετον du v. 11, malgré son obscurité, semble avoir trait de façon encore une fois voilée à Dionysos et à son identification à l'initié, s'il est vrai que 'Ερίφιος est un nom du dieu (cf. Apollod. ap. Steph. Byz. s. v. Ακρώρεια). Pour conclure, Dionysos est le présupposé ultime de l'expérience orphique et, de façon voilée, de celle éleusienne (sur la présence de Dionysos à Éleusis et sur le lien entre Éleusis et orphisme, cf. **3 [A 3. 5. 6. B 1. 5]**, **4 [A 25]** et les notes correspondantes).

4 [A 66] — Pour ce qui concerne le contenu voir la note à **4 [A 65]**. L'écriture de ces deux tablettes est très altérée, particulièrement dans la seconde. Les corrections se prévalent de **4 [A 65]**; celles concernant **4 [A 66b]** également de **4 [A 66a]**.
Je corrige le v. 5 supposant une corrélation εἴτε ... εἰ ... τε, même si les fondements font défaut (cf. Denniston 505-508). La corrélation εἰ ... εἴτε, de même que l'analogue οὔτε ... οὐ (cf. Denniston 506, 510-511. Kühner II, 289, 300-301) sont attestées.
Au v. 6 je propose παρὰ ἁγνὴν (malgré le hiatus), m'appuyant sur Od. 11, 386; Hom. Hymn. 2, 337. Diels lisait παρ' ἀγαυὴν, en recourant à des textes tardifs (Orph. Hymn. 41,5 [32 Quandt]; 44,6 [34 Quandt]), mais en évitant le hiatus et par un final de vers déjà attesté.

4 [A 67] — Cette tablette, originaire de Thurium, s'écarte quelque peu des autres du même groupe et présente des traces d'une tradition différente. L'altération du v. 2 n'a toujours pas été résolue. Au v. 4 se représente le thème de **4 [A 65,10-11]**: d'après le contexte il apparaît comme l'objet de l'expérience mystique déclarée au v. 3 (Aristote parle dans les mêmes termes de l'expérience éleusienne dans **3 [A 21]**). Cela vient confirmer l'exégèse formulée dans la note à **4 [A 65]**, en tant qu'indication d'un substrat dionysiaco-éleusien concernant la tradition orphique. Au v. 5 il est question d'une route vers la droite, thème orphique qui rappelle directement le passage platonicien **4 [A 42]** et indirectement l'autre groupe de tablettes et l'emplacement à droite de la source de Mnémosyne (cf. **4 [A 63. 70]** et les notes à **4 [A 62. 63]**).

4 [A 68] — L'écriture de cette tablette s'est révélée un véritable casse-tête insoluble pour les chercheurs. Le déchiffrement est incertain, et le texte est sans nul doute très altéré. En supposant diverses dictographies et en se fondant sur une transcription inadéquate, Diels a tenté une reconstruction partielle d'un « Hymne à Déméter » supposé. Au cours des transcriptions successives et des discussions (à partir de Comparetti), cette tentative est apparue quelque peu fantaisiste. Kern accueille le texte de Diels dans son édition sans cacher sa perplexité. En dépit de cela sur un certain nombre de points (ll. 2, 5-6) les propositions de Diels, à mon sens, demeurent aujourd'hui encore les meilleures. Les éditions de Murray et de Olivieri, dont les transcriptions paraissent plus fondées et plus fidèles et moins arbitraires dans les solutions qu'elles proposaient, suivirent: toutefois le résultat de la reconstruction restait décevant. Nous sommes entrés aujourd'hui dans une phase de repli et de renoncement. Récemment Zuntz a proposé une nouvelle transcription, accompagnée de certaines propositions de lecture, extrêmement sujettes à caution. Pour ma part, je suis cette nouvelle transcription de Zuntz (ainsi que je l'ai fait le plus souvent pour les autres tablettes) et quant à la reconstruction je me borne à accueillir les propositions qui me semblent les plus fondées, en ajoutant le fruit de quelques-unes de mes hypothèses. Ainsi le texte dans son ensemble demeure sans continuité, et la presque moitié de celui-ci apparaît impossible à déchiffrer. C'est pourquoi un jugement sur le contenu s'avère incertain et difficile. Il semblerait qu'il s'agisse d'une invocation à la Grande Mère (Παμμάτωρι de la l. 1 — si mon hypothèse est soutenable — rappelle de près le πάντων Μάτηρ de **4 [B 20]** (cf. aussi **4 [A 15,10]**), selon une tendance orphique reliée à la Crète par le truchement de la médiation éleusienne, cf. Nilsson MMR 630-632), étendue par la suite aux autres dieux. Si l'on accepte la reconstruction des ll. 5-6 proposée par Diels, on aurait là une référence à l'ambiance mystérique. Que ce texte puisse être considéré comme orphique est étayé par divers éléments (comme il résulte de l'apparat), pour autant que l'on s'accorde sur le déchiffrage.

4 [A 69] — Ce papyrus est très important en ce qu'il nous renseigne sur la confluence orphico-dionysiaco-éleusienne (cf. **3 [A 3. 5. 6. 11. B 1. 5]**, **4 [A 25. 65. 67. 68]** et notes correspondantes). Ici le rapport à l'initiation mystique est évidente, et la désignation du contenu de ce papyrus (fournie par son éditeur Smyly) comme « Rituel des mystères » apparaît pertinente. D'autre part les éléments orphiques que nous présente ce texte sont indiscutables (ainsi qu'il résulte de l'apparat), même sans tenir compte de ceux qui surgissent par le biais des hypothèses. Enfin l'inspiration dionysiaque générale de ce document est indéniable: on verra les ll. 10, 18, 23-25 (sur ὄνος cf. Athen. 2, 52e [voir aussi Rose 175]; sur βουκόλος cf. Eurip. fr. 203 TGF), 29-30.

L'addition que je propose à la l. 4: ἐμαυτὸν ἐξέτεμον se fonde sur l'εὐνουχισμένος de **3 [B 8]**, et plus directement sur Clém. Alex. Protr. 2, 14, où il est dit, à propos de l'expiation de Zeus par suite de son action violente envers Déméter: ὡς ἑαυτὸν δῆθεν ἐκτεμών.

Au début de la l. 10 il n'est pas possible, selon Kern, de proposer l'addition κρήνῃι. La l. 23 a trait à l'unité dans la multiplicité caractéristique de Dionysos, le dieu aux noms multiples (cf. **3 [A 5,1]** et Smyly *Ritual* 6-7). Les termes σύμβολα (l. 23) et σύνθεμα (l. 26) désignent les paroles de circonstance, les formules prononcées par les initiés cherchant à être admis au degré suprême (cf. **3 [B 7]** et Smyly *Ritual* 7-8).

L'expression θεὸς διὰ κόλπου à la l. 24 est éclaircie par un passage de Clément d'Alexandrie (Protr. 2, 16), où ces mêmes termes sont cités en tant que σύμβολον destiné aux initiés des mystères de Sabazios: δράκων δέ ἐστιν οὗτος ... ἔλεγχος ἀκρασίας Διός· κυεῖ καὶ ἡ Φερσέφαττα παῖδα ταυρόμορφον ... ταῦρος δράκοντος καὶ πατὴρ ταύρου δράκων. Les initiés introduisaient sous leurs vêtements un serpent d'or, comme symbole de la violence que Zeus fit subir à Perséphone sous la forme d'un serpent, d'où naquit Dionysos sous la forme d'un taureau. Ce mythe est central dans la poésie orphique, bien que nous en ignorions le récit direct (cf. **4 [B 14. 34. 35]**), et les raisons ne manquent pas pour penser qu'il tenait une position dominante également dans l'événement éleusien, ainsi qu'il apparaît déjà dans le fait de réunir Perséphone et Dionysos (cf. en outre **3 [B 8]** et la note correspon-

dante, ainsi que la note à **3 [A 6]**). Voir aussi **4 [A 65,8]** et la note correspondante.
Ce même papyrus contient en outre la partie initiale d'une série de lignes, transmises de façon tellement fragmentaire et mutilée qu'on n'en peut presque rien retirer. Il est inutile de rapporter ces résidus.

4 [A 70] — Cet ensemble de six tablettes, presque identiques entre elles, est proche de **4 [A 62-64]** par le contenu (cf. les notes à **4 [A 62. 63. 67]**). Elles ont été retrouvées en Crète, et témoignent de l'étendue de la diffusion du mouvement orphique et de l'unité de son inspiration. Quant à la forme, elles se présentent comme un dialogue entre l'âme et celui qui doit la reconnaître pour initiée (probablement les « gardiens » dont il est question dans **4 [A 62,7-9. 63,5. 64,5-6]**).

4 [A 71] — Cet écrit pseudo-aristotélicien qui trahit l'influence de Posidonius est daté de la seconde moitié du Ier siècle av. J.-C: c'est la raison pour laquelle les vers orphiques cités n'auraient pas de titres suffisants pour être considérés comme anciens. Toutefois en 1962 on a trouvé dans une tombe à Dervéni, aux environs de Thessalonique, un papyrus qui contient un commentaire d'un poème orphique, où sont cités les vers 2 et 7 du présent fragment. La date du papyrus remonte à la moitié du Ve siècle av. J.-C, de sorte que le passage cité dans l'écrit pseudo-aristotélicien doit être désormais considéré comme appartenant, du moins en partie, à la poésie orphique ancienne. L'excellence philologique de Diels a reçu une brillante confirmation, dans la mesure où, au v. 2, une de ses hypothèses a été confortée par la leçon de ce papyrus.

4 [B 1] — A propos d'Onomacrite on verra le second volume de cette édition. Lettré qui vécut à l'époque des Pisistratides, il fut celui qui établit le canon de la poésie orphique. La crédibilité de cette information de Pausanias est confirmée par la comparaison avec un fragment d'Aristote (cf. **4 [A 56]**), dans lequel précisément le rôle de fondateur de la poésie orphique est attribué à Onomacrite. Il s'ensuit que la datation du mythe du démembrement de Dionysos par les Titans — mythe central de la poésie orphique — remonte au moins à la seconde moitié du VIe siècle av. J.-C (et la connexion antique entre rites dionysiaques et orphisme est en outre confirmée).

4 [B 2] — Sur la tragédie perdue d'Eschyle, cf. également les passages cités in TGF 9-10. Il s'agit de la seconde tragédie de la tétralogie sur Lycurgue, d'ambiance thrace (cf. Schol. Aristoph. Thesm. 135 [Aesch. fr. 61 TGF]). La mort d'Orphée perpétrée par les femmes de Thrace a déjà été représentée sur un certain nombre de vases du Ve siècle av. J.-C (cf. Guthrie *Orph.* 33-34, 64 [tf 44-49, 74-75]). Sur la ville de Leibéthra, cf. Souda s. v. Ὀρφεύς.

4 [B 3] — L'unique intérêt de ce passage est d'attester que Musée et Orphée étaient, dans la seconde moitié du cinquième siècle av. J.-C, déjà considérés comme de très grands poètes, aux côtés d'Homère et d'Hésiode.

4 [B 4] — Il s'agit là d'un autre témoignage sur l'aspect apollinien d'Orphée, qui vient s'ajouter à **4 [A 3. 4. 18. 19. B 2]**.

4 [B 5] — Dans le contexte de la tragédie la Muse, mère de Rhésos, reproche à Athéna la mort de son fils (Orphée est cousin de Rhésos puisqu'il est lui aussi fils d'une Muse). A propos du mythe de Rhésos cf. Rose 241-242. Le passage est intéressant en ce qu'il conforte une tradition plutôt ancienne qui faisait la distinction entre une tendance mystique et dionysiaque concernant Orphée, et une tendance divinatoire et apollinienne concernant Musée. On verra **4 [A 25. 30]** et les notes correspondantes. Une fois de plus le rapport entre Orphée et les milieux mystiques est mis en évidence. Il convient de remarquer que Musée est ici explicitement désigné en tant que personnage apollinien (cf. v. 5), contrairement à ce que l'on trouve en **4 [A 25. 30]**.

4 [B 6] — Le double lien d'Orphée avec la sagesse et l'écriture est probablement le fruit d'une tradition apocryphe, pour laquelle le premier est ancien (sur la base de la relation conjointe d'Orphée avec Dionysos et Apollon (cf. **1 [A 2. 4. 6-8. 10]**, **2 [A 1-3. 9. 11-13]** et les notes correspondantes) et en outre fondée sur le rapport entre l'orphisme et l'événement de la connaissance éleusienne (cf. **4 [A 25. 30. 65. 67-69. B 5]** et les notes correspondantes), tandis que le second est très postérieur et s'explique par l'influence exercée dès la seconde moitié du Ve siècle par la diffusion d'une poésie orphique écrite et plus tard par une littérature magique banalisée (cf. **4 [A 14. 16. 41. B 7. 8]** et les notes correspondantes, ainsi que la note à **4 [A 36]**).

4 [B 7] — Ce passage, ainsi que le suivant **4 [B 8]**, témoignent d'une involution ultérieure du mouvement orphique dans la seconde moitié du IVe siècle av. J.-C. Sur le développement du phénomène cf. les notes à **4 [A 14. 16. 36. 41. B 6]**. Les caractères saillants de cette décadence sont: dans la seconde moitié du Ve siècle diffusion d'une poésie écrite, accompagnée d'une pratique ascétique et végétarienne (témoin Euripide); dans la première moitié du IVe siècle: culture livresque et pratique de la magie, avec l'insistance emphatique des punitions supraterrestres pour les impurs (témoin Platon); dans la seconde moitié du IVe siècle la pratique de la magie dégénère en charlatanisme et le rituel initiatique devient une caricature.

4 [B 8] — Voir la note à **4 [B 7]**. On notera le terme « Orphéotélestes », par lequel, pour la première fois, la désignation collective d'un groupe sectaire se substitue à la référence à la poésie ou à la pratique orphique.

4 [B 9] — Ce passage, important pour la tradition de la littérature orphique, mentionne une théogonie, réélaborée ou seulement éditée par Eudème de Rhodes. De façon purement hypothétique, on peut conjecturer que la poésie attribuée à Orphée, d'abord publiée, compilée et codifiée par Onomacrite (cf. la note à **4 [B 1]**) a été par la suite de nouveau fragmentée, et qu'elle a été contaminée et corrompue au cours du Ve et du IVe siècles, par la vaste diffusion de livres orphiques. L'édition d'Eudème aurait repris une partie

de cette tradition, mais on n'en connaît pas l'étendue ni l'importance. Quant au contenu de cette théogonie, il nous est dit seulement que la Nuit est le principe de tout: un rappel de cette doctrine nous a déjà été fourni par Aristote (cf. **4 [A 57]** et la note correspondante). A la fin de ce passage il est fait mention de la théogonie rhapsodique, beaucoup plus tardive, à propos de laquelle cf. **4 [B 73]** et la note correspondante.
On estime que le fragment de Chrysippe fait référence à la théogonie selon Eudème (cf. Zeller I 1, 124; Ziegler OD 1347). Voir par ailleurs Iohann. Lyd. De mens. 2, 8 (26, 1 Wünsch).

4 [B 10] — Khaeris, grammairien alexandrin (IIe siècle avant J.-C), disciple d'Aristarque. Le *Pythique* de Ménaekhmos fut composé peu avant 334 av. J.-C. C'est la source la plus ancienne où Orphée est appelé explicitement fils d'Apollon: cf. **4 [A 4]** et la note correspondante.

4 [B 11] — Selon l'opinion dominante Épigène, astrologue, vécut au IIe siècle av. J.-C, mais Lobeck soutient par toute une série d'arguments que sa vie s'écoule au cours de la seconde moitié du IVe siècle av. J.-C (cf. Lobeck I 340-341, 384-389; Kern OF 69). Le passage de Clément d'Alexandrie dont est tiré ce fragment poursuit: « Les Pythagoriciens usèrent eux-aussi de telles expressions énigmatiques ... Et nous pourrions trouver des milliers d'autres choses exprimées par les philosophes et les poètes de manière énigmatique ». On verra à ce sujet le chapitre 7 de ce volume.

4 [B 12] — Philochoros, augure athénien; il vécut entre le IVe et le IIIe siècle av. J.-C. Il s'agit là d'un nouveau témoignage sur l'aspect apollinien d'Orphée, qui vient s'ajouter à **4 [A 3. 4. 18. 19. B 2. 4. 10]**.

4 [B 13] — Les deux passages ont été associés par Malten, suivi par Kern (OF 113). Il apparaît en effet vraisemblable que le fragment de Callimaque — et avec celui-ci également **4 [B 14-15]** — dérive de sources orphiques.

4 [B 14] — Voici le témoignage le plus ancien (IIIe siècle av. J.-C) dans lequel l'identification Dionysos-Zagreus est présentée explicitement. Mais on a de bonnes raisons de penser que cette identification remonte à une époque bien plus ancienne (cf. **4 [A 15]** et la note correspondante). Ce fragment de Callimaque est par ailleurs l'information explicite la plus ancienne — et à l'évidence il y a corrélation entre les deux faits — sur le mythe de la naissance incestueuse de Dionysos par Perséphone. La question a déjà été soulevée à plusieurs reprises: on verra **3 [A 6. B 8]**, **4 [A 65,8. 69,24. B 34. 35]** et les notes correspondantes.
En plus des passages cités dans les notes et dans l'apparat, rappelons encore une déclaration de Plutarque (Caes. 9): τῶν Διονύσου μητέρων τὴν ἄρρητον qui, comparée à **3 [A 8]**, attribue une date antérieure de presque deux siècles au témoignage de Callimaque. En effet la mère indicible de Dionysos, celle qu'on ne peut nommer, c'est précisément Perséphone.

4 [B 15] — Voir **4 [B 18]** et la note correspondante. Là aussi le fragment de Callimaque est le témoignage explicite le plus ancien eu égard au mythe du démembrement de Dionysos par les Titans, qui puise vraisemblablement aux mêmes sources orphiques que les fragments **4 [B 13. 14]**. Mais dans ce cas encore les indices ne manquent pas en faveur d'une plus grande ancienneté du mythe: cf. **4 [A 5. 49]** et les notes correspondantes. Le témoignage conjoint d'Euphorion remonte également au IIIe siècle av. J.-C.

4 [B 16] — Ce passage n'est pas d'un grand intérêt, mais nous l'accueillons parmi les fragments dans la mesure où il appartient également au IIIe siècle av. J.-C. Les sources d'Apollonios apparaissent quelque peu altérées: comme le montre l'apparat, les réminiscences empédocléennes se mêlent aux thèmes orphiques. L'allusion des vv. 10-13 à Ophion et Eurynomé a une coloration orphique, dans la mesure où leur mythe ne relève pas d'une tradition préexistante. Le personnage d'Eurynomé se démarque de celui d'Homère et d'Hésiode: toutefois dans un passage d'Hésiode (Théog. 907-909) Eurynomé est appelée mère des Charites, et Pausanias (9, 35, 5) affirme qu'Onomacrite (cf. **4 [A 56. B 1]** et les notes correspondantes) avait dit la même chose (ce qui pourrait être confirmé par Orph. Hymn. 60,1-3 (43 Quandt), si l'on accepte au v. 2 l'hypothèse Εὐρυνόμης de Schrader). On peut supposer une tradition orphique autonome qui aurait trouvé un point de contact avec celle hésiodienne comme cela a pu se passer aussi ailleurs: sur cette question cf. Kern OF 56; Rose 51, 166; KP II 455, IV 312.

4 [B 17] — Le témoignage du marbre de Paros — également du IIIe siècle av. J.-C — atteste la connexion fort ancienne (pour autant que l'on fasse abstraction des lacunes de ce texte et des additions des chercheurs) entre la poésie orphique et le rituel éleusien. On a fait mention dans l'apparat d'un certain nombre de tentatives d'intégration des lacunes.

4 [B 18] — Les deux premières naissances dont parle Philodème, à la suite d'Euphorion, représentent en réalité les deux premières étapes de la naissance de Dionysos par Sémélé: la première quand Sémélé est frappée par la foudre de Zeus; la seconde, après que Zeus lui-même l'ait recueilli prématuré d'entre les cendres de sa mère et qu'il l'ait inclus dans sa propre cuisse (cf. Pind. *Olymp.* 2, 25-26; Eur. *Bacch.*; Ovid. *Mét.* 3, 236 sqq.; Paus. 2, 37, 5; Nonn. Dionys. 7,190 sq. [Rose 149-150]).La troisième naissance représenterait en réalité la renaissance opérée par Rhéa, après le démembrement. Cette information apparaît isolée dans la tradition orphique: comme troisième naissance on s'attendrait plutôt à celle opérée par Perséphone, amplement répertoriée (cf. les passages cités dans l'apparat et dans la note à **4 [B 14]**). Nous nous trouvons ainsi dans une situation — et il en est d'autres diverses — qui présente une pluralité de ramifications au sein de la poésie orphique. Il est impossible de préciser à quel moment est intervenue la ramification, et il est même vraisemblable que la tradition se soit révélée pluraliste dès le principe (s'il est vrai qu'Onomacrite contribua à unifier et à répertorier l'ensemble [cf. **4 [A 56. B 1. 16]** et les notes correspondantes]). Quoi qu'il en soit, on ne peut s'empêcher de penser que la grande diffusion de la poésie orphique écrite entre le Ve et le IVe siècles (cf. les notes à **4 [A 14. 16. 36. 41. B 6]**) fut l'occasion la plus favorable à un nouvel éclatement de la tradition. Dans ce passage la naissance de Dionysos par Perséphone est non seulement ignorée, mais il est question d'une renaissance grâce à l'aide de Rhéa, alors que la tradition dominante parle d'une intervention d'Apollon (cf. **4 [B 15. 38. 40b. 78]**). D'autre part Philodème (Iᵉ siècle av. J.-C) nous informe que selon Orphée — et l'attribution explicite montre qu'à son avis il s'agissait d'une tradition plus authentiquement orphique — Dionysos vit toujours dans l'Hadès (cf. Héracl. B 15 DK). Les sources néoplatoniciennes nous disent en revanche que Dionysos succède à Zeus comme roi des dieux (cf. **4 [B 60. 61]**). Enfin parmi les sources qui parlent d'une intervention d'Apollon après le démembrement de Dionysos, certaines paraissent suggérer une renaissance de ce dernier (cf. **4 [B 40b. 78]**), d'autres non (cf. **4 [B 15. 38]**). En conclusion, une étude comparative des sources concernant un aspect particulier — le destin de Dionysos après son démembrement — d'un mythe typiquement orphique met en lumière un enchevêtrement très complexe de la tradition — dès le IIIᵉ siècle av. J.-C — qui fait pencher en faveur de l'existence d'un certain nombre de ramifications parallèles, parfois même divergentes entre elles. Pour un approfondissement de ce thème particulier, on verra Linforth 312-318.

4 [B 19] — Ce passage est intéressant du fait qu'il attribue explicitement à Orphée l'importance de la figure de Diké: cf. les notes à **4 [A 14. 50]**. On a également là un nouveau témoignage du rapport entre Orphée et les mystères éleusiens.

4 [B 20] — Cette épigraphe a été publiée par Halbherr et par G. De Sanctis, et ne présente pas de difficultés particulières. Kern a signalé la relation entre οἵ γονεὰν ὑπέχονται (v. 2) et **4 [A 70]**. Quant au contenu, l'épigraphe informe ultérieurement de la liaison Crète-Dionysos-Éleusis-orphisme (cf. les notes à **3 [A 6]**, **4 [A 15. 68]**). Sur πάντων Μάτηρ (v. 1) cf. **4 [A 68,1]** (mon hypothèse): sur Μεγάλας Ματρὸς (v.5) cf. Nilsson MMR 392-397. En ce qui concerne la liaison avec l'orphisme on se souviendra encore que le port d'Éleuthernes (à savoir la localité où les tablettes **4 [A 70]** ont été découvertes) s'appelait Παντομάτριον (cf. Kern OF 106).

4 [B 21] — Ce fragment extrait d'un papyrus est daté du IIᵉ siècle av. J.-C par Diels; du Iᵉ siècle av. J.-C par Buecheler-Schubart et par Wilcken. Le papyrus a été trouvé dans les fouilles d'Abousir el mäläq, et présente de nombreuses amputations: même dans les parties conservées, la lecture apparaît souvent incertaine. Son contenu est la paraphrase d'une poésie concernant le rapt de Perséphone. On peut y déceler souvent le contraste — en dépit des lacunes du papyrus — entre les parties qui offrent une relation plate et prosaïque du mythe et les traces plus ou moins directes d'un texte poétique. Le début du papyrus évoque la poésie d'Orphée, que Musée aurait mise par écrit (dans un rapport analogue à celui envisagé par Aristote concernant Onomacrite, ainsi qu'il résulte de **4 [A 56]** [cf. la note correspondante]). Ce qui suit introduit en particulier le discours autour du poème d'Orphée à propos du rapt de Coré et de la recherche de Déméter. Qu'un tel poème attribué à Orphée (auquel fait probablement allusion le Κάθοδος [*descente de Coré*] de la l. 120), ait existé est confirmé dès le IIIᵉ siècle av. J.-C par **4 [B 17]**. Pour ce qui a trait aux témoignages postérieurs, cf. Abel *Orph.* 237-242; Kern OF 118-130. Dans ce papyrus la mention du poème d'Orphée s'accompagne de la relation concernant sa participation à la sphère mystérique de façon analogue à ce qui est présenté in **4 [B 17]**. A propos du lien orphisme-mystères cf. également **4 [A 25. 30. 40. B 5. 6. 19]** et les notes correspondantes. Quant à Musée, il est possible que le poème auquel se réfère ce papyrus ait coïncidé avec l'hymne à Déméter, composé par lui pour les Lycomides, dont parle Pausanias (cf. **5 [B 17. 19]**). Dans un autre passage (**3 [B 5]**) Pausanias attribue à Orphée les hymnes connus des Lycomides que ceux-ci ont introduit dans le rituel des mystères de Phlyées (cf. la note à **3 [B 5]**). Un passage du même Pausanias (**4 [B 32]**), dans lequel il est question d'Orphée et de Musée en relation avec le mythe de Déméter, a peut-être quelque rapport avec le poème dont traite ce papyrus.

Comme l'atteste l'apparat, le papyrus est en certains points si proche du texte de l'*Hymne homérique à Déméter* que son examen est capital pour l'établissement du texte d'Homère. Et cependant le papyrus fait précéder ce qui apparaît comme la première citation de l'*Hymne homérique* par ces mots: « dont les noms selon le poème d'Orphée sont les suivants ... » (ll. 20-21). Il faut donc supposer une double version parallèle — orphique et homérique — de la *Descente de Coré* et de l'*Hymne à Déméter*, qui en certains points étaient si proches qu'ils coïncidaient, alors qu'ils divergeaient en d'autres. Nous n'en savons pas assez sur la version orphique pour nous permettre de faire des hypothèses sur l'étendue et la nature de ces divergences; de même qu'on ne peut se permettre de se risquer à des conjectures sur la dérivation et sur la chronologie. Des textes tels que **4 [B 36,22-26]** dépendent peut-être de façon plus ou moins directe de la version orphique. En ce qui concerne les différents problèmes abordés, on verra aussi Buecheler 9-12.

Le sens de la l. 39 reste obscur. Je propose ἵππους ... μελαίνας, en ayant présent à l'esprit ἵπποις ἀθανάταισι de la l. 70 (de même proposé-je τὰς μελαίνας ἵππους à la l. 115). La leçon du papyrus à la l. 70 est en contradiction avec le texte de l'*Hymne à Déméter* qui est au masculin. Cet indice d'une divergence entre la version orphique et celle homérique n'est pas aussi insignifiante qu'il y paraît, car « les cavales » apparaissent à trois reprises dans le premier fragment de Parménide (vv. 1, 4-5, 25), dans un contexte extrêmement symbolique: de plus l'ἐπαξονεῖν du papyrus à la l. 39 trouve une autre résonance chez Parménide (cf. fr. 1, v. 6; on verra aussi v. 19).

Les ll. 58-63 présentent des lacunes et des obscurités: outre le fait d'avoir reporté dans l'apparat quelques-unes des précédentes tentatives, j'ai tenté une reconstruction complète de ce passage, dont je n'ignore pas la fragilité. En ce qui concerne la postposition de μὲν à la l. 59 — πᾶσαν à l'évidence — cf. Denniston 371-373; pour la postposition de δ' à la l. 60, cf. Denniston 187-189.

Sur l'emploi et le sens de ἐπεὶ à la l. 62 — que je lis en suivant le papyrus —, cf. Kühner II 2, 461-462.

4 [B 22] — Ce passage, en accord avec la tradition sur l'origine thrace d'Orphée (attestée dès le Ve siècle, cf. **4 [A 14. 18. 19]**) — pourrait être tenu pour un témoignage du IVe siècle av. J.-C, si nous admettons qu'Éphore soit également la source de l'information sur Orphée. Faute de quoi cette dernière remonterait à Diodore, autrement dit au Ier siècle av. J.-C. Ici la connexion entre Orphée et les mystères est remarquable, même si le contexte suggère une signification fort vague concernant les « initiations et les mystères ».

4 [B 23] — Les sources de ce fragment et de **4 [B 24]** — comme en général de tout le premier livre de Diodore — sont loin d'être évidentes. L'opinion qui prévaut considère qu'il convient de remonter à Hécatée d'Abdère (cf. DK II 242-243; Griffiths 81-82), qui a vécu dans la seconde moitié du IVe siècle et qui est l'auteur d'un ouvrage sur l'Egypte: du reste Diodore lui-même le cite (I, 46) comme sa source principale. Toutefois certains éléments font songer aussi à une source un peu plus ancienne, à savoir Eudoxe de Cnide (cf. Lasserre, *D. Fragm. d. Eudox. v. Kn.*, Berlin 1966, pp. 8, 101, 246-248). D'autre part, sur un certain nombre de points déterminants on peut même remonter à Hécatée de Milet (cf. Kern OF 27), c'est-à-dire à la seconde moitié du VIe siècle av. J.-C. (la vie d'Hécatée remonte au temps de l'insurrection ionienne), quoique par le biais de sources intermédiaires (cf. fr. 302a Jacoby [FGrHist I A 39-40, 1 a 368]). Or ce passage, comme le suivant entrent dans l'hypothèse d'une dérivation supposée d'Hécatée de Milet. En effet le thème de fond de ces deux fragments est l'identification Osiris-Dionysos, à savoir le même thème que nous trouvons abordé à plusieurs reprises par Hérodote (cf. **1 [A 14]**; Hérod. 2, 42; 2, 47-49; 2, 144). Mais Hérodote puisait aussi à la source d'Hécatée de Milet, et le passage où Hérodote lui-même le cite comme tel, et que Jacoby juge — dans le développement de 2, 143-145 — à la manière d'un fragment d'Hécatée de Milet, contient entre autre l'identification Osiris-Dionysos (fr. 300, cf. FGrHist I A 38-39, 1 a 366). Et cette identification signifie aussi que Dionysos dérive d'Osiris (cf. Hérod. 2, 49), de façon analogue à celle qu'on suppute dans ces passages de Diodore. En revanche l'indication selon laquelle les doctrines orphiques dériveraient de l'Égypte apparaît plutôt isolée (et elle n'est reprise que dans des sources tardives), et sa source peut difficilement remonter au delà d'Hécatée d'Abdère. Dans les deux passages le thème de la connexion Orphée-mystères dionysiaques revient, médiatisé toutefois par l'expérience hellénistique (on trouve cependant une allusion à Éleusis dans **4 [B 24]**).
Sur la question de fond, concernant le bien-fondé d'une dérivation de Dionysos à partir de l'Égypte, la thèse qui y était favorable — après avoir trouvé des partisans (cf. par ex. Foucart 47-113) — semble aujourd'hui abandonnée (cf. Griffiths 429-430), et on lui préfère d'autres origines. Toutefois on ne peut pas ne pas relever un certain nombre de points communs surprenants entre le mythe d'Osiris et celui de Dionysos (de même aussi qu'entre Isis et Déméter (cf. Griffiths 320, 324-325, 328)), tels que le démembrement (cf. Griffiths 54, 72, 434), le culte phallique (cf. **1 [A 14]**), la figuration taurine (cf. Plut. De Is. et Os. 29, 362c; 35, 364e; Griffiths 89), et le règne sur les morts (cf. Plut. De Is. et Os. 78, 382e; Héracl. B 15 DK).

4 [B 24] — Cf. la note à **4 [B 23]**.

4 [B 25] — Cf. la note à **4 [B 23]**. Exception faite de l'allusion à l'Égypte il s'agit là d'indications déjà connues venant de sources plus anciennes. A propos de Thyoné-Sémélé, on verra Pind. Olymp. 2, 25 (cf. Rose 149-150, 162).

4 [B 26] — Cette source du Iᵉ siècle av. J.-C ajoute une autre version de la mort d'Orphée à celles déjà rapportées (celle d'Eschyle et celle d'Alcidamas). En ce qui concerne la haine d'Orphée pour la gent féminine on se reportera au passage de Platon **4 [A 43]**. Ce thème se mêle chez Virgile et chez Ovide à celui de la pédérastie d'Orphée (la source la plus ancienne sur la pédérastie d'Orphée semble être Phanoclès, qui a vécu vraisemblablement dans la première moitié du IIIᵉ siècle av. J.-C).

4 [B 27] — Ce passage témoigne d'une tendance rationaliste qui juge le mythe d'Orphée selon une perspective magique et politique.

4 [B 28] — Cette source remonte au Iᵉ siècle de notre ère et il semblerait que ce soit le témoignage le plus ancien de la fameuse théogonie selon Hiéronyme et Hellanicos (cf. **4 [B 72]** et la note correspondante). Cette théogonie, qui paraît avoir été l'une des branches de la tradition orphique dont il a été question à la note à **4 [B 9]**, est d'une chronologie fort incertaine: contre l'opinion précédente (cf. par ex. Zeller I 1, 128-129) qui la jugeait postérieure à la théogonie rhapsodique, a prévalu par la suite la thèse selon laquelle il conviendrait de la dater entre la théogonie selon Eudème et la théogonie rhapsodique (Kern, Ziegler). Et s'il est permis d'accepter ce fragment comme un de ses témoignages, on pourrait en situer la date entre le IIIᵉ siècle av. J.-C et le Iᵉ siècle ap. J.-C. Si nous comparons **4 [B 72]**, où se trouve son exposition la plus vaste, on relève un certain nombre de discordances par rapport au présent fragment, en plus des éléments communs (les plus importants sont la référence à la nature humide, la génération de l'œuf par le temps et l'apparition de Phanès). C'est pourquoi on pourrait songer à une ramification de la tradition orphique (cf. note à **4 [B 9]**), voisine de celle de la théogonie selon Hiéronyme et Hellanicos, mais non identique à celle-ci. Quoi qu'il en soit, je me suis borné à rapporter — du long passage remontant à Apion — les seules parties considérées comme les plus authentiquement orphiques par Kern.
Dans ce fragment apparaît pour la première fois l'introduction explicite de Phanès à l'intérieur du mythe cosmogonique orphique. Cela ne justifie pas toutefois la critique sceptique qui conteste l'ancienneté de ce dieu orphique. En réalité le témoignage le plus ancien concernant Phanès remonte au Vᵉ siècle av. J.-C. (cf. **4 [A 20]** et la note correspondante) et sa dénomination comme Ériképaios apparaît dans un papyrus du IIIᵉ siècle av. J.-C. (cf. **4 [A 69,22]**, qu'il convient de confronter à **4 [B 39. 45. 73. 75]**). A rappeler encore l'identification Phanès-Dionysos in Diod. I, 11, 3 (cf. Ziegler OD 1354).

4 [B 29] — Autre témoignage — de source non rationaliste — de l'assimilation de l'orphisme à la magie. Cf. la note à **4 [B 27]**.

4 [B 30] — Ce passage témoigne de la persistance, jusqu'à l'époque de Plutarque, de la connexion entre orphisme, religion de Dionysos et mystères éleu-

siens, dont on a parlé à plusieurs reprises (cf. **3 [A 3. 5. 6. 11. B 1. 5]**, **4 [A 25. 30. 65. 67-69. B 5. 6]** et notes correspondantes). Les rites orphiques et ceux dionysiaques sont ici nommés explicitement: l'élément éleusien apparaît par exemple dans la mention du *liknon* (symbole que l'on retrouve dans la représentation du cérémonial éleusien, cf. Nilsson I 130, 657; voir également **4 [B 59]**). L'intrication orphico-dionysiaco-éleusienne est évidente dans le thème des serpents qui apparaît dans ce passage, et encore davantage dans ce qui précède et dans ce qui suit dans le texte de Plutarque, où il est question de l'accouplement d'Olympias avec le dieu revêtant la forme d'un serpent (cf. **3 [A 6. B 8]**, **4 [A 65,8. 69,24. B 14. 34. 35]** et les notes correspondantes).
Le θρησκεύειν de l. 6, que je traduis par « fanatisme », est rapporté par diverses sources à l'origine « thrace » d'Orphée: cf. Schol. Eurip. Alcest. 968; Etymol. magn. 455,10; Suda s. v. θρησκεύει.

4 [B 31] — Cette tablette, postérieure de plusieurs siècles aux autres tablettes exhumées, tout en montrant la continuité de la tradition orphique, met également en lumière une dégradation notable du niveau religieux (on y trouve inscrit entre autre le nom personnel de l'initiée, cf. Zuntz 335). Y convergent des thèmes qui semblent appartenir à des groupes différents de tablettes (cf. note à **4 [A 65]**): l'invocation aux dieux rappelle **4 [A 65. 66]**; l'allusion à Mnémosyne rappelle en revanche **4 [A 62. 63]**; l'identification homme-dieu nous reporte plus particulièrement à **4 [A 65. 67]**.
Je rapporte ἀγλαὰ du v. 2 à ce qui suit (en modifiant la ponctuation), et non à ce qui précède comme le font les interprètes précédents (déjà Guthrie *Orph.* 180 [tf 201] traduit pourtant *and Eubuleus son of Zeus*). Il est peut-être possible ainsi de comprendre cette tablette comme un dialogue entre l'âme de l'initiée et ceux qui l'accueillent (probablement les « gardiens » de **4 [A 62-64]**), d'après le modèle d'autres tablettes (cf. surtout **4 [A 70]** et la note correspondante). Les gardiens parleraient dans les vv. 1-2; puis à partir de ἀγλαὰ jusqu'à la fin du v. 3 l'âme répondrait; enfin le v. 4 serait de nouveau dit par les gardiens.

4 [B 32] — Étant donné que les personnages cités ici apartiennent au mythe de Déméter, dans sa figuration orphico-éleusienne (cf. **4 [B 36]**), on peut dès lors supposer que ce passage est un témoignage du poème orphique dont est extrait **4 [B 21]** (cf. la note correspondante). On notera toutefois que Pausanias s'exprime ici, à propos de l'origine des informations, avec un scepticisme que l'on ne retrouve pas dans les passages cités dans la note à **4 [B 21]**.

4 [B 33] — La source est de la seconde moitié du IIe siècle de notre ère. Ce fragment et les deux suivants sont des témoignages de la théogonie selon Hiéronyme et Hellanicos (cf. **4 [B 72]** et la note correspondante): Kern et Ziegler sont d'accord pour ce qui concerne la dérivation (alors que la chose est incertaine dans le cas de **4 [B 28]**), et du reste il suffit pour s'en convaincre de comparer ce passage avec le témoignage principal de Damascius, dans lequel la théogonie est citée explicitement. Concernant la chronologie de cette théogonie on verra la note à **4 [B 28]**. Quant aux différences entre le passage de Damascius et celui d'Athénagore, il est possible de les expliquer par le fait que les deux sources ne s'étendent pas également sur les points particuliers de la théogonie. Certains points omis par Damascius sont abordés ici par Athénagore: par exemple la référence à l'œuf cosmique avec sa division en une moitié supérieure et une inférieure, avec ce qui suit, à savoir la formation de Ciel et de Terre, et l'énumération détaillée de leur descendance.

4 [B 34] — Cf. la note à **4 [B 33]**. Dans la mesure où il est vraisemblable que ce passage soit à considérer comme un témoignage de la théogonie selon Hiéronyme et Hellanicos, on peut supposer que ces thèmes faisaient partie des aspects principaux de ce fragment, à savoir les références à Phanès (cf. **4 [B 28. 72]**) et les indications concernant les transformations de Zeus en serpent et ses accouplements avec Rhéa et Perséphone. Ce dernier thème est important dans la poésie orphique, ainsi qu'on l'a rappelé à plusieurs reprises, en raison de la connexion éleusienne, et l'on peut penser qu'il était mis en relief dans la théogonie d'après Hiéronyme et Hellanicos (bien qu'il ne soit pas passé sous silence dans la théogonie rhapsodique, cf. par ex. **4 [B 57]**).

4 [B 35] — Cf. les notes concernant **4 [B 28. 33. 34. 72]**.

4 [B 36] — Ce passage pourrait nous permettre de supposer une dérivation — bien que médiatisée — de ce poème orphique dont **4 [B 21]** nous offre les fragments d'une paraphrase (cf. la note à **4 [B 21]**). En effet nous trouvons là encore des références au mythe de Déméter à Éleusis, en partie concordantes et en partie discordantes — dans les personnages et dans les faits — à propos du récit de l'Hymne homérique à Déméter. Dans ce dernier Iambé est le personnage parallèle à la Baubô du passage de Clément (cf. Hom. Hymn. 2, 202-204), mais dans l'hymne homérique les détails correspondants font défaut. Quoi qu'il en soit le thème de l'obscénité rituelle nous reporte encore une fois au rapport orphico-dionysiaco-éleusien (cf. **3 [A 3. 5. 6. 11. B 1. 5]**, **4 [A 25. 30. 65. 67-69. B 5. 6. 30]** et les notes correspondantes): dans ce cadre, l'apparition inattendue de l'enfant Iacchos n'est pas fortuite (sur son identification avec Dionysos, cf. **1 [A 3]**, **3 [A 3]** et les notes correspondantes). L'obscénité est un élément communément dionysien (songeons à son usage dans les comédies d'Aristophane), de même que dans son aspect rituel il est plus particulièrement un élément éleusien: exception faite de l'épisode Iambé-Baubô, on peut rappeler l'allusion probable de **3 [B 7]** (cf. la note correspondante), et par ailleurs les plaisanteries obscènes lors de la procession vers Éleusis (cf. Foucart 334-335). Tout cela contribue à confirmer l'ancienneté de la source majeure de Clément d'Alexandrie. Pour une interprétation différente des vers orphiques cités par Clément, in Arnob. Adv. nation. 5, 25-27, cf. Graf 194-199.

4 [B 37] — Ici l'ancienneté de la source s'accroît de cinq siècles, quand on observe que les mots κῶνος ... ῥόμβος du premier vers rapporté apparaissent déjà en tant qu'attributs de Dionysos en **4 [A 69,29]**, à savoir dans un papyrus du IIIe siècle av. J.-C. Quant aux « poupées articulées », il est peut-être possible d'établir un rapprochement avec **1 [A 14]**. On a traité dans l'introduction de la signification symbolique des jouets de Dionysos. Une datation antérieure s'avère d'autant plus probable, si l'on tient compte de la découverte de jouets semblables dans les fouilles du Cabirion thébain (cf. Guthrie *Orph.* 123-125 [tf 140-142]).

4 [B 38] — L'aspect le plus intéressant de ce passage c'est le rapport Apollon-Dionysos (cf. **1 [A 4]**, **2 [A 6. 8. 12. B 3. 4]** et les notes correspondantes), ce qui nous permet de penser à une source antique. Sur ce rapport dans le mythe du démembrement on verra **4 [B 15. 40b. 78]**: l'attitude d'Apollon à l'égard de Dionysos se manifeste par une protection généreuse. Selon les sources, il en enterre les membres, ou bien il unifie le corps, le recompose, le restitue. Cf. la note à **4 [B 18]**.
Ce passage suit immédiatement le précédent dans le texte de Clément: je les ai distingués en raison des thèmes différents.

4 [B 39] — Le passage le plus ancien parmi les trois rapportés est celui d'Alexandre d'Aphrodise qui a vécu entre la fin du IIe siècle et le début du IIIe siècle ap. J.-C. On peut douter de la dérivation de ce passage à partir de la théogonie rhapsodique (comme semble le penser Kern), puisque ni Temps ni Éther ne sont nommés parmi les éléments primordiaux. Par contre, dans la mesure où il commente un passage d'Aristote (cf. **4 [A 59]**) dans lequel l'ancienneté de l'origine est distinguée de celle de la domination, Alexandre semble informé de la succession des règnes divins (tout en négligeant de mentionner Cronos et Dionysos) par une tradition qui remonte à Platon (cf. **4 [A 45]** et la note correspondante).
En **4 [B 39c]** la succession des six rois divins est exposée explicitement, ainsi que l'identification Phanès-Ériképaios.

4 [B 40] — Le thème du miroir de Dionysos, autour duquel se concentrent ces passages néoplatoniciens, est d'un grand intérêt spéculatif, et nous en avons traité dans l'introduction. Là aussi une datation antérieure de cinq siècles — en tant que thème orphique attesté — résulte du rapprochement avec **4 [A 69,30]** (papyrus du IIIe siècle av. J.-C.). Le miroir est ainsi récupéré en tant qu'élément du mythe orphique antique, mais sa situation précise à l'intérieur de ce mythe reste problématique. Les passages qui en traitent sont brouillés par la terminologie et la théorisation néoplatonicienne, de sorte qu'il convient avant tout de chercher à éliminer cette superstructure. Si nous supprimons les allusions concernant la création, les rapports dynamiques, une action en général (éléments qui n'apparaissent pas originellement orphiques, et qui ne sont pas propres à expliquer un symbole cognitif tel que le miroir), seul le fait que Dionysos voit le monde dans le miroir (cf. surtout **4 [B 40d]**) reste acceptable dans les témoignages néoplatoniciens. Le passage de Nonnos déjà cité est peut-être d'une plus grande clarté pour ce qui concerne la représentation concrète du mythe. Il en ressort avant tout un élément vraisemblablement ancien, à savoir que le miroir est l'instrument grâce auquel les Titans distraient Dionysos pour pouvoir le tuer: ce qui est confirmé par **4 [B 37]**, où Clément d'Alexandrie déclare que les Titans trompèrent Dionysos avec des jouets (notons que Clément

énumère le miroir en même temps que les jouets, tout comme dans le papyrus **4 [A 69,29-30]**). Tandis qu'il joue, Dionysos est tué; tandis qu'il regarde fixement, il est ravi à la connaissance, tandis qu'il contemple le monde comme reflet de soi, Dionysos subit la violence; alors qu'il libère toute action en connaissance, Dionysos est anéanti par l'action. Nonnos peut nous éclairer aussi sur la vision de Dionysos: l'image peut se révéler trompeuse, le miroir fourvoyant, précisément parce que dans le miroir Dionysos ne se voit pas lui-même, ni son propre visage, mais les images bigarrées du monde, lesquelles sont encore des reflets de Dionysos (et le passage de Plotin relève avec profondeur cet attachement de l'apparence à son origine), mais ils sont mensongers, ils ne sont que de simples illusions.
Rohde et Guthrie ont permis d'entrevoir la signification du miroir de Dionysos. Macchioro (cf. surtout 99-104) insiste grandement sur le miroir — quoique sous la perspective de la divination — et fait remonter à Eschyle le témoignage le plus ancien du rapport entre Dionysos et le miroir (en supposant que le fr. 72 Mette s'étende jusqu'à Aristoph. Thesm. 140).

4 [B 41] — Séries de passages sur la Coré céleste. En faveur de l'ancienneté de ce thème on peut alléguer une certaine affinité avec un fragment de Phérécyde.

4 [B 42] — La citation trouve un soutien antique dans un passage de Platon.

4 [B 43] — A partir de ce fragment, la source des passages néoplatoniciens semble être la fameuse théogonie rhapsodique (cf. les notes à **4 [B 72. 73]**). Je fais se succéder les fragments selon la structure présumée de la théogonie rhapsodique, en partant de l'origine des dieux jusqu'à la passion de Dionysos (de façon compatible avec la chronologie des sources néoplatoniciennes).
Ce fragment découle vraisemblablement du début de la théogonie rhapsodique (cf. Ziegler OD 1352), où l'on peut penser que furent introduits les premiers principes (cf. **4 [B 72a. 73]**. Entre la première et la seconde citation devrait se glisser **4 [B 72b]**.
Guthrie *Orph.* 137 [tf 155] comprend ἠέριον à la l. 4 au sens de *misty*.

4 [B 44] — Le fragment est rapporté par Lobeck et par Kern à l'œuf cosmique. En introduction de la citation, Proclus déclare que la sphéricité est pertinente tant pour le monde caché que pour le monde divin (terminologie néoplatonicienne).

4 [B 45] — Ces deux passages sur Phanès-Ériképaios rencontrent deux échos dans le texte du *Banquet* de Platon: si on ajoute à cela la similitude entre l'œuf cosmique, dont précisément Phanès surgit, et la forme sphérique (Proclus fait allusion à la sphéricité de l'œuf au début de **4 [B 44]**, cf. la note correspondante) des hommes primordiaux du mythe platonicien (cf. Plat. *Banquet* 189e-190b), on est tenté de penser que le mythe d'Aristophane dans le Banquet est une élaboration fantastique d'un modèle orphique.

4 [B 46] — Outre l'identification avec Ériképaios (cf. la note à **4 [B 39]**), On dit ici de Phanès qu'il est identique à Éros, au grand daïmon et à Métis. On verra à ce sujet **4 [A 20]** et la note correspondante. Il convient de noter que Métis, divinité clairement masculine dans les témoignages orphiques (cf. **4 [B 47,2. 73,9]**), apparaît chez Hésiode (cf. Théog. 886 sqq.) en tant que divinité féminine, première épouse de Zeus (son nom signifie « prudence » [*sagezza*], « bon conseil », cf. Rose 50, 108). Cela peut s'expliquer en raison de son identification à Phanès, le dieu mâle et femelle (cf. **4 [B 45a. 48]**). Sur ce sujet cf. Hermann *Orph.* 461.

4 [B 47] — Autre identification entre le daïmon, Métis et Phanès. Ce fragment est reconstitué par Abel *Orph.* 177, par l'insertion de deux citations orphiques, faites par Proclus dans des œuvres différentes.

4 [B 48] — Le vers orphique rapporté pose un problème textuel, dans la mesure où κούριμον des manuscrits de Proclus (et de Damascius) a été corrigé par Schneider par κούριον qui apparaît dans un vers interpolé de l'*Iliade* et dans les *Argonautiques* orphiques. Cette correction a été retenue par les éditeurs (Hermann, Abel, Kern), mais l'origine de la leçon me semble plutôt démontrer que le κούριμον des manuscrits est préférable (attestée par ex. chez Aesch. Choeph. 180, Eurip. El. 521).

4 [B 49] — Il faut tenir compte que πόλλ' ἄστεα, à la l. 5, ne rappelle pas seulement un vers parménidien cité en apparat (ainsi que **4 [A 68,2]** selon l'hypothèse de Diels), mais il évoque également Il. 2,660; Od. 9,128; 15,492; 16,63; 19,170; 23,267. Toutefois ce vers ne relève pas d'une forme homérique.

4 [B 50] — La première partie du vers cité semble avoir trait aux corps célestes, et révèle une notable affinité avec un fragment parménidien sur un thème identique, où il est dit (fr. 10, vv. 3-5): ἔργ' ἀίδηλα ... ἔργα τε ... καὶ φύσιν. Dans ces deux cas les termes ἔργα et φύσις sont employés conjointement. Quant à αἰών, employé ici en un sens universel (différemment que dans **4 [B 53b. 64]**), il rappelle des passages tels que Emp. B 16,2 DK, et même Héracl. B 52 DK. On verra Colli FE 53 [tf 57]. Pour conclure, je dirais que ce vers présente des traces évidentes d'ancienneté.

4 [B 51] — Dans le passage qui précède celui-ci, Proclus oppose les Moires, filles de Thémis (cf. Hés. Théog. 901-906; voir Rose 20-21, 25-26, 51) aux Moires du mythe orphique, précédées par Ananké. Sur cette dernière cf. **4 [A 14. 40]** et les notes correspondantes.

4 [B 52] — Le mythe orphique concernant la naissance de la double Aphrodite est, à mon avis, ancien, même si ce n'est pas dans la forme, transmise ici par Proclus, de la théogonie rhapsodique (bien que pour ce qui concerne la première, Aphrodite Ourania, subsiste le doute que la narration orphique primitive pourrait être retenue antérieure même à l'Aphrodite hésiodienne, doute qui reparaît aussi en d'autres occasions). Mon opinion s'appuie encore une fois sur le témoignage platonicien, dans le cas qui nous intéresse sur le *Banquet* 180d-e, 181a-c, où est exposée l'antithèse entre Aphrodite Ourania et Aphrodite Pandémienne. Ce double aspect n'est pas conforté par la tradition (l'Aphrodite Pandémienne est l'objet d'un culte local à Athènes, cf. Nilsson I 524; Des Places 58), à tel point que Kern (III 21) considère cette antithèse comme une réélaboration platonicienne. En réalité la naissance de la première Aphrodite est attestée par Hésiode (Théog. 188-202) — et la thèse selon laquelle son épithète d'Ourania, de souche orientale, soit à l'origine du mythe (cf. Nilsson I 520-522), et non inversement, est pour le moins discutable — alors que la thèse de la seconde Aphrodite n'est étayée par aucun mythe, et qu'Homère ne mentionne Dioné que dans Il. 5,370 (et 381) et simplement en tant que mère d'Aphrodite. Par ailleurs, Dioné apparaît chez Hésiode dans une énumération (Théog. 17), et comme fille d'Océan (Théog. 353), ainsi que dans un autre fragment orphique (F114,5 K); Rose 53 constate la pauvreté des témoignages antiques, et admet que Dioné n'est jamais conjointe explicitement à Zeus. Cette conjonction n'est pas posée puisque, si c'était le cas, Aphrodite ne serait pas « née de l'écume »; or justement notre fragment orphique, expliquant comment l'une et l'autre Aphrodite naissent de « modes » différents, met en lumière comment la seconde naît « aussi » grâce à Dioné (συμπαράγει δ' αὐτῶι καὶ ἡ Διώνη). A cela vient s'ajouter le fait qu'une réélaboration personnelle de Platon, dans le contexte du *Banquet*, est moins vraisemblable que la prise en compte d'un mythe orphique (et l'on notera que dans ce même dialogue on trouve des traces d'autres mythes orphiques, cf. la note à **4 [B 45]**). Enfin dans ce même passage du *Banquet* est affirmé la supériorité de l'amour masculin — associé à l'Aphrodite Ourania — sur celui hétérosexuel — lié à l'Aphrodite Pandémos: il n'est pas exclu que cette opposition ne relève aussi du mythe orphique primitif: la haine d'Orphée à l'égard de la gent féminine est attestée par Platon (cf. **4 [A 43]**) et la pédérastie d'Orphée est déclarée dès le IIIe siècle av. J.-C. (cf. la note à **4 [B 26]**).

4 [B 53] — Les deux passages rapportés (cf. également F140 K, F141 K), bien que médiatisés par la théogonie rhapsodique, dérivent d'une source orphique ancienne. En effet la comparaison avec le passage d'Hésiode concernant le règne de Cronos montre de notables différences, tandis que l'exposition du même thème dans le *Politique* de Platon (269a-272c) se révèle beaucoup plus proche de la version orphique (même si à cette occasion elle a été probablement réélaborée par Platon) que de la version hésiodique. Sur l'utilisation des mythes orphiques dans le *Banquet* de Platon, cf. les notes à **4 [B 45. 52]**.

4 [B 54] — A la suite de ce passage, Proclus cite à partir de **4 [A 40]**: signalons au passage une légère bévue de Kern qui expurge un τε, sans prendre garde qu'il se trouve en présence d'une citation de Platon.
Selon Lobeck (515n) les mots λαβοῦσα καὶ (l. 3-4) sont de Proclus.

4 [B 55] — Cf. les notes à **4 [A 14. 50. B 19]**.

4 [B 56] — Ce fragment n'est étayé par aucun appui ancien, mais je le retiens en tant que source isolée du rapport suggestif Coré-Apollon (Foerster, Abel et Kern y voient un écho de l'Apollon Chtonien dont parle Proclus, in Plat. Tim. 40b-c [III 140,19 Diehl]).

4 [B 57] — Ces passages considèrent Coré comme étant l'objet d'une double violence. Il convient toutefois de rappeler, en plus des passages auxquels l'apparat fait référence, tous ceux évoqués dans la note à **4 [B 30]** (et ce n'est pas un hasard si Proclus renvoie ici explicitement (l. 3-4) au rapport orphico-éleusien).

4 [B 58] — L'identification établie ici par Proclus: Coré-Artémis-Athéna, en tant que « déesse vierge », trouve un soutien, bien que non explicite, dans les sources anciennes. Dans Hom. Hymn. 2,424 Artémis et Athéna sont les compagnes de jeux de Coré au moment du rapt, et dans la *Descente de Coré* (la version orphique de l'*Hymne à Déméter*, cf. **4 [B 21,40-41]**) leurs noms apparaissent à nouveau (cf. la note à **4 [B 21]**). Voir également **4 [B 38. 62]**.

4 [B 59] — Ce fragment relatif à Ipta, nourrice de Dionysos, a trouvé une confirmation de son origine ancienne par la découverte en Lydie de trois inscriptions, dans lesquelles est mentionnée la Mère Ipta, associée au culte de Dionysos-enfant, inconnue par ailleurs. Selon Nilsson un lien existe entre le culte phrygien de la Grande Mère (cf. MMR 568-569, et on notera qu'ici Proclus appelle Ipta « mère des dieux »). Sur cette question on verra aussi Kern I 270; KP II 1180.
Pour λίχνον à la l. 1, cf. la note à **4 [B 30]**.
La correction τὸ< ν> κραδιαῖον à la l. 2 (Diehl-Kern) dispense d'attribuer des significations extravagantes à κραδιαῖον. (cf. l'apparat). Sur la naissance de Dionysos de la cuisse de Zeus, cf. la note à **4 [B 18]**. Quant à τὴν Ἴδην (l. 5), cf. la note à **4 [B 70]**.

4 [B 60] — A propos de Dionysos roi cf. **4 [B 39c]**; en ce qui concerne l'ancienneté de ce mythe, cf. la note à **4 [A 45]**.
La tradition d'un Zeus enfant (ll. 4-5) est d'origine crétoise: cf. Nilsson I 320-323; MMR 547, 550, 555. Voir en outre la note à **4 [A 15]**.

4 [B 61] — Sur Dionysos roi cf. **4 [B 39c]**; en ce qui concerne l'ancienneté du mythe, cf. la note à **4 [A 45]**.

4 [B 62] — A propos de l'intervention d'Athéna dans le mythe orphique on verra aussi la note à **4 [B 58]**. L'ancienneté du premier vers orphique cité est douteuse, car νοερός n'est pas un vocable ancien (il apparaît chez Plat. Alc. I 133c comme leçon de BCD [mais il est réfuté par Burnet et par Carlini 237] et chez Arist. De part. anim. 648a 3).

4 [B 63] — Sur Dionysos roi cf. **4 [B 39c]**; en ce qui concerne l'ancienneté du mythe, cf. la note à **4 [A 45]**.

4 [B 64] — Le substrat orphique ancien est attesté par la concordance presque littérale du v. 6 avec le texte d'une tablette du IVe-Ve siècle av. J.-C (on verra également Aristoph. Av. 1557-1558). L'ancienneté du fragment est soutenue par Ziegler OD 1394.

4 [B 65] — Ces vers orphiques, qui exposent de façon limpide la doctrine de la métempsycose, montrent les signes d'une tradition ancienne (ainsi qu'il résulte de l'apparat), par le biais de sources diverses. Ziegler partage également cette opinion.

4 [B 66] — Le texte primitif de ce vers orphique est ici reconstitué selon l'hypothèse de Rohde. Dans ce cas aussi, comme pour les deux fragments précédents, on a tout lieu de croire à une origine ancienne.

4 [B 67] — Dans ce cas l'appui ancien ne consiste pas tant dans le thème des chevaux (les sources anciennes mentionnent plutôt des « cavales », cf. la note à **4 [B 21]**), que dans le renvoi presque textuel du vers orphique à une expression employée par Aristophane dans un passage riche de résonances orphiques (cf. **4 [A 24,5]**).

4 [B 68] — Ici le principal indice concernant l'ancienneté est fourni par le rapprochement avec un fragment de l'*Hypsipyle* d'Euripide (cf. **4 [A 20,2-4]**): de même l'étrange ἄσκοπον de **4 [A 20,2]** pourrait trouver précisément une explication in **4 [B 68,1]**.
A la leçon ἀπέστραπτε du v. 4, proposée par les manuscrits d'Hermias, il convient peut-être de préférer l'ἀπέστιλβε rapporté par Proclus et par Damascius, qui se trouve étayé par un passage orphique des *Oiseaux* d'Aristophane.

4 [B 69] — Le sujet de δῶκεν est Phanès.
Ce fragment est important en tant que témoignage de l'aspect apollinien d'Orphée (sur la question cf. **4 [A 2-4. 10. 18. 19. 25. 30. 46. B 2. 4-6. 10]** et les notes correspondantes): la divination, la puissance cognitive relèvent de la nature divine primordiale, elle est attribuée à la Nuit, qui dans la théogonie selon Eudème apparaît comme la suprême divinité orphique (cf. **4 [A 57. B 9]** et les notes correspondantes). Sur l'ἀψευδέα que l'on trouve dans ce vers orphique, il convient de remarquer que c'est un adjectif employé par Eschyle en rapport avec Apollon et la divination (cf. Aesch. Sept. 26, Choeph. 559, fr. 350,5 Nauck). En ce qui concerne son emploi ancien, cf. également Hés. Théog. 233, Pind. Pyth. 1, 86 (il n'apparaît pas chez Homère, on trouve seulement Αψευδής en tant que nom propre in Il. 18,46).

4 [B 70] — Sur Adrastée, outre les fragments de l'apparat, cf. les notes à **4 [A 14. 40. B 54. 72]**. Sur la divinité Ida, attestée seulement ici (et sur la base d'une hypothèse de Abel) et en **4 [B 59]**, on ne sait rien, pas même par le biais des sources orphiques tardives. Ailleurs il n'est question que d'une nymphe Ida, nourrice de Zeus (cf. Paus. 8, 47, 3). Quant à la Nuit divinatrice, cf. la note à **4 [B 69]**.

4 [B 71] — Remarquable assonance héraclitéenne dans le second vers.

4 [B 72] — Il a déjà été question de la théogonie selon Hiéronyme et Hellanicos, dont ce passage fournit l'exposition la plus large, dans les notes à **4 [B 28. 33-35]** (concernant la tradition des théogonies orphiques, cf. aussi les notes à **4 [B 9. 18]**). Damascius lui-même établit ici un rapprochement entre cette théogonie et la théogonie rhapsodique: il en résulte un certain nombre de différences, et d'autres que nous pouvons suggérer sur la base de divers autres témoignages de la théogonie rhapsodique. En premier lieu les deux principes primordiaux selon cette théogonie, qui ne trouvent pas de correspondances dans la théogonie rhapsodique (il convient de remarquer qu'elle suit l'identification Ananké-Adrastée, cf. à ce sujet **4 [A 14. 40. B 51. 54. 70]** et les notes correspondantes). Ensuite la présence d'Érèbe, qui fait défaut dans la poésie rhapsodique: l'indication d'une tradition plus ancienne pourrait être déduite de l'apparition d'Érèbe dans le passage orphique d'Aristophane (cf. **4 [A 24,2]**), mais cet indice est incertain, étant donné qu'Érèbe est une divinité importante également chez Hésiode (cf. Théog. 123,125, 515, 669). Une autre divergence entre les deux théogonies consiste dans les différentes figures d'animaux attribuées à Temps, caractère qui ne se trouve pas dans la théogonie rhapsodique. De même que la description de Phanès dans la théogonie selon Hiéronyme et Hellanicos, revêtu ici aussi d'attributs animaux, qui ne trouve pas d'équivalent dans la théogonie rhapsodique (sur ces points cf. Ziegler OD 1365).

Il convient toutefois de tenir compte dans l'interprétation de ce passage — et du suivant **4 [B 73]** — qu'une partie de l'obscurité dérivant de l'intrigue symbolique des données vient de l'exposition propre à Damascius, qui tente d'enfermer la diversité fantastique de la tradition orphique dans la terminologie et les schémas de la pensée néoplatonicienne. En particulier les trois triades reconstruites par Damascius dans l'une et l'autre théogonie ne sauraient à l'évidence être comprises comme des interprétations fidèles des mythes orphiques.

En **4 [B 72b]** je rapporte une citation de Damascius, extraite vraisemblablement de la théogonie rhapsodique: cf. à ce sujet **4 [A 1. B 43]** et les notes correspondantes.

4 [B 73] — Précieux témoignage de Damascius, puisqu'ici la théogonie est dite « habituelle »: à l'appui de quoi on a supposé qu'en règle générale les témoignages rapportés par les néoplatoniciens dérivaient de cette théogonie. Le titre original de cette théogonie était probablement (cf. Ziegler OD 1350-1351) celui fourni par la Souda (s. v. 'Ορφεύς: ... 'Ιεροὺς λόγους ἐν ῥαψωιδίαις κδ'), avec une division suivant le modèle homérique en 24 rhapsodies. Sur la tradition de la poésie orphique, on verra ce qui a déjà été dit dans les notes à **4 [A 56. B 1. 9. 18. 28. 33-35. 39. 43. 52. 53. 69. 72]**.

Il reste à faire quelques remarques concernant la chronologie de cette théogonie. Les thèses soutenues ont été nombreuses (parmi les plus remarquables cf. Rohde II 414-417 [tf 614-616], Kern OF 140-141, Guthrie *Orph.* 77-78 [tf 88-89], Ziegler OD 1362-1366), mais ceux qui ont approfondi le problème s'accordent dans leur presque totalité pour reconnaître que les sources orphiques de la théogonie rhapsodique sont très anciennes. J'ai déjà souligné que l'éclatement de la tradition orphique au cours des Ve-IVe siècles av. J.-C. vit surgir plusieurs ramifications parallèles, par la suite diversement unifiées ou imbriquées par les relations, éditions, anthologies ou réélaborations qui virent le jour (certaines firent date dans la tradition). Les opinions divergent encore quant à l'époque à laquelle cette théogonie rhapsodique aurait été rédigée, mais la question est au fond de moindre importance (outre le fait qu'elle ne saurait être résolue), une fois établie l'ancienneté de la majorité des sources de la théogonie. Quoi qu'il en soit, j'estime que la relation de la théogonie rhapsodique doit être considérée comme plutôt tardive, et je m'associe sur ce point à l'opinion de Kern (OF 141: ... quamvis multo ante Neoplatonicorum aetatem factum esse negem). Ce jugement reçoit confirmation du rapprochement entre la relation sommaire de Damascius (cf. **4 [B 72a. 73]**) et les divers témoignages dont on peut par suite supposer qu'ils ont puisés à la théogonie rhapsodique. S'il semble assez évident de présumer cela du fragment **4 [B 43]** et suivant, autrement dit à partir des témoignages de Proclus (Ve siècle de notre ère), il apparaît vraisemblable de l'admettre pour ce qui concerne **4 [B 40-42]**, c'est-à-dire à propos des témoignages qui remontent à Plotin et à Porphyre (IIIe siècle de notre ère [sur les passages de Porphyre cf. Rohde II 415 (tf 615)]), alors que cela apparaît douteux concernant **4 [B 39a]** (cf. la note correspondante). En conclusion, il est licite de proposer le IIe siècle ap. J.-C comme date la plus tardive au cours de laquelle la théogonie rhapsodique aurait pu être composée (par ailleurs des appuis précis manquent qui nous permettraient de supposer une date antérieure).

4 [B 74] — « Oblique » est une épithète propre à Apollon. La référence à Tychè en tant que divinité orphique est intéressante (avec le soutien d'une tablette du IVe-IIIe siècle av. J.-C., suivant la lecture de Murray-Olivieri), mais trop ténue pour y associer des développements spéculatifs.

4 [B 75] — Exposition synthétique de la théogonie rhapsodique.

4 [B 76] — Ainsi qu'il résulte de l'apparat, ces vers sont étayés par des appuis anciens.

4 [B 77] — Ce passage est important en tant qu'il complète le mythe du démembrement de Dionysos, en expliquant pourquoi les hommes ont une nature titanique et une nature dionysiaque. Que ce récit soit étayé par un fondement orphique ancien semble attesté par **4 [A 49]**, où Platon parle d'une « ancienne nature titanique » inhérente aux hommes.

4 [B 78] — A propos de la participation d'Apollon au mythe du démembrement de Dionysos, cf. la note à **4 [B 18]**. Dans ce passage d'Olympiodore il est intéressant de noter le parallélisme suivant lequel Apollon et Déméter apparaissent comme des sauveurs et des rédempteurs à l'égard respectivement de Dionysos et de Coré.

4 [B 79] — L'ancienneté de ce fragment est soutenue par Ziegler OD 1394. Rohde déjà avait la même opinion, puisque, à propos du προγόνων de la l. 5, il renvoie brillamment à un passage de Platon (Resp. 364c): à cela viennent s'ajouter les références de l'apparat.

MUSÉE

5 [A 1] — Les fragments **5 [A 1-6]** sont des citations rapportées par Clément d'Alexandrie (auteur dont nous sont parvenus nombre de fragments de l'âge des sages) et par Pausanias, de vers jugés anciens (Kinkel, Diels, H. Fränkel) et qui sont attribués au nom légendaire de Musée. L'hypothèse selon laquelle ils ont été attribués à Musée antérieurement encore à la version d'Onomacrite (cf. les notes à **4 [A 56. B 1. 16. 18]**), est dénuée de fondements; il est plus vraisemblable de penser que cette attribution remonte à l'effritement de la tradition orphique lors des Ve-IVe siècles av. J.-C. Quoi qu'il en soit le hasard de ces citations parvenues jusqu'à nous n'a pas été bénéfique pour Musée: les vers qui ont subsisté ne sont ni très significatifs, ni caractéristiques. Une biographie légendaire de Musée, à partir des différentes indications qui nous ont été transmises, a été tentée par Freeman 19-21.

5 [A 2] — Ici comme ailleurs, la poésie orphique se présente comme parallèle à celle d'Homère: le même contenu se retrouve dans un passage de l'*Iliade*, développé sous une forme différente.

5 [A 3] — Basant son argumentation à partir du τέκμαρ qui apparaît au v. 2 (et présent en **4 [B 16,6]**), Fränkel le tient pour l'indice le plus ancien en faveur d'une conception dont dériverait l'antithèse d'Alcman entre πόρος et αἶσα (cf. Fränkel DPH 184-185, 290-292; D. L. Page, *Alcman, The Partheneion*, Oxford 1951, 12, 33-37), qui se présente aussi comme antithèse entre πόρος et τέκμωρ (cf. Oxyrh. Pap. 2390, fr. 2). Si l'on retient cette thèse de Fränkel, il en résulte à l'évidence une conséquence quant à l'ancienneté de la poésie orphique: étant donné que la vie d'Alcman s'écoule dans la seconde moitié du VIIe siècle av. J.-C., il faudrait en conclure que lors des VIIIe-VIIe siècles av. J.-C. existait déjà sous une certaine forme une poésie orphique. Pour une évaluation de ce thème, on verra également les notes à **4 [A 1]** et **5 [A 7]**. Au reste ce que nous rapporte toujours sur ce même thème Clément d'Alexandrie en citant ces vers est remarquable: faire l'hypothèse d'une chronologie orphique encore plus reculée signifierait que l'on tienne pour vraie la déclaration de Clément (mais il n'est pas possible de prouver cela).

5 [A 4] — En citant ces vers, Aristote emploie une expression (« dans les vers attribués à Musée »), qui revient en **5 [A 7,6. B 14,4. 28]**: Fränkel la considère (cf. DPH 291,5) comme l'indice d'une attribution postérieure (cf. également la note à **5 [A 1]**).

5 [A 5] — Dans le passage de Pausanias qui introduit la citation le père de Musée est appelé Antiophémos, qui est la forme épique (cf. aussi Orph. Arg. 308 [14 Abel]) de Antiphémos (cf. **5 [B 5]** et l'apparat de **5 [B 4]**).
Ce fragment atteste l'intérêt de Musée pour la divination, autrement dit il met en évidence son aspect apollinien, qui fut considéré comme prédominant au cours des Ve-IVe siècles (cf. les notes à **4 [A 25. 30]**).

5 [A 6] — Cette réponse oraculaire concernerait la bataille d'Aigos-Potamos en 405 av. J.-C., au cours de laquelle la flotte athénienne fut détruite par Lysandre.
Musée est ici présenté directement comme devin, et donc en tant que possédé d'Apollon (cf. la note à **5 [A 5]**). Sur ce point, la tradition est ancienne: Sophocle (cf. **5 [A 9]**) et Hérodote (cf. **5 [A 10]**) le déclarent tel, et Hérodote dit qu' Onomacrite « réordonna les oracles de Musée » (cf. **5 [A 8]**; on verra également Rohde II 112,1 [tf 371,1]). Aristophane mentionne son pouvoir divinatoire (cf. **4 [A 25]** et la note correspondante), et avec une clarté moindre Platon dans le Protagoras (cf. **4 [A 30]** et la note correspondante). Le rapport à la divination est inhérent à la poésie orphique: quoi qu'il en soit, même si la figure de Musée présente une plus grande complexité, le Ve siècle le considère comme la véritable incarnation de la puissance divinatoire d'Apollon.

5 [A 7] — La comparaison entre ces deux passages fournit un nouvel indice — plus important que celui associé à **5 [A 3]** (cf. la note correspondante) — en faveur d'une origine très ancienne de la poésie orphique. Le fragment de Mimnerme parle d'une double génération de Musée, tandis que les sources mythologiques connaissent uniquement les filles de Zeus et de Mnémosyne (cf. Il. 2, 491-492; 2,598; Hés. Théog. 53 sqq.; voir Nilsson I 253-255; Rose 51, 173-175; KP III 1475-1479). En outre Diodore 4, 7 déclare, de manière plus vague, que tandis que les Muses sont appelées filles de Zeus et de Mnémosyne, quelques rares poètes, parmi lesquels Alcman, les tiennent pour filles de Ciel et de Terre. En conséquence le mythe était attesté par Mimnerme (VIIe siècle av. J.-C) et par Alcman (seconde moitié du VIIe siècle av. J.-C), et puisqu'on peut difficilement présumer que l'un d'eux, ou tous les deux, en était l'auteur, l'hypothèse de la poésie orphique se présenterait spontanément, même si cette scholie à Apollonios de Rhodes ne nous avait pas été transmise. Kern et Ziegler soutiennent la dérivation orphique de ce mythe. A l'appui de cette thèse je rappelerai le parallèle avec la double Aphrodite (cf. la note à **4 [B 52]**): en ce qui concerne les pères c'est une question d'identité, puisque dans les deux cas nous trouvons Ouranos et Zeus.

5 [A 8] — On se reportera au second volume de la présente édition (Hérod. 7,6).

5 [A 9] — Cf. la note à **5 [A 6]**. Intéressante en tant qu'elle atteste la présence de Musée également dans la sphère dionysiaque. Philochoros est un historien et un érudit du IVe-IIIe siècle av. J.-C.

5 [A 10] — Cf. la note à **5 [A 6]**. Le récit a trait à la bataille de Salamine (sur la question des oracles concernant cette bataille, cf. H. W. Parke *Greek Oracles*, London 1972, 103 sqq., 107). Bakis désigne une classe de devins, et non un simple individu (cf. Rohde II 64,1 [tf 315,1]).

5 [A 11] — Ces témoignages présentent eux-aussi un intérêt chronologique. Il est intéressant de noter qu'au début du Ve siècle déjà — (Phérécyde d'Athènes appartient encore au VIe siècle, et Gorgias au début du Ve) — existait une opinion répandue qui tenait Orphée et Musée pour plus anciens qu'Homère.

5 **[A 12]** — Cf. la note à **4 [A 25]**.

5 **[A 13]** — Cf. la note à **4 [A 26]**.

5 **[A 15]** — Cf. la note à **4 [A 30]**.

5 **[A 16]** — Le fils de Musée, dont il est fait mention au début de ce passage est Eumolpe (cf. **5 [B 5]**, l'apparat de **5 [B 4]**, et l'hypothèse de **5 [B 8]**). L'« ivresse éternelle » dont parle Platon, plutôt que se référer à un aspect dionysiaque de Musée, n'est peut-être qu'une réminiscence utilisée ironiquement. A propos des punitions dans l'au-delà, dont traite la seconde partie de ce passage, cf. la note à **4 [A 36]**.

5 **[A 17]** — Cf. la note à **4 [A 41]**.

5 **[A 18]** — Nouveau témoignage sur la nature apollinienne de Musée.

5 **[B 1]** — Cf. la note à **4 [B 3]**.

5 **[B 2]** — Cf. la note à **4 [B 5]**.

5 **[B 3]** — Le fait que le thème d'une herbe magique (dans le texte de Théophraste il est question d'amulettes et d'incantations) soit mis ici en rapport avec Musée, confirme cette involution de l'orphisme dont on a parlé dans les notes à **4 [B 7. 8]**.

5 **[B 4]** — Ces dérivations de Musée prouvent qu'il était également associé par une tradition passablement ancienne (Aristoxène vécut au IVᵉ siècle av. J.-C) à une matrice dionysiaque.

5 **[B 5]** — Ce passage est important parce qu'il établit un lien essentiel entre orphisme et Éleusis (concernant la fondation même des mystères). La référence à l'Eumolpe mythique (cf. Hom. Hymn. 2,154; 2,475) est précisée en effet par une source relativement ancienne, Andron d'Halicarnasse (IVᵉ siècle av. J.-C.) et transmise dans un cadre quasi historique (sur cette question cf. Graf 17-21). En règle générale cela vient confirmer le lien répété à plusieurs reprises entre orphisme et Éleusis (cf. la note à **4 [B 30]** et les passages cités), et témoigne en particulier de l'importance de l'aspect dionysiaque de Musée (cf. les notes à **5 [A 9. B 4]**) à l'égard de son caractère apollinien plus manifeste (cf. la note à **5 [A 6]**). Sur cette question cf. Maass 98 sqq.

5 **[B 6]** — Ce passage d'Hermésianax, poète du IIIᵉ siècle av. J.-C., présente quelques difficultés textuelles et d'interprétations. Giarratano (*Hermesian. fragm.*, Milano 1905, 8-9) traduit: *at neque Musaeus ... Antiopem inhonoratam neglexit, quae in Eleusinis solo virginibus a multis exoptatis laetos occultorum oraculo-*

rum clamores efferebat, Rhariae Cereri orgiorum afflatu ministrans ... Giarratano suit les manuscrits et ajoute ce commentaire: διαποιπνύουσα *cum accus. personae cui ministratur nusquam invenitur, sed accus.* Δήμητρα *defendi potest* (cf. Apollon. Rhod. 4,1111).

5 **[B 7]** — Autre témoignage sur le rapport Musée-Éleusis. Sur Deiopé, cf. Graf 18, 163. Cf. les notes à **5 [A 9. B 4. 5. 8]**.

5 **[B 8]** — Associée à **5 [B 5]** c'est la source principale sur la relation Musée-Éleusis: le Marbre de Paros s'accorde avec Andron quant à l'institution des mystères éleusiens par Eumolpos, fils de Musée. Toutefois, en ce qui concerne la chronologie, le Marbre de Paros semble faire une confusion entre cet Eumolpos et la figure mythique dont parle l'*Hymne à Déméter*. Cf. les notes à **5 [A 9. B 4. 5. 7]**, et Graf 20, 163-164.

5 **[B 9]** — L'allusion de Diogène Laërce au rapport un-tout chez Musée est sans fondement antique, et dérive probablement de la médiation d'une source schématisante, classificatrice et plagiaire (je ne songe pas à Lobon pour cette partie du passage).

5 **[B 10]** — Cf. la note à **4 [B 21]**.

5 **[B 11]** — Cette source parle de Moïse enfant.

5 **[B 12]** — Cas de variante orphique d'un mythe: ici il s'agit seulement d'un détail. C'est Héphaïstos qui fend la tête de Zeus chez Pind. Olymp. 7, 35-37. Sur cette question cf. Rose 108, 129.

5 **[B 13]** — Sur Argos Panoptès (bien que cette référence s'appuie sur une hypothèse) on verra Rose 271; KP I 540.

5 **[B 14]** — L'indication de la Nuit parmi les principes originaires fait songer à une ramification de la tradition orphique, correspondante ou voisine de celle de la théogonie selon Eudème: cf. les notes à **4 [A 57. B 9]**.

5 **[B 15]** — Le sujet est Héraclès. Nouvelle allusion au rapport Musée-Éleusis, ici sans la médiation de son fils Eumolpos.

5 **[B 16]** — Cf. la note à **4 [B 32]**.

5 **[B 17]** — Le don de voler est un autre trait apollinien (cf. **2 [A 2]**): voir la note à **5 [A 6]**. Cf. également **6 [A 5. B 4]**.
Il est fait mention ici également de la médiation d'Onomacrite: on verra **5 [A 8]** et la note à **5 [A 6]**.
Sur l'hymne à Déméter de Musée cf. la note à **4 [B 21]**.

5 **[B 19]** — A propos du culte des Grandes Déesses en Messénie, en relation avec Éleusis, voir Nilsson I 477-481 et la note à **3 [A 6]**. Dans ce passage Musée est de nouveau associé, bien qu'indirectement, à la sphère mystérique. On verra également la note à **4 [B 21]**.

5 [B 20] — Ce refus d'Orphée et de Musée de se risquer à l'épreuve musicale de Delphes, dépendait, selon Pausanias, de leur engagement dans la sphère mystérique, qui leur interdisait de participer à une joute profane.

5 [B 21] — Sur Philochoros cf. la note à **5 [A 9]**. Sur Dios cf. PW V 1, 1080.

5 [B 22] — Eugamon de Cyrène, poète du VIe siècle av. J.-C., auteur présumé de la *Télégonie* (dont il nous reste quelques rares fragments), racontait également le voyage d'Odyssée chez les Thesprotes.

5 [B 23] — On notera la relation avec le mythe de Dionysos, dont il est dit que les Hyades furent ses nourrices. Sur les Hyades cf. KP II 1251-1252.

5 [B 24] — Ce mythe de Musée est également lié aux constellations. Certaines des divinités citées dans ce passage se retrouvent dans d'autres fragments orphiques: ainsi Amalthée (cf. F105 K) et Thémis (cf. F56 K; F114,3 K; F144 K).

5 [B 25] — Dans le cas présent ce mythe raconté par Musée se retrouve sous une forme analogue chez Hés. Théog. 377, 409-410; Hom. Hymn. 2,24-25. Cf. Rose 37, 42.

5 [B 27] — Il est question ici des étoiles filantes.

5 [B 28] — En ce qui concerne l'expression « poèmes attribués à Musée », cf. la note à **5 [A 4]**.

5 [B 29] — La tradition qui veut que Musée soit le fils de Séléné est celle qui prévaut, et son témoignage le plus ancien se trouve dans un passage de Platon (cf. **5 [A 17]**). Diodore prétend toutefois qu'il est le fils d'Orphée (cf. **5 [B 15]**).

5 [B 30] — La poésie orphique tardive présente Orphée qui s'adresse et dédie ses vers à Musée: cf. per ex. Orph. Hymn. (I,1 Quandt); F245,1-3 K.

HYPERBORÉENS

6 [A 1] — Ce fragment et le suivant ont été attribués par la tradition (et ils le sont encore aujourd'hui, cf. Kinkel et Fränkel) à Aristéas de Proconnèse (île de la mer de Marmara), et sont extraits des *Arimaspées*, poème épique qui relatait des voyages fantastiques en des terres lointaines. Sa vie est entourée de légendes (cf. **6 [A 5]**, à savoir le long passage que lui consacre Hérodote), mais son existence historique est fort vraisemblable (cf. Rohde II 93,1 [tf 338,1]). La période de sa vie est incertaine, car les données chronologiques qui le concernent sont inconciliables: d'une façon générale on peut penser au VIIe-VIe siècle av. J.-C.
Ce fragment décrit un peuple fantastique qui passe sa vie sur la mer.

6 [A 2] — Les Issèdes — ou Issédons — sont un peuple qu'Aristéas rencontra au cours de son voyage (cf. **6 [A 5]**). Les hommes à l'oeil unique sont en revanche les Arimaspes, d'où le poème d'Aristéas tire son nom.

6 [A 3] — Il s'agit là du témoignage le plus ancien concernant Aristéas, et qui vient attester son existence historique. D'après l'extrait d'Origène il semblerait que Pindare connaissait l'histoire de Métapompe racontée en **6 [A 5]**.

6 [A 4] — La figure d'Abaris — à propos de laquelle le témoignage de Pindare est le plus ancien — est également établie historiquement, mais elle est ponctuée d'ajouts mythiques.
La détermination chronologique de Pindare renvoie à la moitié du VIe siècle av. J.-C. (la prise de Sardes date de 456 av. J.C.), mais Rohde II 91,1 [tf 337,1] voudrait avancer un peu la vie d'Abaris (cf. **6 [B 5]**). Elle s'écoulerait ainsi entre la fin du VIIe et la moitié du VIe siècle. L'arrivée d'Abaris, qu'évoque le fragment, survient chez les Hyperboréens: cf. **6 [A 6-8. B 5]**.

6 [A 5] — « Possédé par Apollon » c'est ainsi qu'Hérodote désigne Aristéas, dès le début, et au cours du récit la présence du dieu est dominante. Hérodote commence par résumer le contenu des *Arimaspées*, puis il poursuit en racontant les événements miraculeux qui suivirent la mort d'Aristéas. Son apparition après sa mort en des moments différents, et même fort éloignés, est un mythe qui s'accorde avec l'extase apollinienne: dans la mantique extatique l'âme se libère du corps et en sort (cf. **2 [A 14. 15]**, **6 [B 4]**, et voir Rohde II 60,3 [tf 312,2]). Ce que relate Hérodote à propos de la transformation d'Aristéas en corbeau est aussi digne d'intérêt: le vol est un symbole apollinien (cf. la note à **5 [B 17]**).

6 [A 6] — Il est inutile de rappeler que la flèche est un des symboles dominants d'Apollon. Le témoignage d'Hérodote qui précise qu'Abaris « promena » la flèche trouve une confirmation passablement ancienne dans un fragment de Lycurgue (cf. **6 [A 8]**). Je suis d'accord avec Rohde pour considérer cette tradition non seulement comme plus ancienne, mais également plus digne de foi que celle selon laquelle Abaris volait « chevauchant » une flèche (bien qu'aujourd'hui certains la préfèrent, cf. par ex. Dodds *Irr.* 161,33 [tf 165,33]): cette dernière version a été vraisemblablement inventée par Héraclide Pontique (qui créa un Abaris entièrement fabuleux).

6 [A 7] — Le témoignage de Platon ajoute l'attribution de la magie à Abaris.

6 [A 8] — Ce témoignage du IVe siècle av. J.-C. concernant Abaris précise qu'il quitta les Hyperboréens à cause d'une famine (cf. également **6 [B 5]**) et il ajoute explicitement — chose plus importante — que l'activité d'Abaris à travers la Grèce avait été celle d'un devin.

6 [A 9] — Source importante du IVe siècle av. J.-C., d'où il ressort qu'Aristéas avait vu les Hyperboréens: par conséquent lui aussi, comme Abaris, avait connu le siège de l'Apollon extatique. Il convient de préciser toutefois que dans ce fragment de Théopompe (ainsi qu'il ressort du contexte d'Athénée) il n'est pas question des voyages d'Aristéas, mais de son apparition à Métaponte (cf. **6 [A 5]**).

6 [B 1] — L'histoire des événements miraculeux après la mort d'Aristéas constitue ici une variante par rapport au récit d'Hérodote (cf. **6 [A 5]**): le récit est sans doute moins digne de foi (la source est du IIe siècle av. J.-C.).

6 [B 2] — A propos des Arimaspes à l'oeil unique cf. la citation directe de **6 [A 2,5]**. Le mépris rationaliste de Strabon ne s'appuie pas sur des sources anciennes (Platon — **6 [A 7]** — fait intervenir la magie à propos d'Abaris).

6 [B 3] — Dans le premier extrait Pausanias ajoute des détails à la relation d'Hérodote (cf. **6 [A 5]**) quant au contenu des *Arimaspées*. Le second passage a trait au mythe de l'expédition des vierges hyperboréennes à Délos (cf. à ce sujet le passage d'Hérodote cité dans l'apparat; voir en outre Nilsson I 137, 189, 380-381, 493, 548). Pausanias affirme également qu'au cours de ses voyages Aristéas n'aurait abordé que chez les Issédons (ce qui avait déjà été précisé par Hérodote in 4,16).

6 [B 4] — Cf. la note à **6 [A 5]**.

6 [B 5] — Le témoignage de la Souda intègre l'information de Lycurgue (cf. **6 [A 8]**), mais l'exactitude du récit ne saurait être vérifiée.

ÉNIGME

7 [A 1] — Ce fragment est le passage le plus ancien qui permette de se référer véritablement à l'énigme dans sa portée sapientiale: la nature plus immédiatement verbale de l'énigme (par quoi ce sont les mots mêmes qui indiquent l'objet de façon voilée), fait certes défaut, mais par contre deux de ses éléments essentiels apparaissent, à savoir d'une part le défi et la compétition, et d'autre part le risque mortel de ce qui est une joute pour la connaissance.

Au début l'énigme est aussi liée à l'*ainos* (cf. Crusius PW I 1,1029), qui est un dit, une fable symbolique et voilée (souvent rapportée aux animaux): cf. par ex. Od. 14,508; Hés. Op. 202; Archil. fr. 81,1 Diehl (et on pourrait peut-être déceler une préfiguration de l'énigme in Il. 6,179-182; Od. 12,127-131).

Pour en revenir au fragment d'Hésiode, on notera que les antagonistes sont tous deux des devins, autrement dit des détenteurs de sagesse, proches de la sphère divine et inspirés par Apollon. Que cette conception archaïque de l'énigme en tant que joute pour la sagesse soit une indication archétype, formelle, face à laquelle le contenu cognitif passait au second plan, semble se confirmer d'abord par l'insignifiance, par le caractère accessoire du problème posé, et ensuite par le fait qu'il existe des versions postérieures à celle d'Hésiode concernant cette compétition entre Mopsos et Calchas, et qui s'accordent toutes en ce qui concerne la joute entre les deux devins et sur l'issue tragique pour Calchas, mais divergent cependant sur le contenu de l'énigme. Tout cela nous est rapporté par Strabon dans la suite du passage: selon Phérécyde d'Athènes par ex. (première moitié du Ve siècle av. J.-C) la question que Calchas aurait posée se référait au nombre de gorets que portait une truie gravide. A quoi Mopsos aurait répondu selon la vérité: « Trois, et l'un deux est une femelle ».

7 [A 2] — Wilamowitz pense que ces vers sont très anciens; quoi qu'il en soit Diehl ne croit pas qu'on puisse les attribuer à Cléobule de Lindos, qui vécut au VIe siècle av. J.-C. Du point de vue formel nous avons là une énigme, car les mots indiquent de façon voilée un objet (l'année): les caractères essentiels de la compétition et du risque mortel toutefois manquent: le contenu est non seulement insignifiant, mais également transparent. Au v. 4 apparaît la forme antiphatique, typique dans l'évolution de l'énigme.

7 [A 3] — On attribue à Cléobuline, fille de Cléobule (cf. **7 [A 2]**), ce fragment et les deux qui suivent (attribution également contestée par Diehl). Les caractères de l'énigme sont ceux de **7 [A 2]**. La solution est: la ventouse. Diehl ne retient pas le second vers, et peut-être non sans raison.

7 [A 4] — Cf. les notes à **7 [A 2. 3]**. La solution est: la lutte (suivant la correction de Wilamowitz). On remarquera l'expression quasi antiphatique du v. 2.

7 [A 5] — Cf. les notes à **7 [A 2. 3]**. La solution est: une flûte phrygienne (les flûtes se construisaient aussi avec des os d'âne, cf. KP I 756).

7 [A 6] — Harrison observe qu'en Grèce on augurait la ruine d'un ennemi avec de l'eau froide, et non avec du vin, et il traduit: *It is not wine that is drunk to me when a man much worse than I is stabilished by my fair lady's side. Cold water her parents drink to me before her, so that she both draws it for them and weeps for me as she brings it — in the house where once I threw my arm round her waist and kissed her neck, while she made a tender sound with her lips.* Il ne s'agit pas toutefois d'une énigme: nous rapportons ce passage comme exemple de la prédilection antique pour l'expression ambiguë.

7 [A 7] — Il ne s'agit pas là non plus d'une énigme, mais cet extrait est intéressant en raison du rapport de αἰνίσσομαι avec σοφός. On notera en outre que l'accent énigmatique s'adressent naturellement aux ἀγαθοί.

7 [A 8] — Il s'agit là formellement d'une énigme: cf. **7 [A 2-5]** et les notes correspondantes. La solution est: coquille. A noter la forme antiphatique, suggérée au v. 1, et déclarée au v.2.

7 [A 9] — Filtrée à travers la banalisation, au cours des époques ultérieures, de la totalité du phénomène de l'énigme, voici l'interprétation d'Athénée, en vérité guère convaincante: à Iulis la coutume voulait que le boeuf qui devait être sacrifié à Dionysos soit tué avec une hache de la main d'un enfant; la hache avait été portée chez l'affûteur, et Simonide, qui était alors un enfant, fut envoyé chez le forgeron pour la récupérer; il trouva l'homme endormi; les soufflets et les pinces étaient étalés pêle-mêle sur le sol; Simonide revint sur ses pas et proposa son énigme. « Le père du chevreau » pourrait faire allusion au soufflet (de peau de chèvre) ; « le poisson » (crabe) aux pinces; « le ministre de Dionysos » à la hache.

7 [A 10] — Cet extrait se réfère à l'évidence au mythe thébain de la Sphinx, dans lequel les caractères fondamentaux de l'énigme (cf. la note à **7 [A 1]**) étaient tous présents: joute mortelle pour la connaissance sur un plan mythique et surhumain; les mots expriment obscurément un objet; futilité du contenu cognitif et transparence de la solution. Le fragment de Pindare ajoute un autre caractère: la cruauté inhérente à l'événement.

7 [A 11] — La première expression poético-mythique de l'événement raconté par Aristote remonte au moins au VIe siècle av. J.-C. (sinon avant), dans la mesure où le fr. 56 d'Héraclite présuppose absolument ce récit (ou un autre analogue), faute de quoi son interprétation deviendrait impossible. En effet, mis à part l'obscurité découlant de l'omission chez Héraclite du cadre narratif sur le défi énigmatique lancé par les pêcheurs à Homère (et excepté le fait que l'allusion héraclitéenne à la sagesse d'Homère s'explique précisément dans le contexte d'une telle épreuve), il faut prendre en compte que la considération décisive qu'ils le « trompèrent » employé par Héraclite ne peut se justifier que par l'issue tragique du défi pour Homère (tandis qu'Héraclite ne parle en aucune façon de sa mort). Ce « ils le trompèrent » précise la « cruauté » qui apparaît dans **7 [A 10]** (cf. la note correspondante): la cruauté vient du dieu et consiste dans le fait d'imposer un défi — celui de la connaissance — auquel le sage ne saurait se soustraire, et qui se conclut par la mort du sage, lequel luttant pour la sagesse perd, avec la sagesse, la vie même, en ce sens qu'il est trompé, broÿé par les mâchoires de l'énigme. Cet arrière-plan divin du mythe thébain fait défaut dans le récit sur Homère, où l'épreuve est humaine, mais l'issue là aussi est tragique: c'est pourquoi le défi pour la sagesse renferme le péril d'« être trompé » par une futilité qui ôte la vie.

Dans l'énigme d'Homère toutes ces caractéristiques, sur le plan du contenu et de la forme, sont présentes (cf. la note à **7 [A 1]**); de plus vient se greffer la formulation rigoureusement antiphatique (et croisée). Au reste la référence verbale du texte héraclitéen à celle du vers énigmatique rapporté par Aristote prouve déjà la dépendance d'Héraclite à une tradition plus ancienne: en effet Héraclite modifie l'ἕλομεν dans son εἴδομεν καὶ ἐλάβομεν, à savoir qu'il ajoute εἴδομεν pour pouvoir reprendre le terme τῶν φανερῶν, dont il est parti.

7 [A 12] — Ce passage vient confirmer l'origine ténébreuse de l'énigme (cruauté-tromperie, cf. les notes à **7 [A 10. 11]**), en tant qu'il établit une corrélation entre la sphère de l'énigme et celle de l'inimitié.

7 [A 13] — Autre corrélation d'importance confirmée par ce passage: la dérivation de l'énigme à partir de la sphère de la divination. Cf. également la note à **2 [A 9]**.

7 [A 14] — Même dans ce cas où le terme énigme est employé improprement, ce qui établit l'analogie c'est la formulation contradictoire.

7 [A 15] — Deux éléments sont ici dignes de remarques: la Sphinx est appelée sage (celui qui pose l'énigme est lui aussi un sage), et ses paroles sont qualifiés de μούσας, quelque chose qui est parole et musique (parole pour ce qui concerne l'aspect humain; musique pour celui divin).

J'omets en revanche les passages sur la Sphinx et l'énigme de l'*Œdipe roi* de Sophocle.

7 [A 16] — Les thèmes de la musique et de la sagesse de la Sphinx reviennent (cf. la note à **7 [A 15]**), ainsi que le thème de la cruauté (cf. les notes à **7 [A 10. 11]**). Le contexte énigmatique conduit le poète tragique à une expression presque antiphatique (v. 2).

7 [A 17] — C'est là le passage le plus ancien où apparaît, au sens d'énigme, le terme γρῖφος, qui signifie « filet de pêche »: cela confirme la charge d'hostilité qui est liée à la sphère énigmatique (cf. les notes à **7 [A 10-12. 16]**). En même temps on assiste ici — à la fin du Ve siècle — à une phase de banalisation et d'évacuation du phénomène entier de l'énigme. Outre l'apparition du thème dans la comédie, le contexte nous montre qu'il ne s'agissait désormais que de devinettes proposées au cours d'un banquet.

7 [A 18] — Ici le contraste comique est atteint par le rapprochement à une énigme (à quelque chose qui était encore revêtu d'un caractère solennel) d'une expression très concrète et quotidienne, à savoir de la notification d'une envie de soupe (ainsi s'exprime Dionysos pour expliquer sa nostalgie poignante selon Euripide).

7 [A 19] — Pour expliquer en quel sens l'accusation portée contre Socrate ressemble à une énigme, Platon la transforme en une formulation contradictoire. En procédant ainsi, on apostrophe Socrate en tant que « sage ». Les thèmes de la tromperie liée au jeu (cf. la note à **7 [A 11]**) et celui de la contradiction sont mis en évidence. La présentation montre une fausse légèreté: l'arrière-plan est tragique (selon l'esprit ancien de l'énigme), la mort de Socrate.

7 [A 20] — Tentative en vue de définir la nature formelle de l'énigme.

7 [A 21] — Curieux rapprochement de l'énigme à la sphère dionysiaque, au lieu de la sphère apollinienne. L'expression énigmatique qui clôt le passage renvoie peut-être au secret de la discrimination, en vertu de laquelle on choisissait, parmi les initiés aux mystères éleusiens, les rares élus à la vision suprême.

7 [A 22] — Il s'agit ici d'une simple allusion à la sphère de l'énigme: le rapprochement entre divination et énigme appraît toutefois digne d'intérêt.

7 [A 23] — Ici l'usage de l'énigme est affectée de la banalisation dont il a été question dans la note à **7 [A 17]**, et elle a une valeur purement formelle (cf. la note à **7 [A 20]**).

7 [A 24] — Cf. la note à **7 [A 17]**: à partir de la seconde moitié du Vᵉ siècle l'énigme était aussi utilisée comme moyen éducatif. Il semble que l'énigme à laquelle Platon se réfère ici soit la suivante: un homme qui n'est pas un homme, voit et ne voit pas un oiseau qui n'est pas un oiseau, sur un arbre qui n'est pas un arbre, et le frappe sans le frapper avec une pierre qui n'est pas une pierre.

7 [A 25] — Ce passage est important quant à la distinction, dans la sphère de la divination, entre le moment extatique et celui discursif et exégétique. L'énigme est ici placée à la frontière des deux moments, c'est-à-dire quand la possession apollinienne se traduit par des paroles incohérentes et obscures, dictées par le dieu, mais qui en tant que paroles appartiennent déjà à la sphère humaine, et sont en attente d'une activité rationnelle ultérieure pour se manifester dans leur portée cognitive.

7 [A 26] — La définition aristotélicienne de la nature formelle de l'énigme est plus radicale que celle tentée par Platon in **7 [A 20]**. La formulation contradictoire est placée au premier plan, celle-ci ne sera tolérée que dans la mesure où elle est énoncée en tant que métaphore. Bien que dans une perspective fort différente, Nietzsche a lui aussi mis en lumière l'importance de la métaphore à l'origine de la philosophie: cf. KGW (Colli-Montinari), III 2, 307 sqq.; 374 sqq.

7 [A 27] — Voir **7 [A 26]** et la note correspondante.

7 [A 28] — Remarquable accouplement du thème de la métaphore (lié à l'énigme, cf. **7 [A 26. 27]**) à celui de la tromperie (cf. les notes à **7 [A 11. 19]**).

7 [B 1] — J'ai recueilli ici des passages d'époques différentes à seule fin de documenter l'affinité entre la terminologie énigmatique et celle dialectique, et le développement de la première à la seconde. J'ai divisé les textes (qui à l'évidence ne prétendent pas à l'exhaustivité) en trois groupes: le premier comprenant les termes caractéristiques pour désigner la formulation d'une énigme; le second comprenant des passages qui attestent un stade intermédiaire, dans lequel les termes n'indiquent plus à proprement parler une énigme, mais pas encore une recherche dialectique au sens strict (il ne s'agit pas toutefois seulement d'une succession chronologique, car la terminologie énigmatique se maintient encore à une époque tardive); le troisième comprenant des passages qui attestent l'emploi d'une terminologie techniquement dialectique, en tant que dérivée de la terminologie caractéristique de l'énigme.

7 [B 2] — Sur le rapport entre Héraclite et la sphère de l'énigme on verra la note à **7 [A 11]**.

7 [B 3] — Témoignage de la conviction néoplatonicienne, selon laquelle l'expression énigmatique est un caractère qui se retrouve fréquemment dans la philosophie, et qui s'accentue en direction de ses origines. Cf. la note à **7 [B 4]**.

7 [B 4] — Cf. la note à **7 [B 3]**, dont la déclaration est ici généralisée et éclaircie à travers la différence entre communication exotérique et ésotérique.

7 [B 5] — Cet extrait étend aux Pythagoriciens les jugements de **7 [B 2-4]**.

7 [B 6] — Cet extrait étend à Épiménide les témoignages de **7 [B 2-5]**, en mettant en relation, chez lui, la sphère énigmatique et celle mystique (cf. la note à **7 [A 21]**).

INDEX

SIGLES ET ABRÉVIATIONS

Abel	*Orphica* rec. E. Abel, Hildesheim 1971 (1885).
Arrighetti	*Orfici. Frammenti* Scelta di testi e traduzione di G. Arrighetti, Torino, 1959.
ARW	*Archiv für Religionswissenschaft*, Leipzig, 1898 sgg.
Ast	*Lexicon Platonicum*, cond D. F. Astius, voll. 2, Bonn, 1956 (Lipsiae 1835-1836).
Bachofen	J. J. Bachofen, *Das Mutterrecht*, IIe éd, Basel 1897.
Böhme	R. Böhme, *Orpheus. Der Sänger und seine Zeit*, Bern-München 1970.
Burckhardt	J. Burckhardt, *Griechische Kulturgeschichte* 1898-1902 (cité d'après la trad. ital., Firenze, 1955).
Burnet EG	J. Burnet, *Early Greek Philosophy*, IVe éd. London, 1930 [trad. franç. A Reymond, *L'aurore de la philosophie grecque*, Payot, Paris, 1952].
Cardini *Pres.*	M. Timpanaro Cardini, *Antica Sofistica* (in *I Presocratici*, vol. II, Bari, 1969).
Carrière *Theogn.*	*Théognis. Poèmes élégiaques*, par J. Carrière, Paris, 1948.
Càssola IO	*Inni Omerici*, a cura di F. Càssola, Roma, 1975.
Colli PHK	G. Colli, *Physis kryptesthai philei. Studi sulla filosofia greca*, Milano 1948 [IIe éd. a cura di Enrico Colli, Adelphi, Milano, 1987].
Colli FE	G. Colli, *Filosofia dell'espressione*, Milano, 1969 [trad. franç. M.-J Tramuta, *Philosophie de l'expression*, Editions de l'Éclat, Combas, 1988].
Colli DN	G. Colli, *Dopo Nietzsche*, Milano, 1974 [trad. franç. P. Gabellone, *Après Nietzsche*, Editions de l'Éclat, Combas, 1987]
Colli NF	G. Colli, *La nascita della filosofia*, Milano 1975 [trad. franç. C. Viredaz, *La naissance de la philosophie*, Editions de l'Aire, Lausanne, 1981].
Comparetti	D. Comparetti, *Laminette orfiche edite e illustrate*, Firenze, 1910.
Cornford PS	*Principium Sapientiae. The Origins of Greek Philosophical Thought*, by F. M. Cornford, Gloucester Mass. 1971 (1952).
CQ	*Classical Quaterly*, Oxford 1907 sq.

CR	*Classical Review*, Oxford 1887 sq.
Creuzer *Dion.*	F. Creuzeri *Dionysos sive Commentationes Academicae De rerum Bacchicarum Orphicarumque originibus et caussis*, Heildelbergae 1808.
Creuzer SM	F. Creuzer, *Symbolik und Mythologie der alten Völker, besonders der Griechen*, voll. 4, IIe éd. Leipzig-Darmstadt 1819-1821.
Denniston	*The Greek Particles*, by J. D. Denniston, IIe éd., 1975 (1934).
Des Places *Lois*	Platon, *Les Lois*. Texte établi et traduit par E. Des Places (Livres 1-6), Paris, 1951.
Des Places	E. Des Places, *La Religion Grecque*, Paris, 1969.
Dieterich	A. Dieterich, *Nekyia*, Leipzig 1893.
DK	*Die Fragmente der Vorsokratiker*, von H. Diels; VIIIe éd. (hrsg von W. Kranz) voll. 3, Berlin 1956.
Dodds *Bacch.*	Euripides, *Bacchae*, ed. by E. R. Dodds, Oxford 1944.
Dodds *Irr.*	*The greeks and the Irrational*, by E. R. Dodds, Berkeley, Los Angeles, London 1973 (1951) [trad. franç. M. Gibson, (1965), Flammarion, Paris, 1977]
Dox.	*Doxographi Graeci*, coll. rec. etc. H. Diels, Berolini 1965 (1879).
Fauth *Zagreus*	Art. *Zagreus* de W. Fauth in PW II Série, IX A 2, col. 2219-2282.
FGrHist	*Die Fragmente der griechischen Historiker*, von F. Jacoby, IIe éd. Leiden 1954 sq.
FHG	*Fragmenta Historicorum Graecorum*, ed. C et Th. Müller, Paris, 1841-1870.
Foucart	*Les Mystères d'Eleusis*, par P. Foucart, Paris, 1914.
Fraenkel *Agam.*	Aeschylus, *Agamemnon*, ed. by E. Fraenkel, voll. 3, Oxford 1950.
Fränkel DPH	H. Fränkel, *Dichtung und Philosophie des frühen Griechentums, München 1969 (1962).*
Freeman	*The Pre-Socratic Philosophers*, by K. Freeman, IIe éd., Oxford 1966 (1959).
Gesner	I. M. Gesneri, *Prolegomena Orphica* (1759); *De veterum navigationibus extra columnas Herculis* (1757) (in Hermann *Orph.*).
Giannantoni *Pres.*	G. Giannantoni, *Gli Inizi* (in *I Presocratici*, vol. I, Bari 1969).

Gigante DL(UL) — Diogene Laerzio, *Vite dei filosofi*, a cura di M. Gigante, Voll. 2, Bari 1976.

Graf — *Eleusis und die orphische Dichtung Athens in Vorhellenistischer Zeit*, von F. Graf, Berlin, 1974.

Greene — *Scholia Platonica*, ed. W. Ch. Greene, Haverford 1938.

Griffiths — *Plutarch's De Iside et Osiride*, ed. by J. G. Griffiths, Cambridge, 1970.

Guthrie *Orph.* — Orpheus and Greek Religion, by W. K. Guthrie, IIe éd., London, 1952 [trad. franç. *Orphée et la religion grecque*, Paris, 1956].

Hackforth *Phaedr.* — *Plato's Phaedrus*, by R. Hackforth, Cambridge, 1952.

Hackforth *Phaed.* — *Plato's Phaedo*, by R. Hackforth, Cambridge 1955.

Harrison — J. Harrison, *Prolegomena to the Study of Greek Religion*, IIIe éd., Cambridge 1922.

Hermann *Orph.* — *Orphica*, rec. Gotofredus Hermannus, Hildesheim 1971 (Leipzig 1805).

Hicks DL — Diogenes Laertius *Lives of Eminent Philosophers*, by R. D. Hicks, voll. 2, London-Cambridge Mass. 1950.

Hort Theophr. — Theophrastus, *Inquiry into Plants*, by Sir A. Hort, voll. 2, London-Cambridge Mass. 1948-1949.

Hudson-Williams *Theogn.* — *The Elegies of Theognis*, by T. Hudson-Williams, London 1910.

Jaeger *Theology* — *The Theology of the Early Greek Philosophers*, by W. Jaeger, London 1968 (1947) [trad. franç. *A la naissance de la Théologie* (sic), Cerf, Paris, 1966].

Jeanmaire — H. Jeanmaire, *Dionysos*, Paris, 1951.

Jones *Strab.* — *The Geography of Strabo*, by H. L. Jones, voll. 8 London-Cambridge Mass. 1949 (1917-1932).

Jones *Paus.* — Pausanias, *Description of Greece*, by W. H. L. Jones, voll. 5, London-Cambridge Mass. 1945-1955 (1918-1935).

Kerényi — C. Kerényi, *The Gods of the Greeks*, trad. angl. de N. Cameron, London 1976 (1951).

Kern OF — *Orphicorum Fragmenta*, coll. O. Kern, Berolini 1963 (1922).

Kern — *Die Religion der Griechen*, von O. Kern, Voll. 3, Berlin 1963 (1926-1938).

Kinkel — *Epicorum Graecorum Fragmenta*, coll. Gotofredus Kinkel, Berolini 1877.

Kirk-Raven	*The Presocratic Philosophers*, by G. S. Kirk and J. E. Raven, Cambridge 1973 (1957).
K. O. Müller	K. O. Müller's *Geschichte der griechischen Literatur bis auf das Zeilalter Alexanders*, voll. 2, Breslau 1841.
KP	*Der Kleine Pauly. Lexicon der Antike*, hrsg. von K. Ziegler und W. Sontheimer, Stuttgart 1964-1975.
Kühner I	R. Kühner — F. Blass, *Ausführliche Grammatik der griechischen Sprache.* Elementare- u. Formenlehre, voll. 2, IIIe éd. Hannover 1966 (1890-1892).
Kühner II	R. Kühner — B. Gerth, *Ausführliche Grammatik der griechischen Sprache.* Satzlehre, voll. 2, IIIe éd. Hannover 1976 (1904)
LGS	*Lyrica Graeca Selecta*, ed. D. L. Page, Oxford 1968.
Linforth	*The Arts of Orpheus*, by I. M. Linforth, New York 1973 (1941).
Lobeck	*Aglaophamus sive De theologiae mysticae Graecorum causis libri tres.* Scripsit Chr. A. Lobeck, voll. 2, Regimontii 1829.
Lobel-Page	*Poetarum Lesbiorum Fragmenta*, ed. E. Lobel et D. Page, Oxford 1955.
L.-S.	*A Greek-English Lexicon*, by H. G. Liddell and R. Scott (rev. by H. S. Jones, with Suppl. ed. by E. A. Barber), IXe éd. Oxford 1968 (1940)
Maass	*Orpheus. Untersuchungen zur griechischen römischen altchristlichen Jenseitsdichtung und Religion*, von E. Maass, München 1895.
Macchioro	V. Macchioro, *Zagreus. Studi intorno all'Orfismo*, IIe éd., Firenze, 1930.
Méridier *Crat.*	Platon *Oeuvres Complètes V 2, Cratyle* par L. Mérider, IIe éd., Paris 1950.
Minio-Paluello *Crat.*	Platone, *Opere complete* vol. II, *Cratilo*, trad. L. Minio-Paluello, Bari UL 1971.
Nietzsche KGW	F. Nietzsche, *Werke.* Kritische Gesamtausgabe, hrsg. von G. Colli u. M. Montinari, Berlin 1967 sq.
Nilsson MMR	M. P. Nillson, *The Minoan-Mycenaean Religion and its Survival in Greek Religion,* IIe éd., Lund 1968 (1950).
Nilsson	M.P. Nilsson, *Geschichte der griechischen Religion*, vol. I, IIIe éd., München 1967.
Norden	E. Norden, *Agnostos Theos*, Stuttgart 1974 (1923).

Olivieri	A. Olivieri, *Lamellae aureae Orphicae*, Kleine Texte 133, Bonnae 1915.
Pearson *Fragm. Soph.*	A. C. Pearson, *The fragments of Sophocles*, voll. 3, Cambridge 1917.
PMG	*Poetae Melici Graeci*, ed. D. L. Page, Oxford 1962.
Puech *Pind.*	Pindare, texte établi et traduit par A. Puech, Paris 1922.
Pugliese-Carratelli 1974	G. Pugliese Carratelli in « La parola del passato », fasc. 154-155, Napoli 1974, pp. 108-126, 135-144.
Pugliese-Carratelli 1976	G. Pugliese Carratelli, in « il Veltro », Roma 1976 pp. 235-248.
PW	*Paulys Realencyclopädie der classischen Altertumswissenschaft*. Neue Bearbeitung beg. von G. Wissowa, fortgef. von W. Kroll u. K. Mittelhaus, hrsg. von K. Ziegler u. W. John, Stuttgart 1893 sqq.
Quandt	*Orphei Hymni*, ed. Guilelmus Quandt, Berolini 1955.
Rackham *Nic. Eth.*	Aristotle, *The Nicomachean Ethics*, by H. Rackham, IIe éd., London-Cambridge Mass. 1956 (1934).
Rathmann	*Quaestiones Pythagoreae Orphicae Empedoclae.* Scripsit G. Rathmann, Halle 1933.
Richardson HHD	*The Homeric Hymn to Demeter*, ed. by N. J. Richardson, Oxford 1974.
Rivaud *Timée*	Platon, *Oeuvres complètes* X, *Timée — Critias*, par A. Rivaud, IIIe éd., Paris 1956.
Robin *Banquet*	Platon, *Oeuvres complètes* IV 2, *Le Banquet*, par L. Robin, Ve éd., Paris 1951.
Robin *Phèdre*	Platon, *Oeuvres complètes* IV 3, *Phèdre*, par L. Robin, IVe éd., Paris 1954.
Robin *Phéd.*	Platon, *Oeuvres complètes* IV 1, *Phédon*, par L. Robin, VIe éd., Paris 1957.
Rohde	*Psyche. Seelencult und Unsterblichkeitsglaube der Griechen*, von E. Rohde, voll. 2, IVe éd., Tübingen 1907 [trad. franç. A. Reymond, *Psyché, Le culte de l'âme chez les grecs et leur croyance en l'immortalité*, Payot, Paris 1953].
Rose	H. J. Rose, *A handbook of Greek Mythology*, VIe éd., London 1974 (1958).

Ross *Met.*	*Aristotle's Metaphysics*, by W. D. Ross, voll. 2, Oxford 1953 (1924).
Sandbach *Plut. Fragm.*	*Plutarchi Moralia* VII, *Fragmenta*, rec. F. H. Sandbach, Leipzig 1967.
SBBA	*Sitzungsberichte der Deutschen Akademie der Wissenschaften zu Berlin.*
Schultz *Rätsel*	Art. *Rätsel* de W. Schultz in PW, IIe Série, I A I col. 62-125, Stuttgart 1914.
Slater	*Lexicon to Pindar*, ed. by W. J. Slater, Berlin 1969.
Smyly *Ritual*	*Greek Papyri from Gurob*, ed. by G. Smyly, « Cunningham Memoirs », n. 12, Dublin 1921.
Souilhé *Lettres*	Platon, *Oeuvres complètes* XIII 1, *Lettres*, par J. Souilhé, Paris 1949.
SVF	*Stoicorum Veterum Fragmenta*, ed. J. von Arnim, Leipzig 1968 (1903).
Taylor *Comm. Tim.*	A. E. Taylor, *A Commentary on Plato's Timaeus*, Oxford 1962 (1928).
Turyn *Pind.*	*Pindari Carmina cum Fragmentis*, ed. A. Turyn, Oxonii 1952 (1948).
TGF	*Tragicorum Graecorum Fragmenta*, rec. Augustus Nauck. Supplementum adiecit B. Snell, Hildesheim 1964 (1889).
Untersteiner *Sofisti*	*Sofisti, Testimonianze e frammenti*, a cura di M. Untersteiner, IIe éd., Firenze 1961.
Van Daele *Aristoph.*	Aristophane, texte établi par V. Coulon et traduit par H. Van Daele, voll. 5, Paris 1948-1954.
Verdelis	N. M. Verdelis in « Archaiol. Ephemeris », 89-90 (1950-1951), pp. 80 sqq.
Wilamowitz *Glaube*	U. von Wilamowitz-Moellendorff, *Der Glaube der Hellenen*, voll. 2, Berlin 1931-1932.
Zeller	E. Zeller, *Die Philosophie der Griechen in ihrer geschichtlichen Entwicklung*, I 1, VIe éd., Hildesheim 1963 (1919).
Zeller-Mondolfo	E. Zeller -R. Mondolfo, *La filosofia dei Greci nel suo sviluppo storico*, I 1, IIIe éd., Firenze 1967 (1951).
Zeigler *Orph.*	Art. *Orpheus* de K. Zeigler in PW, IIe série, XVIII, col. 1200-1316, Stuttgart 1936.

Zeigler OD	Art. *Orphische Dichtung* de K. Zeigler in PW, IIe série, XVIII, col. 1341-1417, Stuttgart 1942.
ZPE	*Zeitschrift für Papyrologie und Epigraphik*, 1967 sqq.
Zuntz	G. Zuntz, *Persephone. Three Essays on Religion and Thought in Magna Graecia*, Oxford 1971.

TABLES DE CONCORDANCE

Orphée

Correspondance entre la numérotation des fragments de la présente édition et la numérotation de Kern (T = témoignages, F. = fragments).

4 [A 1a]	T2 K	**4 [A 37]**	—
4 [A 1b]	—	**4 [A 38]**	T60 K
4 [A 2]	T47 K	**4 [A 39]**	F13 K
4 [A 3]	T56 K	**4 [A 40]**	F20 K
4 [A 4]	T58 K	**4 [A 41]**	F3 K
4 [A 5]	—	**4 [A 42]**	—
4 [A 6]	—	**4 [A 43]**	T139 K
4 [A 7]	—	**4 [A 44]**	—
4 [A 8]	—	**4 [A 45]**	F14 K
4 [A 9]	—	**4 [A 46]**	F16 K
4 [A 10]	T48 K	**4 [A 47]**	F10 K
4 [A 11]	T10 K	**4 [A 48]**	F11 K
4 [A 12]	T216 K	**4 [A 49]**	F9 K
4 [A 13]	T59 K	**4 [A 50]**	F21 K
4 [A 14]	T82 K	**4 [A 51]**	T212 K
4 [A 15]	—	**4 [A 52]**	F12 K
4 [A 16]	T213 K	**4 [A 53]**	T60 K
4 [A 17]	T83 K	**4 [A 54]**	F17 K
4 [A 18]	T78 K	**4 [A 55]**	—
4 [A 19]	T79 K	**4 [A 56]**	T188 K
4 [A 20]	F2 K	**4 [A 57]**	F24 K
4 [A 21]	T50 K	**4 [A 58]**	F25 K
4 [A 22]	T49 K	**4 [A 59]**	F24 K
4 [A 23]	—	**4 [A 60]**	F27 K
4 [A 24]	F1 K	**4 [A 61]**	F26 K
4 [A 25]	T90 K	**4 [A 62]**	—
4 [A 26]	T138 K	**4 [A 63]**	F32a K
4 [A 27]	F17 K	**4 [A 64]**	—
4 [A 28]	T244 K	**4 [A 65]**	F32c K
4 [A 29]	—	**4 [A 66a]**	F32d K
4 [A 30]	T92 K	**4 [A 66b]**	F32e K
4 [A 31]	F7 K	**4 [A 67]**	F32f K
4 [A 32]	F5 K	**4 [A 68]**	F47 K
4 [A 33]	F6 K	**4 [A 69]**	F31 K
4 [A 34]	F8 K	**4 [A 70a]**	F32b I K
4 [A 35]	F15 K	**4 [A 70b]**	F32b II K
4 [A 36]	—	**4 [A 70c]**	F32b III K

4 [A 70d]	—
4 [A 70e]	—
4 [A 70f]	—
4 [A 71]	F21a K
4 [B 1]	T194 K
4 [B 2]	T113 K
4 [B 3]	T252 K
4 [B 4]	—
4 [B 5]	T91 K
4 [B 6]	T123 K
4 [B 7]	T205 K
4 [B 8]	T207 K
4 [B 9a]	F28 K
4 [B 9b]	F28a K
4 [B 10]	T114 K
4 [B 11]	F33 K
4 [B 12]	T87 K
4 [B 13a]	F42 K
4 [B 13b]	F41 K
4 [B 14]	—
4 [B 15]	—
4 [B 16]	F29 K
4 [B 17]	T221 K
4 [B 18]	F36 K
4 [B 19]	F23 K
4 [B 20]	F32b IV K
4 [B 21]	F49 K
4 [B 22]	T42 K
4 [B 23]	T95 K
4 [B 24]	T96 K
4 [B 25]	T97 K
4 [B 26]	T115 K
4 [B 27]	T40 K
4 [B 28]	F56 K
4 [B 29]	T85 K
4 [B 30]	T206 K
4 [B 31]	F32g K
4 [B 32]	F51 K
4 [B 33]	F57 K
4 [B 34]	F58 K
4 [B 35]	F59 K
4 [B 36]	F52 K
4 [B 37]	F34 K
4 [B 38]	F35 K
4 [B 39a]	F107 K
4 [B 39a]	F102 K
4 [B 39a]	F111 K
4 [B 39b]	F108 K
4 [B 39c]	F107 K
4 [B 40]	F209 K
4 [B 41a]	F192 K
4 [B 41b]	F192 K
4 [B 41c]	F193 K
4 [B 41d]	F192 K
4 [B 41e]	F192 K
4 [B 41f]	F192 K
4 [B 42]	F154 K
4 [B 43]	F66 K
4 [B 43]	F72 K
4 [B 44]	F71 K
4 [B 45a]	F81 K
4 [B 45b]	F80 K
4 [B 46]	F83 K
4 [B 47]	F85 K
4 [B 48]	F98 K
4 [B 49]	F91 K
4 [B 50]	F95 K
4 [B 51]	F126 K
4 [B 52]	F127 K
4 [B 52]	F183 K
4 [B 53a]	F130 K
4 [B 53b]	F142 K
4 [B 54]	F152 K
4 [B 55]	F158 K
4 [B 56]	F194 K
4 [B 57]	F195 K
4 [B 58]	F197 K
4 [B 59]	F199 K
4 [B 60]	F207 K
4 [B 61]	F208 K
4 [B 62]	F210 K
4 [B 63]	F218 K
4 [B 64]	F223 K
4 [B 65]	F224 K
4 [B 66]	F229 K
4 [B 67]	F78 K
4 [B 68]	F86 K
4 [B 69]	F103 K
4 [B 70]	F105 K
4 [B 71]	F109 K
4 [B 72a]	F54 K
4 [B 72b]	F70 K
4 [B 73]	F60 K
4 [B 74]	F204 K
4 [B 75]	F65 K
4 [B 76]	F233 K
4 [B 77]	F220 K
4 [B 78]	F211 K
4 [B 79]	F232 K

Musée

Correspondance entre la numérotation des fragments de la présente édition et la numérotation de Diels-Kranz (A = témoignages, B = fragments).

5[A 1]	B4 DK	**5[B 6]**	A2 DK
5[A 2]	B5 DK	**5[B 7]**	A3 DK
5[A 3]	B7 DK	**5[B 8]**	A8 DK
5[A 4]	B3 DK	**5[B 9]**	A4 DK
5[A 5]	B11 DK	**5[B 10]**	—
5[A 6]	B22 DK	**5[B 11]**	—
5[A 7a]	—	**5[B 12]**	B12 DK
5[A 7b]	B15 DK	**5[B 13]**	B13 DK
5[A 8]	B20a DK	**5[B 14]**	B14 DK
5[A 9]	A6 DK	**5[B 15]**	A9 DK
5[A 10]	B21 DK	**5[B 16]**	B10 DK
5[A 11]	—	**5[B 17]**	A5 DK
5[A 12]	—	**5[B 18]**	—
5[A 13]	—	**5[B 19]**	B20 DK
5[A 14]	—	**5[B 20]**	—
5[A 15]	—	**5[B 21]**	B9 DK
5[A 16]	A5a DK	**5[B 22]**	B6 DK
5[A 17]	—	**5[B 23]**	B18 DK
5[A 18]	B3a DK	**5[B 24]**	B8 DK
5[B 1]	—	**5[B 25]**	B16 DK
5[B 2]	—	**5[B 26]**	B1 DK
5[B 3]	B19 DK	**5[B 27]**	B17 DK
5[B 4]	A1a DK	**5[B 28]**	B2 DK
5[B 5]	A3a DK	**5[B 29]**	A7 DK
		5[B 30]	—

INDEX DES SOURCES*

[* Se réfère à l'introduction, au texte et au commentaire. Les chiffres en gras correspondent aux numéros des pages.]

INDEX DES NOMS PROPRES*

[* Se réfère à l'introduction, à la traduction et au commentaire.

TABLE GÉNÉRALE

NOTES

NOTES

NOTES

NOTES

NOTES

NOTES

NOTES

NOTES

NOTES

NOTES

NOTES

NOTES

NOTES

Cet ouvrage a été composé par l'Atelier Graphique à Montpellier, imprimé par Tardy Quercy
à Cahors sur du papier permanent des papeteries Muller-Renage
et relié par la SIRC à Marigny le Chatel.